100

| 한국장로교총회창립 100주년기념 표준주석 |

출애굽기

대한예수교장로회총회교육자원부 편

한국장로교출판사

발간사

본 주석서는 대한예수교장로회총회의 신앙과 신학 이념을 따라 평신도와 신학생, 목회자와 신학 교수들이 성경을 바르게 이해하도록 도움을 주는 데 그 목적이 있다.

대한예수교장로회 교단은 1934년 희년에 즈음하여 성경전서 주석의 간행을 총회에서 결의한 바 있다. 그리하여 1937년부터 총회표준주석(1937년, 「욥기」, 「시편」, 「잠언」, 「전도서」, 「아가」; 1939년, 「로마서」, 「고린도전·후서」, 「갈라디아서」)이 간행되기 시작하였다. 그러나 제2차 세계대전의 발발과 일제강점기의 한국교회 탄압으로 주석 발간 사업은 일시 중단되었다. 1945년, 해방은 되었으나 38선으로 남북이 분열되고, 1950년 6·25한국전쟁의 비극을 겪어야 했다. 1953년, 휴전된 후 총회표준주석 사업이 재개되어 1954~1957년(1954년, 「이사야」; 1955년, 「요한복음」; 1956년, 「창세기」; 1957년, 「레위기」, 「민수기」)에 출판이 있었으나, 1959년에 교단의 분열로 오늘에 이르기까지 총회표준주석 사업은 불가한 형편이었다.

대한예수교장로회 제90회기(2005) 총회는 총회창립 100주년(2012)기념 사업의 일환으로 교단 신학의 정체성 확립과 한국장로교회의 신학적 표준을 제시할 총회표준주석을 출판하기로 결의하고, 총회 산하 신구약성경 신학자들에게 집필을 위촉하게 되었다.

2005년 12월 한국장로교총회창립 100주년기념 표준주석편찬위원회가 조직된 후 집필 원칙을 정하고 집필자를 선정하여, 그 원칙에 충실할 것을 서약하게 하였다. 지난 7년 동안 집필자들의 깊은 기도와 연구의 산고 끝에 이제 그 실체가 드러나 장로교 총회표준주석이 출판되었다. 편찬위원회는 수차례 모임을 갖고 50여 명에 이르는 많은 집필자들을 격려하고 집필 목적과 방향 제시를 수시로 하여 주석서의 통일성과 진정성을 유지하게 하였다. 집필된 원고가 제출된 경우, 검독위원회가 총회의 신학과 신앙에 맞는 주석을 출판하기 위해 내용을 수정 또는 추가할 것을 요청하기도 하였다.

이 주석서가 빛을 보기까지 집필자는 물론이고, 총회교육자원부 김치성 총무와 한국장로교출판사의 수고가 있었고, 전국 교회들의 기도 지원이 있었다. 무엇보다도 출판비 및 연구비 전액을 이름 없이 지원해 준 교회가 있었다. 이에 독자 여러분과 함께 하나님께 찬양을 드리며, 이 일에 헌신하신 분들께 감사를 드린다.

유사 이래 성경보다 더 긴 세월 동안 연구되고 읽혀진 책은 없다. 그렇기 때문에 해석 방법도 시대와 지역에 따라 다양하게 나타났다. 에스라 시대까지 거슬러 올라가서 사용된 미드라쉬(Midrash) 주해 방법부터 시작하여 중세의 종교개혁자들과 현대 비평주의자들의 해석 방법 등 수많은 해석학적 이해가 있어 왔고, 여러 언어로 번역되어 하나님의 말씀인 성경은 읽혀졌다. 그러나 하나님의 말씀은 (해석자들이나 번역자들에게) 매이지 않는다(딤후 2 : 9). 성경 주석가와 번역자들은 자기 시대와 문화 속에서 어떤 전제(pre-supposition)를 갖고 성경을 읽기 때문에 언제나 해석의 한계가 있음을 인정

할 수밖에 없다. 그런 의미에서 본 주석서도 예외는 아닐 것이다. 그럼에도 불구하고 본서는 그 한계를 최소화시키기 위해 다양한 신학적 입장, 다른 해석들, 교회사적 해석들, 지리적 상황을 포함하려고 노력했다.

우리의 전제는 신구약성경 66권이 하나님의 영감으로 특별 계시된 말씀이라는 대한예수교장로회의 신앙고백을 준거(準據)로 했다. 그러므로 본서는 집필자 자신의 신앙고백과 신학도 내포되었지만, 그보다 총회의 신앙과 신학의 표준적 입장에서 성경을 주석한 것이다. 즉, 사도신경, 웨스트민스터 신앙고백서, 장로교신앙고백을 따르는 개혁주의 신학과 신앙 전통을 따른 것이다.

집필을 하는 데 있어서 학문적 깊이를 외면할 수는 없으나 목회자나 평신도가 성경을 이해하는 데 도움을 주기 위해 설교를 위한 묵상을 삽입하기도 하였다. 그러나 각 권의 기록자, 기록 연대, 문학적 특징, 책의 목적 등을 설명하는 개론적 연구를 할 때에는 그것이 학문적 연구에 꼭 필요하다고 여겨지는 경우에 한하여 최근 많은 성경학자들이 사용하는 비평적 방법도 가설(假說)로는 소개하였으나 결론은 따르지 않았다. 그것이 교회의 신앙적 지도를 위한 적절한 방법은 아니기 때문이다.

영감으로 된 하나님의 말씀인 성경의 해석은 성령의 조명이 가장 중요한 조건이다. 따라서 본서의 집필자들은 종교개혁자들이 채택했던 문법적, 역사적, 신학적 원리를 주된 해석 방법으로 채택하고, 기도하면서 하나님의 계시된 말씀의 원의를 알기 쉽게 해석하려고 힘썼다. 외래어 사용은 가급적 줄이되 히브리어나 헬라어와 같은 원어를 반드시 읽어야 할 경우에는 음역화해서 누구나 원어의 발음으로 읽게 했다. 각주(脚註)도 가급적 줄이되 문장 뒤에 참고로 넣었다. 또한 각 절이 아닌 단락별로 주해를 하여 전체적 파악을 도왔다.

주석 앞에는 대한성서공회가 출판한 개역개정 성경(4판)을 단락별로 제시했다. 히브리어 성경은 BHS(Biblia Hebraica Stuttgartensia)를, 헬라어 성경은 United Bible Societies가 출판한 The Greek New Testament(4th ed)를 각각 원문으로 채택하여 사용하였다. 특히 개역개정 성경의 번역에 대한 문제가 있다는 의견을 총회가 받아들여 본 편찬위원회에 수정 의뢰를 하였고, 집필자들이 원문을 바로 번역하여 대한성서공회에 제시함으로 수시 교정 제도를 따라 수정하도록 했다.

우리의 생명이시며 찬양의 대상이 되신 우리 주 예수 그리스도를 계시하시고, 하나님의 공의와 사랑을 그의 십자가를 통하여 실현시켜 우리를 구원하신 하나님의 깊은 뜻을 알게 해 주는 신구약성경을 더 많은 사람들이 더 깊이, 더 분명하게 이해하고, 믿게 하기 위하여 대한예수교장로회총회 창립 100주년을 기하여 한국 교회와 세계 교회 앞에 겸손한 자세로 이 주석을 내어놓는다.

"내가 온 것은 양으로 생명을 얻게 하고 더 풍성히 얻게 하려는 것이라" (요 10 : 10b).

Soli Deo Gloria!

한국장로교총회창립 100주년기념
표준주석편찬위원회
위원장 이 종 윤

추천사 1

할렐루야! 2012년은 대한예수교장로회(통합)총회가 창립 100주년을 맞이하는 해입니다. 총회가 창립된 이후 1세기가 지난 지금까지 우리 한국 교회를 세계가 주목할 만큼 눈부시게 성장할 수 있도록 도와주신 에벤에셀의 하나님께 모든 찬송과 영광과 감사를 드립니다.

이와 같은 한국 교회의 놀라운 부흥 가운데서도 마음 한구석에 늘 안타까움이 자리하고 있었는데, 그것은 바로 우리 한국 교회만의 권위 있는 주석이 없다는 사실이었습니다. 현재 목회현장에서 사용되는 우리말 주석들은 대부분 오래되었거나 현대의 한국 교회 상황에 맞지 않는 서구 교회의 해석, 또는 성서학 전문가들의 주석이 아닌 짜깁기식 주석이 대다수를 차지합니다.

이러한 현실 가운데 이번 총회창립 100주년기념사업의 일환으로 본 교단에서 「한국장로교총회창립 100주년기념 표준주석」을 출간하기로 결의하고, 주석서를 출간하게 된 것은 대단히 자랑스럽고 의미 있는 일이 아닐 수 없습니다.

이번 「표준주석」의 출판으로 한국 교회는 이전보다 더욱 '개혁주의 신학과 신앙 전통'을 따르는 성경 해석의 기초를 확립하게 될 것이며, 많은 목회자들이 이 주석서를 통해 하나님의 말씀에 중심을 둔 목회를 실천할 수 있을 것으로 기대합니다. 더 나아가 이 「표준주석」은 한국 교회의 신앙을 더욱 견고히 하는 성경 해석의 표본이 될 것입니다.

아무쪼록 이번 「표준주석」 출간을 계기로 우리 한국 교회가 당면한 갖가지 위기를 극복하고 더욱 하나님 말씀으로 충만하여, 평화통일은 물론 주님의 지상명령인 땅끝까지 복음을 전하는 사명을 보다 잘 감당하는 교회로 거듭나게 되기를 기대하며, 한국의 모든 교회와 성도님들께 자랑스럽게 이 주석서를 추천하는 바입니다. 샬롬!

장로회신학대학교

총장 장 영 일

추천사 2

「한국장로교총회창립 100주년기념 표준주석」의 발간을 축하합니다. 한국 교회 역사에서 중요한 자리를 차지하고 있는 「총회표준주석」은 한국 교회에 큰 영향을 끼친 박윤선 박사님께서 박형룡 박사님을 도와 「표준주석」의 고린도후서 주석 집필에 참여하면서 평생을 주석 집필에 헌신하게 했던 뜻깊은 주석이었습니다.

그러나 그동안 중단되었던 표준주석 사업을 재개함에 있어 편집위원장 이종윤 목사님이 밝힌 대로 성경이 성령으로 영감된 정확 무오한 하나님의 말씀이라는 분명한 신앙고백 위에 집필토록 하였다는 편집 원칙을 통해 「표준주석」의 맥을 잇고자 하는 의지를 보여 줍니다.

이런 맥락에서 비평적 성서연구가 교회의 신앙적 지도에 적합하지 않다는 인식을 가지고 전통적인 개혁주의 해석 방법을 채택할 뿐만 아니라 복음적이고 목회적인 관심을 드러낸 점도 환영할 만한 일입니다. 또한 성경 자체에 대한 전문적인 지식뿐만 아니라 한국 교회와 성도를 체험적으로 알고 있는 성경학자들이 오랜 기도와 연구 끝에 발간하였다는 점도 높이 사고 싶습니다.

아무쪼록 본서가 많은 이들에게 풍성하고 깊이 있는 신학적 성찰을 제공하는 귀한 책이 되길 소망합니다.

합동신학대학원대학교
총장 성 주 진

출애굽기

차 례

출애굽기

서 론

A. 출애굽기의 역사

B. 출애굽기의 구성과 중심주제

C. 출애굽과 율법서

D. 새로운 엑소더스

서 론

A. 출애굽기의 역사

1. 책 명

구약성경에서 두 번째 책이며 오경(五經, 율법서)의 두 번째 책이기도 한 출애굽기는 그 이름의 형태를 살펴보면, '출(出)+애굽+기(記)' 로서 출애굽에 관한 기록(記錄)이라는 의미를 갖는다. 그런데 이 이름은 히브리어가 아닌 헬라어에서 비롯한다. 원래 히브리어 성경은 각 책의 맨 첫 단어나 구절을 책명 삼아 불렀는데, 출애굽기는 '웨엘레 쉐모트' (그리고 이것들은 이름들이다.)로 시작하기 때문에 '세페르 웨엘레 쉐모트' ('그리고 이것들은 이름들이다.' 의 책)라고 했고, 줄여서 '쉐모트' (이름들)라고 불렀다. (이런 점에서 출애굽기는 '이름의 책' 이라고 할 수 있을 것이다.) 이 책명은 상당히 오랫동안 전해졌는데, 주후 3세기에 오리겐이, 그리고 주후 4세기에 유세비우스가 이 책명을 사용했음을 확인할 수 있다.

출애굽기에 해당하는 책명은 주전 2세기경에 〈칠십인역〉을 편찬하기 위해 구약성경을 헬라어로 번역하는 과정에서 등장하는데, 번역자들은 이 책이 애굽에서 이스라엘 사람들이 나온 것(엑소도스 아이귑투)을 생생하게 기록했다는 점에서 책명을 〈엑소더스〉라고 정한 듯한데, 이 이름이 그 책의 중심 내용을 명확하게 드러낸다는 점에서 적합해 보인다. 주후 4세기 이후로는 '쉐모트' 보다 이 이름을 선호한 것으로 보이며, 주후 10세기의 벤 아쉐르 사본이 〈세페르 예치아트 미츠라임〉(출애굽의 책)이라고 했던 전통이 지금까지 이어져 왔다.

2. 저 자

예로부터 사람들은 출애굽기를 모세가 기록한 두 번째 책으로 생각했는데, 이것은 모세가 오경을 기록했다는 긴 전승의 역사를 반영한다. 출애굽기의 저자 문제는 오경의 형성 과정에 대한 논의 속에서 다루어야 하는데, 여기서는 성경의 형성 과정을 짧게 볼 것인가, 길게 볼 것인가가 관건이다. 성경의 형성 과정을 짧게 보려고 하면 출애굽기를 특정한 시대에 특정한 사람, 즉 모세가 기록했다고 함으로써 그 이후의 형성 과정을 제외하기 쉽고, 길게 보려고 하면 특정한 시대와 특정한 사람들을 언급하기보다는 어느 시대에 어떤 사람들이 출애굽기를 기록하고 편찬하기 시작해서 그 이후로 여러 사람 손을 거쳐서 완결되었다고 주장하기 때문이다. 그런데 이 두 가지 입장이 모두 타당하기 때문에 이 두 주장을 모두 수용하는 것이 바람직하다고 본다. 시편에 대한 논의가 어떤 측면에서든지 다윗을 벗어나기 어려운 것처럼, 출애굽기를 포함해서 오경에 속한 책들은 모세를 벗어나기 어렵다. 이런 점에서 (모든 시를 다윗이 기록하지 않았음에도 불구하고) 시편을 '다윗의 책' 이라고 부르는 것처럼, 오경을 '모세의 책'이라고 부르는 것은 자연스럽다. 오경, 즉 율법서를 '모세의 책'이라고 부르는 것은 모세가 오경 형성 과정에서 중대한 역할을 했음을 의미할 뿐만 아니라, 오경 이야기에서 모세가 중요한 역할을 하기 때문이다. 그러나 모세가 오경에서 아무리 중요하다고 해도 모세가 오경의 모든 것을 기록하고 오경 편집을 홀로 완결했다고 주장하는 것은 억지스럽다. 모세가 출애굽기 형성 과정에서 중요한 역할을 했다고 말하는 것과 모세가 출애굽기 기록과 편찬을 홀로 시작하고 홀로 마무리했다고 주장하는 것은 전혀 다른 문제이다. 성경 형성 과정은 개별 저자와 아울러 그가 속한 신앙공동체의 역할에 의존하는 바가 크기 때문이다. 성경이 (현재) 신앙공동체를 위한 책임이 분명하므로, (과거) 신앙공동체가 성경 형성에 크게 공헌한 사실을 인정해야 한다. 성경의 각 책들은 신앙공동체 안에서 형성되고 보전되었으며, 신앙공동체를 유지하고 존속하게 하는 데 기여했기 때문이다. 이런 점에서 출애굽기는 모세로부터 시작되었고, 신앙공동체에 의해 완결되었다고 보는 것이 무방하다.

3. 시 대

출애굽기의 저작 연대, 또는 편찬 연대를 밝히는 것은 여러 가지 면에서 결코 쉽지 않은 일이다. 그리고 성경의 다른 책들도 마찬가지겠지만, 출애굽기가 현재의 형태를 갖추기까지 상당한 시간이 흘렀을 것이기 때문에 그 연대를 어느 특정한 시기로 국한하는 것은 바람직하지 않다. 출애굽기의 핵심 내용은 역사적으로 출애굽 사건과 연관을 갖는 것으로 보이는 투트모세 1세에서 람세스 2세에 이르는 기간, 즉 주전 1550년경에서 1200년경 사이에 기록되었을 것이고, 그 이후로 계속 확장되었을 것이다. 특히 다윗과 솔로몬 시대에 출애굽기가 현재 형태를 거의 다 갖추었을 것이고, 히스기야와 요시야 시대를 거치면서 완성되었을 것이다.

출애굽기는 이스라엘 역사에서 그리고 그 이후 역사에서 중요한 역할을 했다. 무엇보다 출애굽 사건이 구약성경을 이루는 중심 사건이라는 점에서 출애굽기는 중요한 의미를 갖는다. 출애굽 사건을 기념하는 유월절은 이스라엘의 대표적인 절기였는데, 신약성경을 보면 복음서를 비롯한 여러 책들이 예수의 죽음을 유월절 사건과 연관해서 이해했으며, 사도 바울은 출애굽 사건을 영적으로 해석한다. 스데반과 베드로, 그리고 사도 바울이 설교하면서 출애굽 사건을 언급하고, 바울은 시내산 계약, 즉 옛 계약과 새 계약을 대비하며 논지를 전개한다. 히브리서는 성막 기사(출 25–40장)를 언급하면서 예수의 제사장직과 제사, 그리고 아론의 제사장직과 제사를 대비한다. 이렇게 출애굽기는 긴 시대에 걸쳐 여러 모로 많은 영향을 미쳤다.

B. 출애굽기의 구성과 중심주제

출애굽기는 출애굽 사건을 중심으로 이야기를 전개하는데, 출애굽 사건은 모세가 이스라엘 사람들을 자신이 하나님을 만난 호렙산(시내산)까지 데려가서 하나님과 계약을 맺는 시내산 계약 체결로 이어지고, 시내산 계약 체결은 이스라엘 사람들이 하나님을 예배하는 공동체임을 공적으로 표명하기 때문에 예배를 위한 성막 건축으로 이어진다. 그래서 출애굽기는 세 부분으로 나뉜다.

1. 출애굽(1 : 1–13 : 16)
2. 시내산 계약(13 : 17–24 : 18)
3. 성막 건축(25 : 1–40 : 38)

출애굽기는 출애굽 사건과 시내산 계약 체결, 그리고 성막 건축을 통해서 하나님을 온 세상에 알리는 것에 목표를 둔다. '이름의 책' 인 출애굽기에서 하나님은 적극적으로 자신의 이름을 알리신다. "나는 나이다." 하나님이 애굽에 재앙을 내리신 것도 하나님을 애굽에 알리기 위해서이다. 하나님은 바로에게 이렇게 말씀하신다. "내가 이번에는 모든 재앙을 너와 네 신하와 네 백성에게 내려 온 천하에 나와 같은 자가 없음을 네가 알게 하리라 내가 손을 펴서 돌림병으로 너와 네 백성을 쳤더라면 네가 세상에서 끊어졌을 것이나 내가 너를 세웠음은 나의 능력을 네게 보이고 내 이름이 온 천하에 전파되게 하려 하였음이니라"(출 9 : 14 - 16).

하나님이 이스라엘 백성들을 애굽에서 나오게 하신 까닭은 하나님의 영광을 온 세계에 드러내기 위해서이다. 출애굽기는 여기에 근거해서 모든 것들을 기술한다. 그래서 출애굽기를 해석할 때는 이것을 염두에 두어야 한다. 출애굽기에 기록된 모든 사건들은 이러한 목적에 충실하기 때문이다. 하나님이 행하시는 기적들이나 재앙들을 '이적' 또는 '표징' 이라고 하는 까닭도 그것들을 통해서 하나님이 자신을 알리려고 하시기 때문이다. 출애굽기의 하나님은 자신을 구원의 하나님, 그리고 은혜의 하나님으로 알리려고 하신다. 독자들은 이런 관점에서 출애굽기를 읽어야 한다. 예를 들어, 하나님이 이스라엘 백성들을 진멸하려다가 모세의 간구로 철회하는 것은 하나님의 변덕스러움을 보여 주기보다는, 하나님이 죄를 사하시고 은혜를 베푸시는 분임을 보여 주려는 의도로 읽어야 한다.

C. 출애굽과 율법서

1. 출애굽

하나님의 말씀인 성경을 우리는 '성경 이야기' 라고 한다. 이것은 매우 깊은 의미를 갖는 말이다. 사람들이 하나님의 말씀을 오랜 세월 동안 이야기 형태로 전달하고 기록했다는 것이다. 다시 말하면 이스라엘 사람들이 겪은 신앙체험, 즉 하나님에 대한 체험을 딱딱한 형태로 전한 것이 아니라 탁월한 이야기꾼들이 풀어 나가는 언제 들어도 생생한 이야기로 전하고 기억했다는 것이다. 그리고 지금도 생생한 이야기로 읽고 전해서 그 이야기를 듣는 사람들은 그 속에 담겨 있는 사건들을 현재 사건으로 체험할 수 있다. 이렇듯 성경은 재미난 이야기이다.

율법서에도 수많은 이야기들이 들어 있다. 그 이야기들은 만들어진 시대도 다르고, 배경도 다르고, 문학적인 형태도 다르다. 그런데 놀라운 것은 이 이야기들이 어떤 뚜렷한 줄기를 가지고 잘 엮어져 있다는 사실이다. 그래서 이 많은 이야기들이 하나의 통일된 이야기로 들린다. 이 많은 이야기들을 하나로 엮어 내는 줄기가 무엇일까? 그것은 바로 '출애굽 사건'이다. 율법서 이야기들의 핵심은 출애굽 사건이다.

출애굽은 이스라엘 백성과 이스라엘 국가의 기원이 되는 사건이다. 그리고 무엇보다도 중요한 것은 출애굽이 이스라엘 신앙의 고향이라는 사실이다. 이 사건을 통해서 이스라엘은 야훼를 만나고, 야훼가 구속주이시고, 역사의 주관자이시고, 그들의 하나님이시며, 그들은 주님의 백성임을 깨닫는다. 그리고 하나님의 백성답게 살아나가는 법을 배운다. 그래서 출애굽은 이스라엘의 정신적인 지주이다. 출애굽 정신은 율법에서 잘 드러나며 무엇보다도 3대 절기(무교절, 칠칠절, 수장절)에서 강하게 나타나고, 그 절기들을 통해서 실현된다. 출애굽 정신은 이스라엘이 했던 하나님에 대한 체험에서 우러나온 것이며, 그들이 한 백성이기에 한 분 하나님을 사랑하고, 그들 서로를 사랑함으로써 함께 살아가는 사회를 만들어 가야 한다는 생각 자체이다. 그래서 이스라엘 사람들은 현시적인 물질세계를 통해서 언제나 출애굽을 생각하고, 출애굽 정신을 실현하려고 했다. 출애굽은 그들에게 과거의 사건만이 아니라, 그들이 겪을 미래의 삶의 지표였던 것이다.

2. 율법서의 구성

율법서를 출애굽 사건을 중심으로 살펴보면, 내용을 다음과 같이 구분할 수 있다.

구분	
① 창세기 1~11장(원역사)	출애굽 이전
② 창세기 12~50장(족장사)	출애굽 이전
③ 출애굽기 1~18장(출애굽)	출애굽
④ 출애굽기 19장~민수기 25장(율법 수여)	출애굽 이후
⑤ 민수기 26장~신명기 34장(광야 방랑)	출애굽 이후

이처럼 율법서를 다섯 묶음의 이야기들로 나눌 수 있다. 그런데 이스라엘 백성들이 출애굽 한 목적이 무엇일까? 우리는 출애굽 사건 자체에 관심을 기울이면서도 그 목적과 이유에 대해서는 깊이 생각하지 않는다. 하지만 '어떻게 출애굽 했느냐?' 와 아울러 '왜 출애굽 했느냐?' 도 중요하다. 출애굽의 목적은 하나님을 예배하는 것이었다(출 3 : 18, 5 : 3, 7 : 16). 하나님이 정해 놓은 장소에서 하나님이 일러 주신 대로 하나님을 예배하기 위해 이스라엘 사람들은 출애굽 했다. 그래서 출애굽 사건에서는 '예배' 가 중요한 개념으로 떠오른다. 예배를 중심으로 보면, 창세기 1~11장과 12~50장은 "이곳에서 예배하라" 이고, 출애굽기 19장~민수기 25장, 민수기 26장~신명기 34장은 "이렇게 예배하라" 이다. 하나님께서 아브라함을 비롯한 족장들에게 가나안 땅을 약속으로 주겠다고 말씀하시고, 그 땅을 얻는 것이 출애굽 후에 이루어질 것으로 약속하셨기 때문에 출애굽 이전 부분은 "이곳에서 예배하라" 로 제목을 붙일 수 있다. 그리고 출애굽 한 이후에는 하나님이 예배하는 방법을 가르쳐 주시기 때문에 "이렇게 예배하라" 로 제목을 붙일 수 있는 것이다. 이것을 정리해 보면, 다음과 같다.

① 창세기 1~11장 ② 창세기 12~50장	출애굽 이전	"이곳에서 예배하라"
③ 출애굽기 1~18장	출애굽	"예배하라"
④ 출애굽기 19장~민수기 25장 ⑤ 민수기 26장~신명기 34장	출애굽 이후	"이렇게 예배하라"

앞에서 말한 것처럼, 출애굽 사건은 이스라엘 형성의 시작이며 역사의 시작이다. 출애굽 사건이 없었다면, '이스라엘' 이라는 국가가 약속의 땅 팔레스타인에 세워지지 않았을 것이다. 하나님은 놀라운 이적을 통해서 이스라엘 사람들을 애굽에서 이끌어 내셨고, 또 가나안 땅으로 인도해 들이셨다(신 26 : 5 - 9). 하나님이 이스라엘 백성들을 출애굽 시키신 이유는 그들로 하여금 약속의 땅에서 하나님을 예배하도록 하기 위해서였다(출 5 : 1). 그런데 이스라엘 사람들이 하나님을 예배하기 위해서는, 인간이 하나님을 향해서 나아갈 수는 없기 때문에 하나님이 인간들에게 자신을 직접 계시하셔야만 한다. 그래서 하나님은 '출애굽 사건' 을 통해서, 특히 '시내산 현현' 을 통해서 자신을 '구원의 하나님' 으로 계시하셨으며, 이를 통해서 이스라엘 사람들은 하나님이 인간의 역사를 주관하시는 분이고, 역사 속에 개입하시는 분임을 체험했다. 그리고 시내산 계시는 그런 하나님이 이스라엘과 계약을 맺는 사건이었다. 이처럼 출애굽 사건은 이스라엘의 신앙 역사와 국가역사에서 매우 중요한 사건이었다. 그러니 출애굽 사건이 이스라엘 사람들에게 얼마나 인상 깊은 사건이었는지는 말할 필요도 없을 것이다. 그들에게 출애굽 사건은 끝없는 이야기보따리였다.

지금까지 살펴본 대로, 율법서는 출애굽 사건을 중심으로 짜여졌다. 이것을 다시 풀어 보면, 창세기는 하나님이 왜 많은 사람들 가운데서 아브라함을 택할 수밖에 없었는지를 말하고(창 1 - 11장), 이스라엘 백성이 왜 애굽에 머물게 되었는지를 알려 준다(창 12 - 50장). 애굽에 거주하던 이스라엘은 하나님을 예배하기 위해서 출애굽 했고(출 1-18장), 하나님은 이스라엘 백성들이 예배를 드릴 수 있도록 제사장, 제사예법, 성막 등에 대해서 자세하게 말씀하셨다(출 19장-민 25장). 하지만 이스라엘 백성들은 40년 동안 광야 방랑을 했다(민 1-25장). 그리고 출애굽 2세대들로 새롭게 이스라엘을 편성해서 가나안으로 들어갈 준비를 한다(민 26장-신 34장). 지금까지 말한 것을 정리하면 다음과 같다.

① 창 1~11장	왜 아브라함인가?	출애굽 이전	이곳에서 예배하라
② 창 12~50장	왜 애굽에 있는가?	출애굽 이전	
③ 출 1~18장	왜 출애굽 해야 하는가?	출애굽	예배하라
④ 출 19장~민 25장	어떻게 예배해야 하는가?	출애굽 이후	이렇게 예배하라
⑤ 민 26장~신 34장	어떻게 준비해야 하는가?	출애굽 이후	

D. 새로운 엑소더스

출애굽은 '엑소더스'이다. 그래서 '엑소더스'를 대개 '출애굽'으로 번역한다. 그러나 출애굽과 엑소더스가 언제나 동일한 것은 아니다. 엑소더스는 출애굽보다 의미가 넓다. 출애굽 사건은 구약성경에 나오는 수많은 엑소더스들 가운데 하나이다. 엑소더스는 일차적으로는 안에서 밖으로 나가는 장소 이동을 의미하며, 비유적으로는 그릇된 것으로부터 나와서 새로운 세계로 들어가는 것을 의미한다.

그렇기 때문에 애굽에서 가나안으로의 장소 이동, 즉 출애굽이 일차적인 의미의 엑소더스이지만, 이것만이 엑소더스는 아니다. 이스라엘의 출애굽은 장소 이동을 능가하는 더 깊은 의미를 갖는다.

구약성경에서 출애굽 사건은 언제나 새로운 엑소더스에 대한 기대를 갖게 하는 근거였다. 앗시리아로 끌려간 북이스라엘 사람들, 그리고 바벨론으로 끌려간 남유다 사람들은 새로운 엑소더스를 기다리면서 살았다. 그들이 그토록 기다리는 새로운 엑소더스의 모델은 과거에 일어났던 출애굽이었다. 엑소더스를 바라는 그들에게 과거에 일어났던 출애굽이라는 엑소더스는 좋은 모델이 되었던 것이다. 이것이 가장 분명하게 드러난 것은 이사야 40~55장이다. 이사야서의 말씀처럼, 새로운 엑소더스는 무엇보다도 그 당시의 상황으로부터 탈피해서 새로운 세계로 나아가는 것, 즉 이스라엘을 중심으로 하는 새로운 세계 질서 형성의 시작이었기 때문에 그들은 새로운 엑소더스를 간절히 기다렸다.

이 외에도 구약성경을 읽어 보면, 이스라엘 백성들이 엑소더스를 얼마나 기다렸는지 알 수 있다. 예언서와 시편 곳곳(74, 77, 78, 81편 등)에서 출애굽을 이야기하고, 〈솔로몬의 지혜서〉라는 외경은 출애굽 이야기에 거의 절반을 할애한다. 이스라엘 백성들은 출애굽이 아니면 이야깃거리가 없는 사람들 같다.

이 출애굽을 포함하는 엑소더스 정신이 구약성경 전체에 흐른다. 냇가에 가면 돌들이 있는데, 그 돌들은 한곳에 있으면서도 색깔, 모양, 크기가 서로 다르다. 그러면서도 그것들은 잘 어우러져 냇가를 모양낸다. 그 돌들은 각기 별개의 돌들이지만, 그 돌들을 들어 보면, 거기에는 같은 물이 묻어 있다. 그 돌들이 한 물속에 잠겨 있기 때문이다.

구약성경은 이처럼 형형색색의 많은 돌들로 이루어진 냇가와도 같다. 그 돌들은 각각 별개지만, 그럼에도 서로 잘 어우러진다. 그리고 그것들은 엑소더스라는 물속에 잠겨서 그 돌들 가운데 어느 것을 집더라도 거기에는 엑소더스 정신이 묻어 있다.

출애굽은 애굽에서 나온 것에서 그치지 않고, 더 넓은 엑소더스로 확대된다. 이스라엘 사람들에게 엑소더스는 일회적인 출애굽 사건으로 끝나지 않고, 또 다른 엑소더스에 대한 희망으로 나타난다.

제 I 부

출애굽

출애굽기 1 : 1~13 : 16

A. 애굽에서 태어난 모세(1 : 1－2 : 10)

B. 미디안으로 간 모세(2 : 11－4 : 17)

C. 애굽으로 돌아간 모세(4 : 18－7 : 13)

D. 이적을 일으키시는 하나님(7 : 14－13 : 16)

| 출애굽기 1 : 1~13 : 16 |

출애굽

A. 애굽에서 태어난 모세(1 : 1-2 : 10)

1. 애굽에 온 이스라엘 사람들(1 : 1-7)

[1]야곱과 함께 각각 자기 가족을 데리고 애굽에 이른 이스라엘 아들들의 이름
은 이러하니 [2]르우벤과 시므온과 레위와 유다와 [3]잇사갈과 스불론과 베냐민
과 [4]단과 납달리와 갓과 아셀이요 [5]야곱의 허리에서 나온 사람이 모두 칠십이
요 요셉은 애굽에 있었더라 [6]요셉과 그의 모든 형제와 그 시대의 사람은 다
죽었고 [7]이스라엘 자손은 생육하고 불어나 번성하고 매우 강하여 온 땅에 가
득하게 되었더라

출애굽기는 족장들의 가족사에서 이스라엘 민족의 이야기로 바뀌는 것

을 명확하게 보여 주는 것으로 시작한다(Martin Noth, *Das zweite Buch Mose, Exodus*, tr. J. S. Bowden, *Exodus - A Commentary*〈Philadelphia : The Westminster Press, 1962〉, p. 9). 야곱과 함께 애굽에 들어간 칠십 명은 대가족이기는 하지만 민족은 아니었다. 세월이 흐른 뒤에 그들은 이제 민족이 되었다. 그래서 출애굽 사건은 이스라엘의 민족적인 사건이다. 어느 대가족이 아니라 한 민족이 종으로서 압제를 당하는 상황을 전제한다. 애굽 사람들이 이스라엘 사람들에게 강제노역을 시키는 까닭은 그들이 정치적인 위협이 된다고 여겼기 때문이라고 출애굽기 기자는 본다.

출애굽기 1장은 과거의 약속과 현재의 곤경을 대비함으로써 극적인 효과를 일으킨다. 이것은 대단히 의도적이다. 현재의 곤경은 그저 어려움일 뿐이지만, 그것을 과거의 약속과 대비함으로써 새로운 구조를 만드는 것이다. 하나님은 대비를 통해서 갈등을 일으키심으로써 사람들을 불편하게 만드신다. 그리고 그것을 통해서 하나님을 알리고 영광을 얻으신다.

본문은 애굽으로 내려간 이스라엘 사람들(이 책에서는 '이스라엘 자손' 이나 '이스라엘 백성' 보다는 '이스라엘 사람들' 이라는 용어를 사용하려고 한다. 그 까닭은 '이스라엘 자손' 이 의미하는 것이 문자적으로는 '야곱의 자손들' 이지만 결국 통합적인 '이스라엘 사람들' 을 가리키고, 국가 건설 이전이기 때문에 '이스라엘 백성' 이라는 용어가 그리 적합하지 않기 때문이다.)이 상당한 세월이 흐른 다음 번성하고 강성해진 것을 이야기한다.

[1 : 1] 〈개역개정〉 성경은 1절을 "야곱과 함께 각각 자기 가족을 데리고 애굽에 이른 이스라엘 아들들의 이름은 이러하니"로 번역하는데, 히브리어 원문을 보면 접속사 '그리고' 로 시작한다. 이것은 매우 중요한 의미를 갖는다. 물론 어떤 책을 '그리고' 로 시작하는 것은 어색하다. 그러나 우리 어법에 맞지 않다고 해서 원문을 무시하는 것은 바람직하지 않다. 고대 히브리인들은 이야기를 '그리고' 로 시작한다. 지금 하는 이야기가 별개가 아니고, 이어지

는 이야기임을 보여 주는 것이다. '이런 일이 있은 후에' 라는 식으로 이야기를 시작하는 것도 같은 방식이다. 이렇듯 '그리고' 는 이스라엘의 역사의식을 보여 준다. 그들은 출애굽 사건을 확고한 역사의식 속에서 다루었다.

그리고 출애굽기는 히브리어 원문을 보면, "그리고 이것들이 이름들이다" (히브리어로 '웨엘레 세모트')로 시작한다. 그래서 출애굽기는 '이름의 책' 이다. 야곱과 함께 애굽에 들어온 사람들의 명단이 나오고, 하나님이 이름을 알려 주신다.

야곱과 그의 자손들이 애굽에 당도하여 야곱이 애굽에 내려가려고 할 때 낯선 곳이어서 매우 두려워했지만, 하나님이 그를 격려하신다. "하나님이 이르시되 나는 하나님이라 네 아버지의 하나님이니 애굽으로 내려가기를 두려워하지 말라 내가 거기서 너로 큰 민족을 이루게 하리라 내가 너와 함께 애굽으로 내려가겠고 반드시 너를 인도하여 다시 올라올 것이며 요셉이 그의 손으로 네 눈을 감기리라 하셨더라"(창 46 : 3-4). 이렇듯 하나님은 야곱과 함께 애굽으로 내려가시면서 그에게 출애굽을 약속하신다. 하나님은 '함께하시는 하나님' , 즉 '임마누엘' 이시다.

'자기 가족' 은 히브리어로 '베토' 인데, 이것은 직역하면 '그의 집' 이다. 그러니까 사람뿐만 아니라 모든 소유를 가리킨다.

'애굽' 은 히브리어로 '미츠라임' 인데, 이는 〈칠십인역〉을 따른 것이다. '이스라엘 아들들' (히브리어로 '베네 이스라엘')은 원래 야곱의 자손들을 가리키지만, 일반적으로는 야곱의 후손들인 이스라엘 사람들을 가리킨다(이러한 의미 확장은 이야기가 가족전승에서 국가전승으로 넘어가는 것을 보여 준다. Brevard S. Childs, *The Book of Exodus - A Critical, Theological Commentary*. OTL.〈Philadelphia : The Westminster Press, 1974〉, p. 2). '이스라엘 아들들' (또는 '이스라엘 자손들')은 출애굽기에서 매우 중요한 어휘이다. 이 말은 창세기에서 세 번 나오지만('이스라엘 사람들' , 창 32 : 32, 36 : 31, 50 : 25), 출애굽기에서는 115회(〈개역개정〉 성경은 '이스라엘 자손'

〈109회〉, '이스라엘 아들들' 〈6회〉로 번역)나 나온다.

[1:2-5] 출애굽기는 앞에 나오는 창세기와 이어지는데, 그 구체적인 연결점은 애굽에 들어간 사람들, 즉 입(入)애굽 한 사람들의 명단이다. 출애굽기는 애굽에 들어간 야곱의 아들들 이름으로 시작하는데, 그 자세한 명단은 창세기 46 : 8~27에 나온다.

	지 파	이 름	수
레아 자손	르우벤	르우벤, 하녹, 발루, 헤스론, 갈미	5
	시므온	시므온, 여무엘, 야민, 오핫, 야긴, 스할, 사울	7
	레위	레위, 게르손, 그핫, 므라리	4
	유다	유다, 셀라, 베레스, 세라, 헤스론, 하물	6
	잇사갈	잇사갈, 돌라, 부와, 욥, 시므론	5
	스불론	스불론, 세렛, 엘론, 얄르엘	4
		디나	1
실바 자손	갓	갓, 시뵨, 학기, 수니, 에스본, 에리, 아로디, 아렐리	8
	아셀	아셀, 임나, 이스와, 이스위, 브리아, 세라, 헤벨, 말기엘	8
라헬 자손	요셉	요셉, 므낫세, 에브라임	3
	베냐민	베냐민, 벨라, 베겔, 아스벨, 게라, 나아만, 에히, 로스, 뭅빔, 훕빔, 아릇	11
빌하 자손	단	단, 후심	2
	납달리	납달리, 야스엘, 구니, 예셀, 실렘	5

이 도표에 의하면 야곱까지 모두 70명이 애굽에 들어가는데, 요셉과 두 아들은 애굽에 있었기 때문에 그들을 제외하면 모두 67명이 애굽에 들어간다. 그리고 창세기 46 : 26에 의하면, 며느리들은 계수하지 않았다. 본문 5절의 "야곱의 허리('허리'는 창 24 : 2, 9, 46 : 26, 47 : 29, 삿 8 : 30에서처럼, 성기를 완곡하게 표현한 것이다. William H. C. Propp, *Exodus 1-18*, AB.〈New York : Doubleday, 1999〉, p. 129)에서 나온 사람이 모두 칠십이

요"를 직역하면, "그리고 야곱의 허리에서 나온 모든 사람(히브리어로 '네페쉬')이 칠십 명(히브리어로 '네페쉬')에 이르렀다"인데, '네페쉬'를 대개 '영'(靈)으로 생각하지만, 히브리적 사유에서는 생명체로서의 인간을 가리킨다.

그런데 〈칠십인역〉과 신약성경은 그 수를 75명이라고 한다. 〈칠십인역〉은 요셉의 세 손자와 두 증손자를 합해서 모두 75명으로 계산한 것이다. 신약성경은 〈칠십인역〉을 따른 것으로 보이는데, 스데반은 이스라엘 역사를 개괄하면서 "요셉이 사람을 보내어 그의 아버지 야곱과 온 친족 일흔다섯 사람을 청하였더니"(행 7 : 14)라고 한다(〈칠십인역〉이 지나치게 숫자에 집착하는 것으로 보이는데, 70을 정확한 인원수라기보다는 대략적이고 상징적인 수로 보는 것이 좋겠다. 이스라엘의 장로들이 모두 72명〈12지파×6명〉임에도 불구하고, 70명의 장로라고 하는 것과 같다).

[1 : 6] 5절과 6절은 상당한 시간적인 차이를 보인다. 5절은 야곱과 함께 애굽에 들어온 사람들 명단인데, 6절은 그들과 요셉이 이미 죽었다고 한다. '모두'를 의미하는 히브리어 '콜'을 두 번 사용함으로써(〈개역개정〉 성경은 '모든'과 '다'로 번역) 세월이 많이 흘러서 그들이 다 죽었음을 강조한다.

[1 : 7] 이 구절도 출애굽기가 창세기와 긴밀한 관계를 갖는 것을 보여 주는데, "생육하고 불어나 번성하고 매우 강하여 온 땅에 가득하게 되었더라"에 나오는 동사들은 창세기 1장에 나오는 하나님의 창조사역을 떠올리게 하고, 하나님이 아브라함에게 하신 약속을 기억하게 하는 단어들이다. 이 구절은 특히 그들이 매우 강해졌음을 강조하는데, '매우'(히브리어로 '메오드')를 두 번 반복함으로써(직역하면 '매우 매우 강해져서') 이스라엘 사람들이 최고로 강해졌음을 보여 준다.

하나님은 아브라함에게 자손과 땅을 약속하셨다. 민족을 만들어 주실 것을 약속하셨다. 이것은 나라를 만들어 주시겠다는 것이다. 그리고 이 약속은 출애굽 사건을 통해서 이루어진다. 출애굽기 첫 장에서 '번성'(蕃盛)을 그토록 강조하는 까닭이 여기에 있다.

시편 105 : 23~24도 이것을 언급한다. "이에 이스라엘이 애굽에 들어감이여 야곱이 함의 땅에 나그네가 되었도다 여호와께서 자기의 백성을 크게 번성하게 하사 그의 대적들보다 강하게 하셨으며".

이스라엘 사람들이 번성했다는 것은 하나님이 약속하신 것을 이루셨다는 것을 보여 준다. 물론 얼마나 번성했는지는 알 수 없지만, 여기서 중요한 것은 이스라엘 백성들이 하나님을 약속하시는 하나님일 뿐만 아니라 약속을 이루시는 분으로 믿었다는 것이다. 그리고 이것이 바로 하나님이 행하시는 새로운 역사, 새 창조이다.

참고－출애굽을 기다리는 사람들

1. 아브람(창 15 : 7－21)

창세기 15 : 1~6까지 하나님과 아브람이 나눈 대화는 그 이후로도 계속된다. 우리는 하나님과 아브람이 대화하는 장면을 옆에서 지켜보고 있다. 하나님은 자신을 이렇게 소개한다. "나는 이 땅을 네게 주어 소유를 삼게 하려고 너를 갈대아인의 우르에서 이끌어 낸 여호와니라"(7절). 하나님은 사람을 이끌어 내시는 엑소더스(출애굽 또는 이끌어 냄.)의 하나님이시다. 하나님은 이 땅을 주겠다고 말씀하신다. 그러자 아브람은 그것을 어떻게 믿을 수 있느냐고 묻는다. 여러 가지 이유로 인해서 아브람은 하나님의 약속이 실현될 것이라는 믿음을 포기하면서 살았던 모양이다. 하나님은 이 말을 듣고 아브람에게 제사를 드리게 한다. 아브람은 하나님의 말씀을 듣고 그대로 따른다. 그런 다음, 하나님은 아브람의 자손들이 애굽에 들어갔다가 400년 후에 나올 것이라고 말씀하신다. 400년 후에 이 땅을 아브람의 후손들에게 주시겠다는 것이다. 그리고 땅을 주시겠다는 확증으로 이야기는 끝난다. 하나님은 400년 후에 있을 출애굽을 예고하신다. 이 땅에 반드시 돌아와서 살게 될 것을 여러 차례 약속하시는 것이다.

그런데 이것도 약속인가? 400년 후에나 이루어질 일이 도대체 아브람에게 어떤 의미가 있는 것일까? 그것이 도대체 후손도, 땅도 없이 떠돌아다니는 아브람에게 어떤 의미가 있었을까? 그래도 아브람에게 의미가 있었기 때문에 하나님이 이런 약속을 하고 아브람은 그 약속에 힘입어 살았을 것이다. 그렇기에 아브람은 진정 믿음의 사람이다. 400년 후에 일어날 일을 믿으면서, 자기가 떠돌아다니는 그 땅에 자기의 후손들이 하늘의 별처럼, 바닷가의 모래처럼 퍼져 살면서 하나님을 섬기는 그 모습을 미리 경험하면서 살았으니 얼마나 위대한 믿음의 아버지인가!

2. 야곱(창 49 : 29 – 33)

아브라함의 신앙은 이삭을 거쳐서 야곱에게로 이어진다. 야곱이 얼마나 파란만장한 삶을 살았던가? 애굽 왕 바로 앞에서 그 자신이 말한 것처럼, 야곱은 정말 험악한 삶을 살았다. 야곱이 바로 앞에서 이 말을 할 때 심정이 어떠했을까? 어떤 마음에서 험악하게 살았다고 말했을까?

그런데 이런 야곱의 모습이 참된 모습은 아니다. 야곱은 자식들에게 여러 가지 유언을 하고 세상을 떠났다. 특히 요셉에게 유언하기를 자기를 애굽에 묻지 말고 가나안 땅에 묻어 달라고 했다. 야곱은 자신을 어느 곳에 묻어야 할지를 분명하게 밝힌다. 그러면서 그곳이 어떤 곳인지 설명했다. 이것은 그 장소가 중요하다는 것을 보여 준다. 하지만 그곳에는 아무도 없다. 죽어서 묻힌 조상들만 있는 곳이다. 무덤을 돌봐 줄 사람도 없다. 그런데 왜 야곱은 자기를 그곳에 묻도록 요구했을까?

지금은 그곳에 이스라엘 사람들이 아무도 없지만, 언젠가는 그곳에 이스라엘 백성들이 하늘의 별처럼, 바닷가의 모래처럼 많아질 것을 믿었던 것이다. 야곱은 하나님이 이스라엘 사람들을 반드시 출애굽 시켜 주실 것을 믿었다. 그리고 야곱은 죽어서 출애굽을 했다. 그럼으로써 그의 후손들인 이스라엘 백성들이 반드시 출애굽 할 것을 미리 보여 주었다. 장자권을 빼앗기 위해서 몸부림치던 청년 시절의 야곱과 비교해 볼 때, 얼마나 믿음이 충만해졌는가? 성경은 야곱 역시 아브라함의 계보를 잇는, 그래서 예수 그리스도까지 믿음의 계보가 이어지는 위대한 신앙인이었음을 보여 주고자 하는 것이다.

3. 요셉(창 50 : 22 – 26)

아브라함의 계보를 잇는 요셉 역시 믿음의 사람이었다. 요셉은 갖은 고생 끝에 이국 땅 애굽에서 총리대신까지 지낸 입지전적인 인물일 뿐만 아니라 위대한 신앙의 인물이었기에 우리를 감동시킨다.

요셉은 세상을 떠나면서 유언을 남겼다. 그것은 자신을 애굽에 장사지내지만, 하나님이 이스라엘 백성을 출애굽 시켜 주시면 그때 자신의 해골을 메고 애굽에서 나가 달라고 했다. 요셉은 비록 애굽 땅에 묻히지만, 출애굽을 열망했다는 것을 알 수 있다. 요셉은 왜 그토록 출애굽을 열망했을까?

여러분이 요셉의 유언을 들었다면 어떻게 생각했을까? 총리대신의 후예들로서 호강하는데, 출애굽이 도대체 어떤 의미가 있었을까? 그러나 그들이 이 이야기를 기억하고 후세에 전한 것을 보면 애굽에서 누린 영광에 만족하지 않고, 그들도 출애굽을 대망했던 듯하다.

창세기는 요셉의 유언으로 끝난다. 족장들의 이야기는 이렇듯 출애굽 사건에 대한 예고로 이루어진다. 이스라엘 백성은 반드시 출애굽 할 것이다. 창세기는 이것을 말한다.

2. 고통당하는 이스라엘 사람들(1 : 8 – 14)

8요셉을 알지 못하는 새 왕이 일어나 애굽을 다스리더니 9그가 그 백성에게
이르되 이 백성 이스라엘 자손이 우리보다 많고 강하도다 10자, 우리가 그들
에게 대하여 지혜롭게 하자 두렵건대 그들이 더 많게 되면 전쟁이 일어날 때
에 우리 대적과 합하여 우리와 싸우고 이 땅에서 나갈까 하노라 하고 11감독들
을 그들 위에 세우고 그들에게 무거운 짐을 지워 괴롭게 하여 그들에게 바로
를 위하여 국고성 비돔과 라암셋을 건축하게 하니라 12그러나 학대를 받을수

록 더욱 번성하여 퍼져나가니 애굽 사람이 이스라엘 자손으로 말미암아 근심
하여 [13]이스라엘 자손에게 일을 엄하게 시켜 [14]어려운 노동으로 그들의 생활을
괴롭게 하니 곧 흙 이기기와 벽돌 굽기와 농사의 여러 가지 일이라 그 시키는
일이 모두 엄하였더라

7절에서 이스라엘이 번성하고 강성해졌음을 강조했기 때문에 처음 이 구절을 읽는 독자들은 앞으로 이스라엘 사람들이 애굽에서 영광을 누릴 것으로 예상할 것이다. 그러나 8~14절은 전혀 다른 이야기를 한다. 이스라엘 사람들이 번성하고 강성해졌기 때문에 그들은 오히려 더 어려움을 당했다. 그래서 하나님이 하신 약속들이 모두 허사가 될 것 같다는 생각을 갖게 한다.

[1 : 8] 8절을 7절과 비교해 보면, 역사적으로 극적인 전환이 일어나는 것을 확인할 수 있다. 애굽에서 새 왕이 왕위에 올랐는데, 본문 기자는 그가 요셉을 알지 못했음을 제일 먼저 언급한다. 새 바로가 요셉을 알지 못했다는 것은 단지 요셉 개인을 알지 못했다는 것이 아니라 요셉과 관련된 것, 즉 이스라엘 사람들을 거부하고 더 나아가 하나님께 대항했음을 의미한다.

요셉은 이스라엘 사람의 자랑이었을 것이고, 그들에게 보호막 같은 존재였을 것이다. 그런데 요셉이 세상을 떠났고, 바로는 요셉을 알지 못했다. 이스라엘은 위험에 노출된 것이다. 이런 상황에서 바로는 이스라엘을 알(려고 하)지 못했지만, 하나님은 그들을 기억하셨다(Terence E. Fretheim, *Exodus*. Interpretation－A Bible Commentary for Teaching and Preaching〈Louisville : John Knox Press, 1991〉, p. 27).

바로는 이스라엘의 번성과 강성을 매우 위협적인 것으로 여기고, 즉각 이스라엘에 대한 협박과 박해로 나아간다. 이것은 이삭이 농사를 지어서 백배의 결실을 얻은 다음에 일어난 상황과 같다.

8절을 보면 하나님과 이스라엘 사람들은 힘을 잃은 것으로 보이고, 애굽

왕과 애굽 사람들은 강력한 힘을 갖게 된 것으로 보인다. 출애굽기에서 맨 처음 말하는 등장인물은 하나님이 아니다. 애굽의 새 왕, 즉 '바로'가 출애굽기에서 맨 처음 말을 한다(Walter Brueggemann, "The Book of Exodus," *NIB. I*〈Nashville : Abingdon Press, 1994〉, p. 694). '바로'는 애굽의 왕을 칭하는 명칭이고, 왕의 이름이 아니다. 출애굽기는 애굽 왕을 계속 '바로'라고 부르는데, 애굽어에서 '바로'는 '큰 집'을 의미한다. 그러니까 '바로'는 원래 왕이 거하는 궁전을 가리키는 용어인데, 나중에는 왕궁에 거하는 왕을 가리키는 용어로 바뀐 것이다. 왕을 직접 칭하는 것을 꺼렸기 때문이다. 출애굽기는 '애굽 왕'과 '바로'를 번갈아 사용한다. 바로가 어느 왕인지 알 수 없다. 이름으로 시작하는 출애굽기는 여러 사람들의 이름을 밝히는데, 애굽 왕의 이름은 밝히지 않는다. 그리고 모세를 구한 공주의 이름도 밝히지 않는다. 이 공주에 대해서는 이름을 밝힐 법도 한데, 그렇게 하지 않는다.

왕의 이름을 언급하지 않고 바로로 통칭하는 것은 '바로'가 어떤 특정한 역사적 인물이라기보다는 하나님을 거역하는 세력을 상징하기 때문이다.

[1 : 9-10] 새 바로가 왕위에 올라서 제일 먼저 한 일은 '그의 백성'에게 이스라엘에 대한 대책을 세울 것을 촉구하는 것이었다. 이스라엘 사람들이 가장 시급한 정치적 현안이라고 판단한 것이다. 9절을 보면, "그가 그 백성(히브리어로 '암모'〈직역하면 '그의 백성'이다.〉)에게 이르되 이 백성(히브리어로 '암'〈이스라엘 사람들은 그냥 '백성'이라고 한다.〉) 이스라엘 자손이 우리보다 많고 강하도다"라고 하는데, 그러면서 바로는 '그의 백성'에게 '이 백성' 이스라엘 사람들이 '나갈 것'을 걱정한다. 〈개역개정〉 성경은 10절을 "두렵건대 …… 나갈까 하노라"로 번역해서 "반드시 그렇지는 않겠지만 혹시라도 그럴 가능성이 있다."는 의미로 들리게 하는데, 원문은 그 의미가 아주 명확하다. 원문대로 하면, 바로는 이스라엘 사람들이 반드시 출애굽 할 것이라고 확신한다. 〈표준새번역〉 성경은 이렇게 번역한다. "그러니 이제, 우리는 그

들에게 신중히 대처하여야 한다. 그렇게 하지 않으면 그들의 수가 더욱 불어날 것이고, 또 전쟁이라도 일어나는 날에는, 그들이 우리의 원수들과 합세하여 우리를 치고, 이 땅에서 떠나갈 것이다."

출애굽기에서 이스라엘 백성들이 출애굽 할 것을 가장 먼저 간파한 사람은 다름 아닌 애굽의 새로운 바로이다. 그는 상당히 정확한 정보를 가지고 대처한다는 점에서 왕으로서의 자격을 충분히 갖추었다.

새로 권력을 장악한 바로와 그의 측근들은 그 이전 정권과 달리 이스라엘 백성들을 위협적인 세력으로 간주했다. 이스라엘 백성이 너무 강하다고 말하는데, 이것은 실제로 이스라엘이 애굽보다 강하다는 뜻이 아니라 애굽에 상당히 위협적이라는 것이다.

[1 : 11] 10절에서 바로가 이스라엘 사람들에 대한 신속한 대책수립을 촉구하는데, 10절에서 11절로 넘어오는 사이에 그 대책을 수립하고, 11절에서는 그 대책을 바로 집행한다. 그것은 이스라엘 백성들을 괴롭게 하는 것(히브리어로 '아나', 이 단어는 '압제하다'와 '굴욕을 주다'는 의미를 갖는다.)인데, '아나'는 11절과 12절에 두 번 나온다. 그리고 국고성인 비돔과 라암셋은 나일 삼각주 동편에 위치하고, 라암셋은 왕도(王都)였다.

[1 : 12-14] 출애굽기에는 아이러니가 많은데, 아이러니의 가장 대표적인 인물이 바로 애굽 왕 '바로'이다. 바로는 애굽의 왕으로서 지혜롭게 처신하려고 하고 그렇게 보이기도 하지만, 그것은 결국 하나님께 영광을 돌리는 결과를 만들어 냄으로써 아이러니의 극치를 이룬다.

우선 바로가 세운 첫 번째 대책은 아무런 성과를 거두지 못한다. 이스라엘 사람들을 괴롭힐수록 그들의 수가 더욱 늘어났기 때문이다. 그래서 바로와 애굽 사람들은 그 강도를 높인다. 바로가 이스라엘 백성들을 극심하게 탄압하고 나중에 인종살해까지 지시하는 까닭은 애굽 백성들이 이스라엘 사람들에 대해서 갖는 혐오감 때문이다. 애굽 사람들은 아무리 학대를 해도 이스라엘 사람들이 쇠약해지지 않는 것을 보고, 매우 불편해하고 불쾌하게 여겼다. 매우 싫어하는 것으로 인해 마음이 쓰인다는 것을 〈개역개정〉 성경은 '근심'으로 번역하는데, 이것은 히브리어로 '쿠츠'이다(12절). 이 단어는 창세기 27 : 46a("리브가가 이삭에게 이르되 내가 헷사람의 딸들로 말미암아 내 삶이 싫어졌거늘".), 민수기 21 : 5b("우리 마음이 이 하찮은 음식을 싫어하노라 하매".), 22 : 3b("모압이 이스라엘 자손 때문에 번민하더라".), 이사야 7 : 16b("네가 미워하는 두 왕의 땅이 황폐하게 되리라".)에 나온다.

국고성은 사람들의 생명을 위한 것이지만, 그 성을 짓기 위해서 수많은 사람이 고생하고 다치고 죽는다. 이스라엘 백성들이 얼마나 고통을 당했는지, 고통과 관련된 단어들이 많이 나온다. 13~14절을 보자.

> "이스라엘 자손에게 일을 엄하게 시켜 어려운 노동으로 그들의 생활을 괴롭게 하니 곧 흙 이기기와 벽돌 굽기와 농사의 여러 가지 일이라 그 시키는 일이 모두 엄하였더라".

'엄하다'는 것은 히브리어로 '페렉'인데, 이것은 '중노동'을 가리킨다. 레위기 25 : 43("너는 그를 엄하게 부리지 말고 네 하나님을 경외하라".), 46b절("너희 동족 이스라엘 자손은 너희가 피차 엄하게 부리지 말지니라".), 53b절("네 목전에서 엄하게 부리지 말지니라".)은 동족들에게 '페렉'을 행하지 말도록 요구한다. 그리고 13절과 14절에는 '일'(히브리어로 '아바드')과 관련된 단어가 5회 나온다. '일'에 해당하는 히브리어 '아바드'는 출애굽기에 모두 100회 나오는데, 노동을 가리키기도 하지만 하나님을 섬기는 것을 가리키기도 한다. 그러니 이스라엘 사람들에게 일을 시키는 것은 이 두 가지 의미를 갖는다.

이렇게 애굽 왕은 이스라엘 사람들을 애굽에 머물게 하면서 동시에 그들을 통제할 수 있는 기막힌 방법을 찾아낸다. 이스라엘 사람들로 하여금 인생살이를 고추처럼 맵게 느끼게 함으로써(14절에 나오는 '괴롭게 하니'는 어근이 히브리어로 '마라'인데, 마라는 '쓰다'라는 의미를 갖는다.) 그들을 힘으로 제압하려는 것이다. 이것은 예로부터 지배자들이 즐겨 사용하는 가장 단순하고 효과적인 방식이다. 그래서 바로는 이스라엘 사람들을 일부러 중노동에 동원한다. 국고성은 곡식을 저장하는 곳인데, 이것은 요셉 이야기에도 나오는 것처럼 당시 국가가 식량을 통제하여 그것으로 사람들을 다스렸음을 보여 준다. 그러나 이런 정책에도 불구하고, 이스라엘 사람들은 수가 많아지고 강성해졌다.

하나님은 전능하시지만, 하나님이 하시는 일들이 아무런 수고 없이 이루어지는 것은 결코 아니다. 하나님을 의도적으로 거스르는 세력들, 즉 하나님의 대적들이 있기 때문에 하나님이 무슨 일을 하시려고 할 때, 그들은 거세게 달려든다. 하나님의 뜻이 강할수록, 하나님이 하신 약속이 강력할수록 하나님의 대적들은 더욱 강하게 달려든다. 하나님의 뜻을 이루기 위해서, 하나님이 하신 약속을 이루기 위해서 하나님과 하나님의 사람들은 대적들이 도전하는 것을 물리쳐야 한다.

아브라함부터 요셉에 이르는 족장들의 이야기는 출애굽을 핵심으로 엮어진다. 족장들의 이야기를 읽으면서 우리는 출애굽을 향해 달려왔다. 하나님이 족장들에게 끊임없이 하신 후손과 땅에 대한 약속은 출애굽의 약속이라고 해도 좋을 것이다.

하나님은 아브라함을 비롯한 족장들에게 하신 약속을 지키시는 분이다. 세월이 흘러 애굽 땅에 사는 이스라엘 사람들의 수가 많아졌다. "이스라엘 자손은 생육하고 불어나 번성하고 매우 강하여 온 땅에 가득하게 되었더라" (출 1 : 7). 출애굽기 기자는 이스라엘 백성들의 수가 많아졌다는 것을 여러 번 반복해서 말한다. 왜 이처럼 이스라엘 백성들이 많아졌다는 것을 여러 차례 반복해서 말할까? 혹시 어떤 사건이 일어날 때가 되었음을 말하고자 하는 것은 아닐까?

애굽 왕 바로가 염려하는 것은 두 가지이다. 하나는 전쟁이 일어났을 때 대적과 결합하는 것이고, 다른 하나는 이 땅에서 나가는 것이다. 첫 번째 걱정은 이해할 수 있다. 그런데 두 번째 걱정은 당시 이스라엘 사람들이 애굽에서 떠나려는 마음이 있다는 것을 애굽 사람들이 알고 있었음을 보여 준다.

그래서 바로는 그들을 더욱 학대했다. 그런데 학대를 받을수록 더욱 번식하고 창성해서 바로와 애굽 사람들의 근심이 더욱 커졌다. 하나님은 아브라함을 비롯한 여러 족장들에게 약속하셨다. 땅을 주시겠다는 약속과 후손들이 많아지게 하시겠다는 약속이었다. 이 두 가지 약속 가운데서 후손에 대한 약속이 이루어진 것이다. 이제 땅에 대한 약속만이 남아 있다. 그런데 하나님은 이스라엘 백성들에게 가나안 땅에서 살게 하시겠다고, 가나안 땅이 이스라엘 백성들의 땅이 될 것이라고 오래전부터 말씀하셨다. 두 가지 약속 가운데 하나가 이루어지고 있다는 것은 무엇을 말하는가? 이것은 하나님이 약속을 반드시 지키시는 분임을 보여 주며, 그래서 400년 전에 예고하신 출애굽이 임박했음을 알려 주는 것이다.

참고 – 벽돌 전승

창세기 11장을 보면, 바벨 사건은 시날에서 일어났다. 온 땅(콜 – 하아레츠)에 흩어짐을 원하시는 하나님의 뜻과는 반대로, 사람들은 넓은 땅 대신 한 폐쇄된 공간을 만들고자 했다. 그곳이 바로 바벨이다. 바벨을 만들 때, 사람들은 벽돌을 사용했다.

> "서로 말하되 자, 벽돌을 만들어 견고히 굽자 하고 이에 벽돌로 돌을 대신하며 역청으로 진흙을 대신하고"(창 11 : 3).

이 구절은 독자들로 하여금 벽돌이 돌을 대체하는 신형 건축자재로 생각하게 한다.

그러니까 건축술이 상당히 진보한 것이다. 하지만 이것이 겉으로 보기에는 진보 같아도 실제로는 그렇지 않다. 벽돌은 아무래도 돌보다는 약하다. 큰 건물을 만들 때는 더 그럴 것이다. 그래서 여기에는 아이러니가 나타난다. 말하는 사람들은 벽돌이 돌보다 나은 것처럼 말하지만, 실제로는 그렇지 않기 때문이다. 이 말을 함으로써 그들은 어리석음을 드러낸다. 지혜로움을 드러내려는 의도와는 달리 그 결과는 어리석음을 드러내기 때문에 이것은 아이러니이다.

그들이 처음 한 말은 '하바' 이다. 이것은 주의를 집중시키는 말이며, 무언가 중요한 말을 하려고 할 때 사용된다. 이들은 창세기 11 : 4에서도 '하바' 로 말을 시작한다. 이 '하바' 는 지금부터 그들이 하는 말이 결코 심상치 않다는 것을 보여 준다. '하바' 는 구약성경에서 모두 12번 나오는데, 창세기에만 7번 나온다. 그리고 본문과 형태가 가장 비슷한 것이 출애굽기 1 : 10이다.

> "자(하바), 우리가 그들에게 대하여 지혜롭게 하자 두렵건대 그들이 더 많게 되면 전쟁이 일어날 때에 우리 대적과 합하여 우리와 싸우고 이 땅에서 나갈까 하노라(펜) 하고".

바로와 대신들이 평상시와는 다른 긴장된 분위기 속에서 중대한 계획을 세우는데, 이런 비상함은 위기감에서 비롯한다. 그 위기감은 '펜' 에서 명확하게 드러난다. '하바' 와 '펜' 이 함께 나와서 본문 분위기를 매우 촉급하게 만든다.

이 두 단어의 결합은 창세기 11 : 4에서도 나타난다. 4절은 '또 말하되' (히브리어로 '와이오메르')로 시작하는데, 이것은 3절에서 하던 말이 일단 끝났음을 알려 준다. 그리고 이것은 3절과 4절이 텍스트 공간상으로는 바로 이어지지만, 시간적으로는 어느 정도 간격이 있음을 암시한다. 벽돌을 만들고 역청 사용하는 법을 안 이후로 어느 정도 시간이 흐른 다음에 그들이 다시 말을 하는 것이다. 그들이 하는 말은 3절처럼 역시 '하바' 로 시작한다. 그들은 다시 중요한 말을 하려고 한다. 이처럼 주의를 끈 다음 그들이 하는 말은 '우리가 건축하자' (히브리어로 '니베나')이다. '우리가 건축하자' 는 이 말의 발음은 앞에 나온 '벽돌' (히브리어로 '레베나')을 연상하게 한다. 이런 말장난은 음흉한 모의의 흔적을 느끼게 한다. 그런데 여기서 우리가 더 주목해야 할 것은 '하바' 와 '펜' 의 결합이다.

"또 말하되 자(하바), 성읍과 탑을 건설하여 그 탑 꼭대기를 하늘에 닿게 하여 우리 이름을 내고(원문대로 하면 '우리 스스로 이름을 내자' 이다.) 온 지면에 흩어짐을 면하자(펜－나푸츠 알－페네 콜－하아레츠, 원문대로 직역하면 '……우리 스스로 이름을 내자. 그렇지 않으면 우리가 온 땅 위에 흩어질 것이다.' 이다.) 하였더니"(창 11 : 4).

이러한 문장 형태의 동일함은 바벨 이야기와 출애굽 이야기를 하나로 묶어 준다. 독자들로 하여금 바벨 이야기를 출애굽 이야기와 연결시켜서 이해할 수 있는 근거를 마련해 주는 것이다.

그들이 애굽에서 한 일 가운데 바로를 위해 비돔과 라암셋이라는 성을 건축하는 일이 가장 큰 공사였던 모양이다. 창세기 11장을 읽거나 그 이야기를 듣는 고대 이스라엘 사람들은 바벨을 통해서 비돔과 라암셋을 생각했을 것이다. 그들은 히브리인들이 강제로 끌려가서 일해야 했던 그 비참한 공사현장을 떠올렸을 것이다. 바벨 이야기는 히브리인들이 애굽에서 종노릇하던 때, 그 가혹한 압제의 역사를 기억나게 했을 것이다. 이렇듯 바벨은 이스라엘 사람들로 하여금 비돔과 라암셋을 상기하게 하고, 또 거꾸로 비돔과 라암셋에 대한 기억이 바벨을 떠오르게 했을 것이다. 그 기억들은 이스라엘에게는 끔찍함이었을 것이다. 그런데 중요한 것은 그들이 비돔과 라암셋을 만들 때 했던 노동 가운데 벽돌 만들기가 있다는 사실이다.

"그러나 학대를 받을수록 더욱 번성하여 퍼져나가니 애굽 사람이 이스라엘 자손으로 말미암아 근심하여 이스라엘 자손에게 일을 엄하게 시켜 어려운 노동으로 그들의 생활을 괴롭게 하니 곧 흙 이기기와 벽돌 굽기와 농사의 여러 가지 일이라 그 시키는 일이 모두 엄하였더라"(출 1 : 12－14).

세심한 독자들은 바벨 이야기에서도 흙 이기기와 벽돌 굽기가 함께 나왔음을 기억할 것이다. 그런데 이집트에 있던 히브리인들은 벽돌 만들기만 한 것이 아니고, 그 벽돌들을 쌓아서 성을 만들었다. 그래서 이미 애굽 이야기를 아는 사람들은 바벨 이야기가 전혀 낯설지 않았을 것이다. 메소포타미아나 이집트뿐만 아니고 팔레스타인에서도 집을 지을 때 돌로 기초를 놓고, 그 위에 말린 벽돌을 쌓아 올렸기 때문에 벽돌은 이스라엘 사람들에게도 친숙한 말일 텐데, 구약성경에서는 벽돌이 그렇게 친근한 뉘앙스를 갖지 못한다. 애굽에서의 종살이를 기억하게 하는 벽돌이 이스라엘 사람들에게는 그렇게 기분 좋은 단어는 아니었음이 분명하다.

출애굽기 5장에는 벽돌이라는 말이 6번 나온다. 모두 12번 가운데 절반이 출애굽기 5장에 나오는 것이다. 이런 빈번한 반복은 독자들로 하여금 수없는 벽돌 만들기, 즉 여기저기에 산더미처럼 가득 쌓인 벽돌, 그 벽돌에 대한 이스라엘의 한 맺힘을 상상하게 한다. 강제노역, 특히 벽돌 만들기와 벽돌 쌓기에 강제 동원된 이스라엘 사람들은 벗어날 길 없는 극심한 고통에 시달리면서 하나님께 부르짖었다. 사람 잡자고 마음먹고 시키는 노역이니, 그 고생이 얼마나 심했을지 짐작할 수 있다. 이스라엘 사람들에게 벽돌은 인간이 인간을 억압하고 괴롭히는 모든 불의한 압제를 상징하는 것이었다. 그런 고역을 해야 하는 사람들이 가장 희망하는 것은 다름 아닌 출애굽, 엑소더스이다. 그래서 바벨 이야기에서도 엑소더스를 읽어 내는 것이 당연하다. 그러니 독자들이 보기에 벽돌은 이스라엘 사람들로 하여금 고통을 기억하게 하는 불쾌한 매개인 동시에 엑소더스를 희망하게 하는 매개이기도 하다.

3. 모세가 태어나다(1 : 15-2 : 10)

15애굽 왕이 히브리 산파 십브라라 하는 사람과 부아라 하는 사람에게 말하
여 16이르되 너희는 히브리 여인을 위하여 해산을 도울 때에 그 자리를 살펴
서 아들이거든 그를 죽이고 딸이거든 살려 두라 17그러나 산파들이 하나님을
두려워하여 애굽 왕의 명령을 어기고 남자 아기들을 살린지라 18애굽 왕이
산파를 불러 그들에게 이르되 너희가 어찌하여 이같이 남자 아기들을 살렸
느냐 19산파가 바로에게 대답하되 히브리 여인은 애굽 여인과 같지 아니하고
건장하여('건장하다'로 번역한 단어는 히브리어로 '하요트'인데, '생명력이

넘치다' 라는 의미를 갖는다.) 산파가 그들에게 이르기 전에 해산하였더이다
하매 20하나님이 그 산파들에게 은혜를 베푸시니 그 백성은 번성하고 매우 강
해지니라 21그 산파들은 하나님을 경외하였으므로 하나님이 그들의 집안을
흥왕하게 하신지라 22그러므로 바로가 그의 모든 백성에게 명령하여 이르되
아들이 태어나거든 너희는 그를 나일강에 던지고 딸이거든 살려 두라 하였더
라 2:1레위 가족 중 한 사람이 가서 레위 여자에게 장가들어 2그 여자가 임신
하여 아들을 낳으니 그가 잘생긴 것을 보고 석 달 동안 그를 숨겼으나 3더 숨
길 수 없게 되매 그를 위하여 갈대 상자를 가져다가 역청과 나무 진을 칠하고
아기를 거기 담아 나일 강가 갈대 사이에 두고 4그의 누이가 어떻게 되는지를
알려고 멀리 섰더니 5바로의 딸이 목욕하러 나일강으로 내려오고 시녀들은
나일 강가를 거닐 때에 그가 갈대 사이의 상자를 보고 시녀를 보내어 가져다
가 6열고 그 아기를 보니 아기가 우는지라 그가 그를 불쌍히 여겨 이르되 이
는 히브리 사람의 아기로다 7그의 누이가 바로의 딸에게 이르되 내가 가서 당
신을 위하여 히브리 여인 중에서 유모를 불러다가 이 아기에게 젖을 먹이게
하리이까 8바로의 딸이 그에게 이르되 가라 하매 그 소녀가 가서 그 아기의
어머니를 불러오니 9바로의 딸이 그에게 이르되 이 아기를 데려다가 나를 위
하여 젖을 먹이라 내가 그 삯을 주리라 여인이 아기를 데려다가 젖을 먹이더
니 10그 아기가 자라매 바로의 딸에게로 데려가니 그가 그의 아들이 되니라
그가 그의 이름을 모세라 하여 이르되 이는 내가 그를 물에서 건져 내었음이
라 하였더라

이스라엘 백성들이 압제당하는 상황은 한 히브리 아이가 애굽 왕실에 입양되는 상황을 만들어 낸다. 모세는 기적적으로 목숨을 구했을 뿐만 아니라, 애굽 왕실에 들어가서 탁월한 교육을 받았다. 압제하는 상황, 압제하는 체제가 구원의 상황, 구원의 지도자를 양성한 것이다(출애굽기는 모세를 영웅시하지 않는다. 그러나 모세가 중요한 역할을 하는 것은 부인할 수 없는 사실이다).

본문은 하나님을 경외함으로써 은혜를 받아, 집안이 잘되고 이스라엘 사람들도 번성하고 강성해지는 데 일조를 한 산파들과 히브리 남자아이가 태어나면 죽이라고 계속 명령하는 바로를 대비한다.

[1 : 15-22] 첫 번째 대책이 수포로 돌아가자 바로는 두 번째 대책을 즉각 실행한다. 그는 히브리 산파들을 불러서 그들에게 히브리 남자아이들이 태어나면 그 아이들을 죽이라고 명령한다. 하지만 산파들이 핑계를 대며 바로의 명령을 따르지 않자, 바로는 모든 백성들에게 히브리 남자아이들이 태어나면 나일강에 던져서 죽이라고 하는데, 이때도 바로는 아이러니를 행한다. 그는 자신들이 생명의 강으로 존중하는 나일강을 죽음의 강으로 만들었다.

15절은 이스라엘 사람들을 '히브리인'이라고 하는데, 이것은 당시의 사회적 신분을 가리키는 것으로 보인다. '히브리'가 정확히 무엇을 가리키는지 알 수는 없지만, 대체로 낮은 계층민들을 지칭하는 것으로 보인다. 그들은 종과 자유민 사이 신분이었고, 이주민이었던 것으로 보인다. 당시에 이런 사람들은 여기저기에 있었고, 이스라엘 백성들은 그들 가운데 한 부류였을 것이다.

그리고 15절은 바로가 소집한 히브리 산파들 이름을 밝히는데, 십브라는 '아름다움'이라는 의미이고, 부아는 '화려함'이라는 의미를 갖는다. 그들은 야곱, 요셉, 그리고 그 형제들을 제외하고 출애굽기 기자가 제일 먼저 이름을 밝히는 사람들이다. 이것은 대단한 영광인데, 그들은 그런 대접을 받을 만하다. 바로는 그들에게 이렇게 명령한다. "너희는 히브리 여인을 위하여 해산을 도울 때에 그 자리를('그 자리'는 히브리어로 '하오브나임'인데, 직역하면 '돌 두 개'이다. 이것이 무엇인지 정확히 알 수 없지만, 남자아이와 여자아이 모두에게 있는 어떤 것, 그래서 그것으로 성별을 분간할 수 있는 성기 부분을 가리키는 것으로 보인다〈Propp, *Exodus 1-18*, p. 139〉.) 살펴서 아들이거든 그를 죽이고 딸이거든 살려 두라." 그러나 그들은 바로가 내린 명령을 따르지 않는다. 그들은 자신들이 무슨 일을 해야 할지 명확하게 알았다. 그리고 바로에게 저항했다. 물론 지혜로운 대답으로 목숨을 건진 것으로 보이지만, 그들은 자신들의 목숨을 걸고 아이들을 살렸다. 그래서 그들은 바로에게 추궁을 당한다.

본문은 산파들을 통해서 왕에 대한 두려움과 신에 대한 두려움을 비교함으로써 극적인 대비를 이루는데, 산파들은 신에 대한 두려움을 왕에 대한 두려움보다 앞세우는 선택을 한다. 그들은 살리는 일과 죽이는 일 중에서 그들 본연의 임무인 살리는 일을 선택한다. 그들이 아이들을 죽인다면, 그들은 더 이상 산파가 아니기 때문이다. 출애굽기 기자는 산파들의 이름은 밝히면서 애굽 왕의 이름은 언급하지 않는데, 이런 점에서 바로는 산파들보다 못하다.

바로가 명령을 내린 후에 태어나는 히브리 남자아이들은 모두 사형선고를 받은 죽은 목숨들(T. E. Fretheim, *Exodus*, p. 35.)이라는 점에서 '호모 사케르' (Homo Sacer, 신성한 인간, 이탈리아의 정치철학자 조르조 아감벤의 연작 저서 제목인 '호모 사케르'는 '어떠한 시민적 권리도 없어 종교의 희생제물로도 삼을 수 없는 로마시대의 특정 인간들'을 지칭하는 말이다. 아감벤은 이를 중세의 '늑대 인간', 홉스 시대의 '재판에 회부되지 않는' 어떤 유형의 범죄자들, 나아가 슈미트가 '대지의 노모스'에서 논의했던 국제법 탄생 초기의 문제적 존재들이었던 해적들, 그리고 근대 생명정치의 출현 이후의 모든 '국민' 〈나치 수용소의 수감자들은 이들의 지위를 가장 집약적으로 표현〉과 같은 수많은 '벌거벗은 생명들'로까지 확장한다"〈http : //news.khan.co.kr/kh_news/khan_art_view.html?artid=200802221655555&code=900308〉.)이다.

바로는 막강한 권력을 갖고 사람들의 생명을 좌지우지하는 인물이다. 그런데 그 내막을 들여다보면, 독자들은 바로가 진정 강하기 때문이 아니라 두려움 때문에 그렇게 한다는 것을 눈치챌 것이다. 진정 강한 것은 산파들이고, 이스라엘 사람들이다. 하나님이 은혜를 베푸셔서 이스라엘 사람들은 '번성하고 매우 강해' 졌고(20절), 산파들은 흥왕했다(21절).

바로가 두려워하는 까닭은 이스라엘 백성들이 번성하기 때문이다. 만약 이스라엘 백성들이 번성하지 않았다면 두려워할 필요가 없었을 것이다. 번성하는 것은 이스라엘에게 좋은 일이지만, 바로에게는 위협적인 일이었다. 이삭이 농사를 지어서 백 배의 결실을 얻었을 때 이것은 이삭에게는 좋은 일이었지만, 블레셋 사람들에게는 위협적이었던 것과 같은 이치이다. 그래서 블레셋 사람들은 이삭을 내친다. 출블레셋을 하게 하는 것이다(창 26 : 12-22). 그런데 바로는 동일한 상황에서 이스라엘 사람들을 내보내지 않기 위해서 애쓴다.

두 번째 대책도 실패하자 바로는 즉각 세 번째 대책을 실행한다. 바로는 '그의 모든 백성에게 명령' 한다. '모든 백성' 에게 바로가 '명령' 했다는 것은 세 번째 대책이 얼마나 심각한지를 보여 준다. 바로는 (모든) 아들이 태어나면 나일강에 내던지고, (모든) 딸은 살리라고 명령한다. 그런데 바로가 이 명령을 '그의 모든 백성' 에게 했다면, 이스라엘 사람들뿐만 아니고 애굽 사람들도 그렇게 했어야 하는가 하는 의문이 든다. 그래서 〈사마리아 오경〉, 〈칠십인역〉, 〈탈굼〉은 '히브리' 를 첨가하는데, 이것이 본문의 의미를 더 명확하게 해 준다(히브리어 본문이 '히브리' 를 첨가하지 않은 까닭은 무엇일까? 바로가 히브리 남자아이들을 죽이려다가 오히려 결과적으로 애굽의 초태생들을 모두 죽게 하는 아이러니를 보여 주기 위해, 그리고 실제로는 히브리 남자아이들을 나일강에 던지라고 명령하는 것이지만, 부주의하게 그것을 명시하지 않음으로써 자신도 의식하지 못한 채 애굽의 초태생들에게 죽음을 선포하는 어리석은 모습을 보여 주기 위해 본문 기자가 의도적으로 '히브리' 를 생략했을 것이다).

지금까지 우리가 살펴본 대로, 바로는 생명을 파괴하는 왕이다. 그리고 애굽을 비옥하게 만드는 나일강에 아이들을 던지라는 것은 그 스스로 나일강을 죽음의 강으로 만드는 것이다. 그래서 결국 애굽을 죽음의 땅으로 만드는 것이다. 이것은 생육하고 번성하여 땅에 충만하라는 하나님의 말씀과 정면으로 대립한다. 이러한 대립은 십브라와 부아라는 두 여인에 의해서 드러난다. 히브리인들의 산파들(그들을 '히브리인들의 산파'라고 하는데, 히브리어로는 '메얄레도트 하이브리요트'이다. 문법적인 면에서는 그들이 히브리인 산파인지 아니면 히브리인들을 위한 산파인지는 분명하지 않지만, 여러 가지 정황으로 미루어 살필 때, 히브리인 산파일 것으로 보인다.)인 십브라와 부아는 하나님이 죽음의 하나님이 아니라 생명의 하나님이심을 알았다. 그리고 바로에게 저항한다. 이것은 시민불복종의 대표적인 예이다. 그들은 산파들이었고, 산파들은 아이들을 죽이는 일을 하는 사람들이 아니다. 오히려 아이들을 태어나게 하는 일을 한다. 그렇게 때문에 바로가 십브라와 부아에게 아이들을 죽이라고 명령을 하는 것은 어불성설을 자행하는 것이다. 그래서 바로는 생명의 왕이신 하나님과는 달리 죽음의 왕이다. 출애굽기 1장은 바로가 모든 백성들에게 (히브리) 남자아이들을 나일강에 던지라고 명령하는 것으로 끝나는데, 바로는 나일강마저도 죽음의 강으로 만드는 것이다. 그러나 하나님은 나일강을 생명의 강, 구원의 강으로 만드신다. 이런 사실은 요셉이 형제들에게 하는 말에서도 나타난다.

> "요셉이 그들에게 이르되 두려워하지 마소서 내가 하나님을 대신하리이까 당신들은 나를 해하려 하였으나 하나님은 그것을 선으로 바꾸사 오늘과 같이 많은 백성의 생명을 구원하게 하시려 하셨나니 당신들은 두려워하지 마소서 내가 당신들과 당신들의 자녀를 기르리이다 하고 그들을 간곡한 말로 위로하였더라"(창 50 : 19 – 21).

이렇듯 하나님은 생명의 하나님, 구원의 하나님이시다. 요셉은 그런 하나님을 따라서 생명을 양육하는 일을 자청한다. 바로가 요셉을 알지 못했다는 것(출 1 : 8)은 요셉이 고백하는 하나님, 즉 생명을 구원하시는 하나님을 알지 못했음을 의미한다.

[2 : 1-3] 모세 부모의 이름을 여기서는 언급하지 않지만, 출애굽기 6 : 20("아므람은 그들의 아버지의 누이 요게벳을 아내로 맞이하였고 그는 아론과 모세를 낳았으며".)과 민수기 26 : 59("아므람의 처의 이름은 요게벳이니 레위의 딸이요 애굽에서 레위에게서 난 자라 그가 아므람에게서 아론과 모세와 그의 누이 미리암을 낳았고".)에 의하면, 아므람과 요게벳이다. 모세가 레위 지파 출신이라는 것은 매우 중요한 의미를 갖는데, 이것은 그가 수행해야 하는 제사장적인 임무에 필수적이다.

바로가 생사여탈권을 행사하는 와중에 모세가 태어나는데, 2절의 어머니가 보기에 그가 준수했다는 구절을 잘 해석해야 한다. 이것은 자칫 모세의 외모가 출중하고 비범했기 때문에 살아났다는 인상을 주기 쉽기 때문이다. 이런 해석은 피해야 한다.

모세는 좋은(히브리어로 '토브') 아이였다. 아이를 낳고 보니, 보기에 좋은 것이다. 이것은 창조하신 다음 하나님이 하시는 말씀, 즉 보시기에 좋았다는 말씀을 떠올리게 한다. 사도행전을 보면, 스데반은 "그때에 모세가 났는데 하나님이 보시기에 아름다운지라"라고 한다(행 7 : 20). 생명창조는 좋은 것이다. 모세는 특별한 아이가 아니라 건강하게 태어난 보통 아이였고, 그 부모들에게는 누구보다 아름다운 아이였다(Propp, *Exodus 1-18*, p. 149).

부모들은 석 달 동안 아이를 숨겼는데, 더 이상 감당할 수 없게 되자 아이를 궤(히브리어로 '테바')에 넣은 다음 잘 봉하고 그것을 나일강으로 가져가서 갈대 사이에 두는데, 거기에 숨겨 놓았다기보다는 다른 사람의 눈에 잘 띄는 곳에 둔 것으로 보인다. 그래서 애굽 공주가 그 상자를 발견하게 된 것이다(5절). 아이를 더 이상 숨길 수 없어서 갈대 상자를 만들어 나일강에 띄우는 사람은 여자이다. 히브리어 본문을 보면, "……할 수 없다"는 분명히 3인칭 여성단수형이다. 그래서 다른 동사들도 3인칭 여성단수형일 것으로 보인다(히브리어 동사 미완료형은 2인칭 남성단수형과 3인칭 여성단수형이 같기 때문에 문맥에 따라서 판단해야 한다). 즉, 모세 어머니가 그렇게 했다는 것이다. 아버지가 어떤 역할을 했는지는 언급하지 않는다.

그런데 '테바'는 노아가 만든 방주를 가리키는 어휘이기도 하다. 이런 점에서 모세를 넣은 궤는 대홍수 당시에 여러 생명을 살린 노아의 방주와 연관을 갖는다. 갈대로 상자를 만들어서 그곳에 모세를 넣고 갈대 사이에 둔 것은 나중에 모세가 이스라엘 사람들을 이끌고 갈대의 바다를 건너는 것에 대한 복선이라는 점에서 의미를 갖는다.

[2 : 4] 모세의 누이 이름을 여기서는 밝히지 않지만, 출애굽기 15 : 20(아론의 누이 선지자 미리암)과 민수기 26 : 59에 의하면, 그는 '미리암'이다. 4절은 미리암이 범상치 않음을 보여 주며, 나중에 그가 행하는 지도자로서의 자질을 미리 보여 준다. 모세를 넣은 궤가 떠내려가지 않게 갈대 사이에 두고, '그에게 무슨 일이 일어나는지' 알기 위해 먼 곳에서 지켜보았다. 모세의 가족들은 어떤 희망적인 일이 일어나기를 기대한 것으로 보인다.

모세 탄생과 생존 이야기는 극적이다. 이것은 이스라엘의 현재와 미래를 보여 준다. 그런데 모세가 스스로 생존한 것이 아니다. 다른 사람들, 특히 여인들이 중요한 역할을 한다. 그 어려운 시대에 한 아이가 태어났다는 것은 임마누엘 예언을 떠올리게 한다.

> "그러므로 주께서 친히 징조를 너희에게 주실 것이라 보라 처녀가 잉태하여 아들을 낳을 것이요 그의 이름을 임마누엘이라 하리라 그가 악을 버리며 선을 택할 줄 알 때가 되면 엉긴 젖과 꿀을 먹을 것이라 대저 이 아이가 악을 버리며 선을 택할 줄 알기 전에 네가 미워하는 두 왕의 땅이 황폐하게 되리라"(사 7 : 14 – 16).

하나님이 이사야를 통해서 유다 왕 아하스에게 이 말씀을 들려주실 때 유다는 아람과 북왕국이 동맹을 맺고 유다를 침공해서 아하스를 제거하고 다브엘의 아들들 가운데 한 사람을 왕으로 세우려고 하는, 그야말로 숲이 바람에 흔들림같이 흔들리는 위험한 상황에 처해 있었다. 이런 상황에서 하나님은 한 아이의 탄생을 예고하시고 구원을 약속하신다. 하나님은 죽임의 시대에 생명 탄생을 말씀하시고, 전쟁의 시대에 구원을 약속하신다.

[2 : 5-9] 애굽 공주가 나일강에 목욕하러 나왔다는 것은 바로가 히브리 남자아이들을 나일강에 던지게 한 것과 잘 어울리지 않는다. 바로가 모든 히브리 남자아이들을 나일강에 던지라고 해서 나일강은 죽음의 강이 되었지만, 그래도 여전히 애굽 사람들은 그 강을 신성하게 여기고, 그곳에 와서 제의적인 목욕을 한 것으로 보인다. 출애굽기 7 : 15을 보면, 바로도 매일 아침 나일강으로 나갔음을 알 수 있다.

공주가 상자를 보고 그것을 가져와 열게 하자, 그 안에는 한 아이가 울고 있었다(앞에 나오는 '아이'는 히브리어로 '옐레드'이고, 뒤에 나오는 아이는 '나아르'이다. 본문 기자가 이렇게 다른 단어를 사용하는 까닭은 애굽 공주가 그 아이의 성별을 분명히 알았음을 보여 주려는 의도일 것이다). 아마도 그 아이는 상자 안에 있는 내내 울고 있었을 것이다. 어쩌면 그 울음소리를 공주가 들었는지도 모를 일이다.

공주는 상자 안에서 울고 있는 아이를 보고 그가 히브리 아이인 줄 금방 알지만, 그 아이를 보면서 연민을 느꼈다(히브리어로 '하말'인데, 이것은 '연민을 갖다', '아끼다'라는 의미를 갖는다). 공주는 "이는 히브리 사람의 아기로다."라고 하는데, 히브리 원문을 직역하면, "이는 히브리 사람들의 (남자) 아이들 가운데 하나이다."이다. 공주는 바로가 내린 명령을 잘 알았고, 나일강에서 히브리 남자아이들을 담은 상자들을 여럿 보았을 것이다. 그리고 그게 마음에 걸렸을 것이다. 어쩌면 모세 외에도 다른 아이들을 모세와 같은 방식으로 살렸는지도 모를 일이다. 그래서 모세 가족들이 의도적으로 그렇게 했는지도 모를 일이다. 어쨌든 공주는 측은한 마음이 들어서 아이를 살려 줄 뿐만 아니라 자기 아이로 삼으려고 한다. 여기서 아이러니가 발생하는데, 바로가 내린 명령이 다른 사람이 아닌 공주에 의해서 어겨진 것이다. 애굽 공주는 아이를 보고 불쌍히 여기는데, 이것은 히브리어로 '하말' 이다. 바로와 달리 애굽 공주는 생명을 보존한다. 그는 모세가 히브리인이라는 것을 알면서도 그를 구원한다. 그러나 공주가 아이를 직접 키울 수 없었기 때문에 히브리 여인을 유모로 삼아 그 집에서 아이를 키우게 하였고, 그 아이의 누이가 공주에게 아이의 어머니, 즉 제 어머니를 유모로 소개해서 아이는 집으로 다시 돌아가 어머니 품에서 자란다. 그 어머니는 자기 자식을 제 집에서 키우면서 애굽 공주로부터 수고비까지 받는다. 정말 우여곡절(迂餘曲折)이다. 여인들의 용기와 순발력이 인상적이다.

[2 : 10] 이 구절은 다른 사람들 이름에는 관심을 갖지 않고, 오직 모세라는 이름을 짓는 과정에 초점을 맞춘다. 본문 기자는 '모세' 라는 이름이 히브리어 '마샤' (끌다)에서 비롯되었다고 이야기하는데, 실제로는 '아들' 이라는 의미를 갖는 애굽어에서 파생한 것이다. 애굽 왕들은 이 이름을 애용했는데, '아-모세' 나 '라암세스' 가 대표적이다. 이스라엘 사람들은 '바벨' 을 '혼잡' 으로 해석하듯이 의도적으로 '모세' 라는 이름을 물에서 구원한 사람으로 해석함으로써, 앞으로 그 아이가 할 구원의 사역을 부각시킨다. 그런데 이 모세라는 이름을 애굽 공주가 지었다는 것도 아이러니하다. '모세' 는 히브리어 발음으로는 '모쉐' 에 가깝지만, 일반적인 용례를 따라서 '모세' 로 표기한다.

본문은 독자들로 하여금 시편 127 : 1~2a을 떠올리게 한다. "여호와께서 집을 세우지 아니하시면 세우는 자의 수고가 헛되며 여호와께서 성을 지키지 아니하시면 파수꾼의 깨어 있음이 헛되도다 너희가 일찍이 일어나고 늦게 누우며 수고의 떡을 먹음이 헛되도다". 바로는 심사숙고해서 주도면밀하게 일을 처리했지만, 결과는 엉뚱했다. 그는 자신들이 생명의 강으로 여기는 나일강을 죽음의 강으로 만듦으로써 그가 섬기는 신들을 능멸했고, 바로의 딸이 히브리인 아이를 데려다 궁중에서 길러서 애굽의 왕자로 자라게 하는 데도 그 사실을 알지 못했다.

B. 미디안으로 간 모세(2 : 11 - 4 : 17)

1. 미디안으로 간 모세(2 : 11-22)

11모세가 장성한 후에 한번은 자기 형제들에게 나가서 그들이 고되게 노동하
는 것을 보더니 어떤 애굽 사람이 한 히브리 사람 곧 자기 형제를 치는 것을
본지라 12좌우를 살펴 사람이 없음을 보고 그 애굽 사람을 쳐 죽여 모래 속에
감추니라 13이튿날 다시 나가니 두 히브리 사람이 서로 싸우는지라 그 잘못한
사람에게 이르되 네가 어찌하여 동포를 치느냐 하매 14그가 이르되 누가 너를
우리를 다스리는 자와 재판관으로 삼았느냐 네가 애굽 사람을 죽인 것처럼
나도 죽이려느냐 모세가 두려워하여 이르되 일이 탄로되었도다 15바로가 이
일을 듣고 모세를 죽이고자 하여 찾는지라 모세가 바로의 낯을 피하여 미디
안 땅에 머물며 하루는 우물 곁에 앉았더라 16미디안 제사장에게 일곱 딸이
있었더니 그들이 와서 물을 길어 구유에 채우고 그들의 아버지의 양 떼에게
먹이려 하는데 17목자들이 와서 그들을 쫓는지라 모세가 일어나 그들을 도와
그 양 떼에게 먹이니라 18그들이 그들의 아버지 르우엘에게 이를 때에 아버지
가 이르되 너희가 오늘은 어찌하여 이같이 속히 돌아오느냐 19그들이 이르되
한 애굽 사람이 우리를 목자들의 손에서 건져 내고 우리를 위하여 물을 길어
양 떼에게 먹였나이다 20아버지가 딸들에게 이르되 그 사람이 어디에 있느냐
너희가 어찌하여 그 사람을 버려두고 왔느냐 그를 청하여 음식을 대접하라

하였더라 [21]모세가 그와 동거하기를 기뻐하매 그가 그의 딸 십보라를 모세에
게 주었더니 [22]그가 아들을 낳으매 모세가 그의 이름을 게르솜이라 하여 이르
되 내가 타국에서 나그네가 되었음이라 하였더라

본문은 모세가 애굽을 탈출해서 미디안으로 피신한 다음, 그곳에서 가정을 꾸리고 사는 과정을 들려준다. 본문은 모세와 바로를 대비한다. 바로는 히브리인들을 괴롭히고 죽이려고 하지만, 모세는 히브리인들을 살리기 위해서 애굽 사람을 죽인다. 이 과정에서 모세가 히브리인이라는 것이 밝혀졌을 것이고, 그래서 바로는 모세를 죽이려고 한다.

애굽과 미디안도 대비를 이룬다. 애굽은 권력과 질서를 중시하고, 경제적으로 풍요로운 곳이다. 반면에 미디안은 목가적인 곳이다. 미디안은 애굽이 아니고, 제국적이지도 않으며, 계층 구분도 없다. 이곳에는 강제노역도 없다. 모세를 받아 주고 가정을 꾸리게 하는 곳이다.

10절과 11절 사이에는 상당한 시간적 간격이 있는데, 사도행전 7 : 23("나이가 사십이 되매 그 형제 이스라엘 자손을 돌볼 생각이 나더니".)에 의하면, 40년이 흘렀다. 출애굽기 본문은 이 기간에 대해서 거의 이야기를 하지 않는데, 사도행전은 후대의 유대인 전설을 따라서 모세가 애굽 사람들의 모든 지혜를 통달했다고 말한다.

모세는 애굽 왕실에서 교육을 받고 자랐음에도 불구하고 어떤 과정인지는 알 수 없지만, 자신이 히브리인이라는 것을 안다. 그리고 애굽 사람에게 구타당하는 히브리인을 구하려다가 애굽인을 죽인다. 그리고 그것, 즉 그가 히브리인이라는 사실이 드러나는 것을 두려워해서 미디안으로 도망한다. 미디안 사람들은 양을 치는 유목인이었기 때문에 정치적인 도망자가 숨어들기에 좋았을 것이다. 애굽으로 돌아갈 희망을 버리고, 모세는 그곳에 정착하기로 결정한다. 그리고 미디안 제사장 딸과 혼인해서 자식들을 낳는다.

이런 기구한 상황이 모세로 하여금 하나님을 만나서 출애굽의 지도자로

서게 하는 계기를 마련한다.

[2 : 11–12] 11절은 "모세가 장성한 후에"로 시작하는데, 히브리 원문을 직역하면 "그리고 그날들이 지나갔다. 그리고 모세가 성장했다."이다. 그러니까 여러 해가 지나고 모세가 어른이 되었다는 것이다. 그리고 모세가 '자기 형제들'에게 갔다고 말한다. 그들이 일하는 공사 현장에 가서 그들이 중노동에 시달리는 것을 보았다. 그런데 이 짧은 구절 사이에 정말 많은 시간이 흐르고, 많은 일들도 일어난 듯하다. 모세는 애굽 궁중에서 공주의 아들, 즉 왕자로 자랐는데, 어찌 된 영문인지 자신이 애굽 사람이 아니고 히브리인이라는 사실을 알고 있다. 그렇다면 그 사이에 모세가 자신이 히브리인임을 알게 되는 어떤 일이 발생했음이 분명하다.

모세는 공사 현장에 나가서 한 애굽 사람이 한 히브리인, 즉 모세의 동족 가운데 한 사람을 치는 것을 보았다. 그래서 주위에 아무도 없는 것을 확인한 다음(모세가 왜 주위를 둘러보았는지는 분명치 않다. 그리고 사람이 없다는 것도 무엇을 의미하는지 분명치 않다. 모세가 동족을 구하기 위해 그를 도와줄 다른 사람을 찾았는데, 그럴 만한 사람이 없었다는 의미로도 읽을 수 있다 〈Propp, *Exodus 1–18*, p. 163〉.), 그 애굽 사람을 쳐서 구덩이에 묻었다.

그런데 애굽 사람이 히브리인을 구타하는 장면을 묘사하는 히브리어 단어는 모세가 그 애굽 사람을 죽이는 장면을 묘사할 때 사용하는 단어와 동일하다. 사람을 때려서 죽였다는 것이다. 우리는 이 단어를 통해서 당시 히브리인들이 강제노역을 당했을 뿐만 아니라 구타당해서 목숨을 잃는 경우가 많았음을 알 수 있다.

모세의 행동은 하나님의 행동을 예시한다. 모세는 이스라엘 사람들이 고되게 노동하는 것을 '보았다'(11절). 그래서 모세는 애굽인을 '쳤다'(히브리어로 '나카', 이 단어는 출 12 : 12–13, 29, 9 : 15, 3 : 20, 7 : 17, 25에 나온다). 모세가 애굽 사람을 죽인 것과 그로 인한 미디안 망명을 그의 무모함의 결과라고 부정적으로 평가하는 경우도 있지만, 앞으로 일어날 하나님의 행동을 예시한다는 점에서 의미를 갖는다.

미디안에 도착한 모세는 우물가에서 이드로의 딸들을 '구원' 했고, 그들에게 물을 마시게 했다. 모세가 행한 것, 즉 야사(출 2 : 17)와 나찰(출 2 : 19)은 하나님의 행동(출 14 : 13, 30, 15 : 2, 3 : 8, 6 : 6, 12 : 27)과 이어진다.

모세는 항상 악(라아)에 대항한다. 하나님은 들으시고, 기억하시고, 보시고, 아신다. 이스라엘 사람들은 울부짖는다. 종들이 부르짖는 것이다. 주인들은 이것을 바라지 않을 것이다. 그러나 하나님은 들으시고(샤마), 기억하시고(자카르), 보시고(라아), 아셨다(야다). 그래서 모세를 그들에게 보내신다.

[2 : 13-14] 모세는 자신이 히브리인이라는 사실을 알았고, 그들과 같다고 생각했지만, 정작 히브리인들은 모세를 그들 가운데 한 사람으로 받아들이지 않고, 오히려 거부했다. 그들이 보기에 모세는 애굽 사람일 뿐이었다. 모세에 대해서 스데반은 이렇게 말한다.

> "한 사람이 원통한 일 당함을 보고 보호하여 압제 받는 자를 위하여 원수를 갚아 애굽 사람을 쳐 죽이니라 그는 그의 형제들이 하나님께서 자기의 손을 통하여 구원해 주시는 것을 깨달으리라고 생각하였으나 그들이 깨닫지 못하였더라 이튿날 이스라엘 사람끼리 싸울 때에 모세가 와서 화해시키려 하여 이르되 너희는 형제인데 어찌 서로 해치느냐 하니 그 동무를 해치는 사람이 모세를 밀어뜨려 이르되 누가 너를 관리와 재판장으로 우리 위에 세웠느냐 네가 어제는 애굽 사람을 죽임과 같이 또 나를 죽이려느냐 하니 모세가 이 말 때문에 도주하여 미디안 땅에서 나그네 되어 거기서 아들 둘을 낳으니라"(행 7 : 24-29).

모세는 사실을 명확하게 알았고, 가치관도 분명했다. 그리고 그 가치관에 따라 행동했다. 모세는 자신이 히브리인이라는 사실을 잘 알았다. 당시에 히브리인들은 강제노역에 동원되었다. 이것은 솔로몬 때에도 마찬가지이다. 솔로몬은 대대적인 토목공사를 위해서 사람들을 강제로 동원했는데, 그들은 히브리인들이 아니고 이방인들이었다. 이방인들을 별도로 관리한 것으로 보인다. 솔로몬은 아도니람을 통해서 그들을 감독하게 했다. 솔로몬의 영화로운 건축공사들은 이들을 동원한 강제노역이었던 것이다. 이것은 바벨 건설에서도 마찬가지이다. 하나님은 바벨 건설을 매우 위험한 것으로 여기셨던 것이다. 그리고 비돔과 라암셋 건설은 바벨 건설과 유사하다. 강제노역에 동원된 사람들은 사람 취급을 받지 못했다. 그들은 살았지만 죽은 것과 같았고, 노새와 다를 바 없었다.

모세는 그런 상황을 샅샅이 살폈던 것으로 보인다. 그리고 자기 동족을 위해서 무엇을 할 수 있는지 고민했을 것이다. 모세가 애굽 왕자로서 가져야 할 의식을 전혀 갖지 않은 것이 의아할 정도로 그는 철저히 히브리인이었다.

그래서 모세는 한 히브리인을 치는 다른 히브리인에게 "네가 어찌하여 동포를 치느냐?"고 질책한다. 여기서 동포는 히브리어로 '친구'이다. 모세가 이 용어를 쓴 것은 그가 히브리인들을 형제로 여기고 또 친구처럼 생각했음을 보여 준다. 그는 히브리인들과 형제로 친구로 지내고 싶었을 것이다. 그런데 그 히브리인이 모세에게 두 가지를 묻는데, 하나는 "누가 너를 우리를 다스리는 자와 재판관으로 삼았느냐?"이다. 이것은 물론 모세로부터 대답을 듣기 위한 질문이 아니고, 모세가 그들을 다스리는 자나 재판관이 아니라는 사실을 강조하기 위해서 하는 말이다. 그런데 정작 이 질문에 대답하시는 분은 모세가 아니고 하나님이시다. 하나님이 모세를 이스라엘을 다스리는 자와 재판관으로 삼으시기 때문이다. 다른 하나는 그 히브리인이 "네가 애굽 사람을 죽인(히브리어로 '하락') 것처럼 나도 죽이려느냐?('하락')"라고 묻는데, 이것 역시 대답을 듣기 위한 질문은 아니다. 이는 어떤 장면을 상기시키는데 애굽에서 나온 이스라엘 사람들이 어려운 일을 당할 때마다 모세에게 원망하면서 하는 말이 애굽에는 매장지가 없어서 그들을 광야로 데리고 나와서 죽이려고 하느냐는 것이었다. 그들은 모세를 자신들을 구원할 자가 아니라, 무자비한 살인자로 규정한 것이다(Thomas B. Dozeman, *Exodus*, p. 90). 그러면서 그들은 모세가 그들의 지도자와 재판관임을 부정하려고 하고, 평생 모세를 형제로 그리고 친구로 여기지 않았다.

[2 : 15] 모세는 진퇴양난(進退兩難)의 상황에 처했다. 히브리인들은 그를 받아들이려 하지 않고, 애굽 왕실은 그의 정체를 알고는 잡아서 처형하려고 하기 때문이다. 모세는 재빠르게 미디안으로 도망하여 위기를 벗어난다.

[2 : 16-21] 16절은 '미디안 제사장'의 이름을 밝히지 않는데, 그는 르우엘이다(18절). 출애굽기 3 : 1, 4 : 18, 18장에서는 그를 '이드로'라고 부른다.

모세가 미디안으로 도주하고 그곳에서 십보라와 결혼해 가정을 이루고 사는 것은 매우 전형적인 옛 이야기 방식인데, 모세가 이드로의 일곱 딸들을 괴롭히는 남자 목동들을 물리치고 그들이 평소보다 일찍 집으로 돌아갈 수 있게 도와준 것으로 미디안에서의 첫날을 시작한다. "모세가 일어나 그들을 도와"(17절)라는 히브리어 원문을 직역하면 '그리고 그가 그들을 구원했다.' 이다. 그리고 집에 일찍 돌아간 이드로의 딸들은 아버지에게 "한 애굽 사람이 우리를 목자들의 손에서 건져 내"(19절)었다고 하는데, 이 구절의 히브리어 원문을 직역하면 '한 애굽 사람이 우리를 목자들의 손에서 구출했다.' 이다. 이렇게 사람들을 폭력적인 상황에서 구출하고 물을 마시게 하는 것은 앞으로 모세가 할 일이라는 점에서 모세가 구원자로 나설 것임을 예시한다.

그리고 본문은 압제가 어느 곳에서나 다양한 형태로 발생한다는 것을 보여 준다. 평화로울 것만 같은 미디안에도 작은 폭력이 발생한다. 이드로의 딸들은 그날 하루만 괴롭힘을 당한 것이 아니다. 이드로가 하는 말(18절)을 보면, 날마다 그런 일이 벌어졌음을 알 수 있다.

르우엘은 '하나님의 친구' 라는 의미를 갖는다. 제사장에 잘 어울리는 이름이다. 르우엘은 매우 지혜롭고 자애로운 사람이었다. 그래서 모세가 어디에 있는지를 묻고, 모세를 두고 온 딸들을 책망한다. 그리고 어서 모세를 데려와서 음식을 대접하게 한다(20절). 본문은 자세한 이야기를 하지 않고 상황만 제시하는 간결한 영화편집 효과를 보임으로써 독자들로 하여금 추측하게 하는데, 20절과 21절 사이에서 이드로와 모세는 여러 이야기를 주고받았을 것이고, 결국 모세는 십보라와 결혼해서 그곳에 정착한다.

[2 : 22] 모세는 아들 이름을 '게르솜' 이라고 짓는데, 그 의미를 풀어 보면, '내가 타국에서 나그네가 되었음이라.' 이다. 직역하면 '그곳에서 우거하다.' 이다. 학자들 가운데 '그곳' 을 미디안으로 보는 사람들도 있다. 그들은 모세가 애굽을 떠나 미디안이라는 낯선 곳에서 우거하는 심정을 '게르솜' 이라는 이름에 담았다고 생각하는 것이다(Thomas B. Dozeman, *Exodus*, p. 90). 하지만 여기서 '그곳' 은 애굽을 가리키는 것으로 보인다. 이것은 모세가 자신의 상황을 어떻게 인식하고 받아들였는지를 보여 준다. 그는 애굽에서의 삶을 '게르의 삶' , 즉 나그네의 삶으로 여겼고, 미디안을 고향으로 삼은 듯하다. 이것은 모세가 그(히브리어로 '그 사람' , 즉 이드로를 가리킨다.)와 동거하기를 기뻐했다는 것에서 알 수 있다. 애굽에서 고생하는 히브리인과 형제 또는 친구 관계를 맺고자 했던 모세는 이제 하나님의 친구인 이드로와 함께한다.

모세는 히브리인들이 자신을 거부한다는 냉혹한 현실을 대하고 미디안으로 도망한다. 제 목숨을 구하기 위해서 미디안으로 도망함으로써, 모세는 모든 것을 버려야 했다. 모세는 애굽에서 왕자로 자랐다. 물론 그때 받은 교육이 그를 위대한 지도자로 만드는 데 일조했겠지만, 미디안에서 르우엘 가족들과 함께한 삶이 그를 더욱 위대하게 만들었을 것이다.

2. 모세를 부르신 하나님(2 : 23-3 : 12)

23여러 해 후에 애굽 왕은 죽었고 이스라엘 자손은 고된 노동으로 말미암아 탄
식하며 부르짖으니 그 고된 노동으로 말미암아 부르짖는 소리가 하나님께 상
달된지라 24하나님이 그들의 고통 소리를 들으시고 하나님이 아브라함과 이
삭과 야곱에게 세운 그의 언약을 기억하사 25하나님이 이스라엘 자손을 돌보
셨고 하나님이 그들을 기억하셨더라 3:1모세가 그의 장인 미디안 제사장 이드
로의 양 떼를 치더니 그 떼를 광야 서쪽으로 인도하여 하나님의 산 호렙에 이
르매 2여호와의 사자가 떨기나무 가운데로부터 나오는 불꽃 안에서 그에게 나
타나시니라 그가 보니 떨기나무에 불이 붙었으나 그 떨기나무가 사라지지 아
니하는지라 3이에 모세가 이르되 내가 돌이켜 가서 이 큰 광경을 보리라 떨기
나무가 어찌하여 타지 아니하는고 하니 그때에 4여호와께서 그가 보려고 돌이
켜 오는 것을 보신지라 하나님이 떨기나무 가운데서 그를 불러 이르시되 모세
야 모세야 하시매 그가 이르되 내가 여기 있나이다 5하나님이 이르시되 이리
로 가까이 오지 말라 네가 선 곳은 거룩한 땅이니 네 발에서 신을 벗으라 6또
이르시되 나는 네 조상의 하나님이니 아브라함의 하나님, 이삭의 하나님, 야
곱의 하나님이니라 모세가 하나님 뵈옵기를 두려워하여 얼굴을 가리매 7여호
와께서 이르시되 내가 애굽에 있는 내 백성의 고통을 분명히 보고 그들이 그
들의 감독자로 말미암아 부르짖음을 듣고 그 근심을 알고 8내가 내려가서 그
들을 애굽인의 손에서 건져 내고 그들을 그 땅에서 인도하여 아름답고 광대한
땅, 젖과 꿀이 흐르는 땅 곧 가나안 족속, 헷 족속, 아모리 족속, 브리스 족속,
히위 족속, 여부스 족속의 지방에 데려가려 하노라 9이제 가라 이스라엘 자손
의 부르짖음이 내게 달하고 애굽 사람이 그들을 괴롭히는 학대도 내가 보았으
니 10이제 내가 너를 바로에게 보내어 너에게 내 백성 이스라엘 자손을 애굽에
서 인도하여 내게 하리라 11모세가 하나님께 아뢰되 내가 누구이기에 바로에게
가며 이스라엘 자손을 애굽에서 인도하여 내리이까 12하나님이 이르시되 내가

반드시 너와 함께 있으리라 네가 그 백성을 애굽에서 인도하여 낸 후에 너희가 이 산에서 하나님을 섬기리니 이것이 내가 너를 보낸 증거니라

본문은 야훼, 즉 약속의 하나님이 모세와 이스라엘 사람들의 삶에 적극적으로 개입하시는 것을 보여 준다. 하나님을 통해서 미디안에 거주하는 모세와 애굽에서 거주하는 이스라엘 사람들이 서로 연결된다.

흐르는 세월 속에서 이스라엘 사람들은 여전히 고통스런 삶을 산다. 그런데 드디어 하나님이 등장하신다. 본문 기자는 하나님이 듣고 기억하시고 보시고 마음에 새기셨다고 말한다. 그런 다음 다시 모세가 양을 치는 장면을 묘사한다.

[2 : 23-25] 23절은 독자들에게 시간이 많이 흘러서 애굽 왕이 죽은 소식을 전해 준다. 악독한 왕이 드디어 죽은 것이다. 여기서 독자들이 갖는 관심은 애굽 왕의 죽음과 새로운 왕의 즉위가 이스라엘 사람들에게 어떤 영향을 미치느냐는 것이다. 뭐가 달라질 것인가? 그러나 왕이 바뀌었음에도 불구하고 이스라엘 사람들은 여전히 고통스럽게 살았다. 그렇다면 굳이 애굽 왕의 죽음을 기록하는 까닭은 무엇인가? 그것은 출애굽기 4 : 19에서 밝혀진다.

이 문단은 몇 가지 단어를 반복하는데, 하나는 '고된 노동'이고, 다른 하나는 '부르짖다'이며, 마지막은 '기억하다'이다. 이 단어들을 반복하면서 본문은 두 가지를 말하는데, 하나는 이스라엘 사람들을 박해하던 애굽 왕이 죽었음에도 불구하고 이스라엘 사람들은 여전히 고통을 당하면서 하나님께 부르짖었다는 것이고, 다른 하나는 하나님이 그 고통스런 울부짖음을 들으시고 그들을 기억하셨다는 것이다. 이스라엘 사람들이 부르짖는 것을 본문은 다양하게 표현한다.

"이스라엘 자손은 고된 노동으로 말미암아 탄식하며(히브리어 '아나흐')

부르짖으니(히브리어 '자아크') 그 고된 노동으로 말미암아 부르짖는 소리(히브리어 '샤웨')가 하나님께 상달된지라 하나님이 그들의 고통 소리(히브리어 '네아카')를 들으시고".

'네아카'는 이 구절과 출애굽기 6 : 5('신음소리'), 사사기 2 : 18('슬피 부르짖으므로'), 에스겔 30 : 24("고통하기를⋯⋯ 고통하듯 하리라")에 나오는 희귀명사이다.

하나님은 보고 들으시고 기억하셨다. 그리고 아셨다(히브리 원문에는 목적어가 나타나지 않는다. 〈칠십인역〉은 "하나님이 그들에게 알려지셨다."로 번역했다. 차일즈는 "하나님이 무엇을 하실지 생각하셨다."로 번역할 것을 제안한다〈Childs, *Exodus*, p. 28〉). 여기서 중요한 것은 하나님이 이스라엘 사람들을 애굽에서 구출하시는 근거를 아브라함(창 12 : 1ff)과 이삭(창 26 : 24)과 야곱(창 48 : 15-16)과 맺은 언약에 둔다는 것이다. 그래서 하나님의 기억하심, 즉 언약을 기억하심이 하나님의 구원사역을 촉발한다.

[3 : 1] 모세는 미디안에 정착해서 이드로와 함께 거주한다. 그리고 목자가 되어 그 집의 양을 친다. 이 구절이 이드로를 '그의 장인 미디안 제사장'으로 소개하기 때문에 그는 르우엘이며, 이드로는 '그의 탁월함'이라는 의미를 갖는다. 그는 양 떼를 광야 서쪽(히브리어를 직역하면, '광야 뒤쪽'인데, 의미가 모호하기 때문에 문맥상 모세가 양 떼를 뒤따라 광야로 들어간 것으로 이해하면 좋겠다〈Propp, *Exodus 1-18*, p. 183〉.)으로 인도해서 호렙산까지 간다. 호렙산은 시내산인데, '호렙'은 히브리어로 황무지를 가리킨다. 즉, 그곳이 인가에서 멀고 거친 지역임을 의미한다. 호렙산의 위치에 대해서는 지금도 논란이 많지만, 전통적으로 '예벨 무사'(모세의 산)로 알려진 곳이 가장 적합해 보인다. '하나님(神)의 산'은 신이 거하는 산을 가리키는데, 여기서는 그런 공간적인 의미보다는 사건적인 의미가 더 강하다. 모세가 양 떼를

호렙산으로 인도한 것은 중요한 상징적 의미를 갖는다. 그는 앞으로 이스라엘 사람들을 호렙산으로 인도할 것이기 때문이다.

[3 : 2-5] '여호와의 사자' 라는 용어는 때로 우리를 혼란스럽게 하는데, 문맥을 보면 하나님 자신과 하나님의 사자를 구분하기 어렵기 때문에 하나님이 보내신 천사라기보다는 하나님의 나타나심을 표현하는 다양한 용어 가운데 하나라고 보는 게 좋겠다. 이렇게 일부러 '여호와의 사자' 를 등장시키는 것은 하나님이 사람들에게 직접 나타나고 사람들이 하나님을 직접 만나는 인상을 주지 않으려는 의도로 보인다.

'떨기나무' 는 히브리어로 '스네' (또는 '세네')인데, 이것은 발음이 '시내' 와 매우 비슷하다. 이런 언어적 유사성을 통해 본문 기자는 시내산이 (불붙은) 떨기나무 산임을 보여 주려는 듯하다. 신명기 33 : 16은 하나님을 "가시떨기나무 가운데에 계시던 이"라고 한다. 또한 성막과 성전에 비치한 등잔대(히브리어로 '메노라')는 불타는 떨기나무를 형상화한 것으로 보인다(Jon D. Levenson, *Sinal and Zion-An Entry into the Jewish Bible*〈New York : HarperCollins Publishers, 1985〉, p. 20f).

그런데 불붙었으면서도 타지 않는 떨기나무는 모세가 말한 대로 '큰 광경' 인 것은 분명하지만, 모세의 관심을 끌기 위한 것일 뿐 그 이상의 의미를 갖지 않는다. 하나님이 모세에게 말씀하신다. 이것이 놀라운 사건이다.

하나님은 "모세야 모세야" 하고 모세를 두 번 부르신다. 이것은 창세기 22 : 11("아브라함아 아브라함아")과 사무엘상 3 : 10("사무엘아 사무엘아")을 떠올리게 하는데, 하나님이 모세를 매우 친숙하게 여기심을 보여 줌과 동시에 어떤 긴박함을 느끼게 한다. 하나님이 모세를 부르신 것은 하나님이 이미 모세를 알고 계신다는 사실을 보여 준다("주께서 전에 말씀하시기를 나는 이름으로도 너를 알고"〈출 33 : 12〉). 하나님이 하시는 말씀 가운데 중요한 것은 '거룩' 이다. 하나님은 접하시는 모든 것을 거룩하게 하신다. 거룩은 거리 유지를 요구한다. 그래서 하나님은 모세에게 더 이상 가까이 오지 말라고 하신다. 그리고 하나님은 모세에게 신을 벗으라고 하신다. 이것은 자발적인 순종의 표시이다. 그곳은 하나님이 나타나신 곳이기 때문에 거룩하다. 그래서 사람들이 그곳으로 다가가야 하지만, 그러나 지나치게 가까이 다가가면 치명적인 위험에 노출되기 때문에 일정한 거리를 유지해야 하는 것이다. 그리고 누구든지 하나님 앞에서 신발을 벗음으로써 신에게 경외심을 표현해야 한다.

하나님은 떨기나무 가운데서 말씀하시면서 조상들에게 하신 약속을 반복하시고, 이스라엘이 현재 당하는 고난에 대해서 말씀하시며, 하나님의 이름을 알려 주신다. 그리고 모세에게 사명을 주신다.

시내산 사건은 모세가 이스라엘 사람들을 애굽에서 이끌어 내기 위해 스스로 나선 것이 아님을 보여 준다. 모세는 하나님이 그에게 사명을 주실 때에도 그것을 순순히 받아들이지 않고 다섯 번이나 거부한다.

[3 : 6] 하나님은 모세에게 이름을 알려 주신다. 족장들은 하나님을 '조상의 하나님'으로 불렀다.

> "우리 아버지의 하나님, 아브라함의 하나님 곧 이삭이 경외하는 이가 나와 함께 계시지 아니하셨더라면 외삼촌께서 이제 나를 빈손으로 돌려보내셨으리이다마는 하나님이 내 고난과 내 손의 수고를 보시고 어제 밤에 외삼촌을 책망하셨나이다"(창 31 : 42).

> "그가 요셉을 위하여 축복하여 이르되 내 조부 아브라함과 아버지 이삭이 섬기던 하나님, 나의 출생으로부터 지금까지 나를 기르신 하나님, 나를 모든 환난에서 건지신 여호와의 사자께서 이 아이들에게 복을 주시오며 이들로 내 이름과 내 조상 아브라함과 이삭의 이름으로 칭하게 하시

오며 이들이 세상에서 번식되게 하시기를 원하나이다"(창 48 : 15 – 16).

"요셉의 활은 도리어 굳세며 그의 팔은 힘이 있으니 이는 야곱의 전능자 이스라엘의 반석인 목자의 손을 힘입음이라 네 아버지의 하나님께로 말미암나니 그가 너를 도우실 것이요 전능자로 말미암나니 그가 네게 복을 주실 것이라"(창 49 : 24 – 25a).

이렇듯 족장들이 믿은 하나님은 '조상의 하나님' 이다. 그런데 '조상', 즉 아버지는 구체적으로 누구인가? 이삭과 야곱, 그리고 요셉이 말하는 '조상의 하나님' 은 직접적으로 아버지나 할아버지의 하나님을 가리킨다. 그러나 아브라함이나 이삭, 그리고 야곱이 모세와 바로 이어지는 것이 아니기 때문에 여기서 말하는 '조상의 하나님' 은 그 양상이 다르다. 그리고 하나님은 "나는 네 조상의 하나님이니 아브라함의 하나님, 이삭의 하나님, 야곱의 하나님이니라"라고 말씀하시는데, 여기서 '네 조상' 은 복수가 아니라 단수이다. 그래서 '아버지' 를 여러 선조들이 아니고 모세의 아버지, 즉 아므람이라고 보는 사람들도 있는데, 이들은 모세가 어렸을 때 아버지로부터 신앙교육을 받았다는 것을 말하려는 것으로 해석하기도 한다. 물론 그럴 가능성이 크지만, 여기서 '조상의 하나님' 은 분명히 아브라함과 이삭, 그리고 야곱의 하나님이기 때문에 '아므람의 하나님' 으로 보기는 어렵다. 오히려 '조상' 이 모든 조상들을 통칭하는 것으로 보고, 이 말씀이 모세가 아브라함과 이삭, 그리고 야곱을 잇는 언약 공동체에 속해 있음을 보여 주려는 의도를 갖는 것으로 이해해야 한다.

모세는 하나님을 뵙기 두려워해서 겉옷으로 얼굴을 가렸는데, 이것은 당시의 관습적인 행동으로, 신의 얼굴을 본 사람은 살 수 없다고 믿었기 때문이다(출 33 : 20, 삿 13 : 22).

[3 : 7] 하나님은 출애굽기 2 : 24~25에 나오는 세 가지 동사를 반복하신다. 하나님이 보고, 듣고, 알았다는 것이다. 특히 보신 것을 강조하신다("내 백성의 고통을 분명히 보고"〈7절〉). 하나님은 이스라엘 사람들을 '내 백성'이라고 하신다. 이스라엘 사람들은 더 이상 바로의 백성이 아니라는 것이다. 하나님은 자신의 백성인 이스라엘 사람들이 고통당하는 것을 보고 아셨다.

[3 : 8] 그것을 아시는 하나님은 그 고통의 상황 한가운데로 오시겠다고 말씀하신다. 이스라엘 사람들을 고통의 땅에서 이끌어 내서 "아름답고 광대한 땅, 젖과 꿀이 흐르는 땅"으로 데려가겠다고 하신다. 성경은 이스라엘 백성들 이전에 가나안에 거주하던 여섯 내지 일곱 족속들을(17절, 창 15 : 19-21에는 열 개) 언급한다. '가나안 족속'은 동부 지중해 연안에 거주하던 사람들인데, 그곳에서 생산되는 자주색 염료(값비싼 옷을 만드는 데 사용했다.)를 뜻하는 말에서 비롯했다. 가나안의 문화는 베니게에서 애굽에 걸쳐 영향을 미쳤다. 헷 족속은 현재 터키 땅에 왕국을 건설해서 주전 1,400년대에 융성했다. 아모리 족속은 메소포타미아에서 이주해 온 서부 셈 족이고, 브리스 족속은 '마을 사람들'을 의미하는데, 그들은 성읍 외곽에서 살던 토착민들이었다. 여부스 족속은 이스라엘이 나라를 세우기 이전에 예루살렘에 살던 사람들이고, 히위 족속은 기브온에 거주했다.

[3 : 9-10] 하나님은 억압(히브리어로 '라하츠')당하는 이스라엘 사람들을 구원하시기 위해서 내려가겠다고 하셨는데(8절), 하나님의 내려오심은 하나님의 보내심을 뜻한다. 하나님이 모세를 보낸다고 하심으로써 신적인 것에서 인간적인 것으로 전환한다. 바로를 만나서 담판을 벌이는 것은 하나님이 아니라 모세가 할 일이다. '내 백성'을 이끌고 나오는 것(히브리어로 '야차')도 하나님이 아니라 모세가 할 일이다. 하나님이 모세를 애굽에 보내시는 것은 바로 하나님 자신이 애굽에 내려가시는 것과 마찬가지이다.

[3 : 11-12] 하나님이 하시는 말씀에 모세는 응답한다. 모세는 자신이 아무것도 아니라는 것을 잘 알고 있었다. 모세가 걱정하는 것은 과연 성공 가능성이 있는가 하는 것이다. 그래서 모세는 하나님께 자신이 누구인지, 그리고 과연 하나님이 명하시는 일을 감당할 능력이 있는지를 묻는다(11절). 물론 이것은 모세가 바로에 비해 자신이 아무런 힘도 없음을 의문문 형식으로 강조해서 말하는 것이다.

모세가 하는 질문에 하나님은 "내가 반드시 너와 함께 있으리라."고 대답하신다. 하나님은 모세에게 약속을 믿을 것과 믿음의 순종을 보여 줄 것을 요구하신다. 그리고 하나님은 암시적으로 징표를 구하는 모세에게 이스라엘 백성들이 출애굽 한 다음, 호렙산에서 하나님께 예배드리는 것을 징표로 제시한다.

12절을 읽으면서 독자들은 인칭의 수(數)에 주목해야 한다. 하나님은 모세에게('너'는 단수) 증거, 즉 징표(히브리어로 '오트')를 보여 주신다. 그리고 호렙산에서 예배하는 것은 이스라엘 백성들이다('너희들'). 모세가 질문하자 하나님은 이스라엘 백성들이 이 산에서 하나님을 경배하는 것을 징표로 제시한다(12절). 이것은 우리의 상식을 벗어나는 대답이다. 이것은 마치 임마누엘 예언과 비슷하다. 미래에 일어날 일을 현재에 대한 징표로 보여 주신다는 것은 우리의 믿음에 관한 일임을 보여 준다. 그리고 여기서 중요한 것은 일단 출애굽의 1차 목적지가 호렙산이라는 사실이다. 그리고 이곳에 와서 이스라엘 백성들이 하나님을 경배하는 것이다. 이것이 이스라엘 사람들이 출애굽(해야) 하는 목적이다.

하나님이 족장들에게 약속하신 출애굽의 실현은 모세라는 인물의 등장으로 시작한다. 애굽에서 도망쳐 와 미디안 땅에서 장인의 양을 치는 모세에게 하나님이 나타나셨다. 모세는 불이 붙었는데도 타지 않는 떨기나무를 통해서 하나님을 체험했다. 그것은 정말 놀라운 일이었다. 애굽 궁중에서 왕자로 생활하다가 미디안으로 도망쳐서 양을 치던 모세는 하나님을 만나기 전까지 어떤 마음으로 살았을까? 그에게 의미 있는 일이 무엇이었을까? 어쩌면 생의 의미를 잃고 살았을 것이다. 그동안 그를 감동시키거나 그를 놀라게 하는 일이 전혀 없었을지도 모른다. 그런데 드디어 모세를 놀라게 하는 일이 일어난 것이다.

모세가 놀란 눈으로 떨기나무에 다가가자, 하나님이 모세에게 말씀하셨다. 이때 모세는 얼마나 놀랐을까? 왜 떨기나무가 불타지 않는지, 그 이유를 밝혀야겠다고 마음먹고 떨기나무를 향해서 발을 옮기는 모세는 거기서 하나님의 음성을 들었다.

하나님은 모세에게 더 놀라운 사실을 알려 주신다. 모세가 선 곳이 거룩하기 때문에 신발을 벗으라는 것이다. 모세는 자신이 수십 년 동안 양을 치면서 밟아 온 그 시내산에 신발을 벗을 정도로 거룩한 곳이 있다는 사실에 새삼 놀랐을 것이다.

그리고 하나님이 자기를 바로에게 보내서 이스라엘을 해방시키게 하겠다고 하셨을 때, 모세는 정말 까무러칠 듯이 놀랐을 것이다. 이스라엘의 출애굽은 애굽 땅을 벗어난 미디안의 시내산에서 이루어진 하나님과 모세의 이 만남으로 시작한다.

3. 출애굽을 지시하시는 하나님(3 : 13-22)

13모세가 하나님께 아뢰되 내가 이스라엘 자손에게 가서 이르기를 너희의 조
상의 하나님이 나를 너희에게 보내셨다 하면 그들이 내게 묻기를 그의 이름
이 무엇이냐 하리니 내가 무엇이라고 그들에게 말하리이까 14하나님이 모세
에게 이르시되 나는 스스로 있는 자이니라 또 이르시되 너는 이스라엘 자손
에게 이같이 이르기를 스스로 있는 자가 나를 너희에게 보내셨다 하라 15하나

님이 또 모세에게 이르시되 너는 이스라엘 자손에게 이같이 이르기를 너희
조상의 하나님 여호와 곧 아브라함의 하나님, 이삭의 하나님, 야곱의 하나님
께서 나를 너희에게 보내셨다 하라 이는 나의 영원한 이름이요 대대로 기억
할 나의 칭호니라 16너는 가서 이스라엘의 장로들을 모으고 그들에게 이르기
를 여호와 너희 조상의 하나님 곧 아브라함과 이삭과 야곱의 하나님이 내게
나타나 이르시되 내가 너희를 돌보아 너희가 애굽에서 당한 일을 확실히 보
았노라 17내가 말하였거니와 내가 너희를 애굽의 고난 중에서 인도하여 내어
젖과 꿀이 흐르는 땅 곧 가나안 족속, 헷 족속, 아모리 족속, 브리스 족속, 히
위 족속, 여부스 족속의 땅으로 올라가게 하리라 하셨다 하면 18그들이 네 말
을 들으리니 너는 그들의 장로들과 함께 애굽 왕에게 이르기를 히브리 사람
의 하나님 여호와께서 우리에게 임하셨은즉 우리가 우리 하나님 여호와께 제
사를 드리려 하오니 사흘길쯤 광야로 가도록 허락하소서 하라 19내가 아노니
강한 손으로 치기 전에는 애굽 왕이 너희가 가도록 허락하지 아니하다가 20내
가 내 손을 들어 애굽 중에 여러 가지 이적으로 그 나라를 친 후에야 그가 너
희를 보내리라 21내가 애굽 사람으로 이 백성에게 은혜를 입히게 할지라 너희
가 나갈 때에 빈손으로 가지 아니하리니 22여인들은 모두 그 이웃 사람과 및
자기 집에 거류하는 여인에게 은 패물과 금 패물과 의복을 구하여 너희의 자
녀를 꾸미라 너희는 애굽 사람들의 물품을 취하리라

하나님의 나타나심은 모세에게 이름을 알려 주시는 것에서 절정에 달한다. 하나님이 누구에게 이름을 알려 주시는 것은 그 사람이 하나님과 매우 특별한 관계임을 보여 준다. 하나님이 모세에게 새로운 신명을 알려 주셨다는 것은 그가 권위를 부여받았음을 입증하고, 이스라엘 백성들을 인도할 자격을 부여받았음을 의미한다.

[3 : 13] 모세는 하나님에게 이름을 묻는다. 이것은 독자들을 당혹스럽게 만

드는데, 하나님이 6절에서 이미 이름을 밝히셨기 때문이다. 하나님은 자신을 '조상의 하나님' 이라고 밝히셨는데, 모세는 '조상의 하나님' 을 이름으로 여기지 않은 듯하다. 그래서 '조상의 하나님' 이라는 이름을 가진 하나님, 그리고 자신의 이름을 이미 밝히신 하나님의 이름을 묻는 것이다. 모세는 애굽에 사는 이스라엘 사람들에게 '조상의 하나님' 이 자기를 보내셨다고 말할 때 그들이 그것으로 만족하지 않고, "그의 이름이 무엇이냐?" 고 물을 것이라고 예상한다. 모세는 조상의 하나님, 즉 아브라함과 이삭과 야곱의 하나님이라는 칭호가 당시 이스라엘 사람들에게 별 의미를 갖지 못할 것이라고 생각한 것이다. 이것은 모세 자신도 그 신명에 별 호감을 느끼지 않았기 때문일 것이다. 하지만 이 칭호는 하나님이 이스라엘을 출애굽 시키는 근거를 제공한다. 하나님은 조상들과 맺은 계약을 기억하시고, 그것을 실현하기 위해서 이스라엘을 출애굽 시키셨기 때문이다.

하나님은 모세의 질문에 대답하시는데, 정말로 애매하기 짝이 없는 수수께끼 같은 대답을 하신다. 하지만 이런 느낌을 갖는 것은 우리가 히브리적 사유에 익숙하지 않은 탓이 크다. 여기서 중요한 것은 하나님은 새로운 역사를 일으키시는 분이라는 것이다. '야훼' 라는 이름은 히브리어 '하야' 에서 비롯하기 때문에 '하야' 의 의미가 무엇인지를 살펴야 한다. '하야' 를 영어의 be동사와 같게 여겨서 '……이다' 또는 '……이 있다' 로 번역하려 하는데, 그럴 경우도 있겠지만, '하야' 는 무엇인가를 발생하게 한다는 의미의 동사, 즉 '……을 있게 하다', '……을 생기게 하다' 라는 의미를 갖는 동사라는 점을 잊지 말아야 한다. 야훼 하나님은 무엇인가를 생기게 하시는 분, 어떤 일을 일으키시는 분이고, 히브리적 사유는 이것을 강조한다. 그래서 성경은 "하나님이 계시다."는 말 대신, "하나님이 천지를 창조하시다."라는 말로 시작한다. 하나님이 일하시는 것으로 시작하는 것이다.

[3 : 14] 하나님은 자신의 이름을 모세에게 알려 주시는데, 히브리어로는 자

음만 표기하기 때문에 어떻게 읽는지는 정확히 알 수 없다. 13절에서 언급한 대로, '하야' 동사는 '……을 생기게 하다' 라는 의미를 갖는다. 그래서 "나는 스스로 있는 자이니라."로 번역하는 것은 히브리 사상보다는 헬라 사상을 더 강하게 반영하기 때문에 그리 적합하지 않다. 물론 하나님은 스스로 계시는 분이지만, 본문에서는 하나님이 스스로 계시는지 그렇지 않은지에 대한 논란보다는 하나님이 앞으로 새로운 일을 하시려는 것에 초점을 맞추기 때문이다. 차라리 각주에 표기한 대로, "나는 나이다."로 번역하는 것이 하나님의 주권을 강하게 천명한다는 점에서 오히려 더 나아 보인다.

[3 : 15] 하나님은 자신의 이름을 새롭게 알려 주신 다음, 조상의 하나님이라는 칭호를 '여호와' 라는 이름과 결합해서 15절과 16절에서 거듭 언급하신다. 조상의 하나님에 대해서는 출애굽기 3 : 6을 보라. 하나님은 "너희 조상의 하나님 여호와 곧 아브라함의 하나님, 이삭의 하나님, 야곱의 하나님"을 "나의 영원한 이름이요 대대로 기억할 나의 칭호"라고 말씀하신다. 하나님이 '조상의 하나님' 을 얼마나 중요하게 여기는지 알 수 있다.

'여호와' 는 하나님의 이름으로 그리 적합하지 않은데, 그 까닭은 이 이름이 후대에 매우 인위적으로 만들어진 이름이기 때문이다. 하나님의 이름의 네 자음에 '주' 를 의미하는 히브리어 '아도나이' 의 모음을 붙여서 만들었다. 유대교에서는 신명을 부르는 것을 규제했기 때문에 그들은 신명 네 문자를 쓰고, 그것을 '아도나이', 즉 '주' 로 읽었다. 그러므로 차라리 '주' 로 읽는 것이 낫겠다.

[3 : 16] 16~22절은 모세가 이스라엘 백성들을 이끌어 내는 세 단계를 말한다. 첫째 단계는 모세가 이스라엘의 장로들을 불러 모으고 그들을 설득하는 것이다. 하나님은 모세로 하여금 장로들과 함께 일하라고 말씀하신다(18절). 둘째 단계는 모세가 장로들과 함께 애굽 왕을 만나서 출애굽 요구를 하는 것

이다. 그리고 셋째는 하나님이 강력한 능력으로 애굽을 굴복시키시는 것이다. 하나님은 애굽을 치시고(히브리어로 '나카'), 기적을 일으키실 것이다.

[3 : 17] 이 구절은 8절을 반복하는데, "젖과 꿀이 흐르는 땅"이라는 구절은 성경에 몇 차례 나온다(출 13 : 5, 33 : 3). 이 지역이 특별히 풍요로운 것은 아니지만, 양을 치는 유목민들 입장에서는 그들이 풀을 찾아서 헤매는 거친 광야 지역에 비하면 비옥한 곳으로 보였을 것이다.

그런데 하나님은 이스라엘 사람들을 "애굽의 고난 중에서 인도하여 내어 …… 올라가게 하리라"고 말씀하신다. 하나님은 8절에서처럼 두 땅을 비교해서 하나님이 약속하신 땅이 애굽 땅보다 우월한 곳임을 강조하시는 것이다.

[3 : 18] 하나님은 모세로 하여금 애굽 왕에게 나아가서 출애굽을 요청하라고 지시하시는데, 바로에게 할 말도 자세하게 일러주신다. 히브리 사람의 하나님이 그들에게 나타나셨기 때문에 그들이 광야에 나가서 그 신에게 제사를 드려야겠다고 말하게 하신다. 하나님은 모세에게 이스라엘의 장로들과 함께 바로에게 가라고 하시는데, 모세는 아론과 함께 바로에게 갔고, 이스라엘의 장로들과 함께 간 적은 없다. '3일 여정'은 당시에 비교적 짧은 여행을 가리키는 매우 관습적인 표현이다. 그리고 이것은 이스라엘 사람들이 가려고 하는 시내산이 애굽 국경에서 그리 멀지 않은 곳에 위치했음을 보여 준다.

[3 : 19-22] 하나님은 모세에게 할 일을 꼼꼼하게 일러 주시는데, 바로에게 할 말도 알려 주신다. 하나님은 앞으로 일이 어떻게 전개될 것인지 이미 아신다. 하나님은 바로가 완강하게 버티겠지만, 하나님이 "여러 가지 이적(히브리어로는 '나의 모든 이적으로'이다.)으로 그 나라를 친 후에" 결국 이스라엘은 놓임을 받을 것이라고 말씀하신다.

그리고 그때에 애굽 사람들로 하여금 이스라엘 사람들에게 은혜를 입히게 해서 이스라엘 사람들이 출애굽 할 때 빈손으로 나가지 않을 것이라고 말씀하신다(21절). '은혜를 입힌다'는 것은 애굽 사람들이 이스라엘 사람들을 호의적으로 대한다는 것인데, 이것은 그들이 이스라엘 사람들로 인해서 근심하고 압제하던 때와는 대조적이다(출 1 : 12).

그런데 21절은 하나님이 애굽 사람들로 하여금 이스라엘 사람들에게 금품을 주어서 그들이 빈손으로 나가지 않게 한다는 것인데, 22절은 다르게 말한다. 22절 앞부분을 보면 애굽 사람들이 자원해서 이스라엘 사람들에게 금품을 주는 것이 아니고, 이스라엘 여인들로 하여금 애굽 여인들에게 패물들을 달라고 해서 자녀들을 꾸미라고 하신다(이 말씀은 출 12 : 35–36에서 이루어진다). 그리고 22절 마지막 구절을 보면 "너희는 애굽 사람들의 물품을 취하리라"고 하시는데, 이 구절을 직역하면 "너희가 애굽을 약탈할 것이다."이다. 금품을 달라고 '강요'한다면 이해할 만한데, '약탈'(히브리어로 '나찰')은 심하지 않은가? 왜 굳이 '약탈'하라고 할까? 이것은 애굽과 이스라엘이 실제로 전쟁을 벌이는 것과 마찬가지이고, 이스라엘이 출애굽 한다는 것은 그들이 승리했음을 가리키기 때문에, 출애굽 할 때 애굽 사람들이 그들에게 주는 물품들은 실제로 전리품과 같다는 사실을 부각시키기 위한 것으로 보인다.

그런데 22절 앞부분을 다시 보면, 하나님은 이스라엘 여인들로 하여금 "모두 그 이웃 사람과 및 자기 집에 거류하는 여인에게" 패물과 의복을 구하라고 하시는데, 여기서 '이웃 사람'과 '자기 집에 거류하는 여인'들은 애굽 사람일 것이다. 그렇다면 이스라엘 사람들이 애굽 사람들과 함께 거주했다는 것인데, 출애굽기 8 : 22~23을 보면, 하나님은 이스라엘 사람들이 거하는 곳과 애굽 사람들이 거하는 곳이 다르다고 말씀하신다. 이스라엘 사람들은 고센 땅에 거주했는데, 그 지역에 원래 살던 애굽 사람들도 있었을 것이고, 그들은 이스라엘 사람들과 함께 살았을 것이다. 그들은 이스라엘 사람들 때문에 재앙을 당하지 않았을 것이고, 그들 가운데 상당수가 이스라엘 사람들이 출애굽 할 때 따라 나왔을 것으로 보인다.

4. 모세에게 징표를 주시는 하나님(4 : 1-17)

[1]모세가 대답하여 이르되 그러나 그들이 나를 믿지 아니하며 내 말을 듣지 아
니하고 이르기를 여호와께서 네게 나타나지 아니하셨다 하리이다 [2]여호와께서
그에게 이르시되 네 손에 있는 것이 무엇이냐 그가 이르되 지팡이니이다 [3]여호
와께서 이르시되 그것을 땅에 던지라 하시매 곧 땅에 던지니 그것이 뱀이 된지
라 모세가 뱀 앞에서 피하매 [4]여호와께서 모세에게 이르시되 네 손을 내밀어
그 꼬리를 잡으라 그가 손을 내밀어 그것을 잡으니 그의 손에서 지팡이가 된지
라 [5]이는 그들에게 그들의 조상의 하나님 곧 아브라함의 하나님, 이삭의 하나
님, 야곱의 하나님 여호와가 네게 나타난 줄을 믿게 하려 함이라 하시고 [6]여호
와께서 또 그에게 이르시되 네 손을 품에 넣으라 하시매 그가 손을 품에 넣었
다가 내어 보니 그의 손에 나병이 생겨 눈같이 된지라 [7]이르시되 네 손을 다시
품에 넣으라 하시매 그가 다시 손을 품에 넣었다가 내어 보니 그의 손이 본래
의 살로 되돌아왔더라 [8]여호와께서 이르시되 만일 그들이 너를 믿지 아니하며
그 처음 표적의 표징을 받지 아니하여도 나중 표적의 표징은 믿으리라 [9]그들이
이 두 이적을 믿지 아니하며 네 말을 듣지 아니하거든 너는 나일강 물을 조금
떠다가 땅에 부으라 네가 떠온 나일강 물이 땅에서 피가 되리라 [10]모세가 여호
와께 아뢰되 오 주여 나는 본래 말을 잘하지 못하는 자니이다 주께서 주의 종
에게 명령하신 후에도 역시 그러하니 나는 입이 뻣뻣하고 혀가 둔한 자니이다
[11]여호와께서 그에게 이르시되 누가 사람의 입을 지었느냐 누가 말 못 하는 자
나 못 듣는 자나 눈 밝은 자나 맹인이 되게 하였느냐 나 여호와가 아니냐 [12]이
제 가라 내가 네 입과 함께 있어서 할 말을 가르치리라 [13]모세가 이르되 오 주
여 보낼 만한 자를 보내소서 [14]여호와께서 모세를 향하여 노하여 이르시되 레
위 사람 네 형 아론이 있지 아니하냐 그가 말 잘하는 것을 내가 아노라 그가 너

를 만나러 나오나니 그가 너를 볼 때에 그의 마음에 기쁨이 있을 것이라 15너는
그에게 말하고 그의 입에 할 말을 주라 내가 네 입과 그의 입에 함께 있어서 너
희들이 행할 일을 가르치리라 16그가 너를 대신하여 백성에게 말할 것이니 그
는 네 입을 대신할 것이요 너는 그에게 하나님같이 되리라 17너는 이 지팡이를
손에 잡고 이것으로 이적을 행할지니라

본문은 하나님이 하신 말씀(출 3 : 15 - 22)에 대해 모세가 답변하는 내용인데, 모세는 문제를 제기한다. 하나님이 그를 보내셨다는 사실을 이스라엘 백성들이 믿지 않으면 어떻게 하느냐는 것이다. 하나님이 새로운 이름을 알려 주셨다는 것으로는 충분하지 않다고 생각한 것이다. 하나님은 모세가 이스라엘 백성들 앞에서 권위를 인정받도록 하기 위해서 세 가지 능력을 행하게 하신다. ① 지팡이를 뱀으로 변하게 하고, ② 건강한 피부에 병이 나게 하고, ③ 나일강을 피로 변하게 하는 것. 우리가 여기서 알 수 있는 것은 출애굽 사건이 이적과 기적으로 시작한다는 것이다. 후대 성경 기자들도 여기에 주목한다(신 4 : 34, 6 : 22).

그런데 정작 모세는 이 세 가지 능력도 신뢰하지 않는다. 이것들로는 이스라엘 백성들을 설득할 수 없다는 것이다. 이것은 그의 경험에서 비롯한 판단일 것이다. 이렇게 모세가 하나님의 뜻을 받아들이지 않자, 하나님은 화를 내신다. 그러면서 아론을 그의 대변인으로 삼게 하신다.

[4 : 1] 모세는 이스라엘 사람들이 그가 하는 말을 믿지 않고 그를 신뢰하지 않을 것이라는 문제를 제기하는데, 이것은 실제로는 하나님이 그를 보내셨음을 증명하는 명확한 징표를 하나님께 구하는 것이다. 일반적으로 사신들은 그의 권위를 입증하기 위한 서류나 징표를 지녔기 때문에, 모세가 자신이 하나님의 사신임을 증명하기 위한 징표를 하나님께 구하는 것은 불신앙적인 행위가 아니라 당연한 요구이다. 이것은 하나님이 모세를 책망하지 않는다

는 점에서도 분명하다.

[4 : 2-5] 하나님은 모세에게 확신을 주기 위해서, 그리고 의심하는 이스라엘 사람들을 설득하기 위해서 지팡이를 뱀으로 변하게 하신다. 하나님은 이것을 통해서 조상의 하나님 여호와가 모세에게 나타나신 것을 증명할 수 있을 것이라고 말씀하신다. 지팡이를 뱀으로 변하게 하는 것은 출애굽기 7 : 9~12에도 나오는데, 여기서는 이스라엘 백성들에게 모세의 신적 권위를 입증하기 위한 수단이 아니라 바로에게 신적 능력을 보여 주려는 의도이다.

[4 : 6-8] 하나님은 두 번째 징표도 보여 주시는데, 모세로 하여금 손을 품에 넣었다 내놓게 함으로써 손이 눈처럼 하얗게 변하는 피부병이 생기게 했다가, 다시 손을 품에 넣었다 내놓게 해서 손을 깨끗하게 됨을 보여 주신다. '나병' 으로 번역한 히브리어는 나병이 아니라 악성 피부병을 가리킨다. 나병은 모세 당시에 발생하지 않았고, 신구약 중간시대 이후에 발생한 것으로 보인다.

하나님은 이스라엘 사람들이 첫째 징표를 믿지 않을 것을 염려하셔서 둘째 징표를 주신다. "그 처음 표적의 표징을 받지 아니하여도 나중 표적의 표징은 믿으리라."는 히브리어 원문을 직역하면, "그들이 너를 믿지 않고 첫째 징표의 소리를 듣지 않는 일이 발생할 수도 있지만 그들이 나중 징표의 소리는 믿을 것이다."이다.

[4 : 9] 하나님은 이스라엘 사람들이 첫째 징표를 받아들이지 않을 경우를 가정해서 둘째 징표를 보여 주시는데, 그것마저 통하지 않을 때를 예상해서 셋째 징표, 즉 나일강의 물을 조금 떠다가 땅에 부으면 그 물이 피로 변할 것이라고 말씀하신다. 하나님은 앞의 두 징표와 달리 셋째 징표는 말로만 알려 주신다. 나일강의 물을 조금 떠다가 땅에 부어서 피로 변하게 하는 것은 이

스라엘 백성들을 설득하기 위한 방편이었는데, 출애굽기 7 : 17~25에서는 바로와 그의 마술사들 앞에서 나일강과 애굽의 온 하천을 피로 변하게 한다. 하나님이 이렇게 세 가지 징표를 알려 주시는 것은 모세가 이스라엘 사람들을 설득하는 일이 매우 어려울 것임을 암시한다.

[4 : 10-13] 모세는 다시 하나님께 요청한다. 하나님은 이제껏 모세에게 그가 하나님의 사신임을 이스라엘 사람들에게 증명할 수 있도록 세 가지 징표를 주셨는데, 모세는 자신이 말을 잘하지 못하기 때문에 다른 사람을 대신 보내라고 요청한다. 모세는 자신이 원래 말을 잘하지 못하는데(모세가 말을 잘 못할 뿐만 아니라 실제로 신체적인 장애를 가졌는지도 모를 일이다. 11절에서 하나님은 "누가 사람의 입을 지었느냐 누가 말 못하는 자나 못 듣는 자나 눈 밝은 자나 맹인이 되게 하였느냐 나 여호와가 아니냐"라고 말씀하시는데, 하나님이 예시하는 네 가지 경우 가운데 세 가지는 신체적인 장애이다. 이런 점에서 모세가 말을 잘할 수 없는 신체적인 장애를 가졌을 가능성이 크다〈Propp, *Exodus 1-18*, p. 211〉.), 하나님으로부터 이스라엘을 출애굽 시키라는 엄청난 명령을 받은 이후에도 달라진 것이 없다는 점을 심각한 문제로 제기한다. 모세는 이스라엘을 출애굽 시키기 위해서는 이스라엘 사람들도 설득해야 하고 바로도 설득해야 하기 때문에 말을 잘하는 것이 가장 중요하다고 생각한 듯하다. 여기에 대해 하나님은 "누가 사람의 입을 지었느냐 …… 나 여호와가 아니냐"고 강력하게 말씀하시면서, 앞으로 자신이 모세와 함께하고 그가 할 말을 가르쳐 주겠다고 약속하신다. 그러나 모세는 다른 사람을 택하는 게 좋겠다고 말한다. 하나님이 주시는 세 가지 징표에도 불구하고 모세는 아무리 생각해도 자신이 그 일을 감당할 수 없다고 판단한 것이다. 하나님이 모세를 설득하지 못하는 상황이 발생한 것이다.

[4 : 14-16] 하나님은 모세에게 화를 내신다. 이것은 하나님이 생각하는 것과

모세가 생각하는 것이 다르기 때문이다. 하나님은 모세의 언변(言辯)에 기대서 이스라엘을 출애굽 시키려고 하는 게 아닌데, 모세는 언변이 좋아야 한다고 생각한 것이다. 그래서 하나님은 아론을 언급하신다. 하나님이 아론을 언급하시는 까닭은 정말 언변이 출애굽에 중요하다면 하나님이 모세가 아니라 아론을 택했을 것임을 알려 주시기 위함이다.

하나님은 모세와 아론의 관계를 명확하게 설정하신다. 모세는 아론에게 있어서 하나님이다. 아론과 모세의 관계는 예언자와 하나님과의 관계와 같다. 예언자가 하나님이 하신 말씀을 그대로 전하는 역할을 하듯, 아론은 모세가 그에게 한 말을 그대로 전하는 일을 한다.

우리는 여기까지 성경을 읽으면서 모세의 형제들이 있었는지 그들이 누구인지 정확하게 들은 적이 없다. 그래서 하나님이 모세의 형 아론을 언급하는 것은 매우 느닷없어 보인다. 상세한 언급도 하지 않고, 복선도 없이 갑작스럽게 언급하는 것은 성경 기록의 특징 가운데 하나이다.

[4 : 17] 언변을 문제 삼는 모세에게 하나님은 아론을 대언자로 삼게 하신 다음, “너는 이 지팡이를 손에 잡고 이것으로 이적을 행할지니라”라고 말씀하신다. 이 말씀은 독자들로 하여금 출애굽기 4 : 2로 돌아가게 한다. 하나님은 모세에게 다른 것이 아닌, 그 손에 들린 지팡이를 주목하게 하신다(Douglas K. Stuart, *Exodus－An Exegetical and Theological Exposition of Holy Scripture*. The New American Commentary〈Nashville, Tennessee : B & H Publishing Group, 2006〉, p. 138). 그리고 그 지팡이로 이적을 일으키게 하셨다. 하나님은 지팡이를 중요하게 여기시는데, 모세는 정작 지팡이에는 관심이 없다. 그것은 그냥 하찮은 나뭇가지일 뿐이다. 그러나 하나님은 모세로 하여금 지팡이에 주목하게 하시고, 그것으로 이적을 행하라고 말씀하신다. 지팡이는 아무것도 아니다. 그러나 그 지팡이를 모세가 잡았을 때 이적을 나타내는 도구가 된다. 모세도 마찬가지이다. 모세는 지팡이처럼 아무것

도 아니지만, 하나님이 붙잡으면 하나님의 능력을 나타내는 도구가 되는 것이다. 하나님은 모세가 이 사실을 깨닫기를 바라셨을 것이다.

여기서 '이적'(들)은 히브리어로 '오토트'('오트'의 복수)인데, 이 단어는 출애굽기 3 : 12('증거')에 나왔다. '이적'은 단순히 놀라운 기적만이 아니라 어떤 사실에 대한 증거이며, 징표이다. '오트'의 동의어는 '모펫'이다. '오트'는 출애굽기 4 : 17, 7 : 3, 8 : 23, 10 : 1~2에 나온다. 그리고 '모펫'은 출애굽기 4 : 21, 7 : 3, 9, 11 : 9~10에 나온다. 여기에서 보는 대로 '오트'와 '모펫'이 출애굽기 7 : 3에 동시에 나온다. "내가 바로의 마음을 완악하게 하고 내 표징(오트)과 내 이적(모펫)을 애굽 땅에서 많이 행할 것이나". 〈개역개정〉 성경은 '오트'와 '모펫'을 문맥에 따라 표징이나 이적으로 번역하는데 어떤 경우에는 오트를 이적으로, 어떤 경우에는 모펫을 이적으로 번역한다. 이것은 표징이나 이적이 같은 의미이고, 그래서 오트와 모펫이 동의어임을 보여 준다.

모세는 자신이 어떤 인물이라는 것을 잘 안다. 그는 자신에게 이스라엘 백성들을 애굽에서 이끌어 낼만 한 능력이 없다는 것을 잘 알았다. 그래서 하나님께 다른 사람을 보내라고 청한다. 이것은 불순종이 아니다. 앞으로 모세가 할 일을 말하는 것이다. 우선 자기 가족들을 설득해야 하고, 애굽에 돌아가서 이스라엘 사람들을 설득해야 한다. 그리고 바로를 비롯한 애굽 사람들도 설득해야 한다. 그것이 얼마나 어려운 일인지 모세는 잘 안다. 그래서 거부한다.

어떤 일 맡기를 거부하는 것은 제 능력도 알지 못하면서 무작정 일을 맡으려는 사람보다 덜 위험하다. 그저 무조건 순종하라는 것은 바람직하지 않다. 중요한 것은 모세가 하나님과 이런 대화를 나눈다는 사실이다. 이 과정이 반드시 필요하다. 하나님이 사람을 막무가내로 보내지 않으시고, 이렇게 긴 대화를 나누신다는 것은 의미심장하다. 하나님과의 긴 대화가 필요하다.

모세가 하는 말은 틀리지 않다. 그런데 문제는 초점이다. 누구에게 초점을 맞추느냐가 중요하다. 모세가 자신의 능력으로 이스라엘 백성들을 출애굽 시키려고 한다면, 그것은 불가능하다. 모세가 하는 것이 아니다. 하나님이 하시는 것이다. 모세가 능력을 발휘하는 것이 아니다. 하나님이 능력을 드러내시는 것이다.

C. 애굽으로 돌아간 모세(4 : 18－7 : 13)

1. 애굽으로 돌아가는 모세(4 : 18－31)

18모세가 그의 장인 이드로에게로 돌아가서 그에게 이르되 내가 애굽에 있는
내 형제들에게로 돌아가서 그들이 아직 살아 있는지 알아보려 하오니 나로
가게 하소서 이드로가 모세에게 평안히 가라 하니라 19여호와께서 미디안에
서 모세에게 이르시되 애굽으로 돌아가라 네 목숨을 노리던 자가 다 죽었느
니라 20모세가 그의 아내와 아들들을 나귀에 태우고 애굽으로 돌아가는데 모
세가 하나님의 지팡이를 손에 잡았더라 21여호와께서 모세에게 이르시되 네
가 애굽으로 돌아가거든 내가 네 손에 준 이적을 바로 앞에서 다 행하라 그러
나 내가 그의 마음을 완악하게 한즉 그가 백성을 보내 주지 아니하리니 22너
는 바로에게 이르기를 여호와의 말씀에 이스라엘은 내 아들 내 장자라 23내가
네게 이르기를 내 아들을 보내 주어 나를 섬기게 하라 하여도 네가 보내 주기
를 거절하니 내가 네 아들 네 장자를 죽이리라 하셨다 하라 하시니라 24모세
가 길을 가다가 숙소에 있을 때에 여호와께서 그를 만나사 그를 죽이려 하신
지라 25십보라가 돌칼을 가져다가 그의 아들의 포피를 베어 그의 발에 갖다
대며 이르되 당신은 참으로 내게 피 남편이로다 하니 26여호와께서 그를 놓아
주시니라 그때에 십보라가 피 남편이라 함은 할례 때문이었더라 27여호와께
서 아론에게 이르시되 광야에 가서 모세를 맞으라 하시매 그가 가서 하나님

의 산에서 모세를 만나 그에게 입맞추니 [28]모세가 여호와께서 자기에게 분부
하여 보내신 모든 말씀과 여호와께서 자기에게 명령하신 모든 이적을 아론에
게 알리니라 [29]모세와 아론이 가서 이스라엘 자손의 모든 장로를 모으고 [30]아
론이 여호와께서 모세에게 이르신 모든 말씀을 전하고 그 백성 앞에서 이적
을 행하니 [31]백성이 믿으며 여호와께서 이스라엘 자손을 찾으시고 그들의 고
난을 살피셨다 함을 듣고 머리 숙여 경배하였더라

드디어 모세는 하나님의 뜻을 받아들인다. 그리고 애굽으로 돌아갈 준비를 한다. 하나님은 모세에게 주신 모든 이적들을 잊지 말라고 당부하신다. 하나님은 모세에게 바로 앞에 나아가 할 말을 일러 주시고, 가장 강력한 최후의 이적은 바로의 장남을 죽이는 것임을 알려 주신다(23절).

[4 : 18-19] 모세가 미디안에서 얼마 동안 거주했는지 알 수 없는데, 사도행전 7 : 30은 40년이라고 한다. 그런데 이것은 일정한 시간이 흘렀다는 관용적인 표현이기 때문에 정확한 연수로 받아들이지 말아야 한다.

그는 집으로 돌아와서 장인인 이드로(히브리어 원문은 '예테르' 인데, 〈칠십인역〉은 '요쏘르' 로, 히브리어 사본들, 사마리아 오경, 시리아역, 탈굼, 불가타는 '이드로' 로 표기한다. '예테르' 는 '이드로' 의 축약형으로 보인다.)에게 애굽으로 갈 것을 말한다. 그런데 그들이 나누는 대화를 보면, 모세는 자세하게 이야기를 하지 않고, 그저 애굽에 있는 사람들을 만나러 가겠다고 한다. 그래도 이드로는 모든 것을 다 알았을 것이다. 모세는 물론이고, 자기 딸과 손주들을 떠나보내면서 이드로는 그들을 만류하지 않는다. 이드로는 모세가 애굽으로 돌아가는 것을 허락한다(18절).

그 다음 하나님이 다시 모세에게 애굽으로 돌아갈 것을 명령하시는데, 하나님은 모세의 목숨(히브리어로 '네페쉬')을 노리던 사람들이 다 죽었다는 것으로 모세를 설득하려고 한다(19절). 결국 하나님께 설득당한 모세는 애굽

으로 돌아가서 하나님이 그에게 맡겨 주시는 일을 감당하기로 한다.

[4 : 20] 모세는 부인과 아이들을 데리고 애굽으로 떠났는데, 우리는 여기서도 '느닷없음'을 경험한다. 우리는 모세가 게르솜을 낳은 것은 알지만(출 2 : 22), 게르솜 외에 다른 아이들을 낳은 것에 대해서는 지금까지 들은 적이 없기 때문이다. 그리고 출애굽기 4 : 25을 보면 '아들의 포피'라고 하기 때문에, 독자들로 하여금 아들이 하나라고 생각하게 한다. 그리고 출애굽기 18 : 5에 의하면 모세의 부인과 아이들은 모세와 함께 애굽으로 간 것이 아니거나, 애굽으로 갔지만 모세가 어느 때에 부인과 아이들을 미디안으로 돌려보낸 듯하다.

출애굽기에서 하나님은 주권을 가지신 분이 분명하지만, 그렇다고 하나님 마음대로 일하지는 않으신다. 그리고 하나님이 뜻하시는 것과 다른 일이 벌어지기도 한다. 이것은 하나님이 사람들과 함께 일하시고, 사람들이 보이는 반응에 따라서 일하시는 분임을 보여 준다.

본문 기자는 모세가 가족들과 함께 애굽으로 떠나는 장면을 서술하면서 "모세가 하나님의 지팡이를 손에 잡았더라"라고 말한다. 앞 단락에서 살펴본 대로, 지팡이는 매우 중요한 의미를 갖는다. 그래서 하나님도 지팡이에 주목하고, 본문 기자도 지팡이에 주목하는 것이다. 그리고 이제 모세도 그 지팡이를 소중하게 여긴다. 본문 기자는 그 지팡이를 '모세의 지팡이'라고 하지 않고, '하나님의 지팡이'라고 함으로써 그 지팡이가 단순히 나무가 아니라 하나님의 능력을 일으키는 매개물임을 보여 준다.

[4 : 21] '이적'은 설명을 필요로 하는 특이한 사건, 즉 하나님의 나타나심과 역사하심을 뜻한다. 이 이적은 2~9절에 나오는 것들, 즉 이스라엘 백성들을 설득하기 위한 것들이 아니다. 바로 앞에서 신적인 능력을 보여 주는 것들이다. 원래 이 이적들은 애굽 사람들을 벌하기 위한 것이 아니고, 그들에게 하

나님의 능력을 보여 주어서 하나님이 모든 신들 위에 계신 분임을 알게 하려는 의도를 갖는다. 그래서 결국 이 이적들은 그들이 이스라엘 백성을 놓아 주는 것이 바로 하나님의 뜻임을 깨닫게 하는 데 목적을 둔다.

하나님은 바로의 마음을 강퍅하게 할 것이라고 말씀하신다. 하나님께서 바로의 마음을 강퍅하게 하신다는 것은 두 가지 의미를 갖는다. 하나님이 모든 것을 주관하신다는 것과 실제로 바로가 완강할 것임을 일러 주는 것이다.

바로가 이스라엘 백성들을 놓아 주지 않으려고 하는 것을 본문 기자는 하나님의 신비스러운 역사의 결과로 본다. 우리는 이 구절을 잘 이해해야 한다. 이것은 하나님이 바로를 일부러 강퍅하게 하셨음을 말한다기보다 하나님이 바로보다 높은 분임을 보여 주려는 의도를 갖는다. 바로가 이스라엘 백성들을 종처럼 부릴 수 있는 능력을 갖고 있지만, 그 능력으로 하나님의 목적을 저지하지는 못한다는 것이다. 그리고 역설적으로 바로가 강력하게 하나님의 뜻을 거부하면 할수록, 오히려 그는 하나님의 능력을 더욱더 확실하게 보여 주는 역할을 한다는 것이다.

[4 : 22] 하나님은 이스라엘을 자신의 장남이라고 부르시는데, 이렇게 부자지간의 은유를 사용하심으로써 하나님은 이스라엘과의 관계가 얼마나 돈독한지 보여 주신다. 그리고 이것은 하나님과 이스라엘이 맺은 언약관계에 대한 표현이기도 하다(호 11 : 1). 하나님은 결코 이스라엘을 버려두지 않으신다. 이스라엘을 정말로 사랑하신다. 그런데 이스라엘이 하나님의 아들이고 장자라는 사실 때문에 바로는 장자를 잃는 고통을 당하고, 결국 하나님의 장자인 이스라엘을 애굽에서 나가게 한다.

[4 : 23] 하나님은 모세로 하여금 바로에게 말할 것을 계속 일러 주시는데, "내 아들(〈칠십인역〉은 '내 백성'으로 번역했다. 그러나 문맥상 '내 아들'이 더 적합한 것으로 보인다.)을 보내 주어 나를 섬기게 하라"는 명령을 바로가 거

부했기 때문에 하나님이 애굽의 모든 장자를 죽일 것이라고 말하게 하신다. 하나님은 '내 아들 내 장자' 와 '네 아들 네 장자' 를 대비하신다. 그러나 하나님은 애굽의 모든 장자들을 죽이는 것으로 재앙을 시작하지 않으시고, 그것으로 재앙을 마치신다. 하나님은 바로에게 최종적인 것을 미리 알려 주심으로써 거기까지 가지 말 것을 충고하시는 것이다.

[4 : 24-26] 여기서도 느닷없음이 나타난다. 하나님은 갑자기 모세에게 나타나셔서 모세를 죽이려고 하신다. 왜 이런 일이 일어났는지에 대해서는 아무런 언급도 하지 않는다. 이 사건은 앞뒤 본문들과도 연관성을 갖지 않는다. 하나님이 모세를 죽이려 하시는 이유가 무엇인지 정확하게 알 수는 없지만, 도대체 하나님이 그토록 격분하시고 단호하게 행하시는 까닭이 무엇인지 알기는 어렵지만, 십보라가 하는 행동을 볼 때 한 가지 분명한 것은 이 사건이 할례와 연관성을 갖는다는 것이다. 이 구절들은 할례가 얼마나 중요한 것인지 보여 준다. 할례는 이스라엘이 대대로 지켜야 할 규례이다.

십보라는 돌칼로 아들의 포피를 잘랐는데, 이것은 고대적인 관습으로 보인다. 그리고 십보라는 아들의 포피를 모세의 발('발' 은 성기를 가리킨다.)에 가져다 대었는데, 이것은 아들을 할례함으로써 모세도 거기에 동참하는 효과를 갖게 한다. 아들의 성년식이면서 동시에 모세의 성년식이기도 한 것이다. 이스라엘에서는 어렸을 때 할례를 행하지만, 원래 할례는 성년식 의식이었을 것이다. 아마도 결혼하기 전에 장인이 사위에게 할례를 행했을 것으로 보인다. 그래서 신부는 관례적으로 남편을 '피남편' 이라고 불렀을 것이다.

어쨌든 할례로 인해서 모세는 죽을 고비를 넘긴다. 십보라는 매우 지혜로운 여인이다. 그는 일을 꿰뚫어 알고 바로 조치를 취해서 남편을 살린다. 본문에서 할례는 히브리어로 '물로트' (복수형)인데, 이것은 여기에만 나타나는 형태이다. 아마도 두 아들을 모두 할례했기 때문인 것으로 보인다.

[4 : 27-31] 하나님은 아론에게 "광야에 가서 모세를 맞으라"라고 지시하신다. 그래서 두 사람은 하나님의 산에서 만난다. 모세는 아론을 만나서 자초지종, 즉 "여호와께서 자기에게 분부하여 보내신 모든 말씀과 여호와께서 자기에게 명령하신 모든 이적"을 이야기한 다음, 애굽으로 가서 장로들을 모은다. 그리고 이스라엘 사람들에게 자초지종을 말하고, 세 가지 이적을 보여 준다. 그러자 모세가 걱정했던 것과는 정반대로 그들은 모세가 하는 말을 그대로 받아들인다. 그리고 하나님이 그들을 찾으시고 그들의 고난을 살피셨음을 듣고 하나님을 경배한다. 이렇게 해서 모세는 그들의 새로운 지도자로 인정을 받는다.

2. 실패 아닌 실패(5 : 1-6 : 1)

1그 후에 모세와 아론이 바로에게 가서 이르되 이스라엘의 하나님 여호와께서
이렇게 말씀하시기를 내 백성을 보내라 그러면 그들이 광야에서 내 앞에 절기
를 지킬 것이니라 하셨나이다 2바로가 이르되 여호와가 누구이기에 내가 그의
목소리를 듣고 이스라엘을 보내겠느냐 나는 여호와를 알지 못하니 이스라엘
을 보내지 아니하리라 3그들이 이르되 히브리인의 하나님이 우리에게 나타나
셨은즉 우리가 광야로 사흘길쯤 가서 우리 하나님 여호와께 제사를 드리려 하
오니 가도록 허락하소서 여호와께서 전염병이나 칼로 우리를 치실까 두려워
하나이다 4애굽 왕이 그들에게 이르되 모세와 아론아 너희가 어찌하여 백성의
노역을 쉬게 하려느냐 가서 너희의 노역이나 하라 5바로가 또 이르되 이제 이
땅의 백성이 많아졌거늘 너희가 그들로 노역을 쉬게 하는도다 하고 6바로가
그날에 백성의 감독들과 기록원들에게 명령하여 이르되 7너희는 백성에게 다
시는 벽돌에 쓸 짚을 전과 같이 주지 말고 그들이 가서 스스로 짚을 줍게 하라
8또 그들이 전에 만든 벽돌 수효대로 그들에게 만들게 하고 감하지 말라 그들
이 게으르므로 소리 질러 이르기를 우리가 가서 우리 하나님께 제사를 드리자

하나니 9그 사람들의 노동을 무겁게 함으로 수고롭게 하여 그들로 거짓말을
듣지 않게 하라 10백성의 감독들과 기록원들이 나가서 백성에게 말하여 이르
되 바로가 이렇게 말하기를 내가 너희에게 짚을 주지 아니하리니 11너희는 짚
을 찾을 곳으로 가서 주우라 그러나 너희 일은 조금도 감하지 아니하리라 하
셨느니라 12백성이 애굽 온 땅에 흩어져 곡초 그루터기를 거두어다가 짚을 대
신하니 13감독들이 그들을 독촉하여 이르되 너희는 짚이 있을 때와 같이 그날
의 일을 그날에 마치라 하며 14바로의 감독들이 자기들이 세운 바 이스라엘
자손의 기록원들을 때리며 이르되 너희가 어찌하여 어제와 오늘에 만드는 벽
돌의 수효를 전과 같이 채우지 아니하였느냐 하니라 15이스라엘 자손의 기록
원들이 가서 바로에게 호소하여 이르되 왕은 어찌하여 당신의 종들에게 이같
이 하시나이까 16당신의 종들에게 짚을 주지 아니하고 그들이 우리에게 벽돌
을 만들라 하나이다 당신의 종들이 매를 맞사오니 이는 당신의 백성의 죄니
이다 17바로가 이르되 너희가 게으르다 게으르다 그러므로 너희가 이르기를
우리가 가서 여호와께 제사를 드리자 하는도다 18이제 가서 일하라 짚은 너희
에게 주지 않을지라도 벽돌은 너희가 수량대로 바칠지니라 19기록하는 일을
맡은 이스라엘 자손들이 너희가 매일 만드는 벽돌을 조금도 감하지 못하리라
함을 듣고 화가 몸에 미친 줄 알고 20그들이 바로를 떠나 나올 때에 모세와 아
론이 길에 서 있는 것을 보고 21그들에게 이르되 너희가 우리를 바로의 눈과
그의 신하의 눈에 미운 것이 되게 하고 그들의 손에 칼을 주어 우리를 죽이게
하는도다 여호와는 너희를 살피시고 판단하시기를 원하노라 22모세가 여호와
께 돌아와서 아뢰되 주여 어찌하여 이 백성이 학대를 당하게 하셨나이까 어
찌하여 나를 보내셨나이까 23내가 바로에게 들어가서 주의 이름으로 말한 후
로부터 그가 이 백성을 더 학대하며 주께서도 주의 백성을 구원하지 아니하
시나이다 6:1여호와께서 모세에게 이르시되 이제 내가 바로에게 하는 일을 네
가 보리라 강한 손으로 말미암아 바로가 그들을 보내리라 강한 손으로 말미
암아 바로가 그들을 그의 땅에서 쫓아내리라

모세는 바로에게 나아가는 것을 전혀 두려워하지 않는다. 이것은 바로를 두려워해서 미디안으로 도주하던 때와는 전혀 다른 모습이다. 그러나 바로 역시 만만치 않다. 모세가 바로에게 하나님 명령을 전하자, 바로는 하나님이 누구냐고 묻는다. 바로가 하나님을 몰라서 이렇게 묻는 것이 아니다. 하나님을 무시하는 매우 불경스러운 발언이다.

바로는 예상보다 완강하다. 그래서 출애굽은 불가능한 것처럼 보인다. 바로가 끝까지 뜻을 굽히지 않음으로써, 결국 하나님의 뜻을 꺾어 버릴 것만 같다. 하나님의 권위와 능력은 갈수록 위축되고, 상황은 점점 더 악화될 듯하다. 그런데 놀라운 사실은 이런 부정적인 상황이 출애굽으로 나아가는 가장 확실한 길이라는 것이다. 바로가 완강하면 할수록, 그는 자신의 능력을 드러내는 것이 아니라 하나님의 능력을 온 천하에 입증하는 역설적인 일이 벌어진다. 하지만 겉으로 보기에는 바로가 더 강하고, 하나님은 무력해 보인다. 그래서 이스라엘 백성들은 실망하고 모세와 아론에게 거세게 대든다.

일이 잘 풀리지 않고 이스라엘 사람들마저 그를 원망하자, 모세는 하나님께 하소연한다. 그러자 하나님은 바로가 이스라엘 사람들을 반드시 쫓아낼 것이라고 말씀하신다.

[5 : 1-2] 모세와 아론은 바로에게 가서 "내 백성을 보내라 그러면 그들이 광야에서 내 앞에 절기를 지킬 것이니라"라는 하나님의 명령을 전하는데, 여기서 '절기'는 '순례절기'이다. 이스라엘 백성들이 성소까지 가서 거기서 제사를 드리기 때문이다. 그들이 가려는 곳은 호렙산인데, 여기서는 그냥 '광야'라고 한다. 호렙산은 모세가 하나님을 만난 곳이고, 모세가 이스라엘 백성들을 데려 가서 하나님을 만나게 해야 할 곳이다(출 3 : 12).

그러나 바로는 그들이 하는 말을 무시한다. 그는 하나님이 누구인지 알지 못하기 때문에 그 명령에 따를 수 없다고 말한다. 이것을 뒤집어 보면, 하나님이 누구인지 알면 하나님의 명령을 따르겠다는 의미이다. 그래서 하나님은 여러 가지 이적들을 통해서 바로로 하여금 하나님이 누구신지 알게 하신다.

[5 : 3-9] 고대 애굽에서 자신들이 섬기는 신에게 제사를 드리기 위해서 시간을 내는 것이 당연했다. 당시 사람들은 신의 뜻을 거역하면 저주를 받고 큰 어려움을 당한다고 생각했다(레 26 : 14ff., 신 28 : 15ff).

그러나 바로는 모세와 아론이 하는 말을 듣고 그들이 이스라엘 사람들을 중노동에서 쉬게 하려고 잔꾀를 부린다고 생각한다(4절). 5절에서도 동일한 말을 하는데, "이제 이 땅의 백성이 많아졌거늘"이라고 한다(이 구절은 의미가 불분명한데, 사마리아 오경은 "이제는 이 땅의 백성보다 많아졌다"로 표기한다). 바로는 이스라엘 사람들이 많아진 것에 대해 자신이 세운 대책을 모세와 아론이 무용지물로 만들까 봐 염려하는 것이다.

애굽인들은 히브리인들을 강제동원하면서 그들을 군대조직처럼 조직했는데, 맨 위는 애굽인들이고, 히브리인들 중 '기록원' 라고 칭하는 중간 감독관을 세워서 히브리인들로 하여금 히브리인들을 직접 감독하게 했다.

그날 바로는 감독과 기록원들을 불러서 혹독한 작업 명령을 하달한다. 이스라엘 사람들에게 짚을 주지 말고, 만들어야 하는 벽돌 개수는 감하지 말라는 것이다. 바로는 이렇게 함으로써 이스라엘 사람들이 모세와 아론에게 관심을 갖지 않고, 광야에 나가서 하나님께 제사 드릴 생각을 아예 못하게 하려 했다. 특히 바로는 모세와 아론이 하는 말을 '거짓말' (히브리어는 '디베레 샤케르' 인데, 직역하면 '거짓의 말들' 이다. 바로는 모세와 아론이 하는 말을 '온통 거짓말' 이라고 몰아세운다.)로 규정하는데, 이것은 정치가들이 진실을 호도하기 위해 흔히 사용하는 수법이다.

[5 : 10-14] 애굽인들은 작업을 감독했고, 직접 노역을 하는 곳에서는 이스라엘 사람들이 기록원으로 일했다. 이들은 이스라엘 사람들을 독려해서 하루 벽돌 생산량을 달성해야 하는 책임을 부여받았다. 애굽에서는 신전을 대체

로 돌로 지었지만, 나머지 건축물들은 벽돌로 지었는데, 벽돌을 만들 때 짚을 사용했다. 그렇기 때문에 짚이 없으면 벽돌을 만들 수 없는 상황이었다. 당시 벽돌은 지금보다 컸고, 짚이나 갈대를 썰어 그것을 진흙에 섞어서 만들었다. 짚이나 갈대를 넣은 까닭은 흙을 단단하게 결합하게 하려는 것이다. 그리고 벽돌을 볕에 말렸는데, 그러면 색깔이 검게 변했다.

그런데 바로가 명령한 대로 짚을 공급하지 않자, 이스라엘 사람들이 벽돌에 넣을 짚을 직접 구해야 했기 때문에(이스라엘 사람들은 '온 애굽 땅'에 흩어져서 짚을 대신할 것을 찾았다〈12절〉.) 하루 할당량을 도무지 채울 수가 없었다. 그러자 감독들은 기록원들에게 책임을 추궁하면서 그들을 구타하는데(이스라엘 기록원들은 애굽 감독들에게 구타를 당하는데, 이때 사용하는 단어는 히브리어 '나카'이다. 이 단어는 출 2 : 11-13에 세 번 나온다. '나카'는 죽을 만큼 패는 것을 가리키는데, 애굽 감독들이 이스라엘 기록관들을 죽을 만큼 팼다는 것이다.), 이스라엘 기록원들과 이스라엘 사람들은 일이 어떻게 진행되고 있는지 알지 못한 것으로 보인다. 그들은 갑자기 바뀐 작업방식으로 인해 어려움을 겪으면서도 도대체 왜 이런 일이 일어나는지 알지 못한 듯하다.

[5 : 15-21] 작업방식이 바뀐 것으로 인해 이스라엘인 기록원들은 입장이 매우 어려워졌다. 그래서 그들은 바로에게 찾아가서 부당함을 호소하면서, 자신들에게 이렇게 대하는 것은 바로의 백성들이 죄를 짓는 행위라고 따진다. 그러자 바로는 작업방식을 바꾼 까닭을 이야기한다. 한마디로 여호와께 제사 드리기 위해 이스라엘 사람들을 애굽에서 나가게 해 달라고 요청한 모세와 아론 때문이라는 것이다. 바로는 모세와 아론이 그런 요청을 하는 것을 게으른 탓으로 본다(바로는 "너희가 게으르다 게으르다"라고 말한다〈출 5 : 17〉). 그래서 바로는 벽돌 생산량을 절대로 줄일 수 없다고 단호하게 말한다. 바로에게서 자초지종을 듣고, 그들은 바로가 짚을 다시 공급해 주거나 벽돌 생산량을 감해 줄 가능성이 전무하다는 것을 깨달았다. 그들은 정말 큰일 났

다는 것을 알았다. 그리고 그것이 모세와 아론 때문이라는 사실도 알았다.

그들은 모세와 아론을 만나서 그들을 질책한다. 모세와 아론이 하는 행동은 오히려 바로와 그 신하들에게 칼을 쥐어 준 셈이라는 것이다. 그래서 그들은 바로와 그 신하들에게 미운털이 박히게 되었다(그들로 하여금 우리의 냄새를 미워하게 했다는 뜻이다.)고 한다(출 5 : 21). 그리고 주님이 모세와 아론을 벌주시기를 기원한다.

상황은 갈수록 악화되고, 모세와 아론에 대한 이스라엘 사람들의 감정도 점점 나빠졌다. 결국 이스라엘 사람들은 하나님이 그들을 구원해 주신다는 약속을 불신하고 거부한다.

[5 : 22-6 : 1] 이런 모습을 보면서 모세는 몹시 절망한다. 그는 이스라엘 백성들을 인도하는 지도자 역할을 감당한다는 게 자신에게 얼마나 버거운 일인지를 절감한다. 그래서 하나님께 따진다.

모세와 아론은 하나님이 일러 준 대로 일을 하다가 오히려 일을 그르친 상황에 처했다. 이것은 모세도 예상하지 못했던 일이다. 처음에는 모든 일들이 잘 진행되는 것처럼 보였다. 모세가 그리도 걱정했던 일들은 마치 기우(杞憂)에 불과한 것 같았다. 히브리인들은 모세를 반겼고, 그가 하는 말을 받아들였다. 그래서 모두가 일심동체가 된 것 같았다. 모세를 비롯해서 모든 이스라엘 사람들은 앞일을 낙관적으로 생각했을 것이다. 그러나 세상은 그리 호락호락하지 않았다. 바로가 예상보다 완강했고, 그래서 나아지게 하기는커녕 오히려 상황을 더 악화시키고 말았다. 모세와 아론이 한 말로 인해 바로는 이스라엘 사람들을 더욱 학대하는데, 이러한 상황임에도 불구하고 하나님은 그의 백성을 구원하시지 않는다.

그러나 실의에 사로잡힌 이스라엘 사람들에게 하나님은 바로에게 강하게 역사하셔서 결국 바로로 하여금 이스라엘 사람들을 내보내게 하겠다고, 내쫓아 내겠다고 더욱 강한 어조로 말씀하신다.

이스라엘 백성들은 자신들의 힘으로 애굽에서 나올 수 없었다. 그래서 하나님은 모세를 보내셨고, 놀라운 이적을 통해서 출애굽을 가능하게 해 주셨다. 그런데 하나님이 이처럼 이스라엘 백성들을 굳이 출애굽 시키신 목적은 과연 무엇일까? 하나님이 이스라엘을 애굽에서 이끌어 내시려는 이유가 무엇인가? 이스라엘 백성들로 하여금 무엇을 하도록 하기 위해서 출애굽을 시켰을까?

모세와 아론은 바로에게 가서 하나님의 말씀을 전한다. "내 백성을 보내라. 그들이 광야에서 내 앞에 절기를 지킬 것이니라." 바로가 거부하자 모세와 아론은 같은 말을 다시 반복한다. 그리고 이 말은 바로가 다시 반복한다. "우리가 가서 우리 하나님께 희생을 드리자 하나니". 본문은 이렇게 출애굽의 목적을 모세의 입을 통해서 두 번, 바로의 입을 통해서 한 번, 모두 세 번이나 반복한다. "내 백성을 내보내라. 그래서 그들로 하여금 나에게 예배드리게 하라." 본문은 이것을 강조하는 것이다. 그러니 출애굽의 목적은 하나님을 예배하는 것이다. 바로는 이것을 거부한다. 그러므로 바로는 모세에게 반대하는 것이 아니고, 하나님께 거역하는 것이다.

3. "나는 출애굽의 하나님"(6 : 2-13)

2하나님이 모세에게 말씀하여 이르시되 나는 여호와이니라 3내가 아브라함과
이삭과 야곱에게 전능의 하나님으로 나타났으나 나의 이름을 여호와로는 그
들에게 알리지 아니하였고 4가나안 땅 곧 그들이 거류하는 땅을 그들에게 주
기로 그들과 언약하였더니 5이제 애굽 사람이 종으로 삼은 이스라엘 자손의
신음 소리를 내가 듣고 나의 언약을 기억하노라 6그러므로 이스라엘 자손에
게 말하기를 나는 여호와라 내가 애굽 사람의 무거운 짐 밑에서 너희를 빼내
며 그들의 노역에서 너희를 건지며 편 팔과 여러 큰 심판들로써 너희를 속량
하여 7너희를 내 백성으로 삼고 나는 너희의 하나님이 되리니 나는 애굽 사람

의 무거운 짐 밑에서 너희를 빼낸 너희의 하나님 여호와인 줄 너희가 알지라
8내가 아브라함과 이삭과 야곱에게 주기로 맹세한 땅으로 너희를 인도하고
그 땅을 너희에게 주어 기업을 삼게 하리라 나는 여호와라 하셨다 하라 9모세
가 이와 같이 이스라엘 자손에게 전하나 그들이 마음의 상함과 가혹한 노역
으로 말미암아 모세의 말을 듣지 아니하였더라 10여호와께서 모세에게 말씀
하여 이르시되 11들어가서 애굽 왕 바로에게 말하여 이스라엘 자손을 그 땅에
서 내보내게 하라 12모세가 여호와 앞에 아뢰어 이르되 이스라엘 자손도 내 말
을 듣지 아니하였거든 바로가 어찌 들으리이까 나는 입이 둔한 자니이다 13여
호와께서 모세와 아론에게 말씀하사 그들로 이스라엘 자손과 애굽 왕 바로에
게 명령을 전하고 이스라엘 자손을 애굽 땅에서 인도하여 내게 하시니라

하나님은 바로를 만나고 돌아온 모세에게 그가 해야 할 일이 무엇인지 다시 말씀하신다. 완강한 바로를 보면서 절망감을 느꼈을 모세에게 하나님은 다시 새 힘을 불어넣으신다. 하나님은 앞에서 하신 말씀을 자꾸 반복하신다(출 6 : 2-5). 이것은 우리에게 많은 교훈을 준다. 우리는 우리가 모르는 말을 듣는 것이 아니라 아는 말을 반복해서 듣고, 그것을 우리 삶에서 실천해야 한다.

[6 : 2-3] 하나님은 모세에게 "나는 여호와이니라."라고 하시면서, 자신의 이름에 대해서 말씀하신다. 아브람 때까지는 '하나님'(엘로힘)으로 자기를 나타내셨고, 아브라함부터는 '엘 샷다이'(엘 샷다이는 '전능자' 보다는 '산의 신' 또는 '땅의 신'을 가리키는 것으로 보인다. 그러나 의미가 불분명하기 때문에 그냥 '샷다이'로 부르기를 제안하기도 한다〈Propp, *Exodus 1-18*, p. 271〉.)라는 이름을 사용하셨다(창 17 : 1ff.). 그러나 '여호와'로는 알리지 않으셨다고 하신다.

하나님은 이렇게 기회 닿는 대로 자신의 이름을 알리신다. 그렇게 해서

우리는 하나님의 이름을 알게 되는데, 하나님의 이름을 안다는 것은 하나님이 하시는 일을 아는 것이다.

[6 : 4] 하나님은 사람들과 언약을 맺으시는데, 하나님이 아브라함과 맺은 언약은 창세기 17 : 1~14에 나온다. 이 언약에서 하나님은 가나안 땅을 영원히 소유하게 하겠다고 약속하신다(창 17 : 8).

[6 : 5] 출애굽기 기자는 하나님이 이스라엘 백성을 출애굽 시키시는 가장 큰 이유로 '언약'을 든다. 그리고 그 언약의 핵심은 하나님이 그들에게 땅을 주겠다고 약속하신 것이다. 하나님은 애굽에서 종살이하는 이스라엘 백성들의 신음소리를 들으시고, 아브라함과 맺은 언약을 기억하신다.

[6 : 6] 하나님은 모세로 하여금 이스라엘 사람들에게 하나님이 누구이며, 그들에게 어떻게 역사하실지 알리라고 말씀하신다. 하나님은 자신을 여호와로 소개하기를 원하신다. 8절을 보면, 하나님은 말씀을 일단락하시면서도 "나는 여호와라 하셨다 하라"라고 말씀하신다. 그리고 이스라엘 사람들을 애굽의 무거운 짐과 노역에서 건지시고, 애굽을 크게 심판하심으로써, 즉 재판하심으로써 이스라엘 사람들을 속량하실 것을 전하게 한다. 여기서 '속량'(히브리어로 '가알')이라는 말은 고대 이스라엘 사회에서 특별한 의미를 갖는 어휘이다. 어떤 친척이 어려움에 처했을 때 가까운 친척이 그를 구해 주는 것을 가리킨다(레 25 : 48). 이 어휘를 통해서 하나님은 자신이 이스라엘 백성과 친척지간이며, 이스라엘이 어려움에 처하면 그들을 반드시 구하는 고엘(친족 구속자)임을 보여 주신다.

[6 : 7] 이 구절은 아브라함과의 계약을 떠올리게 하는데(창 17 : 8), 하나님과 이스라엘의 친밀감을 계약 양식, 즉 "너희를 내 백성으로 삼고 나는 너희

의 하나님이 되리니"라는 전형적인 구절로 표현하고, 이스라엘 사람들로 하여금 이제는 하나님이 출애굽의 하나님, 즉 구원의 하나님이심을 알라고 말씀하신다. 출애굽기 20장에 나오는 십계명도 하나님이 이스라엘을 애굽에서 나오게 하신 하나님임을 밝히는 것으로 시작한다.

[6 : 8] 이스라엘 사람들을 애굽에서 나오게 하신 하나님은 조상들에게 맹세하신 땅으로 그들을 인도해서 그 땅을 그들에게 기업으로 삼게 하겠다고 말씀하신다. 그런데 〈개역개정〉 성경이 '주기로 맹세한'으로 번역한 부분은 원문으로는 '주기로 손을 들어 맹세한'이다. 맹세할 때 손을 높이 드는 것은 신명기 32 : 40, 시편 106 : 26에도 나온다. 하나님은 6~8절에 나오는 하나님의 말씀을 모세가 이스라엘 사람들에게 전할 때 "나는 여호와라"라고 끝내기를 원하시는데, 이것은 하나님이 사람들에게 하시는 말씀을 마칠 때 자주 사용하는 종결구이다.

[6 : 9] 하나님은 모세를 통해서 이스라엘 사람들에게 그들이 반드시 출애굽할 것을 단호하고 확실하게 말씀하시지만, 이스라엘 사람들은 뒤틀리는 상황으로 인해 상처를 받고(히브리어는 '코체르 루아흐'인데, 직역하면 '기력의 짧아짐'이다. 즉, 기진맥진한 상태를 가리키는 것으로 보인다.) 오히려 더욱 가혹해진 노동조건으로 인해 모세가 하는 말을 전혀 들으려고 하지 않는다. 완강한 것은 바로만이 아니다. 이스라엘 사람들도 완강해진다. 모세가 그토록 염려하던 일이 일어나기 시작한 것이다.

[6 : 10-12] 이런 상황인데 하나님은 모세를 재촉해서 바로에게 가서 말하게 한다. 하지만 모세도 쓰라린 실패로 인해 깊은 상처를 입었기 때문에 바로에게 다시 도전하는 것이 죽기보다 두려웠을 것이다. 모세는 자신이 얼마나 무능한지 깨달았을 것이다. 이스라엘 사람들도 설득하지 못하는데, 어떻게 바

로를 설득할 수 있겠는가? 애굽으로 오기 전부터 모세는 자신의 무능력을 절감했지만, 그것이 현실로 드러나면서 그는 절망했을 것이다. 이런 상황이면 모세 자신도 완강해질 수밖에 없다. 그래서 자신은 입이 둔하다고 하나님께 말한다. 한 번의 실패로 인해 출애굽에 대한 모든 기대가 무너지고, 모세와 이스라엘 사람들 모두 깊은 상처를 입어서 이스라엘 사람들은 모세가 전하는 하나님의 말씀을 들으려 하지 않고, 모세는 하나님이 하시는 말씀을 들으려 하지 않는다. 모두가 완악해졌다. 출애굽은 물 건너간 것처럼 보이는 상황이다.

[6 : 13] 독자들은 12절까지 읽으면서 모세와 이스라엘 사람들과 동일하게 답답함과 무력감, 그리고 절망감을 느꼈을 것이다. 그러나 본문 기자는 절망하지 않는다. 그는 출애굽을 확신한다. 하나님이 반드시 이스라엘 사람들을 애굽에서 나오게 하실 것이다. 모세가 할 일은 "내 백성을 내보내라."라는 하나님의 명령을 전하는 것뿐이다. 하나님은 모세와 아론으로 하여금 바로에게 하나님의 명령을 전하게 하심으로써, 이스라엘 사람들을 출애굽하게 하신다. 모세와 아론, 그리고 이스라엘 사람들에게 필요한 것은 하나님이 하신 말씀, 하나님이 하신 약속에 대한 믿음이다. 상황이 어려울수록 이 믿음이 필요하다. 상황이 잘 풀리면, 믿음이 왜 필요하겠는가?

4. 레위 지파 족보(6 : 14-27)

> [14]그들의 조상을 따라 집의 어른은 이러하니라 이스라엘의 장자 르우벤의 아
> 들은 하녹과 발루와 헤스론과 갈미니 이들은 르우벤의 족장이요 [15]시므온의
> 아들들은 여무엘과 야민과 오핫과 야긴과 소할과 가나안 여인의 아들 사울이
> 니 이들은 시므온의 가족이요 [16]레위의 아들들의 이름은 그들의 족보대로 이
> 러하니 게르손과 고핫과 므라리요 레위의 나이는 백삼십칠 세였으며 [17]게르손

의 아들들은 그들의 가족대로 립니와 시므이요 [18]고핫의 아들들은 아므람과
이스할과 헤브론과 웃시엘이요 고핫의 나이는 백삼십삼 세였으며 [19]므라리의
아들들은 마흘리와 무시니 이들은 그들의 족보대로 레위의 족장이요 [20]아므
람은 그들의 아버지의 누이 요게벳을 아내로 맞이하였고 그는 아론과 모세를
낳았으며 아므람의 나이는 백삼십칠 세였으며 [21]이스할의 아들들은 고라와
네벡과 시그리요 [22]웃시엘의 아들들은 미사엘과 엘사반과 시드리요 [23]아론은
암미나답의 딸 나손의 누이 엘리세바를 아내로 맞이하였고 그는 나답과 아비
후와 엘르아살과 이다말을 낳았으며 [24]고라의 아들들은 앗실과 엘가나와 아
비아삽이니 이들은 고라 사람의 족장이요 [25]아론의 아들 엘르아살은 부디엘
의 딸 중에서 아내를 맞이하였고 그는 비느하스를 낳았으니 이들은 레위 사
람의 조상을 따라 가족의 어른들이라 [26]이스라엘 자손을 그들의 군대대로 애
굽 땅에서 인도하라 하신 여호와의 명령을 받은 자는 이 아론과 모세요 [27]애
굽 왕 바로에게 이스라엘 자손을 애굽에서 내보내라 말한 사람도 이 모세와
아론이었더라

본문에는 족보가 나오는데, 이것은 역사 서술의 한 방식이다(창 5 : 1ff, 25 : 12-16, 46 : 8-27 등). 이 족보는 창세기 46장에 나오는 계보, 즉 야곱과 함께 애굽에 내려간 이스라엘 자손들 명단 가운데 8~11절 부분만을 언급하는데, 여기서 중요한 것은 레위 계보이다(이 계보보다 상세한 것은 민 3 : 14-37에 나온다). 레위 가문을 상세히 다루면서 특히 아론 가문을 자주 언급하는데, 이것은 모세와 아론이 레위 지파에 속한다는 사실을 보여 주기 위함이다. 그리고 고라 자손들도 언급하는 것이 특이하다.

14절은 "그들의 조상을 따라 집의 어른은 이러하니라"로 시작하고, 16절은 "레위의 아들들의 이름은 그들의 족보대로 이러하니"로 시작한다. 그리고 19절은 "이들은 그들의 족보대로 레위의 족장이요"로 끝나고, 25절은 "이들은 레위 사람의 조상을 따라 가족의 어른들이라"로 끝난다. 이것은 원

래 14~15절이 한 묶음이고, 거기에 16~19절을 첨가했으며, 그 다음에 20~25절을 첨가하고, 마지막으로 26~27절을 첨가했음을 보여 준다.

[6 : 14-15] 14절은 이스라엘 자손들 가운데 르우벤 지파의 족장들을, 15절은 시므온 지파의 족장들을 언급하는데, 이것은 창세기 46 : 8~10에 나오는 족보와 같다.

[6 : 16-19] 레위와 세 아들들(게르손, 고핫, 므라리), 그리고 그 자식들에 대해서 언급하는데 레위와 고핫의 경우 나이도 언급한다. 레위는 137년을 살았는데, 20절을 보면 아므람도 137세를 살았다.

[6 : 20-25] 아므람에 대해서는 민수기 3 : 19, 역대상 6 : 2, 18에 나온다. 요게벳은 민수기 26 : 59에만 나온다. 요게벳은 '주는 영광이다' 라는 의미를 갖는데, '주' (야훼)라는 이름을 하나님이 모세에게 특별히 계시하셨다는 점에서 요게벳이라는 이름이 의미를 갖는다. 그렇다면 이스라엘 사람들이 모세 이전에 이미 '주' (야훼)라는 이름을 사용했지만, 하나님이 모세에게 그 의미를 새롭게 하셨다고 볼 수 있다.

23절은 아론과 그 아들들을 언급하고, 25절은 아론의 아들 엘르아살을 언급하는데, 그 사이에 고라 자손들을 언급하면서 "이들은 고라 사람의 족장이요"로 마무리한다. 이것은 본문 기자가 24절을 23절과 25절 사이에 삽입했음을 보여 준다. 고라 자손을 여기에 언급하는 까닭을 알 수 없는데, 고라 자손이 저지른 죄에 대해서 기술하는 민수기 16장을 보면 고라는 레위의 증손이며, 고핫의 손자이고, 이스할의 아들이다(민 16 : 1). 그러니 고라의 아버지 이스할은 레위의 손자이다. 그리고 출애굽기 6 : 18은 이스할을 고핫의 아들로 기록한다. 그래서 이스할은 아론과 모세의 아버지 아므람과 형제지간이다. 그러면 고라는 모세와 동년배일 가능성이 크다. 민수기 16장에서 고라는 다단, 아비람, 그리고 온과 더불어 당을 짓고, 지휘관 250명과 함께 모세에게 대항한다. 레위 지파 내에서도 모세를 반대하는 무리들이 있었다.

23절은 아론의 네 아들들을 언급하는데, 25절은 셋째 아들 엘르아살과 그의 아들 비느하스를 언급한다. 이것은 나답과 아비후가 비극적인 죽임을 당한 다음 엘르아살이 장남 역할을 하기 때문이다. 나답과 아비후가 지은 죄와 그들의 비극적인 죽음에 대해서는 레위기 10장을 보라. 레위 가문 족보는 아론의 손자인 비느하스(비느하스의 열심에 대해서는 민 25 : 6-9을 보라.)로 끝나는데(25절), 이것은 바로 앞 24절에 나오는 고라 자손과 대조적이다.

[6 : 26-27] 이 구절은 2~13절까지의 결론 부분인 출애굽기 6 : 13과 비슷하다. 결국 모세와 아론을 이야기하기 위해서 레위 지파 족보를 열거한 것이다. 본문 기자는 모세가 실패하고 하나님께 원망하는 장면 다음에 모세와 아론에게 초점을 맞추는 족보를 배치하고, 하나님이 지도자로 삼은 사람들이 바로 모세와 아론이고, 바로에게 하나님의 명령을 전한 사람들도 모세와 아론이라는 점을 강조함으로써 그들의 실추된 권위와 명예를 높이려고 한다.

그런데 26절을 보면, 하나님은 "이스라엘 자손을 그들의 군대대로 애굽 땅에서 인도하라"라고 명령하시는데, 이것은 '내 군대, 내 백성 이스라엘'(출 7 : 4), 그리고 '여호와의 군대'(출 12 : 41)로 이어지면서 이스라엘 사람들이 하나님의 군대로서 애굽에서 바로의 군대와 싸우고 출애굽을 쟁취했음을 말하는 것이다.

5. 이적을 행하게 하시는 하나님(6 : 28-7 : 13)

[28]여호와께서 애굽 땅에서 모세에게 말씀하시던 날에 [29]여호와께서 모세에게
말씀하여 이르시되 나는 여호와라 내가 네게 이르는 바를 너는 애굽 왕 바로
에게 다 말하라 [30]모세가 여호와 앞에서 아뢰되 나는 입이 둔한 자이오니 바로

가 어찌 나의 말을 들으리이까 7:1여호와께서 모세에게 이르시되 볼지어다 내
가 너를 바로에게 신같이 되게 하였은즉 네 형 아론은 네 대언자가 되리니 2내
가 네게 명령한 바를 너는 네 형 아론에게 말하고 그는 바로에게 말하여 그에
게 이스라엘 자손을 그 땅에서 내보내게 할지니라 3내가 바로의 마음을 완악
하게 하고 내 표징과 내 이적을 애굽 땅에서 많이 행할 것이나 4바로가 너희의
말을 듣지 아니할 터인즉 내가 내 손을 애굽에 뻗쳐 여러 큰 심판을 내리고 내
군대, 내 백성 이스라엘 자손을 그 땅에서 인도하여 낼지라 5내가 내 손을 애
굽 위에 펴서 이스라엘 자손을 그 땅에서 인도하여 낼 때에야 애굽 사람이 나
를 여호와인 줄 알리라 하시매 6모세와 아론이 여호와께서 자기들에게 명령하
신 대로 행하였더라 7그들이 바로에게 말할 때에 모세는 팔십 세였고 아론은
팔십삼 세였더라 8여호와께서 모세와 아론에게 말씀하여 이르시되 9바로가 너
희에게 이르기를 너희는 이적을 보이라 하거든 너는 아론에게 말하기를 너의
지팡이를 들어서 바로 앞에 던지라 하라 그것이 뱀이 되리라 10모세와 아론이
바로에게 가서 여호와께서 명령하신 대로 행하여 아론이 바로와 그의 신하 앞
에 지팡이를 던지니 뱀이 된지라 11바로도 현인들과 마술사들을 부르매 그 애
굽 요술사들도 그들의 요술로 그와 같이 행하되 12각 사람이 지팡이를 던지매
뱀이 되었으나 아론의 지팡이가 그들의 지팡이를 삼키니라 13그러나 바로의
마음이 완악하여 그들의 말을 듣지 아니하니 여호와의 말씀과 같더라

[6 : 28] 출애굽기 6 : 14~27의 족보가 끝나고, 본문 기자는 출애굽기 6 : 10의 답답한 상황으로 다시 돌아간다. 28절은 10절과 동일하다. 13절, 그리고 14~27절까지 족보를 나열하면서 모세와 아론을 부각시키는 데도 불구하고, 다시 10절로 돌아간다.

하나님은 모세를 자신의 대언자로 부르셨다. 그래서 그가 할 일은 이스라엘 백성들이 듣든지 듣지 않든지 그들에게 하나님의 말씀을 전하는 것이다. 그런데 모세는 이스라엘 백성과 바로가 자신이 하는 말을 듣지 않을 것

이라는 것에 신경을 쓴다(출 4 : 1, 6 : 12, 30). 자신이 그들을 설득할 수 없다는 사실로 인해 힘겨워한다. 물론 충분히 예상할 수 있는 일이고, 또 이미 실패를 맛보았기 때문에 판단이 부정적일 수밖에 없겠지만, 그래서 믿음이 필요하다. 모세가 할 일은 바로와 이스라엘 사람들을 설득하는 것이 아니고, 그들에게 하나님의 명령을 전하는 일이다. 그들을 설득하지 못할수록 오히려 하나님의 영광이 드러나고, 온 세상 사람들이 하나님을 알게 되는 역설이 발생한다는 사실을 아직 모세는 알지 못한다.

[7 : 1-2] 2절은 얼핏 보기에 출애굽기 4 : 16을 반복하는 것 같다. 그래서 여건은 전혀 나아지지 않고, 하나님은 앞에서 이미 하신 말씀을 다시 하시는 듯하다. 무언가 덫에 걸린 듯 참으로 답답한 상황이다. 그런데 1절을 꼼꼼하게 살펴보면, 하나님은 모세를 바로에게 신이 되게 하시고(〈개역개정〉 성경은 "신같이 되게 하였은즉"으로 번역하는데, 히브리어 원문은 "신으로 세웠다."이다.), 아론을 대언자(히브리어 원문은 '네 예언자'이다.), 즉 예언자로 삼겠다고 하신다. 그래서 하나님이 모세에게 말씀하시면, 모세가 아론에게 그 말씀을 전하고, 아론은 그 말씀을 바로에게 선포하는 것이다(2절). 바로는 하나님은커녕 모세와도 견줄 신분이 아니라는 사실을 명확하게 보여 준다.

[7 : 3-4] 3~5절도 출애굽기 6 : 6~8의 내용을 비슷하게 반복함으로써 확신을 주기는커녕, 이스라엘 사람들은 물론이고 독자들도 지치게 한다. 3~4절에서 하나님은 바로를 완악하게 하겠다고 말씀하시는데, 재난이 아직 영향을 미치는 동안 하나님이 바로를 완악하게 하는 것은 5회(출 7 : 22, 8 : 19, 9 : 7, 12, 10 : 27), 재난이 지난 다음에 완악하게 하는 것은 4회(출 8 : 15, 32, 9 : 34-35, 10 : 20)이다.

하나님은 바로가 완강하게 버틸 것을 미리 알려 주신다. 이것은 모세와 이스라엘 사람들을 절망하게 했을 것이다. 그런데 하나님은 애굽에 큰 심판을 내려서 이스라엘 사람들을 출애굽 시키겠다고 말씀하신다. 하나님은 이스라엘 사람들을 '내 군대, 내 백성' 이라고 칭하신다. 이스라엘 사람들은 하나님의 군대이고, 하나님의 백성이다. 그래서 바로의 군대와 싸우고, 출애굽해서 하나님을 예배할 사람들이다.

[7 : 5] "내가 내 손을 애굽 위에 펴서"는 문자적으로는 "나는 내 손을 애굽 위에 놓겠다"이다. 이것은 하나님이 애굽의 모든 신들보다 우월하다는 것을 보여 준다. 하나님이 이스라엘 사람들을 애굽에서 나오게 하는 까닭은 애굽 사람들로 하여금 여호와인 줄 알게 하기 위함이다. 여기에 인지양식(認知樣式)이 나온다. 바로가 모세에게 자신은 하나님이 누구인지 알지 못하기 때문에 이스라엘을 애굽에서 내보낼 수 없다고 했는데, 그래서 하나님은 바로와 애굽 사람들에게 하나님이 누구신지 알게 하겠다는 것이다.

[7 : 6-7] 이 구절들은 하나님이 명령하신 대로 모세와 아론이 행했다고 하면서, 모세와 아론의 나이를 언급한다. 출애굽기 6 : 2~27의 족보에서 언급하는 나이가 대략 130세 가량이었기 때문에, 모세와 아론은 앞으로 40년 내지 50년 정도 생존하면서 활동할 것으로 보인다. 모세와 아론이 하나님이 명령하신 대로 행했다는 것은 이스라엘 사람들이 모세가 하는 말을 들으려 하지 않고, 모세도 하나님이 하시는 말씀을 들으려 하지 않는 그 답답한 악순환을 깨뜨리고 앞으로 나아가는 중요한 역할을 한다.

[7 : 8-9] 출애굽기 4 : 1~9을 보면, 모세는 하나님이 그를 보내셨음을 이스라엘 백성들에게 입증하기 위해서 세 가지 이적을 행하는 능력을 부여받았다. 그 가운데 첫째는 지팡이를 뱀으로 변하게 하는 것이다. 그런데 여기서는 아론이 바로 앞에서 그 이적을 행한다. 출애굽기 4 : 17에는 모세가 지팡이를 들고 있었다. 그리고 그 지팡이는 '하나님의 지팡이' 였다(출 4 : 20). 그

런데 여기서는 아론의 지팡이라고 한다. 그러니 모세가 든 지팡이는 신적 권위를 상징하기 때문에 하나님의 지팡이이고, 하나님이 명하신 것을 모세가 아론으로 하여금 실행하게 하고 그때마다 아론에게 지팡이를 넘겨주었기 때문에 아론의 지팡이라고 하는 것이다.

[7 : 10－12] 여기서 뱀을 가리키는 단어는 히브리어로 '탄닌'(〈칠십인역〉은 '드라콘', 즉 '용'〈dragon〉으로 번역했다.)인데, 이것은 뱀을 가리키는 일반적인 단어인 '나하쉬'와 다르다(차일즈는 나하쉬와 탄닌이 다르지만 여기서는 동일한 것, 즉 뱀을 가리킨다고 말한다〈Childs, *Exodus*, p. 128〉). 출애굽기 4 : 3은 '나하쉬'를 사용했다. '탄닌'은 상당히 큰 파충류를 가리킨다(창 1 : 21, 신 32 : 33, 시 74 : 13, 91 : 13). 그래서 뱀이 아니라 나일강 악어를 가리키는 것으로 보인다. 원래 이스라엘 사람들 앞에서 하나님이 모세를 보낸 증거로 사용하려고 한 것을 바로 앞에서 입증하려는 증거로 사용하기 때문에 그냥 뱀이 아니고 악어와 같은 파충류로 바뀐 것으로 보인다.

하나님이 명령하신 대로 모세가 지팡이로 '탄닌'을 만들자, 애굽의 술사들(애굽은 고대 세계에서 현자와 주술사들로 유명했다〈창 41 : 8, 24〉. 애굽 술사들을 가리키는 용어들을 살펴보자. 1. 지혜로운 사람들－하캄, 2. 주술사들－메캇세핌, 3. 마술사들－하르툼밈, 4. 비밀기술－루트)도 지팡이로 탄닌을 만든다. 그러자 모세가 만든 '탄닌'이 다른 '탄닌'들을 삼키는데, 이때 사용하는 단어는 히브리어로 '발라'이다. 이 단어는 출애굽기 15 : 12에 나오는데, 바다가 애굽 군사들을 삼키는 것을 가리킬 때 사용되었다. 이렇게 해서 '탄닌'이 '탄닌'을 삼키는 것은 애굽 군사들이 바다에 삼켜지는 것과 이어진다.

[7 : 13] 3~4절은 바로를 완악하게 할 것이라는 하나님의 말씀이고, 13절은 그것이 사실이라는 확언이다. 여기서는 바로의 완악함과 하나님의 능력을 대비한다.

참고 – 바로의 완악함

바로의 완악함은 출애굽기 3 : 19~20에 처음 나온다. 하나님은 바로가 순순히 이스라엘 사람들을 내보내지 않을 것이고, 하나님이 강한 손으로 치신 후에야 내보낼 것이라고 말씀하신다. 출애굽기 7 : 3~5은 하나님이 바로를 완악하게 하신다고 한다.

그리고 실제로 바로가 완악한 것에 대해서 처음 언급한 것은 출애굽기 7 : 13이다. "그러나 바로의 마음이 완악하여 그들의 말을 듣지 아니하니 여호와의 말씀과 같더라". 이 구절은 뱀 이적부터 셋째 재앙까지 나타나고, 여섯째 재앙, 일곱째 재앙에서 나타난다. 그리고 넷째 재앙과 다섯째 재앙은 "바로가 이때에도 그의 마음을 완강하게 하여 그 백성을 보내지 아니하였더라"로 마무리한다. 여덟째 재앙과 아홉째 재앙은 "그러나 여호와께서 바로의 마음을 완악하게 하셨으므로 이스라엘 자손을 보내지 아니하였더라"라고 한다. 아홉째 재앙에서는 한술 더 떠서 바로가 모세에게 다시는 자기를 찾아오지 말라고 경고한다.

그래서 출애굽기 11장을 "여호와께서 모세에게 이르시기를 바로가 너희의 말을 듣지 아니하리라 그러므로 내가 애굽 땅에서 나의 기적을 더하리라 하셨고 모세와 아론이 이 모든 기적을 바로 앞에서 행하였으나 여호와께서 바로의 마음을 완악하게 하셨으므로 그가 이스라엘 자손을 그 나라에서 보내지 아니하였더라"(9 - 10절)로 마무리한다.

D. 이적을 일으키시는 하나님(7 : 14 - 13 : 16)

1. 피 재앙(7 : 14 - 25)

14여호와께서 모세에게 이르시되 바로의 마음이 완강하여 백성 보내기를 거

절하는도다 15아침에 너는 바로에게로 가라 보라 그가 물 있는 곳으로 나오리
니 너는 나일 강가에 서서 그를 맞으며 그 뱀 되었던 지팡이를 손에 잡고 16그
에게 이르기를 히브리 사람의 하나님 여호와께서 나를 왕에게 보내어 이르시
되 내 백성을 보내라 그러면 그들이 광야에서 나를 섬길 것이니라 하였으나
이제까지 네가 듣지 아니하도다 17여호와가 이같이 이르노니 네가 이로 말미
암아 나를 여호와인 줄 알리라 볼지어다 내가 내 손의 지팡이로 나일강을 치
면 그것이 피로 변하고 18나일강의 고기가 죽고 그 물에서는 악취가 나리니
애굽 사람들이 그 강 물 마시기를 싫어하리라 하라 19여호와께서 또 모세에게
이르시되 아론에게 명령하기를 네 지팡이를 잡고 네 팔을 애굽의 물들과 강
들과 운하와 못과 모든 호수 위에 내밀라 하라 그것들이 피가 되리니 애굽 온
땅과 나무 그릇과 돌 그릇 안에 모두 피가 있으리라 20모세와 아론이 여호와
께서 명령하신 대로 행하여 바로와 그의 신하의 목전에서 지팡이를 들어 나
일강을 치니 그 물이 다 피로 변하고 21나일강의 고기가 죽고 그 물에서는 악
취가 나니 애굽 사람들이 나일강 물을 마시지 못하며 애굽 온 땅에는 피가
있으나 22애굽 요술사들도 자기들의 요술로 그와 같이 행하므로 바로의 마음
이 완악하여 그들의 말을 듣지 아니하니 여호와의 말씀과 같더라 23바로가
돌이켜 궁으로 들어가고 그 일에 관심을 가지지도 아니하였고 24애굽 사람들
은 나일강 물을 마실 수 없으므로 나일 강가를 두루 파서 마실 물을 구하였
더라 25여호와께서 나일강을 치신 후 이레가 지나니라

[7 : 14] 모세는 3일 동안 광야로 나가서 하나님께 예배하게 해 달라고 바로에게 요청했지만 그는 완강하게 거절하는데(첫째 재앙이 바로의 완강함에 대한 언급으로 시작하는 것은 다른 재앙 기사들에 비해 매우 독특하다〈Childs, *Exodus*, p. 153〉.), 그것이 결국 이스라엘의 온전한 해방으로 이어질 것임을 잘 알았기 때문이다. 하나님은 모세에게 바로가 완강해서 백성을 내보내라는 하나님의 명령을 거절한 사실을 말씀하시면서 다음 단계로 나아간다.

[7 : 15] 하나님은 모세로 하여금 아침에 바로에게 가서 어떻게 할지를 자세하게 일러 주신다. 바로가 왜 나일강으로 갔는지 정확히 알 수 없지만, "그가 물 있는 곳으로 나오리니"에서 '나오리니'가 능동분사형이라는 것을 통해 바로가 매일 정기적으로 그곳을 방문해서 제의적인 목욕을 했을 것으로 추측할 수 있다. 이것은 나일강에 대해 종교적인 경의를 표하는 방식이다. 하나님은 모세가 바로와 말을 할 때 지팡이를 손에 잡으라고 말씀하신다. 하나님은 여전히 지팡이에 주목하시는데, 지팡이는 하나님의 권위를 상징한다.

[7 : 16] 하나님은 모세로 하여금 바로에게 출애굽을 명령하고, 이스라엘 백성들로 하여금 하나님을 섬기게 하라고 하셨지만, 그가 거부한 사실을 재차 밝히신다. 여기서 '섬기다'라는 단어는 히브리어로 '아바드'인데, 이것은 '일하다'라는 의미를 갖는다. 출애굽기 1 : 14에서 이스라엘 백성들이 애굽에서 노역을 한다고 할 때 사용한 단어도 '아바드'이다. 이렇게 하나님도 이스라엘 사람들로 하여금 일하게 하고, 바로도 이스라엘 사람들로 하여금 일하게 하는데, 바로가 하(게 하)는 일은 하나님을 거역하(게 하)는 행위이다.

[7 : 17-19] 바로가 하나님의 명령을 듣지 않는 까닭은 그가 하나님을 모르기 때문이다. 하나님은 바로가 하나님을 알게 하시려고 첫째 이적을 일으키려 하신다. 그런데 〈개역개정〉 성경은 17절과 18절을 조금 혼란스럽게 번역을 해서 어디까지가 하나님의 말씀이고, 어디서부터 모세가 하는 말인지가 분명치 않은데, 〈표준새번역〉 성경은 이렇게 번역했다.

> "그래서 주께서 말씀하시기를, 이제 주께서 친히 주님임을 임금님에게 기어이 알리고야 말겠다고 하셨습니다. 보십시오, 내가 쥐고 있는 이 지팡이로 강물을 치면, 이 강물이 피로 변할 것입니다. 강에 있는 물고기는 죽고, 강물에서는 냄새가 나서, 이집트 사람이 그 강물을 마시지 못

할 것입니다"(17-18절).

17절 뒷부분은 모세가 하는 말이기 때문에 '내 손의 지팡이'는 하나님의 지팡이가 아니라 모세가 잡은 지팡이를 가리킨다. 그러나 이 지팡이는 모세와 아론의 능력을 가리키지 않는다. 그것은 하나님의 능력을 가리킨다. 하나님이 지팡이를 강조하고 지팡이로 이적을 행하게 하신 것은 이런 의미를 갖는다.

하나님은 모세에게 아론으로 하여금 지팡이로 나일강을 쳐서 피로 변하게 하시고, 지팡이를 내밀어서 애굽 온 땅, 그리고 심지어 나무 그릇과 돌 그릇에 담아 놓은 물까지도 피로 변하게 하겠다고 말씀하신다. 애굽에서 하천을 관장하는 신들은 오시리스, 누, 그리고 하피인데, 첫째 이적은 그들을 하나님이 제압하셨음을 보여 준다.

[7:20-21] 모세와 아론은 하나님이 명령하신 대로 행한다. 그래서 17~19절에서 하나님이 말씀하신 대로 이루어진다. 19절과 20절 사이에는 간격이 있는데 19절까지는 재앙 예고이고, 20절부터는 재앙 실행이기 때문에 그 사이에 바로가 하나님의 말씀을 거역한 사실을 생략했음을 알 수 있다. 나일강이 피로 변했을 때 가장 먼저 피해를 보는 것은 물고기들이다. 물이 피로 변하고 물고기들이 죽어서 썩자, 물에서 악취가 나서 사람들은 도저히 물을 마실 수 없었다.

[7:22] 애굽의 주술사들도 모세를 따라서 물을 피로 변하게 했다. 여기에는 아이러니가 겹으로 나타난다. 애굽 주술사들이 물을 피로 만들면서 그들은 자신들이 신적인 능력을 갖고 있음을 보여 주었다. 그리고 이것을 본 바로도 그렇게 생각했을 것이다. 모세가 보여 준 신적인 능력이 별 게 아니라고 생각했을 것이다. 그런데 그렇게 하면서 그들은 하나님의 심판에 동참했다는

사실, 즉 그들이 스스로를 심판한다는 사실을 알지 못했다. 그리고 자신들도 물을 피로 변하게 하는 능력을 가졌다는 것에 만족함으로써, 그들이 가진 능력으로 스스로를 괴롭게 한다는 사실을 알지 못했다. 그들은 알지 못하면서 다 아는 것처럼 행동한다. 하나님이 누구인지 알지 못하면서 하나님을 거역한다. 그런데 본문은 "여호와의 말씀과 같더라"라고 함으로써 바로와는 전적으로 다르게 하나님은 모든 것을 다 알고 계신다는 사실을 강조한다.

[7 : 23-25] 애굽의 주술사들마저 자신들도 알지 못하는 사이에 하나님이 행하시는 심판에 동참하는 이런 아이러니에 취해서 바로는 백성들이 얼마나 고통당하는지에 관심이 없었다. 24절은 애굽 사람들이 마실 물이 없어서 얼마나 고생했는지를 보여 준다. 이스라엘 사람들도 동일하게 고생했을 것이다. 이런 상태로 일주일이 지난다. 이 일주일은 물을 마시지 못하는 죽음과도 같은 기간이었다.

일주일 후에 하나님이 피 재앙을 철회하셨는지 그렇지 않고 계속 진행하셨는지는 불분명하다.

여기서 재앙 발생 원인과 그 문학적 특징을 살피고 넘어가자. 우리가 본 대로 모세는 애굽으로 다시 돌아가 바로 앞에 선다. 그리고 "내 백성을 내보내라."라고 말한다. 하지만 바로는 모세의 말을 듣지 않는다. 오히려 마음을 강퍅하게 해서 이스라엘 백성들을 더 박해한다. 이러한 바로의 강퍅함으로 인해서 하나님은 애굽에 재앙을 일으키신다. 이후로 일어나는 재앙들은 바로와 애굽 백성들이 하나님의 말씀을 듣지 않았기 때문에 일어난다. 그들이 하나님의 말씀을 듣지 않은 것은 하나님이 어떤 분인지 알지 못했기 때문이다. 그래서 하나님은 자신이 어떤 분인지 바로와 애굽인들에게 보여 주기 위해서 재앙을 일으키시는 것이다.

그런데 모세가 행한 이적들을 보면 재미있는 사실을 알 수 있다. 각 이적들의 머리말을 잘 읽어 보면, 열째 재앙을 제외한 아홉 개의 재앙들이 세 개씩 짝을 이루고 있음을 알 수 있다. 첫째, 넷째, 일곱째 재앙에서는 하나님이 모세에게 "아침에 너는 바로에게로 가라 그가 물로 나오리니……"로 시작한다. 그리고 둘째, 다섯째, 여덟째 재앙은 "여호와께서 모세에게 이르시되 너는 바로에게 가서 그에게 이르기를 여호와의 말씀에 내 백성을 보내라 그들이 나를 섬길 것이니라"로 시작한다. 마지막으로 셋째, 여섯째, 아홉째 재앙은 "여호와께서 모세에게 이르시되 아론에게 명하기를 네 지팡이를 들어 …… 하라"로 시작한다.

이러한 문학적인 구성은 하나님이 이스라엘을 출애굽 시키기 위해서 애굽 왕 바로와 애굽 백성들이 도저히 빠져나올 수 없도록 방책을 세우시고 그들을 공략했음을 보여 준다. 하나님은 이렇게 치밀하게 출애굽을 준비하고 실행하셨다.

2. 개구리 재앙(8 : 1-15)

> 1여호와께서 모세에게 이르시되 너는 바로에게 가서 그에게 이르기를 여호와
> 의 말씀에 내 백성을 보내라 그들이 나를 섬길 것이니라 2네가 만일 보내기를
> 거절하면 내가 개구리로 너의 온 땅을 치리라 3개구리가 나일강에서 무수히
> 생기고 올라와서 네 궁과 네 침실과 네 침상 위와 네 신하의 집과 네 백성과
> 네 화덕과 네 떡 반죽 그릇에 들어갈 것이며 4개구리가 너와 네 백성과 네 모
> 든 신하에게 기어오르리라 하셨다 하라 5여호와께서 모세에게 이르시되 아론
> 에게 명령하기를 네 지팡이를 잡고 네 팔을 강들과 운하들과 못 위에 펴서 개
> 구리들이 애굽 땅에 올라오게 하라 할지니라 6아론이 애굽 물들 위에 그의 손
> 을 내밀매 개구리가 올라와서 애굽 땅에 덮이니 7요술사들도 자기 요술대로
> 그와 같이 행하여 개구리가 애굽 땅에 올라오게 하였더라 8바로가 모세와 아
> 론을 불러 이르되 여호와께 구하여 나와 내 백성에게서 개구리를 떠나게 하라

내가 이 백성을 보내리니 그들이 여호와께 제사를 드릴 것이니라 9모세가 바
로에게 이르되 내가 왕과 왕의 신하와 왕의 백성을 위하여 이 개구리를 왕과
왕궁에서 끊어 나일강에만 있도록 언제 간구하는 것이 좋을는지 내게 분부하
소서 10그가 이르되 내일이니라 모세가 이르되 왕의 말씀대로 하여 왕에게 우
리 하나님 여호와와 같은 이가 없는 줄을 알게 하리니 11개구리가 왕과 왕궁과
왕의 신하와 왕의 백성을 떠나서 나일강에만 있으리이다 하고 12모세와 아론
이 바로를 떠나 나가서 바로에게 내리신 개구리에 대하여 모세가 여호와께 간
구하매 13여호와께서 모세의 말대로 하시니 개구리가 집과 마당과 밭에서부터
나와서 죽은지라 14사람들이 모아 무더기로 쌓으니 땅에서 악취가 나더라 15그
러나 바로가 숨을 쉴 수 있게 됨을 보았을 때에 그의 마음을 완강하게 하여 그
들의 말을 듣지 아니하였으니 여호와께서 말씀하신 것과 같더라

애굽은 수로들도 많고 습지도 많았기 때문에 개구리와 도마뱀이 많았다 (Noth, *Exodus*, p. 75. 이집트 신화에서 개구리는 생명을 주는 힘을 상징한다. 그러나 이스라엘에서 개구리는 전혀 의미를 갖지 못한다. 구약성경은 개구리를 애굽에 내린 재앙과 관련해서는 언급한다). 하지만 평소와는 달리 헤아릴 수 없이 많은 개구리들이 습지를 벗어나서 가정집으로 몰려들어 온다고 상상해 보라. 이런 일은 일어난 적이 없기 때문에 애굽 사람들은 상상도 못했을 것이고, 그래서 충격이 더 컸을 것이다. 개구리는 구약성경에서 시편 78 : 45, 105 : 30에 나오는데, 이 구절들도 둘째 재앙을 언급한다.

[8 : 1-4] 하나님은 모세로 하여금 바로에게 가서 "내 백성을 보내라 그들이 나를 섬길 것이니라"고 말하게 한다. 그리고 바로가 거절하면, 온 땅에 개구리 재앙을 일으킬 것이라고 말하게 한다. 하나님은 개구리가 어떤 피해를 줄 것인지를 상세하게 일러 주시는데, 이때 효과를 극대화하기 위해 점층법을 사용하신다. "네 궁과 네 침실과 네 침상 위에". 2~4절에는 2인칭 소유격,

즉 '네'가 여러 차례 나온다. 하나님은 재앙을 내릴 대상을 "너와 네 백성과 네 모든 신하"(4절, 이것은 재앙의 대상을 지칭하는 관용적인 표현이다〈출 8 : 9, 11, 21, 29, 9 : 14, 10 : 6〉.)라고 하시면서, '내 것'과 '네 것', 즉 하나님의 소유와 바로의 소유를 대비하신다.

[8 : 5-6] 하나님은 모세에게 어떻게 해야 하는지를 상세하게 일러 주시고, 하나님이 명령하신 대로 아론은 지팡이를 들어서 개구리들이 올라오게 한다. 하나님이 이렇게 하시는 까닭은 바로가 하나님 명령을 어겼기 때문이다. 2절에서 "네가 만일 보내기를 거절하면 내가 개구리로 너의 온 땅을 치리라"라고 하셨는데, 바로가 하나님이 명령하신 것을 거절했다는 언급 없이 5~6절에서 개구리 재앙을 실행하신다. 이것은 4절에서 5절로 넘어가는 사이 어느 시점에 바로가 하나님의 말씀을 거절했음을 암시한다.

[8 : 7] 애굽의 주술사들은 첫째 재앙에서 했던 것처럼, 둘째 재앙도 모세를 따라서 행한다. 애굽의 주술사들은 자신들도 모세와 아론처럼 개구리들이 온 땅에 올라오게 할 수 있음을 보여 주는데, 하나님이 개구리 재앙으로 애굽을 심판하신다는 점에서 그들은 자신들의 능력을 통해서 하나님과 함께 애굽을 심판하는 아이러니한 모습을 보여 준다.

[8 : 8-14] 명확하게 언급하지는 않지만, 상상할 수 없을 정도로 많은 개구리들로 인해서 고통을 겪었을 바로는 모세에게 개구리 재앙을 끝내 달라고 요청하면서 이스라엘 사람들을 내보내서 하나님께 제사를 드리게 하겠다고 말한다. 첫째 재앙에 대해서 별다른 반응을 보이지 않던 바로는 둘째 재앙부터 협상하기 시작한다. 그런데 바로는 '나와 내 백성에게서' 개구리를 떠나게 해 달라고 하면서 이스라엘 사람들을 그냥 '백성'이라고 칭한다. 〈개역개정〉 성경은 '이 백성'으로 번역하고, 〈표준새번역〉 성경은 '너희 백성'으로 번역

하는데, 이스라엘 사람들이 바로의 백성이 아니라는 점을 강조한다.

모세는 재앙을 끝낼 때를 바로에게 정하게 한다. 그런데 여기서 중요한 것은 바로가 모세와 아론에게 개구리들을 물리쳐 달라고 요청하지 않고, 주님께 구하라고 하는 것이다. 모세와 아론이 하나님께 간구하자, 하나님이 개구리들을 죽게 하신다. 이렇게 하나님을 부각함으로써 이 재앙이 신적인 것임을 더욱 명확하게 보여 주고, 주술사들은 단지 모방에 불과하다는 것을 바로에게 알려 준다. 10절에서 모세가 말한 대로 개구리 재앙은 바로로 하여금 하나님 같은 이가 없음을 알려 주는 데 목적을 둔다.

개구리들이 모두 죽었는데, 개구리들이 죽은 것으로 끝난 게 아니다. 개구리 시체들이 썩는 냄새로 한참 동안 고생했을 것이다(생명의 힘을 상징하는 개구리들이 죽어서 고약한 냄새를 풍기는 장면은 애굽 사람들에게는 매우 충격적이었을 것이다).

[8 : 15] 이 구절은 바로의 완악함에 초점을 맞춘다. 모세가 하나님께 간구해서 개구리들이 물러나자, 바로는 다시 완악해져서 자신이 한 약속을 지키지 않는다. 본문 기자는 이 모든 일들이 다 하나님이 하신 말씀대로임을 강조한다. 여기서도 바로의 완악함과 무지함, 그리고 하나님의 예지를 대비한다.

3. 이 재앙(8 : 16-19)

16여호와께서 모세에게 이르시되 아론에게 명령하기를 네 지팡이를 들어 땅의
티끌을 치라 하라 그것이 애굽 온 땅에서 이가 되리라 17그들이 그대로 행할새
아론이 지팡이를 잡고 손을 들어 땅의 티끌을 치매 애굽 온 땅의 티끌이 다 이
가 되어 사람과 가축에게 오르니 18요술사들도 자기 요술로 그같이 행하여 이
를 생기게 하려 하였으나 못 하였고 이가 사람과 가축에게 생긴지라 19요술사
가 바로에게 말하되 이는 하나님의 권능이니이다 하였으나 바로의 마음이 완

악하게 되어 그들의 말을 듣지 아니하였으니 여호와의 말씀과 같더라

셋째 재앙은 넷째 재앙과 비슷하다. 우리가 '이'로 번역하는 히브리어는 '킨님'(kinnim)인데, 역본마다 다르게 번역한다. 킨님은 이(louse), 구더기(maggot), 각다귀(gnat) 등으로 번역할 수 있는데, 맹독을 지닌 해충 같은 것으로 보는 것이 좋겠다.

특이한 것은 이 재앙부터는 애굽의 주술사들이 따라 할 수 없었다는 것이다. 그래서 그들은 셋째 재앙이 신적인 것이라고 고백한다. 하지만 바로는 여전히 완악하다.

셋째 재앙은 하나님이 모세와 아론에게 바로에게 가서 하나님의 명령을 전하라고 지시하고, 또 그렇지 않을 경우 재앙을 내려서 바로로 하여금 하나님을 알게 하겠다는 언급 없이 바로 재앙을 지시하고 실행한다는 점에서 독특하다. 그래서 셋째 재앙은 내용이 매우 간결하고, 분량도 네 절에 불과하다.

[8 : 16-17] 하나님은 지팡이로 티끌을 치라고 하는데, 당시 사람들은 이나 구더기, 그리고 각다귀 같은 것들이 티끌에서 생긴다고 생각했던 것으로 보인다.

[8 : 18-19] 애굽의 주술사들도 모세와 아론을 따라서 티끌로 구더기를 만들어 보려고 했지만 그렇게 하지 못하고, 결국 "이는 하나님의 권능이니이다."라고 고백한다. 〈개역개정〉 성경이 '하나님의 권능'으로 번역한 것은 '하나님의 손가락'이다. 이것은 시편 8 : 3을 떠올리게 한다. 셋째 재앙 이야기도 바로의 완악함으로 끝나는데, 출애굽기 7 : 13, 8 : 15, 그리고 19절이 동일하게 바로의 완악함을 언급하면서 "여호와의 말씀과 같더라"로 끝맺는다. 여전히 바로의 완악함과 무지함, 그리고 하나님의 예지를 대비한다.

4. 파리 재앙(8 : 20-32)

[20]여호와께서 모세에게 이르시되 아침에 일찍이 일어나 바로 앞에 서라 그가
물 있는 곳으로 나오리니 그에게 이르기를 여호와께서 이와 같이 말씀하시기
를 내 백성을 보내라 그러면 그들이 나를 섬길 것이니라 [21]네가 만일 내 백성
을 보내지 아니하면 내가 너와 네 신하와 네 백성과 네 집들에 파리 떼를 보
내리니 애굽 사람의 집집에 파리 떼가 가득할 것이며 그들이 사는 땅에도 그
러하리라 [22]그날에 나는 내 백성이 거주하는 고센 땅을 구별하여 그곳에는 파
리가 없게 하리니 이로 말미암아 이 땅에서 내가 여호와인 줄을 네가 알게 될
것이라 [23]내가 내 백성과 네 백성 사이를 구별하리니 내일 이 표징이 있으리
라 하셨다 하라 하시고 [24]여호와께서 그와 같이 하시니 무수한 파리가 바로의
궁과 그의 신하의 집과 애굽 온 땅에 이르니 파리로 말미암아 그 땅이 황폐하
였더라 [25]바로가 모세와 아론을 불러 이르되 너희는 가서 이 땅에서 너희 하나
님께 제사를 드리라 [26]모세가 이르되 그리함은 부당하니이다 우리가 우리 하
나님 여호와께 제사를 드리는 것은 애굽 사람이 싫어하는 바인즉 우리가 만
일 애굽 사람의 목전에서 제사를 드리면 그들이 그것을 미워하여 우리를 돌
로 치지 아니하리이까 [27]우리가 사흘길쯤 광야로 들어가서 우리 하나님 여호
와께 제사를 드리되 우리에게 명령하시는 대로 하려 하나이다 [28]바로가 이르
되 내가 너희를 보내리니 너희가 너희의 하나님 여호와께 광야에서 제사를 드
릴 것이나 너무 멀리 가지는 말라 그런즉 너희는 나를 위하여 간구하라 [29]모세
가 이르되 내가 왕을 떠나가서 여호와께 간구하리니 내일이면 파리 떼가 바
로와 바로의 신하와 바로의 백성을 떠나려니와 바로는 이 백성을 보내어 여
호와께 제사를 드리는 일에 다시 거짓을 행하지 마소서 하고 [30]모세가 바로를
떠나 나와서 여호와께 간구하니 [31]여호와께서 모세의 말대로 하시니 그 파리
떼가 바로와 그의 신하와 그의 백성에게서 떠나니 하나도 남지 아니하였더라
[32]그러나 바로가 이때에도 그의 마음을 완강하게 하여 그 백성을 보내지 아니
하였더라

더운 지역은 특히 더 심하겠지만 어느 나라나 파리와 모기는 흔했다. 강이나 습지에서 발생하는 파리나 모기는 엄청난 떼를 지어서 사람과 짐승들을 괴롭혔다. 그리고 질병을 옮기고 발생시켰다. 이것이 일상적인 상황이었는데, 상상도 못할 만큼 수많은 파리나 모기들이 몰려온다면 그것은 분명 재앙이었을 것이다. 이제는 바로도 애굽 주술사들을 부르지 않는다. 이미 그들이 가진 능력을 벗어났기 때문이다. 이제 바로는 다른 방법을 사용한다. 모세에게 마치 항복하는 것처럼 하다가 재앙이 물러가면 다시 완악해지는, 치고 빠지는 수법을 사용한다. 여기서 특이한 것은 하나님이 이스라엘 백성을 구분해서 그들이 재앙으로 고통당하지 않게 하신다는 것이다.

[8 : 20-21] 모세와 아론은 바로를 이른 아침 나일강에서 만난다. 매일 정기적으로 나일강에 옴으로써 바로는 나름대로 종교적인 경건함을 보여 준다. 그러나 문제는 그가 하나님에 대해 무지하다는 것이다. 다른 곳에서는 하나님이 "바로에게 가라."고 모세와 아론에게 지시하시는데, 여기서는 "바로 앞에 서라."(히브리어로 '히트얏체브'인데, '굳건히 서다' 또는 '저항하다'라는 의미를 갖는다.)고 말씀하신다. 이것은 보다 강경한 자세를 취할 것을 요구하시는 것으로 보인다.

[8 : 22-24] 이스라엘 사람들은 고센 지역에 거주했다(창 45 : 10, 46 : 28 등). 그러나 고센 지역에만 거주하는 것은 아니었을 것이다. 애굽 여기저기에 흩어져 살았을 것이고, 이스라엘 백성들만 별도로 거주하는 것이 아니라 애굽 사람들과 함께 거주했을 것이다. 고센 지역은 나일 삼각주 하부에 위치한다.

하나님은 '내 백성과 네 백성' 사이를 구별(히브리어로는 '페두트'〈구속〉인데, 문맥상 '구별'로 번역하는 게 낫다.)하시겠다고 말씀하신다. 하나님은 재앙을 내리시는 이유를 다시 언급하는데, 그것은 바로로 하여금 '이 땅에서 내가 여호와인 줄을 네가 알게' 하기 위함이다. 그 결과 '그 땅이 황폐' 해졌다(히브리어로 '팃샤헤트 하아레츠' 인데, '팃샤헤트' 는 '샤하트' 의 닢알형으로 수동형이다. 이것은 창 6 : 11－12〈"온 땅이 하나님 앞에 부패하여 포악함이 땅에 가득한지라 하나님이 보신즉 땅이 부패하였으니 이는 땅에서 모든 혈육 있는 자의 행위가 부패함이었더라".〉에 나온다).

[8 : 25－26] 파리로 인해서 고통을 겪는 바로는 이스라엘 사람들로 하여금 애굽 땅에서 하나님께 제사를 드리라고 한다. 그러나 모세는 이 제안을 거절하는데, 거절하는 이유는 히브리인들이 제사 드리는 것을 애굽 사람들이 싫어하기 때문이라는 것이다(히브리어로 '토에바' 인데, 이것은 구역질을 가리키고 '가증함' 을 의미한다). 이스라엘 사람들이 제사 제물로 드리는 것은 소와 양, 그리고 염소인데, 이 가운데 소가 대표적이다. 그런데 애굽 사람들은 소를 제물로 드리지 않았다. 애굽 사람들은 소가 이시스 신에게 성별되었다고 생각했다. 그래서 애굽 사람들은 이스라엘 사람들이 소로 제사 드리는 것에 대해 심한 거부감을 보였고, 심지어 이스라엘 사람들과 식사도 함께하려고 하지 않았다(창 43 : 32).

[8 : 27－32] 모세는 3일 동안 광야로 나가게 해 줄 것을 요청한다(출 3 : 18, 5 : 3). 하지만 바로는 모세가 요청하는 것을 단순하게 받아들이지 않았다. 그는 이스라엘 백성들이 애굽에서 완전히 나갈 것이라고 판단했다. 이러한 의심이 출애굽기 1 : 10부터 분명하게 나타나는 것을 앞에서 확인했다. 하지만 파리 재앙에서 벗어나야 하기 때문에 바로는 이스라엘 사람들을 내보내겠지만 너무 멀리 가지 말라는 조건을 붙인다(28절).

모세도 바로가 어떻게 대처할 것인지 잘 알고 있었기 때문에 그에게 속이지 말라고 경고한다. 모세는 하나님께 재앙 철회를 간구하고, 하나님은 모세의 요청을 수락하셨다. 그러나 결과는 바로의 완악함으로 끝난다. 바로는 모세의 요청을 진지하게 받아들이지 않음으로써, 그가 겪은 재앙을 이적으로 받아들이려 하지 않았다. 이렇게 바로는 모세가 아닌 하나님을 무시하는 행동을 했다. 이 재앙 기사는 "여호와께서 모세에게 말씀하심과 같더라"는 구절을 생략한다.

5. 가축전염병 재앙(9 : 1-7)

> 1여호와께서 모세에게 이르시되 바로에게 들어가서 그에게 이르라 히브리 사
> 람의 하나님 여호와께서 말씀하시기를 내 백성을 보내라 그들이 나를 섬길
> 것이니라 2네가 만일 보내기를 거절하고 억지로 잡아 두면 3여호와의 손이 들
> 에 있는 네 가축 곧 말과 나귀와 낙타와 소와 양에게 더하리니 심한 돌림병이
> 있을 것이며 4여호와가 이스라엘의 가축과 애굽의 가축을 구별하리니 이스라
> 엘 자손에게 속한 것은 하나도 죽지 아니하리라 하셨다 하라 하시고 5여호와
> 께서 기한을 정하여 이르시되 여호와가 내일 이 땅에서 이 일을 행하리라 하
> 시더니 6이튿날에 여호와께서 이 일을 행하시니 애굽의 모든 가축은 죽었으
> 나 이스라엘 자손의 가축은 하나도 죽지 아니한지라 7바로가 사람을 보내어
> 본즉 이스라엘의 가축은 하나도 죽지 아니하였더라 그러나 바로의 마음이 완
> 강하여 백성을 보내지 아니하니라

여기서 특이한 것은 넷째 재앙에서처럼, 이스라엘 사람들이 사는 고센 지역이 재앙에서 제외되었다는 것이다(4, 6절). 다섯째 재앙이 정확히 무엇인지는 알 수 없지만, 여기에 나오는 히브리어가 심각한 질병을 가리키는 것은 분명하다. 그런데 다섯째 재앙에서는 바로가 그 재앙을 끝내기 위해서 모세와 협상했다는 말이 없다.

[9 : 1-4] 1~3절은 전형적인 양식인데, 하나님은 모세로 하여금 바로에게 하

나님의 말씀을 전하게 하고, 바로가 그것을 어기면 재앙을 내리겠다고 경고하게 하신다. 다섯째 재앙은 가축전염병인데, 여기서 나열하는 가축은 말, 나귀, 낙타, 소, 양 등이다. 그런데 '낙타'는 주전 3세기에야 애굽에서 사용했다. 그 이전에는 주로 나귀를 사용했다(출 4 : 20 참조). 이런 이유로 이 구절에서 낙타를 언급하는 것은 시대착오적이라고 생각하는 학자들도 있지만, 아라비아 대상들이 판매할 상품을 운반하기 위해 데려온 낙타들을 가리키는 것으로 보인다(창 12 : 16, 37 : 25).

넷째 재앙이 '하나님의 손가락'을 보여 주었다면, 가축들에게 내린 역병은 '하나님의 손'을 보여 주신다(3절). 이것은 그만큼 재앙이 강해졌음을 가리킨다.

4절에 나오는 '이스라엘의 가축'이란 표현은 당시 이스라엘 사람들도 가축을 소유했음을 보여 준다. 이스라엘 사람들은 고센 지역에서 자치적이고, 자립적인 공동체를 이루며 산 것 같다.

하나님은 출애굽기 8 : 23에서 "내 백성과 네 백성 사이를 구별하리니"라고 하셨는데, 여기서는 "이스라엘의 가축과 애굽의 가축을 구별하리니"라고 하신다. 그러면서 이스라엘 사람들에게 속한 가축은 한 마리도 죽지 않을 것이라고 말씀하신다. 이것은 그대로 실행되었다(출 9 : 6).

[9 : 5-7] 하나님은 다음 날 재앙을 내리겠다고 예고하시고 그대로 실행하시는데(5-6절), 이렇게 재앙을 내리는 시간을 정하는 것은 바로에게 기회를 주시는 것이다. 바로가 하나님의 명령을 거부했음을 밝히지는 않지만, 바로는 여전히 완강했고, 하나님은 재앙을 내려서 애굽의 가축들을 다 죽이시고(애굽의 가축을 모두 죽였다는 것은 문학적으로는 과장법이다. 출 9 : 19, 25, 11 : 5, 12 : 12, 29에서 가축들을 언급하고, 그리고 출 14장에서는 말들을 언급하기 때문이다.), 이스라엘 가축은 모두 살리셨다. 바로는 이런 사실들을 정확하게 파악하면서도 완악함을 버리지 않는다.

6. 악성 종기 재앙(9 : 8-12)

> 8여호와께서 모세와 아론에게 이르시되 너희는 화덕의 재 두 움큼을 가지고
> 모세가 바로의 목전에서 하늘을 향하여 날리라 9그 재가 애굽 온 땅의 티끌이
> 되어 애굽 온 땅의 사람과 짐승에게 붙어서 악성 종기가 생기리라 10그들이
> 화덕의 재를 가지고 바로 앞에 서서 모세가 하늘을 향하여 날리니 사람과 짐
> 승에게 붙어 악성 종기가 생기고 11요술사들도 악성 종기로 말미암아 모세 앞
> 에 서지 못하니 악성 종기가 요술사들로부터 애굽 모든 사람에게 생겼음이라
> 12그러나 여호와께서 바로의 마음을 완악하게 하셨으므로 그들의 말을 듣지
> 아니하였으니 여호와께서 모세에게 말씀하심과 같더라

여섯째 재앙에 관한 기록은 매우 간결하다. 하나님이 모세와 아론에게 재앙에 대해서 말씀하시고 그것을 실행하신다. 본문은 모세와 아론이 바로에게 나아가서 "내 백성을 내보내라."라는 하나님의 말씀을 전하는 것을 생략했다.

피부질환이 발생하는데, 이것은 히브리어로 '세힌'이다. 이것은 각종 피부병을 가리킨다. 레위기 13장에서는 심한 피부병을 가리킨다. 여기에 대해서는 신명기 28장에서도 언급한다(27, 35절). 고대 사람들이 피부질환으로 고통당한 것은 분명하다(신 28 : 27). 이스라엘 사람들이 이 재앙으로 인해서 고통을 당했는지 아니면 넷째, 다섯째 재앙에서처럼 제외되었는지는 분명치 않다.

본문 기자는 애굽 주술사들이 아무런 역할도 못했을 뿐만 아니라 그들도 고통당했음을 애써 밝힌다. 그리고 재앙을 끝내기 위해서 바로가 모세와 협상했다는 기록도 없다.

[9 : 8-9] 화덕의 재, 즉 검댕을 뿌리는 것은 당시 사람들이 악성 종기가 검댕 때문에 생긴 것으로 여겼기 때문이다.

[9 : 10-11] 애굽 전역에 악성 종기가 발생해서 사람과 가축이 모두 고통을 당하는데, 애굽의 술사들이 그것을 행하지 못하는 것은 말할 것도 없고, 그들도 악성 종기에 걸려서 운신하지 못하는 상태에 빠진다. 그들은 다섯째 재앙까지 바로와 함께한 것으로 보이는데, 여섯째 재앙 때에는 악성 종기로 인해 몸져누워서 모세 앞에 서지 못한 것으로 보인다. 그들은 모세와의 대결에서 완전히 패배한 것이다. 하지만 바로는 악성 종기에 걸리지 않은 것으로 보인다.

[9 : 12] 이 구절은 바로가 여전히 완악해서 하나님의 말씀을 따르지 않았는데, 바로가 완악한 것은 하나님이 바로의 마음을 완악하게 하셨기 때문임을 밝힌다. 첫째 재앙에 대한 기록은 바로가 완악했다는 말을 하지 않는다. 둘째 재앙에서 다섯째 재앙에 대한 기록은 바로가 자신의 마음을 완강하게 했다고 한다. 여섯째 재앙과 여덟째 재앙에 대한 기록은 하나님이 바로를 완강하게 하셨다고 한다.

이 구절은 "여호와께서 모세에게 말씀하심과 같더라"로 끝난다.

7. 우박 재앙(9 : 13-35)

> 13여호와께서 모세에게 이르시되 아침에 일찍이 일어나 바로 앞에 서서 그에
> 게 이르기를 히브리 사람의 하나님 여호와의 말씀에 내 백성을 보내라 그들
> 이 나를 섬길 것이니라 14내가 이번에는 모든 재앙을 너와 네 신하와 네 백성
> 에게 내려 온 천하에 나와 같은 자가 없음을 네가 알게 하리라 15내가 손을 펴
> 서 돌림병으로 너와 네 백성을 쳤더라면 네가 세상에서 끊어졌을 것이나 16내
> 가 너를 세웠음은 나의 능력을 네게 보이고 내 이름이 온 천하에 전파되게 하
> 려 하였음이니라 17네가 여전히 내 백성 앞에 교만하여 그들을 보내지 아니하
> 느냐 18내일 이맘때면 내가 무거운 우박을 내리리니 애굽 나라가 세워진 그날

로부터 지금까지 그와 같은 일이 없었더라 [19]이제 사람을 보내어 네 가축과
네 들에 있는 것을 다 모으라 사람이나 짐승이나 무릇 들에 있어서 집에 돌아
오지 않는 것들에게는 우박이 그 위에 내리리니 그것들이 죽으리라 하셨다
하라 하시니라 [20]바로의 신하 중에 여호와의 말씀을 두려워하는 자들은 그 종
들과 가축을 집으로 피하여 들였으나 [21]여호와의 말씀을 마음에 두지 아니하
는 사람은 그의 종들과 가축을 들에 그대로 두었더라 [22]여호와께서 모세에게
이르시되 너는 하늘을 향하여 손을 들어 애굽 전국에 우박이 애굽 땅의 사람
과 짐승과 밭의 모든 채소에 내리게 하라 [23]모세가 하늘을 향하여 지팡이를
들매 여호와께서 우렛소리와 우박을 보내시고 불을 내려 땅에 달리게 하시니
라 여호와께서 우박을 애굽 땅에 내리시매 [24]우박이 내림과 불덩이가 우박에
섞여 내림이 심히 맹렬하니 나라가 생긴 그때로부터 애굽 온 땅에는 그와 같
은 일이 없었더라 [25]우박이 애굽 온 땅에서 사람과 짐승을 막론하고 밭에 있
는 모든 것을 쳤으며 우박이 또 밭의 모든 채소를 치고 들의 모든 나무를 꺾
었으되 [26]이스라엘 자손들이 있는 그곳 고센 땅에는 우박이 없었더라 [27]바로가
사람을 보내어 모세와 아론을 불러 그들에게 이르되 이번은 내가 범죄하였노
라 여호와는 의로우시고 나와 나의 백성은 악하도다 [28]여호와께 구하여 이 우
렛소리와 우박을 그만 그치게 하라 내가 너희를 보내리니 너희가 다시는 머
물지 아니하리라 [29]모세가 그에게 이르되 내가 성에서 나가서 곧 내 손을 여
호와를 향하여 펴리니 그리하면 우렛소리가 그치고 우박이 다시 있지 아니할
지라 세상이 여호와께 속한 줄을 왕이 알리이다 [30]그러나 왕과 왕의 신하들이
여호와 하나님을 아직도 두려워하지 아니할 줄을 내가 아나이다 [31]그때에 보
리는 이삭이 나왔고 삼은 꽃이 피었으므로 삼과 보리가 상하였으나 [32]그러나
밀과 쌀보리는 자라지 아니한 고로 상하지 아니하였더라 [33]모세가 바로를 떠
나 성에서 나가 여호와를 향하여 손을 펴매 우렛소리와 우박이 그치고 비가
땅에 내리지 아니하니라 [34]바로가 비와 우박과 우렛소리가 그친 것을 보고 다
시 범죄하여 마음을 완악하게 하니 그와 그의 신하가 꼭 같더라 [35]바로의 마

음이 완악하여 이스라엘 자손을 내보내지 아니하였으니 여호와께서 모세에게 말씀하심과 같더라

여기서 두드러지는 점은 하나님이 재앙들을 통해서 하나님을 알리려 하신다는 사실을 두 번이나 밝히시고(14, 16절), 재앙을 미리 경고해서 애굽 사람들이 그 재앙을 피할 기회를 주신다는 것이다(19절).

본문 기자는 우박이 내리는 장면을 상세하게 묘사하면서 그 재앙이 '모든' 것을 파괴했는데, 이스라엘 사람들이 거주하는 고센 지역은 아무런 피해를 입지 않았다는 사실을 강조한다. 그리고 이 재앙으로 인해서 애굽 사람들 가운데 모세를 신뢰하는 사람들이 생겨났음을 밝힌다.

31절과 32절은 30절과 33절 사이에 끼어들어서 이야기의 흐름을 끊는 것처럼 보이는데, 이것은 우박폭풍으로 모든 곡식들이 다 못쓰게 되었다는 과장된 말로 인해 정말 그랬을 거라고 믿는 사람들을 위해 부연 설명을 하는 것이다.

[9 : 13] 하나님은 모세에게 아침 일찍이 바로에게 가서 하나님의 말씀을 전하라고 말씀하시는데, 이런 점에서 첫째 재앙, 넷째 재앙, 그리고 일곱째 재앙이 유사하다.

첫째 재앙	넷째 재앙	일곱째 재앙
14여호와께서 모세에게 이르시되 바로의 마음이 완강하여 백성 보내기를 거절하는도다	20여호와께서 모세에게 이르시되	13여호와께서 모세에게 이르시되
15아침에 너는 바로에게로 가라 보라 그가 물 있는 곳으로 나오리니 너는 나일 강가에 서서 그를 맞으며 그 뱀 되었던 지팡이를	아침에 일찍이 일어나 바로 앞에 서라 그가 물 있는 곳으로 나오리니 그에게 이르기를 여호와께서 이와 같이 말씀하시기를 내 백	아침에 일찍이 일어나 바로 앞에 서서 그에게 이르기를 히브리 사람의 하나님 여호와의 말씀에 내 백성을 보내라 그들이 나

손에 잡고 [16]그에게 이르기를 히브리 사람의 하나님 여호와께서 나를 왕에게 보내어 이르시되 내 백성을 보내라 그러면 그들이 광야에서 나를 섬길 것이니라 하였으나 이제까지 네가 듣지 아니하도다	성을 보내라 그러면 그들이 나를 섬길 것이니라	를 섬길 것이니라
[17]여호와가 이같이 이르노니 네가 이로 말미암아 나를 여호와인 줄 알리라	[21]네가 만일 내 백성을 보내지 아니하면 내가 너와 네 신하와 네 백성과 네 집들에 파리 떼를 보내리니 애굽 사람의 집집에 파리 떼가 가득할 것이며 그들이 사는 땅에도 그러하리라 [22]그날에 나는 내 백성이 거주하는 고센 땅을 구별하여 그곳에는 파리가 없게 하리니 이로 말미암아 이 땅에서 내가 여호와인 줄을 네가 알게 될 것이라	[14]내가 이번에는 모든 재앙을 너와 네 신하와 네 백성에게 내려 온 천하에 나와 같은 자가 없음을 네가 알게 하리라 [15]내가 손을 펴서 돌림병으로 너와 네 백성을 쳤더라면 네가 세상에서 끊어졌을 것이나 [16]내가 너를 세웠음은 나의 능력을 네게 보이고 내 이름이 온 천하에 전파되게 하려 하였음이니라

[9 : 14-16] "내가 이번에는 모든 재앙을 너와 네 신하와 네 백성에게 내려"에서 '너'는 〈개역개정〉 성경 각주를 보면, 히브리어로 '네 마음'이다. 그러니까 "모든 재앙을 네 마음에 내리겠다"는 것이다. 이것은 잠시 후에 일어난 재앙이 심해서 바로가 그 재앙에 대해서 깊이 생각하지 않을 수 없음을 가리킨다. 하나님이 원하시는 것은 바로가 하나님을 바르게 아는 것이다.

하나님은 우박 재앙을 예고하시면서, 그것이 매우 강력한 것임을 말씀하신다(18절, 〈개역개정〉 성경은 '무거운 우박'으로 번역하는데, 이것은 히브리어로 '바라드 카베드 메오드'이다. 직역하면 '매우 무거운 우박'이다. 18절 내용을 24절이 반복하는데, 여기서는 '심히 맹렬하니'로 번역한다. 그리고 나라가 생긴 이후로 그런 일이 없다고 함으로써, 이 재앙이 상상을 초월하다는 것을 암시한다). 하나님은 이 재앙을 통해서 자신이 온 세상의 하나님임을 드러내려 하신다(16, 29절).

[9 : 18] 애굽은 우박폭풍으로 인해서 큰 피해를 당한 적이 없다. 이 재앙은 애굽에서 흔한 재앙이 아니라는 점에서 의미를 갖는다. 바로와 애굽 사람들은 우박폭풍을 경험한 적이 없기 때문에, 다가오는 우박폭풍 재앙이 얼마나 끔찍할지 상상할 수도 없었을 것이다.

[9 : 19] 출애굽기 9 : 6에서 애굽의 모든 가축이 죽었다고 했기 때문에 말 그대로라면 애굽에는 가축이 한 마리도 없어야 하는데, 19~21절을 보면, 애굽 사람들이 가축을 여전히 소유하고 있다. 그래서 출애굽기 9 : 6이 말하려는 것은 상당히 많은 가축들이 죽은 것을 과장한 것으로 보인다. 출애굽기는 이런 과장 표현 방식을 자주 사용한다.

[9 : 20-21] 일반 백성뿐만 아니라 바로의 신하들도 모세를 신뢰하기 시작했다. 이것은 바로의 권위와 권세가 서서히 붕괴하는 것을 보여 준다. 이런 점에서 애굽 사람들에게 우박폭풍을 예고하면서 거기에 대비할 것을 말한 것은 매우 효과적이었다. 하나님의 말씀을 믿지 않은 사람들은 종과 가축들을 그대로 들에 두었다. 〈개역개정〉 성경이 '그대로 두었더라' 로 번역하는 히브리어는 그 기본형이 '아자브' (남겨 두다, 버려두다, 포기하다.)이다. 따라서 이들은 종들과 가축들이 죽든지 살든지 개의치 않고 들에다 내버려 두었음을 가리킨다. 즉, 방치했다는 것이다. 그러나 하나님의 말씀을 믿은 사람들은 종과 가축들을 집으로 불러들여서 보호했다. 애굽 사람들도 두 부류로 나뉘기 시작한 것이다.

[9 : 22-26] 우박이 내리는 장면을 상세하게 묘사하는데, 우레 소리와 함께 우박이 내리면서 불덩이도 섞여서 내렸다고 한다. 이런 일이 애굽 역사에서 한 번도 일어난 적이 없다는 점을 강조한다. 25~26절은 우박이 사람과 짐승은 물론이고 "밭에 있는 모든 것을 쳤으며 우박이 또 밭의 모든 채소를 치고 들의 모든 나무를 꺾었"다고 기술한다. 그런데 이것이 과장된 표현이었는지, 출애굽기 10 : 5을 보면, '우박을 면하고 남은 것' 을 메뚜기들이 다 갉아먹었다고 한다. 이런 상충되는 것에 대한 해명은 31~32절에 나온다.

[9 : 27-28] 많은 종들과 가축들이 우박폭풍으로 죽임을 당하자, 바로는 사태가 심각하다는 것을 깨닫고 모세를 불러서 그들이 요구하는 것을 들어주겠다고 말한다. 바로는 그 자신과 그의 백성들이 잘못을 저질렀음을 공개적으로 고백한다. 하지만 재앙이 끝난 다음 바로가 약속을 지키지 않음으로써 그가 한 말들이 과연 진심이었는지 회의하게 만든다. 그렇지만 허언(虛言)이라도 바로가 자신이 범죄했음을 고백하고, 주는 의로우시고 바로와 그의 백성들은 악하다고 한 것이 사실이라는 점에서 큰 의미를 갖는다.

[9 : 29-35] 모세는 우렛소리와 우박이 그치면 "세상이 여호와께 속한 줄을 왕이 알리이다"라고 말한다. 바로가 하나님을 바르게 아는 것, 이것이 모세가 바라는 것이다. 그러나 모세는 바로를 신뢰하지 않는다. 바로와 그의 신하들이 우박으로 인해 하나님을 두려워할 것이라고는 생각하지 않는다. 모세의 예측은 옳았다. 비록 우박 재앙이 애굽 땅에 막심한 피해를 주어서 삼과 보리를 먹지 못하게 만들어 놓았지만, 밀과 쌀보리는 아직 자라지 않아서 상하지 않았다. 이 사실을 알고 바로는 다시 마음이 완악해진다.

그런데 34절은 "그와 그의 신하가 꼭 같더라"라고 한다. 20절은 "바로의 신하 중에 여호와의 말씀을 두려워하는 자들은 그 종들과 가축을 집으로 피하여 들였"다고 했는데, 그 재앙이 끝나자, 그들이 모세에게 했던 약속을 파기하는 데는 그들도 바로와 다를 바가 없었다는 것이다. 하지만 일곱째 재앙은 바로와 바로의 신하들이 조금씩 생각을 달리 하기 시작했다는 점에서 의미를 갖는다. 바로의 신하들은 여덟째 재앙에서 바로와 뜻을 달리 한다(출 10 : 7을 보라).

이제 모세도 바로에게 익숙해져서 바로가 겉으로는 잘못을 뉘우치고 이스라엘 백성들을 곧 내보낼 것처럼 말하지만, 실제로는 전혀 그럴 마음이 없이 그저 재앙을 피하려는 얄팍한 꾀를 부린다는 것을 알아차린다. 그리고 하나님이 이미 그것을 모세에게 말씀하셨다. 하나님이 바로를 강퍅하게 하시겠다고 하신 것은 바로가 결코 마음을 돌리지 않을 것임을 강조하는 것이다. 그렇기에 모세는 재앙을 끝나게 해 달라고 부탁한 바로가 재앙이 그치자마자 바로 태도를 바꾸는 것을 그다지 놀랍게 여기지 않았다. 그리고 모세는 바로가 완강하면 할수록 그가 얼마나 나약한지 간파했고, 바로가 하나님의 뜻을 거스를수록 하나님은 자신의 뜻을 이루기 위해서 열심을 다하실 것을 믿었다.

8. 메뚜기 재앙(10 : 1-20)

1여호와께서 모세에게 이르시되 바로에게로 들어가라 내가 그의 마음과 그의
신하들의 마음을 완강하게 함은 나의 표징을 그들 중에 보이기 위함이며 2네
게 내가 애굽에서 행한 일들 곧 내가 그들 가운데에서 행한 표징을 네 아들과
네 자손의 귀에 전하기 위함이라 너희는 내가 여호와인 줄을 알리라 3모세와
아론이 바로에게 들어가서 그에게 이르되 히브리 사람의 하나님 여호와께서
말씀하시기를 네가 어느 때까지 내 앞에 겸비하지 아니하겠느냐 내 백성을
보내라 그들이 나를 섬길 것이라 4네가 만일 내 백성 보내기를 거절하면 내일
내가 메뚜기를 네 경내에 들어가게 하리니 5메뚜기가 지면을 덮어서 사람이
땅을 볼 수 없을 것이라 메뚜기가 네게 남은 그것 곧 우박을 면하고 남은 것
을 먹으며 너희를 위하여 들에서 자라나는 모든 나무를 먹을 것이며 6또 네

집들과 네 모든 신하의 집들과 모든 애굽 사람의 집들에 가득하리니 이는 네
아버지와 네 조상이 이 땅에 있었던 그날로부터 오늘까지 보지 못하였던 것
이리라 하셨다 하고 돌이켜 바로에게서 나오니 7바로의 신하들이 그에게 말
하되 어느 때까지 이 사람이 우리의 함정이 되리이까 그 사람들을 보내어 그
들의 하나님 여호와를 섬기게 하소서 왕은 아직도 애굽이 망한 줄을 알지 못
하시나이까 하고 8모세와 아론을 바로에게로 다시 데려오니 바로가 그들에게
이르되 가서 너희의 하나님 여호와를 섬기라 갈 자는 누구 누구냐 9모세가 이
르되 우리가 여호와 앞에 절기를 지킬 것인즉 우리가 남녀노소와 양과 소를
데리고 가겠나이다 10바로가 그들에게 이르되 내가 너희와 너희의 어린아이
들을 보내면 여호와가 너희와 함께함과 같으니라 보라 그것이 너희에게는 나
쁜 것이니라 11그렇게 하지 말고 너희 장정만 가서 여호와를 섬기라 이것이 너
희가 구하는 바니라 이에 그들이 바로 앞에서 쫓겨나니라 12여호와께서 모세
에게 이르시되 애굽 땅 위에 네 손을 내밀어 메뚜기를 애굽 땅에 올라오게 하
여 우박에 상하지 아니한 밭의 모든 채소를 먹게 하라 13모세가 애굽 땅 위에
그 지팡이를 들매 여호와께서 동풍을 일으켜 온 낮과 온 밤에 불게 하시니 아
침이 되매 동풍이 메뚜기를 불어 들인지라 14메뚜기가 애굽 온 땅에 이르러
그 사방에 내리매 그 피해가 심하니 이런 메뚜기는 전에도 없었고 후에도 없
을 것이라 15메뚜기가 온 땅을 덮어 땅이 어둡게 되었으며 메뚜기가 우박에
상하지 아니한 밭의 채소와 나무 열매를 다 먹었으므로 애굽 온 땅에서 나무
나 밭의 채소나 푸른 것은 남지 아니하였더라 16바로가 모세와 아론을 급히
불러 이르되 내가 너희의 하나님 여호와와 너희에게 죄를 지었으니 17바라건
대 이번만 나의 죄를 용서하고 너희의 하나님 여호와께 구하여 이 죽음만은
내게서 떠나게 하라 18그가 바로에게서 나가서 여호와께 구하매 19여호와께서
돌이켜 강렬한 서풍을 불게 하사 메뚜기를 홍해에 몰아넣으시니 애굽 온 땅
에 메뚜기가 하나도 남지 아니하니라 20그러나 여호와께서 바로의 마음을 완
악하게 하셨으므로 이스라엘 자손을 보내지 아니하였더라

성경은 메뚜기 재앙을 여러 곳에서 언급하는데, 열왕기상 8 : 37~40과 요엘 2 : 1~11, 그리고 요한계시록 9 : 3~10에 나온다. 그런데 여기서 특이한 점은 모세가 바로와 협상하는 장면에 초점을 맞추고 메뚜기 재앙에 대해서는 간략하게 언급한다는 사실이다.

하나님이 우박 재앙에 이어 내리시는 메뚜기 재앙으로 이제 상황은 클라이맥스에 달한다. 모세의 요청을 받아들이는 것에 대해 부정적이던 바로의 신하들 가운데 상당수가 생각을 바꾸기 시작했다. 그들은 바로에게 모세와 적극적으로 협상하도록 분위기를 조성했고, 바로는 모세를 만나서 정확히 누구를 내보낼 것인지 논의하기 시작했다(8–11절). 모세는 어린아이와 양과 소, 즉 모든 것을 다 데려가겠다고 하는데, 바로는 성인 남자들만 나갈 수 있다고 못을 박는다. 바로는 모세가 요구하는 것이 이스라엘 사람들의 완전한 출애굽이라는 사실을 잘 알고 있었다. 그러나 바로는 이스라엘 사람들을 내보낼 마음이 없었기 때문에 여자들과 아이들, 그리고 모든 소유물들을 남겨 놓고 장정들만 광야에 나가서 제사를 드리게 함으로써, 그들이 애굽 땅으로 다시 돌아올 수밖에 없게 하려 했다.

결국 협상은 결렬되고 메뚜기 재앙이 일어나면서 바로는 우박 재앙 때와 동일한 행동을 한다.

[10 : 1–2] 하나님은 모세에게 바로를 만날 것을 명령하시면서 바로를 완강하게 하는 까닭, 즉 바로가 완강하면 할수록 하나님과 이스라엘에게 돌아오는 유익이 무엇인지를 말씀하신다. 하나님은 바로의 완강함으로 인해 이적을 행하시는데, 결국 바로의 완강함은 하나님으로 하여금 이적을 행하게 하고, 또 그것을 이스라엘 자손들에게 전할 수 있게 한다. 그리고 "너희는 내가 여호와인줄을 알리라"고 말씀하신다. 즉, 바로가 완강하면 할수록 자신을 알리시는 하나님의 뜻이 더욱 분명하게 이루어진다는 것이다. 그런데 하나님이 모세로 하여금 바로를 만나게 하시면서 이 말씀을 하시는 까닭은, 모

세가 바로에게 하나님의 명령을 전하면 이번에도 바로가 완강하게 거부할 것임을 아시기 때문이다.

그런데 문학적인 형태를 보면, 둘째 재앙과 다섯째 재앙 그리고 여덟째 재앙에 대한 기록들이 유사하다는 것을 알 수 있다.

둘째 재앙	다섯째 재앙	여덟째 재앙
1여호와께서 모세에게 이르시되 너는 바로에게 가서 그에게 이르기를	1여호와께서 모세에게 이르시되 바로에게 들어가서 그에게 이르라	1여호와께서 모세에게 이르시되 바로에게로 들어가라 내가 그의 마음과 그의 신하들의 마음을 완강하게 함은 나의 표징을 그들 중에 보이기 위함이며 2네게 내가 애굽에서 행한 일들 곧 내가 그들 가운데에서 행한 표징을 네 아들과 네 자손의 귀에 전하기 위함이라 너희는 내가 여호와인 줄을 알리라 3모세와 아론이 바로에게 들어가서 그에게 이르되
여호와의 말씀에 내 백성을 보내라 그들이 나를 섬길 것이니라	히브리 사람의 하나님 여호와께서 말씀하시기를 내 백성을 보내라 그들이 나를 섬길 것이니라	히브리 사람의 하나님 여호와께서 말씀하시기를 네가 어느 때까지 내 앞에 겸비하지 아니하겠느냐 내 백성을 보내라 그들이 나를 섬길 것이라
2네가 만일 보내기를 거절하면 내가 개구리로 너의 온 땅을 치리라	2네가 만일 보내기를 거절하고 억지로 잡아두면 3여호와의 손이 들에 있는 네 가축 곧 말과 나귀와 낙타와 소와 양에게 더하리니 심한 돌림병이 있을 것이며	4네가 만일 내 백성 보내기를 거절하면 내일 내가 메뚜기를 네 경내에 들어가게 하리니 5메뚜기가 지면을 덮어서 사람이 땅을 볼 수 없을 것이라

[10 : 3-6] 모세와 아론은 바로에게 가서 "내 백성을 보내라 그들이 나를 섬길 것이라"라고 말하면서, 바로가 거절할 경우 메뚜기 재앙을 일으키겠다고 경고한다. 그러면서 메뚜기 재앙이 얼마나 끔찍한지를 자세히 설명한다.

[10 : 7-11] 모세와 아론이 바로에게 메뚜기 재앙에 대해 자세히 설명한 것이 효과를 발휘해서 바로의 신하들로 하여금 바로에게 모세와 협상할 것을 요청하게 한다. 그로 인해 모세와 아론은 출애굽 할 대상에 대해 바로와 협상을 시작한다. 모세는 모두 나가야 한다고 주장하고(〈개역개정〉 성경은 "우리가 남녀노소와 양과 소를 데리고 가겠나이다"라고 하는데, 히브리어 원문을 직역하면 "우리는 우리의 청소년들, 그리고 우리의 노인들과 함께 갈 것입니다. 그리고 우리는 우리의 아들들, 그리고 우리의 딸들, 우리의 양 떼들, 우리의 소 떼들과 함께 갈 것입니다."이다.), 바로는 장정들만 나가라고 주장하는데(〈개역개정〉 성경은 10절을 모호하게 번역했다. 10절과 11절 앞부분을 히브리어 원문에 가깝게 번역하면 "그렇게 되라지. 주께서 너희와 함께하시기 때문에 내가 너희와 너희 아이들을 내보내 줄 것이다? 잘 보아라. 그것이 너희들의 악한 속셈이다. 그렇게는 안 될 일. 장정들이나 가서 주님을 섬기지 그래."이다.), 결국 의견 차이가 심해서 협상은 깨지고 모세와 아론은 궁에서 쫓겨난다(히브리어로 '가라쉬'). 히브리어 '가라쉬'는 출애굽기 6 : 1에도 나온다. "……강한 손으로 말미암아 바로가 그들을 그의 땅에서 <u>쫓아내리라</u>". 그리고 출애굽기 11 : 1에도 나온다. "그가 너희를 내보낼 때에는 여기서 반드시 다 <u>쫓아내리니</u>". 두 구절에 나오는 '쫓아내리라'가 히브리어로 '가라쉬'이다. 그렇기에 바로가 모세와 아론을 궁에서 쫓아낸 것은 그가 모세와 아론보다 힘이 강하기 때문이지만, 결과적으로 그것이 출애굽과 연결된다는 점에서 바로는 자신이 하는 행동이 무엇을 의미하는지도 모르는 우매함을 보여 준다.

[10 : 12-15] 이 문단은 메뚜기 재앙의 실상을 묘사한다. '모든'(히브리어로

'콜')이 11번 나오는데, 이것은 하나님이 얼마나 철저하게 파괴했는지 보여준다. 고대 세계에서 메뚜기 재앙은 가장 극적이고 두려운 자연재해 가운데 하나였다. 엄청난 수의 메뚜기들이 매우 짧은 시간에 갑자기 한곳에 몰려들어서 그곳을 완전히 초토화시키는 장면은 사람들을 심한 두려움에 사로잡히게 했을 것이다. 메뚜기 떼는 사람들이 상상할 수 없는 엄청난 파괴력을 갖는다. 엄청난 수의 메뚜기들이 떼를 지어서 이동하는 것은 먹이를 찾기 위해서다. 그것들은 바람을 타고 먼 거리를 이동했다.

[10 : 16-20] 메뚜기 재앙이 얼마나 끔찍했던지 바로는 모세에게 "바라건대 이번만 나의 죄를 용서하고 너희의 하나님 여호와께 구하여 이 죽음만은 내게서 떠나게 하라"고 말한다(17절). 정말이지 바로에게 메뚜기는 죽음의 사자로 보였을 것이다. 그런데 모세는 여러 차례 동일한 경험을 했음에도 불구하고, 바로가 하는 말을 듣고 그 말을 신뢰하는 것처럼 행동한다. 그러나 우리는 모세가 바로를 신뢰하기 때문에 재앙을 끝내도록 하나님께 간구하는 것이 아님을 잘 안다. 모세는 이미 바로에게 "이 백성을 보내어 여호와께 제사를 드리는 일에 다시 거짓을 행하지 마소서"라고 경고하였고(출 8 : 28), "왕과 왕의 신하들이 여호와 하나님을 아직도 두려워하지 아니할 줄을 내가 아나이다"(출 9 : 30)라고 분명하게 말했다. 그러면서도 모세가 바로의 요청을 받아들여서 재앙을 끝내 줄 것을 하나님께 간구하는 것은 하나님이 그 일들을 통해서 결국 영광을 얻으실 것을 믿었기 때문이다.

바로가 약속을 지키지 않을 것을 알면서도 모세는 메뚜기 재앙을 끝낼 것을 하나님께 간구하고, 하나님은 그 요청을 받아들이신다. 그래서 강렬한 서풍(히브리어 원문을 직역하면 '가장 강력한 바닷바람'이다.)을 불게 해서 메뚜기를 홍해('홍해'는 히브리어 원문으로는 '숲 바다', 즉 '갈대 바다'이다.)에 몰아넣으신다(19절). 그런데 이 장면은 나중에 이스라엘 사람들을 추격하던 애굽 군대가 바다에 수장되는 것을 예시한다는 점에서 의미를 갖는다.

9. 어둠 재앙(10 : 21-29)

[21]여호와께서 모세에게 이르시되 하늘을 향하여 네 손을 내밀어 애굽 땅 위에
흑암이 있게 하라 곧 더듬을 만한 흑암이리라 [22]모세가 하늘을 향하여 손을
내밀매 캄캄한 흑암이 삼 일 동안 애굽 온 땅에 있어서 [23]그동안은 사람들이
서로 볼 수 없으며 자기 처소에서 일어나는 자가 없으되 온 이스라엘 자손들
이 거주하는 곳에는 빛이 있었더라 [24]바로가 모세를 불러서 이르되 너희는 가
서 여호와를 섬기되 너희의 양과 소는 머물러 두고 너희 어린 것들은 너희와
함께 갈지니라 [25]모세가 이르되 왕이라도 우리 하나님 여호와께 드릴 제사와
번제물을 우리에게 주어야 하겠고 [26]우리의 가축도 우리와 함께 가고 한 마리
도 남길 수 없으니 이는 우리가 그중에서 가져다가 우리 하나님 여호와를 섬
길 것임이며 또 우리가 거기에 이르기까지는 어떤 것으로 여호와를 섬길는지
알지 못함이니이다 하나 [27]여호와께서 바로의 마음을 완악하게 하셨으므로
그들 보내기를 기뻐하지 아니하고 [28]바로가 모세에게 이르되 너는 나를 떠나
가고 스스로 삼가 다시 내 얼굴을 보지 말라 네가 내 얼굴을 보는 날에는 죽
으리라 [29]모세가 이르되 당신이 말씀하신 대로 내가 다시는 당신의 얼굴을 보
지 아니하리이다

아홉째 재앙으로 인해 애굽은 완전히 흑암 상태가 되는데, 이것은 바로가 태양숭배자라는 사실과 매우 대조적이다. 당시 바로는 태양신 레의 아들로 여겨졌다. 그런데 흑암 재앙은 바로가 빛의 아들이 아니라 이스라엘의 하나님만이 빛과 어둠, 낮과 밤을 주관하시는 분임을 보여 준다.

이 재앙으로 인해 바로는 다시 모세와 협상을 한다. 이번에는 남자뿐만 아니라 여자들과 아이들을 포함해서 모든 사람들이 애굽을 떠나는 것을 허용한다. 그러나 가축들은 남겨 두라고 한다. 바로는 여전히 이스라엘 사람들을 애굽에서 내보내려고 하지 않는다.

그런데 모세는 한술 더 뜬다. 그는 사람은 물론이고 가축들도 다 보내 주어야 하고, 거기에다 제사에 사용할 가축들을 애굽 사람들이 제공해야 한다고 주장한다. 그러자 바로는 모세를 책망하면서 다시는 그를 만나러 오지 말라고 명령한다. 이렇게 해서 협상은 결렬된다.

애굽에서 모래폭풍은 봄에 자주 발생하는데, '함신' 이라는 뜨거운 남동풍이 불면 모래가 마치 짙은 구름처럼 하늘을 뒤덮는다. 그래서 어떤 학자들은 이 모래폭풍으로 인한 흑암을 아홉째 재앙으로 보는데, 본문이 바람을 언급하지 않는다는 점에서 이 어둠은 애굽 사람들이 전혀 겪어 본 적이 없는 신비스런 재앙이었을 것이다.

[10 : 21] 문학적인 형태를 보면, 셋째 재앙과 여섯째 재앙, 그리고 아홉째 재앙이 유사하다.

셋째 재앙(8장)	여섯째 재앙(9장)	아홉째 재앙(10장)
16여호와께서 모세에게 이르시되	8여호와께서 모세와 아론에게 이르시되	21여호와께서 모세에게 이르시되
아론에게 명령하기를 네 지팡이를 들어 땅의 티끌을 치라 하라 그것이 애굽 온 땅에서 이가 되리라	너희는 화덕의 재 두 움큼을 가지고 모세가 바로의 목전에서 하늘을 향하여 날리라 9그 재가 애굽 온 땅의 티끌이 되어 애굽 온 땅의 사람과 짐승에게 붙어서 악성 종기가 생기리라	하늘을 향하여 네 손을 내밀어 애굽 땅 위에 흑암이 있게 하라 곧 더듬을 만한 흑암이리라
17그들이 그대로 행할새 아론이 지팡이를 잡고 손을 들어 땅의 티끌을 치매 애굽 온 땅의 티끌이 다 이가 되어 사람과 가축에게 오르니	10그들이 화덕의 재를 가지고 바로 앞에 서서 모세가 하늘을 향하여 날리니 사람과 짐승에게 붙어 악성 종기가 생기고	22모세가 하늘을 향하여 손을 내밀매 캄캄한 흑암이 삼 일 동안 애굽 온 땅에 있어서 23그동안은 사람들이 서로 볼 수 없으며 자기 처소에서 일어나는 자가 없으되 온 이스

		라엘 자손들이 거주하는 곳에는 빛이 있었더라
[19]…… 바로의 마음이 완악하게 되어 그들의 말을 듣지 아니하였으니 여호와의 말씀과 같더라	[12]그러나 여호와께서 바로의 마음을 완악하게 하셨으므로 그들의 말을 듣지 아니하였으니 여호와께서 모세에게 말씀하심과 같더라	[27]여호와께서 바로의 마음을 완악하게 하셨으므로 그들 보내기를 기뻐하지 아니하고

'더듬을 만한 흑암'은 히브리어 원문을 직역하면 '그리고 어둠이 붙들었다'인데, 어둠에 붙들려서 아무것도 할 수 없는 심각한 상태를 가리킨다.

[10 : 22-23] '캄캄한 흑암'(〈개역개정〉 성경은 히브리어 '호쉐'을 '흑암'으로, 그리고 '호쉐-아펠라'를 '캄캄한 흑암'으로 번역한다. '아펠라'는 암 5 : 20, 습 1 : 15, 욜 2 : 2에 나오는데, 임박한 하나님의 무서운 진노와 심판을 가리킨다.) 재앙은 삼 일 동안 지속되었는데, 어둠으로 인해서 사람들은 자리에서 아무것도 볼 수 없었고, 일어나지 못한 채 지내야 했다. 23절은 이스라엘 사람들이 사는 지역에는 어둠이 발생하지 않았음을 밝히면서, 그곳에는 빛이 비추었다고 말한다.

[10 : 24-26] 흑암 재앙으로 인해 바로는 모세와 다시 협상하는데, 사람들은 나가도 좋지만, 가축들은 남겨 놓으라고 한다. 여기에 대해서 모세는 두 가지를 요구하는데, 하나는 하나님께 제사 드릴 제물을 바로가 제공해 주어야 한다는 것이고, 다른 하나는 모든 가축들을 다 가져가야 한다는 것이다. 첫째 요구는 이스라엘이 현재 소유한 가축으로 하나님께 제사 드리기에 부족하다는 것을 암시하고, 둘째 요구에 대해서 모세가 해명하는 것을 보면, 하나님이 무엇으로 제사하라고 하실지 알 수 없기 때문에 제사 드리는 곳까지

모든 가축들을 다 데려갈 수밖에 없다는 것이다.

[10 : 27-29] 결국 이번 협상도 깨어지고, 바로와 모세는 서로 극단적인 말까지 주고받는다. 바로는 모세에게 다시 만나면 죽이겠다고 말하고, 모세는 바로에게 다시는 만날 일이 없을 거라고 거칠게 응답한다.

10. 열째 재앙을 예고하시는 하나님(11 : 1-10)

> 1여호와께서 모세에게 이르시기를 내가 이제 한 가지 재앙을 바로와 애굽에
> 내린 후에야 그가 너희를 여기서 내보내리라 그가 너희를 내보낼 때에는 여
> 기서 반드시 다 쫓아내리니 2백성에게 말하여 사람들에게 각기 이웃들에게
> 은금 패물을 구하게 하라 하시더니 3여호와께서 그 백성으로 애굽 사람의 은
> 혜를 받게 하셨고 또 그 사람 모세는 애굽 땅에 있는 바로의 신하와 백성의
> 눈에 아주 위대하게 보였더라 4모세가 바로에게 이르되 여호와께서 이와 같
> 이 말씀하시기를 밤중에 내가 애굽 가운데로 들어가리니 5애굽 땅에 있는 모
> 든 처음 난 것은 왕위에 앉아 있는 바로의 장자로부터 맷돌 뒤에 있는 몸종의
> 장자와 모든 가축의 처음 난 것까지 죽으리니 6애굽 온 땅에 전무후무한 큰
> 부르짖음이 있으리라 7그러나 이스라엘 자손에게는 사람에게나 짐승에게나
> 개 한 마리도 그 혀를 움직이지 아니하리니 여호와께서 애굽 사람과 이스라
> 엘 사이를 구별하는 줄을 너희가 알리라 하셨나니 8왕의 이 모든 신하가 내게
> 내려와 내게 절하며 이르기를 너와 너를 따르는 온 백성은 나가라 한 후에야
> 내가 나가리라 하고 심히 노하여 바로에게서 나오니라 9여호와께서 모세에게
> 이르시기를 바로가 너희의 말을 듣지 아니하리라 그러므로 내가 애굽 땅에서
> 나의 기적을 더하리라 하셨고 10모세와 아론이 이 모든 기적을 바로 앞에서
> 행하였으나 여호와께서 바로의 마음을 완악하게 하셨으므로 그가 이스라엘
> 자손을 그 나라에서 보내지 아니하였더라

출애굽기 11장은 전체가 열째 재앙에 대한 예고이다. 열째 재앙은 유월절 제정에 대한 비교적 긴 기사에 이어서 출애굽기 12 : 29에 가서야 일어난다. 이것은 열째 재앙의 강도를 짐작케 하는데, 지금까지 일어난 아홉 가지 재앙들은 열째 재앙에 대한 예고편이었다고 할 수 있다.

열째 재앙은 다른 재앙들에 비해 몇 가지 독특한 점들을 보인다. ① 재앙이 성공적으로 끝날 것을 미리 말한다(1절). ② 모세와 아론을 통하지 않고, 하나님이 직접 하신다. ③ 출애굽의 결정적인 사건이다.

1~3절은 이스라엘 사람들이 애굽 사람들에게 금품을 요구하는 장면이고, 4~8절은 모세가 바로에게 마지막 재앙을 예고하는 장면이다. 그리고 9~10절은 여러 재앙에도 불구하고 바로가 완악해서 이스라엘 사람들을 내보내지 않았음을 언급한다.

[11 : 1] 하나님은 이제 마지막 '재앙'(히브리어로 '네가')을 일으키려 하신다. "내가 이제 한 가지 재앙을 …… 내린 후에야"를 직역하면, "한 가지 재앙을 더 내리겠다. 그런 후에야"이다. 하나님은 바로를 항복하게 하는 방법을 이미 알고 계셨다. 애굽으로 떠나는 모세에게 하나님은 "내가 네게 이르기를 내 아들을 보내 주어 나를 섬기게 하라 하여도 네가 보내 주기를 거절하니 내가 네 아들 네 장자를 죽이리라"라는 말을 바로에게 하라고 말씀하셨다(출 4 : 23). 그리고 하나님은 전염병으로 바로와 그의 백성들을 치면 이스라엘 사람들이 출애굽 할 수 있음을 이미 알고 계셨지만, 바로의 완악함을 통해서 오히려 주님의 능력을 보이고 주님의 이름을 온 천하에 전하려 하신다(출 9 : 15-16).

[11 : 2-3] 이스라엘 사람들이 출애굽하면서 애굽 사람들에게 금품을 요구하는 것은 출애굽기 3 : 21~22에서 이미 예고했다. 이스라엘 사람들이 애굽 사람들에게 물품을 요구하는 것은 그동안 애굽 사람들이 이스라엘 사람들을

박해한 것에 대한 보상인데, 더 근본적으로는 그들이 그동안 수고한 정당한 대가를 받는 것이다. 이렇게 함으로써 신적인 정의가 이루어진다. 하나님은 일하는 사람들에게 정당한 대가를 정한 시간 안에 줄 것을 명령하신다.

3절은 두 가지를 말하는데, 하나는 애굽 사람들이 이스라엘 사람들에게 호의를 베풀었다는 것이고, 다른 하나는 지위고하를 무론하고 모세를 위대하게 생각했다는 것이다.

[11 : 4-6] 하나님은 마지막 재앙이 어떻게 일어날 것인지에 대해 모세에게 자세히 일러 주신다. "애굽 온 땅에 전무후무한 큰 부르짖음이 있으리라"(6절)라고 말씀하시는데, 이것은 지금까지 이스라엘 사람들이 하나님께 부르짖은 것에 대응한다.

[11 : 7] "개 한 마리도 그 혀를 움직이지 않는다"는 표현은 구약 외경 가운데 주전 2세기에 기록된 유딧서 11 : 19에 나온다. "당신이 유다 한복판을 지나 예루살렘에 도착할 때까지 내가 인도하겠습니다. 그리고 당신이 올라설 자리를 예루살렘 한가운데 세우겠습니다. 그러면 당신이 그들을 목자 없는 양들처럼 몰아내게 될 것이며 당신 앞에서 감히 개도 짖지 않을 것입니다. 이것은 하느님께서 나에게 미리 알려 주시려고 말씀하시며 전해 주신 것입니다. 그리고 이것을 당신에게 알려드리라고 나를 보내 주셨습니다." "혀를 움직이다"는 말은 여호수아 10 : 21에도 나오는데, 여기서는 사람이 주어이다. 이 구절이 무엇을 의미하는지 정확히 알 수는 없지만, 〈표준새번역〉 성경은 "그러나 이집트의 개마저 이스라엘 자손을 보고서는 짖지 않을 것이다. 사람뿐 아니라 짐승을 보고서도 짖지 않을 것이다"라고 번역한다. 애굽 사람들이 기력이 소진해서 이스라엘 사람들이 나가는 모습을 보고도 막을 엄두를 내지 못하는 상황을 의미하는 것으로 보인다.

[11 : 8-10] 이 구절은 바로가 완악한 것에 관한 출애굽기의 전형적인 서술을 반복한다. 바로가 하나님의 말씀을 계속 거역하자, 하나님께서 재앙을 계속 내린 것을 이야기한다.

마지막 재앙은 최종적인 것이어서 결국 바로도 손을 들 수밖에 없고, 바로의 신하들도 나서서 이스라엘 사람들을 내보낼 것을 바로에게 강력하게 요구한다. 자신의 지위를 확고히 하고 애굽을 지키기 위해 안간힘을 쓰던 바로는 그 완강함으로 인해 오히려 나라를 위태롭게 하고 왕권도 약해지는 결과를 가져왔다.

11. 유월절 규례를 일러 주시는 하나님(12 : 1-36)

1여호와께서 애굽 땅에서 모세와 아론에게 일러 말씀하시되 2이 달을 너희에
게 달의 시작 곧 해의 첫 달이 되게 하고 3너희는 이스라엘 온 회중에게 말하
여 이르라 이 달 열흘에 너희 각자가 어린 양을 취할지니 각 가족대로 그 식
구를 위하여 어린 양을 취하되 4그 어린 양에 대하여 식구가 너무 적으면 그
집의 이웃과 함께 사람 수를 따라서 하나를 취하며 각 사람이 먹을 수 있는
분량에 따라서 너희 어린 양을 계산할 것이며 5너희 어린 양은 흠 없고 일 년
된 수컷으로 하되 양이나 염소 중에서 취하고 6이 달 열나흗날까지 간직하였
다가 해 질 때에 이스라엘 회중이 그 양을 잡고 7그 피를 양을 먹을 집 좌우
문설주와 인방에 바르고 8그 밤에 그 고기를 불에 구워 무교병과 쓴 나물과
아울러 먹되 9날것으로나 물에 삶아서 먹지 말고 머리와 다리와 내장을 다 불
에 구워 먹고 10아침까지 남겨 두지 말며 아침까지 남은 것은 곧 불사르라 11너
희는 그것을 이렇게 먹을지니 허리에 띠를 띠고 발에 신을 신고 손에 지팡이
를 잡고 급히 먹으라 이것이 여호와의 유월절이니라 12내가 그 밤에 애굽 땅에
두루 다니며 사람이나 짐승을 막론하고 애굽 땅에 있는 모든 처음 난 것을 다

치고 애굽의 모든 신을 내가 심판하리라 나는 여호와라 13내가 애굽 땅을 칠
때에 그 피가 너희가 사는 집에 있어서 너희를 위하여 표적이 될지라 내가 피
를 볼 때에 너희를 넘어가리니 재앙이 너희에게 내려 멸하지 아니하리라 14너
희는 이날을 기념하여 여호와의 절기를 삼아 영원한 규례로 대대로 지킬지니
라 15너희는 이레 동안 무교병을 먹을지니 그 첫날에 누룩을 너희 집에서 제
하라 무릇 첫날부터 일곱째 날까지 유교병을 먹는 자는 이스라엘에서 끊어지
리라 16너희에게 첫날에도 성회요 일곱째 날에도 성회가 되리니 너희는 이 두
날에는 아무 일도 하지 말고 각자의 먹을 것만 갖출 것이니라 17너희는 무교절
을 지키라 이날에 내가 너희 군대를 애굽 땅에서 인도하여 내었음이니라 그
러므로 너희가 영원한 규례로 삼아 대대로 이날을 지킬지니라 18첫째 달 그
달 열나흗날 저녁부터 이십일일 저녁까지 너희는 무교병을 먹을 것이요 19이
레 동안은 누룩이 너희 집에서 발견되지 아니하도록 하라 무릇 유교물을 먹
는 자는 타국인이든지 본국에서 난 자든지를 막론하고 이스라엘 회중에서 끊
어지리니 20너희는 아무 유교물이든지 먹지 말고 너희 모든 유하는 곳에서 무
교병을 먹을지니라 21모세가 이스라엘 모든 장로를 불러서 그들에게 이르되
너희는 나가서 너희의 가족대로 어린 양을 택하여 유월절 양으로 잡고 22우슬
초 묶음을 가져다가 그릇에 담은 피에 적셔서 그 피를 문 인방과 좌우 설주에
뿌리고 아침까지 한 사람도 자기 집 문 밖에 나가지 말라 23여호와께서 애굽
사람들에게 재앙을 내리려고 지나가실 때에 문 인방과 좌우 문설주의 피를
보시면 여호와께서 그 문을 넘으시고 멸하는 자에게 너희 집에 들어가서 너
희를 치지 못하게 하실 것임이니라 24너희는 이 일을 규례로 삼아 너희와 너
희 자손이 영원히 지킬 것이니 25너희는 여호와께서 허락하신 대로 너희에게
주시는 땅에 이를 때에 이 예식을 지킬 것이라 26이후에 너희의 자녀가 묻기
를 이 예식이 무슨 뜻이냐 하거든 27너희는 이르기를 이는 여호와의 유월절
제사라 여호와께서 애굽 사람에게 재앙을 내리실 때에 애굽에 있는 이스라엘
자손의 집을 넘으사 우리의 집을 구원하셨느니라 하라 하매 백성이 머리 숙

여 경배하니라 28이스라엘 자손이 물러가서 그대로 행하되 여호와께서 모세
와 아론에게 명령하신 대로 행하니라 29밤중에 여호와께서 애굽 땅에서 모든
처음 난 것 곧 왕위에 앉은 바로의 장자로부터 옥에 갇힌 사람의 장자까지와
가축의 처음 난 것을 다 치시매 30그 밤에 바로와 그 모든 신하와 모든 애굽
사람이 일어나고 애굽에 큰 부르짖음이 있었으니 이는 그 나라에 죽임을 당
하지 아니한 집이 하나도 없었음이었더라 31밤에 바로가 모세와 아론을 불러
서 이르되 너희와 이스라엘 자손은 일어나 내 백성 가운데에서 떠나 너희의
말대로 가서 여호와를 섬기며 32너희가 말한 대로 너희 양과 너희 소도 몰아
가고 나를 위하여 축복하라 하며 33애굽 사람들은 말하기를 우리가 다 죽은
자가 되도다 하고 그 백성을 재촉하여 그 땅에서 속히 내보내려 하므로 34그
백성이 발교되지 못한 반죽 담은 그릇을 옷에 싸서 어깨에 메니라 35이스라엘
자손이 모세의 말대로 하여 애굽 사람에게 은금 패물과 의복을 구하매 36여호
와께서 애굽 사람들에게 이스라엘 백성에게 은혜를 입히게 하사 그들이 구하
는 대로 주게 하시므로 그들이 애굽 사람의 물품을 취하였더라

우리는 유월절과 무교절을 같은 것이라고 생각하는데, 엄밀히 말하면 둘은 전혀 다른 절기이다. 우선 날짜부터 다르다. 유월절은 1월 14일이고, 무교절은 1월 15일부터 21일까지 일주일 동안이다. 그리고 유월절은 유목적인 절기이고 무교절은 농경적인 절기라는 점에서 분명히 다르다. 유월절이 이스라엘이 애굽에서 나오는 것을 기념하는 절기라면, 무교절은 보리를 거둬들인 후에 지키는 곡식걷이 절기이다. 그런데 이 두 절기가 시간적으로 이어지기 때문에 하나의 절기로 생각할 가능성이 크고, 실제로 고대 이스라엘 사람들도 그렇게 여겼다. 공식적으로 이 두 절기를 한 절기로 간주하기 시작한 것은 주전 7세기 요시야 왕 때일 것으로 보인다(왕하 23 : 21-23). 하지만 그때서야 비로소 한 절기로 통합된 것이 아니라 가나안에 정착한 이후 점차적으로 통합되었을 것으로 보인다.

유월절은 원래 가족 단위로 지키는 절기였다. 성소에서 거룩한 음식을 먹는 것에 대한 규정은 없다. 그런데 주전 621년경 요시야 시대에 유월절을 거행할 때는 예루살렘 성전에서 유월절 음식을 먹었다(대하 35 : 1-10). 요시야가 가족 단위의 유월절을 무교절과 통합하면서 가족적인 절기에서 국가적인 순례절기로 만든 것으로 보인다.

어떤 특정한 절기에 대한 규례를 역사적인 사건이 진행되는 도중에 제정하는 것은 그리 흔한 일이 아니다. 대개는 예배에 대한 일반적인 법에서 언급하기 때문이다(출 23 : 14-17, 레 23장, 신 16 : 1-17). 그렇기 때문에 이스라엘 백성들이 드디어 출애굽 하려는 긴박한 역사적 상황 속에서 유월절 규례를 제정하는 것은 그만큼 유월절 절기가 중요하다는 것이고, 이 유월절 규정을 통해서 출애굽 사건을 기억하게 하려는 강한 의도로 보인다. 그리고 농사절기인 무교절과 다른 절기들도 출애굽 사건을 기억케 하는 절기로 기능하게 했다.

본문에서 유월절 규례는 3~13절, 21~28절에 나오고, 무교절 규례는 15~20절, 34절에 나온다. 무교절은 햇곡식을 먹는 농사절기인데, 급하게 출발하기 위해 발효되지 않은 빵을 먹는 유월절 식사와 연결시킨다. 이렇게 함으로써 무교절이 유월절과 결합되어 출애굽을 기념하는 절기로 변한 것이다.

[12 : 1] 다른 곳에서는 대체로 "여호와께서 모세에게 이르시기를"이라고 하는데, 이 구절은 "여호와께서 애굽 땅에서 모세와 아론에게 일러 말씀하시되"라고 함으로써, '애굽 땅에서'를 강조한다. 물론 출애굽기에는 '애굽 온 땅' 또는 '애굽 땅'이라는 말이 자주 나오지만, 이처럼 서두에서 '애굽 땅'을 언급하는 것은 이 구절이 유일하다.

[12 : 2] 하나님은 유월절 규례를 제정하시면서 제일 먼저 달력 체계에 대해 말씀하신다. 출애굽을 기념하는 유월절이 속한 달을 첫째 달로 삼으라는 것

이다. 이렇게 이스라엘 달력 체계를 독자적으로 만드는 것은 이스라엘 역사가 새롭게 시작하는 것을 의미하고, 출애굽이 일어나는 달을 첫째 달로 삼는 것은 출애굽 사건이 이스라엘 역사의 시발이며 핵심임을 보여 준다.

첫째 달은 아빕월인데, '아빕'은 보리 이삭을 가리킨다. 이때 보리를 거둬들였다. 원래 이스라엘은 7월을 첫 달로 삼는 달력 체계를 사용했다. 그래서 가을에 새해를 시작했다. 그런데 바벨론 포로기 즈음 봄에 새해를 시작하는 새로운 달력 체계를 택함으로써, 원래 7월을 1월로, 그리고 1월을 7월로 바꾸었다. 나팔절은 원래 1월 1일이었는데, 이렇게 달력 체계가 바뀜으로써 7월 1일이 된 것이다. 그래서 이 구절은 이런 후대의 달력 체계 변경을 반영한다.

[12 : 3-5] 하나님은 모세와 아론으로 하여금 '이스라엘 온 회중'에게 말하라고 지시하신다. 대체로 '이스라엘 자손'(히브리어로 '베네 이스라엘')이라고 하는데, 여기서는 히브리어로 '콜-아다트 이스라엘'(그래서 여러 사본들과 〈사마리아 오경〉, 〈칠십인역〉, 〈시리아역〉, 〈탈굼〉, 〈불가타〉는 '베네'를 첨가한다.)이라고 한다. '이스라엘 회중'은 6절(히브리어로 '콜 케할 아다트 이스라엘'인데, 직역하면 '모든 이스라엘의 회중의 모임'이다.)과 19절, 그리고 47절에 나오고, 그 외에는 '이스라엘 자손'이라고 한다. 이렇게 유월절 규례를 제정하는 장면에서 '이스라엘 회중'을 사용하는 까닭은 종교적인 측면을 강조하기 위한 것으로 보인다.

구체적인 규례를 살펴보면, 유월절에 사용할 '흠 없고(히브리어로는 '타밈'인데, 번역하면 '온전한'이다.) 일 년 된 수컷' 양을 10일에 정하고, 그 양을 14일에 잡는다(6절). 그런데 "각 가족대로 그 식구를 위하여"에서 알 수 있듯이, 유월절은 원래 가족 중심 절기였다. 후대에는 최소 열 명이 한 팀을 이루어서 유월절 식사를 하게 했다.

[12 : 6-7] 유월절에 사용할 양은 해가 진 다음 아직 어두워지지 않은 저녁에 잡아야 한다. 양을 잡은 다음, 양 피를 '양을 먹을 집'(히브리어 원문을 직역하면, '그들이 그것을 그것들 안에서 먹을 그 집들에서'이다.) 좌우 문설주와 인방에 발라야 하는데, 이렇게 피를 바르는 것은 그 집에 이스라엘 사람이 거주하고 그들을 죽음으로부터 보호해야 한다는 것을 보여 주는 중요한 징표이다.

[12 : 8-10] 이 단락은 유월절 식사를 어떻게 해야 하는지 일러 준다. 양고기를 무교병, 쓴 나물과 함께 먹는데, 이때 반드시 양고기를 구워 먹으라고 한다. 그리고 그날 저녁에 남김없이 모두 먹어야 한다. 그런데 신명기 16 : 7은 유월절 식사 때 고기를 삶아서 먹으라고 한다(《개역개정》 성경은 '그 고기를 구워 먹고'로 번역하는데, 이것은 오역이다. '구워 먹다'로 번역한 히브리어 '바샬'은 '삶다', '요리하다', '튀기다'라는 의미를 갖는다. 출애굽기 12 : 9에서는 '바샬'을 '삶아 먹다'로 번역했다). 아마도 유월절 식사 방식은 시간이 흐름에 따라, 그리고 지역에 따라서 조금씩 변화한 것으로 보인다.

원래 가족 중심으로 지키던 유월절을 요시야 때 국가적 행사로 지켰는데, 이것은 유월절에 대한 출애굽기 12장과 신명기 16장을 비교해 보면 알 수 있다.

> "유월절 제사를 네 하나님 여호와께서 네게 주신 각 성에서 드리지 말고 오직 네 하나님 여호와께서 자기의 이름을 두시려고 택하신 곳에서 네가 애굽에서 나오던 시각 곧 초저녁 해 질 때에 유월절 제물을 드리고 네 하나님 여호와께서 택하신 곳에서 그 고기를 구워 먹고 아침에 네 장막으로 돌아갈 것이니라 너는 엿새 동안은 무교병을 먹고 일곱째 날에 네 하나님 여호와 앞에 성회로 모이고 일하지 말지니라"(신 16 : 5-8).

여기서 보는 대로, 신명기 16장은 유월절을 각 사람이 거주하는 성에서 지키지 말고 정한 곳에 모여서 지키라고 한다. 거기서 유월절 제사를 드리고, 유월절 식사도 해야 한다.

[12 : 11] 하나님은 이스라엘 사람들에게 유월절 식사할 때 복장과 자세를 일러 주시는데, 당장이라도 애굽을 떠날 만반의 준비를 갖추고 식사를 하라고 말씀하신다. 그러면서 "이것이 여호와의 유월절이니라"고 하시는데, 여기서 유월절은 히브리어로 '페사흐'이다. 재앙이 이스라엘 사람들이 거주하는 집을 지나갔다고 해서 '페사흐'의 어원을 '지나가다', '넘어가다'로 생각하고, 영어로는 'passover', 우리말로는 '유월절'이라고 하는데, 이것은 '페사흐'를 매우 소극적으로 이해하는 것이다. 그리고 '페사흐'의 뜻은 명확하지 않다. 사무엘하 4 : 4에서는 (다리를) '절다', 그리고 열왕기상 18 : 21에서는 (둘 사이에서) '머뭇거리다', 26절에서는 '뛰놀다'로 번역한다. 이런 의미는 '여호와의 유월절', 즉 '여호와의 페사흐'에 어울리지 않는다. 이사야 31 : 5(〈개역개정〉 성경은 "새가 날개 치며 그 새끼를 보호함같이 나 만군의 여호와가 예루살렘을 보호할 것이라 그것을 호위하며 건지며 뛰어넘어 구원하리라 하셨느니라"로 번역하는데, 파사흐 동사를 '뛰어넘어'로 번역하는 것은 적합하지 않은 것으로 보인다.)에 '페사흐'의 동사 형태가 나오는데, 여기서는 '서서 막다', '보호하다'라는 의미를 갖는다. 이것이 더 적합해 보이는데, 유월절이 '지나가다'는 소극적인 의미보다는 적극적인 신적 보호를 가리키기 때문이다.

[12 : 12-14] 하나님은 애굽의 모든 초태생을 치고, 애굽의 모든 신들을 심판하겠다고 하신다. 그리고 12절을 "나는 여호와라"로 맺는다. 이것은 하나님이 그 일들을 통해서 자신이 여호와이심을 애굽 사람들로 하여금 알게 하려 한다는 것을 보여 준다.

출애굽기 4 : 22에서 하나님은 이스라엘을 '내 장자'라고 한다. 그래서 바로가 하나님의 장자인 이스라엘이 출애굽 하는 것을 거부했기 때문에 하나님이 애굽의 장자들을 죽이시는 것이다(출 4 : 23). 그리고 이 일로 인해서 사람이나 짐승의 초태생을 성별해서 하나님께 바쳤는데(출 13 : 2, 12－15, 22 : 29－30), 그 이후로 가축들의 초태생을 죽임으로써 사람들의 초태생을 살렸다. 이스라엘 사람들이 집에 바른 피는 그들을 위한 표적(히브리어로 '오트')이다.

[12 : 15－20] 이 문단은 무교절에 대한 규정인데, 무교절 기간에는 절대로 누룩을 먹지 말 것을 강조한다(15, 18－20절). 그래서 이스라엘 사람들은 햇곡식을 먹는 무교절에는 칠 일 동안 누룩을 넣지 않은 빵을 먹어야 했다. 그런데 누룩을 빵에 넣지 말아야 할 뿐만 아니라, 아예 집에 누룩을 두지 말라고 하신다. 만약 이 기간에 누룩을 먹으면 '이스라엘에서 끊어진다' 고 경고하신다.

17절은 무교절을 출애굽과 연결하면서 유월절과 합쳐지게 한다. 그리고 무교절 첫째 날과 마지막 날에 성회로 모이고, 음식 장만하는 것 외에 다른 일을 하지 못하게 했다. 즉, 아주 급한 일이 아니면 생업을 중지하고 휴식을 취하라는 것이다.

[12 : 21－28] 20절까지는 하나님이 일러 주시는 유월절 규례이고, 21절부터는 그 규례를 실행하는 과정을 기술한다. 모세는 이스라엘 장로들을 불러서 그들에게 양을 잡아서 그 피를 바르는 것에 대한 상세한 지침(21－23절)과 이날을 자자손손 지키면서 그 의미를 후손들에게 가르치는 것에 대한 상세한 지침(24－28절)을 일러 준다. 그리고 이스라엘 사람들은 모세가 일러 준 그대로 행한다.

피를 바를 때 사용하는 우슬초는 여기저기에서 잘 자라는 작은 풀인데(왕상 4 : 33), 붓처럼 생겨서 무엇인가를 뿌리는 데 적합했다. 이스라엘 사람들은 이것을 이용해 양 피를 문지방에 뿌리고, 그것을 넘어서 밖으로 나가지 말아야 한다.

'멸하는 자'에 대해서는 자세한 것을 알 수 없지만, 구약성경 여기저기에 나오는 파괴하는 천사를 가리키는 것으로 보인다(삼하 24 : 16, 사 37 : 36).

[12 : 29-30] 하나님이 출애굽기 11 : 4~6절에서 예고하신 대로 열째 재앙이 일어나서 온 애굽이 크게 울부짖는데, 왕으로부터 옥에 갇힌 죄인에 이르기까지 모두가 동일한 재앙을 당했다.

[12 : 31-36] 마침내 바로는 이스라엘 사람들에게 출애굽을 허용한다. 지금까지 이스라엘 사람들이 하나님을 섬기려는 것을 완강하게 거부하고 끈질기게 방해하던 바로가 이제 이스라엘 사람들에게 '내 백성 가운데에서 떠나' 가서 하나님을 섬기라고 말한다. 그리고 자신을 축복하라고 부탁한다. 애굽 사람들은 "우리가 다 죽은 자가 되도다."라고 하면서, 이스라엘 사람들을 속히 내보내려고 한다. 이스라엘 사람들 주위에 있는 애굽 사람들에게 은과 금, 그리고 의복을 요청했고, 애굽 사람들은 자원해서 그것들을 이스라엘 사람들에게 주었다(36절). 출애굽기 3 : 19~22 말씀이 그대로 이루어지는 순간이다.

그런데 "그들이 애굽 사람의 물품을 취하였더라"에서 '취하였다'는 것은 히브리어로 (전리품을) '약탈하다'는 의미를 갖는데, 굳이 이 단어를 사용한 까닭은 애굽과의 전쟁에서 이스라엘이 승리했음을 보여 주려는 의도이다.

하루 내 이글거리던 태양이 서쪽을 붉게 물들이면서 사라지자 애굽 땅에 어둠이 깔리기 시작한다. 사람들은 언제나처럼 저녁식사를 준비하고 가족들과 함께 식사를 한다. 그리고 모두들 잠자리에 들었다. 그런데 모두들 잠든 한밤중에 애굽을 완전히 뒤집어놓은 사건이 발생했다. 사람이든 짐승이든 초태생이 모두 죽은 것이다. 들은 적도 본 적도 없는 전무후무한 일이 벌어진 것이다. 애굽은 온통 울음바다가 되었다. 그 울음은 화려한 궁전에서부터 쓰러져 가는 오두막에 이르기까지 예외가 없었다. 설마 하는 마음으로 잠자리에 들었던 애굽 왕 바로는 졸지에 죽은 장남의 시신을 안고, 더 이상 하나님께 저항할 수 없다는 사실을 알았다. 그래서 모세와 아론을 불러서 한시라도 빨리 이 땅을 떠나라고 말한다. "너희 말대로 가서 여호와를 섬기며 …… 나를 위하여 축복하라". 거역할 수 없는 절대적인 분 앞에서 겸손해진 바로의 모습을 본다. 울음바다가 된 애굽은 이제 출발 준비에 부산한 이스라엘 백성들로 인해서 다시 소란스러워진다. 하나님의 위대하신 힘에 모든 것을 포기한 애굽 사람들은 이스라엘 사람들이 은금패물과 의복을 구했을 때, 그것들을 다 주었다. 하나님을 거역할 수 있는 사람은 아무도 없었다.

12. 출애굽 하게 하시는 하나님(12 : 37-51)

37이스라엘 자손이 라암셋을 떠나서 숙곳에 이르니 유아 외에 보행하는 장정
이 육십만 가량이요 38수많은 잡족과 양과 소와 심히 많은 가축이 그들과 함
께하였으며 39그들이 애굽으로부터 가지고 나온 발교되지 못한 반죽으로 무
교병을 구웠으니 이는 그들이 애굽에서 쫓겨나므로 지체할 수 없었음이며 아
무 양식도 준비하지 못하였음이었더라 40이스라엘 자손이 애굽에 거주한 지
사백삼십 년이라 41사백삼십 년이 끝나는 그날에 여호와의 군대가 다 애굽 땅
에서 나왔은즉 42이 밤은 그들을 애굽 땅에서 인도하여 내심으로 말미암아 여
호와 앞에 지킬 것이니 이는 여호와의 밤이라 이스라엘 자손이 다 대대로 지
킬 것이니라 43여호와께서 모세와 아론에게 이르시되 유월절 규례는 이러하
니라 이방 사람은 먹지 못할 것이나 44각 사람이 돈으로 산 종은 할례를 받은
후에 먹을 것이며 45거류인과 타국 품꾼은 먹지 못하리라 46한 집에서 먹되 그
고기를 조금도 집 밖으로 내지 말고 뼈도 꺾지 말지며 47이스라엘 회중이 다
이것을 지킬지니라 48너희와 함께 거류하는 타국인이 여호와의 유월절을 지

키고자 하거든 그 모든 남자는 할례를 받은 후에야 가까이 하여 지킬지니 곧
그는 본토인과 같이 될 것이나 할례 받지 못한 자는 먹지 못할 것이니라 [49]본
토인에게나 너희 중에 거류하는 이방인에게 이 법이 동일하니라 하셨으므로
[50]온 이스라엘 자손이 이와 같이 행하되 여호와께서 모세와 아론에게 명령하
신 대로 행하였으며 [51]바로 그날에 여호와께서 이스라엘 자손을 그 무리대로
애굽 땅에서 인도하여 내셨더라

본문은 이스라엘이 애굽을 떠나는 것을 간략하게 언급한다(37-42절). 그리고 유월절 규례를 다시 언급한다(43-51절). 42절은 "이스라엘 자손이 다 대대로 지킬 것이니라"로 끝나는데, 37~42절과 43~51절을 이어 준다.

[12 : 37-38] 출애굽기 1 : 7은 애굽에 거주하는 이스라엘 사람들 수가 많아졌다고 하는데, 출애굽기는 12 : 37에 이르기까지는 그 수가 얼마인지 밝히지 않는다. 출애굽 한 사람은 아이들을 제외하고 성인 남성만 60만 명이다. 그리고 이스라엘 사람들 외에 다른 사람들, 아마도 고센 지역에서 이스라엘 사람들과 함께 거주하던 여러 부류의 사람들도 출애굽 대열에 합류했기 때문에, 출애굽 한 사람은 60만 명이 훌쩍 넘었을 것이다. 사람뿐만 아니라 가축들도 '심히 많았다' 고 하기 때문에, 출애굽 행렬은 매우 길고 복잡했을 것이다.

[12 : 39] 이 구절은 애굽에서 나온 이스라엘 사람들이 무교병을 구워 먹은 것을 언급하면서, 그들이 애굽에서 급하게 나오느라 음식을 제대로 장만하지 못했기 때문이라고 말한다. 그런데 앞에 나오는 유월절과 무교절 규례를 보면, 음식을 장만하지 못해서가 아니라 출애굽을 기념하기 위해서 일부러 무교병을 먹으라고 한다. 이것을 정리해 보면, 출애굽 하면서 무교병을 먹은 까닭은 급하게 출애굽 하느라 먹을 것을 제대로 장만하지 못했기 때문이고,

나중에 이것을 기념하기 위해서 일부러 무교병을 먹은 것으로 볼 수 있다.

[12 : 40-41] 이 구절들은 이스라엘 사람들이 애굽에서 거주하던 총 연수를 우리에게 일러 주는데, 430년을 40절과 41절에서 각각 한 번씩 언급한다. 그리고 이스라엘 사람들을 '여호와의 군대' 라고 하는데, 이것은 출애굽기 6 : 26 해설에서 밝힌 대로 이스라엘 사람들이 바로의 군대와 싸워서 출애굽을 쟁취했다고 생각한 것이다.

[12 : 42] 이 구절은 하나님이 이스라엘 백성으로 하여금 출애굽 하게 하셨기 때문에 그 밤을 '여호와의 밤' 으로 명명하면서, '여호와의 밤' 을 대대로 지킬 것을 거듭 지시하신다.

[12 : 43-49] 하나님은 모세와 아론에게 유월절 규례, 특히 식사에 관한 규례를 일러 주시는데, 원칙적으로 "이방 사람은 (유월절 식사를) 먹지 못한다." 는 것을 강조한다. 타국인은 할례를 받아야만 유월절에 참여할 수 있었다. 이 단락에서 특이한 것은 46절이다. 다른 구절들은 모두 이방인에 대해서 언급하는데, 46절은 유월절 식사를 집 안에서 먹어야 하고, 집 밖으로 가지고 나갈 수 없으며, 뼈를 꺾지 말아야 한다. 이렇게 해서 외국인도 유월절에 참여할 수 있는 길을 열어 놓았다.

[12 : 50-51] '온 이스라엘 자손' 이 하나님이 일러 주신 대로 한다. 하나님은 소수를 위해서 구원 역사를 일으키신 게 아니다. 온 세상을 위한 것이다. 출애굽 할 때 여러 족속들이 이스라엘 사람들과 함께했다는 것은 중요한 의미를 갖는다. 그리고 사람들만 출애굽 한 게 아니다. 성경은 그들이 가축들과 함께 출애굽 했다는 것을 보여 준다. 이것은 하나님이 사람들과 짐승들을 함께 구원하셨음을 보여 준다. 바로가 가축들을 두고 가라고 할 때에도, 모세

는 “우리의 가축도 우리와 함께 가고 한 마리도 남길 수 없다.”라고 말한다(출 10 : 26).

〈개역개정〉 성경은 “바로 그날에 여호와께서 이스라엘 자손을 그 무리대로 애굽 땅에서 인도하여 내셨더라”로 번역하는데, 여기서 ‘인도하여 내셨더라’는 히브리어로 ‘호치’이기 때문에, 〈표준새번역〉 성경처럼 ‘이끌어 내셨다’로 번역하는 것이 낫겠다(〈개역개정〉 성경이 ‘인도하다’로 번역한 것들은 실제로는 ‘이끌어 내다’ 또는 ‘이끌어 들이다’로 번역해야 하는 경우가 많다. ‘인도하다’에 해당하는 히브리어는 ‘나하’인데, 출 13 : 17에 나온다).

드디어 온 이스라엘 백성들에게 모세의 명령이 떨어졌다. “출발!” 모세의 이 음성이 온 애굽에 울려 퍼진다. “이스라엘 백성들아, 들어라. 드디어 출발이다.” 이스라엘 백성들은 깊은 밤중에 애굽을 떠난다. 장남들을 잃고 울음바다가 된 애굽 땅을 떠난다. 이 밤은 역사적인 밤이다. 처처에 있던 온 이스라엘 사람들이 라암셋에 모였다. 한밤중에 그곳에 모인 그들은 감격에 겨워 서로를 뜨겁게 얼싸안았을 것이다. 그리고 기쁨의 눈물을 흘리면서 하나님을 찬양했을 것이다. 본문 기자는 이스라엘 백성들이 애굽에서 거주한 지 430년이 되었다고 두 번이나 말한다. 430년, 그 긴긴 고통의 세월이 지나고, 이제 드디어 해방이다. 이날은 이스라엘 백성들이 애굽에서 나오는 날이다. 이스라엘 백성들이 얼마나 감격스러웠을지 생각해 보라. 이스라엘 사람들은 그 밤을 ‘여호와의 밤’이라고 불렀다. “이날을 어찌 잊으리. 우리 이날을 영원히 기억하리.” 감격 속에서 그 길었던 밤이 새고 있었다.

13. 유월절 준수를 명령하시는 하나님(13 : 1-16)

[1]여호와께서 모세에게 일러 이르시되 [2]이스라엘 자손 중에서 사람이나 짐승을
막론하고 태에서 처음 난 모든 것은 다 거룩히 구별하여 내게 돌리라 이는 내

것이니라 하시니라 3모세가 백성에게 이르되 너희는 애굽 곧 종 되었던 집에서 나온 그날을 기념하여 유교병을 먹지 말라 여호와께서 그 손의 권능으로 너희를 그곳에서 인도해 내셨음이니라 4아빕월 이날에 너희가 나왔으니 5여호와께서 너를 인도하여 가나안 사람과 헷 사람과 아모리 사람과 히위 사람과 여부스 사람의 땅 곧 네게 주시려고 네 조상들에게 맹세하신 바 젖과 꿀이 흐르는 땅에 이르게 하시거든 너는 이 달에 이 예식을 지켜 6이레 동안 무교병을 먹고 일곱째 날에는 여호와께 절기를 지키라 7이레 동안에는 무교병을 먹고 유교병을 네게 보이지 아니하게 하며 네 땅에서 누룩을 네게 보이지 아니하게 하라 8너는 그날에 네 아들에게 보여 이르기를 이 예식은 내가 애굽에서 나올 때에 여호와께서 나를 위하여 행하신 일로 말미암음이라 하고 9이것으로 네 손의 기호와 네 미간의 표를 삼고 여호와의 율법이 네 입에 있게 하라 이는 여호와께서 강하신 손으로 너를 애굽에서 인도하여 내셨음이니 10해마다 절기가 되면 이 규례를 지킬지니라 11여호와께서 너와 네 조상에게 맹세하신 대로 너를 가나안 사람의 땅에 인도하시고 그 땅을 네게 주시거든 12너는 태에서 처음 난 모든 것과 네게 있는 가축의 태에서 처음 난 것을 다 구별하여 여호와께 돌리라 수컷은 여호와의 것이니라 13나귀의 첫 새끼는 다 어린 양으로 대속할 것이요 그렇게 하지 아니하려면 그 목을 꺾을 것이며 네 아들 중 처음 난 모든 자는 대속할지니라 14후일에 네 아들이 네게 묻기를 이것이 어찌 됨이냐 하거든 너는 그에게 이르기를 여호와께서 그 손의 권능으로 우리를 애굽에서 곧 종이 되었던 집에서 인도하여 내실새 15그때에 바로가 완악하여 우리를 보내지 아니하매 여호와께서 애굽 나라 가운데 처음 난 모든 것은 사람의 장자로부터 가축의 처음 난 것까지 다 죽이셨으므로 태에서 처음 난 모든 수컷들은 내가 여호와께 제사를 드려서 내 아들 중에 모든 처음 난 자를 다 대속하리니 16이것이 네 손의 기호와 네 미간의 표가 되리라 이는 여호와께서 그 손의 권능으로 우리를 애굽에서 인도하여 내셨음이니라 할지니라 본문은 1~10절(무교절 규례)과 11~16절(초태생 규례)로 나뉘는데, 첫째 문단은 먼저 사람이든 짐승이든 초태생은 특별히 성별되며 하나님의 소유라는 사실을 이야기한다(1-2절). 그런 다음 무교절을 지키고 무교병을 먹으라고 한다(3-7절). 마지막으로, 무교절 규례를 후손들에게 알리고 해마다 지키라고 지시하신다(8-10절). 둘째 문단도 비슷한 구조인데, 첫째 단락은 초태생을 구별하라는 것이고, 둘째 단락은 후손들에게 그 의미를 교육하라는 것이다.

[13 : 1-2] 3~10절은 무교절 규례인데, 1~2절은 초태생에 관한 규례이다. "초태생은 거룩하다.", "초태생은 모두 내 것이다." 이것은 둘째 문단, 즉 11~16절을 예고한다. 무교절에 무교병을 먹는 것과 초태생을 구별해서 하나님께 드리는 것이 모두 출애굽 사건과 관련을 맺는다.

[13 : 3-7] 출애굽을 기념하는 무교절에는 유교병, 즉 누룩 넣은 빵을 먹지 말아야 하는데(3절), 하나님이 약속하신 땅에 들어가서(5절) 일주일 동안 무교병을 먹으면서 누룩은 눈에 띄지 않게 해야 한다(6-7절). 5절은 가나안에 거주하는 족속들을 언급하는데, 출애굽기 3 : 17에 나오는 목록(가나안 족속, 헷 족속, 아모리 족속, 브리스 족속, 히위 족속, 여부스 족속)에서 브리스 족속을 언급하지 않는다.

[13 : 8-10] 하나님은 이스라엘 사람들이 무교절 또는 유월절을 잊지 않고 대대로 지킬 것을 여러 차례 명령하시는데, 후손들에게 그 의미를 설명하고, 손이나 이마에 표시를 해서 '여호와의 율법'을 암송해야 한다. 그리고 매년 정한 날에 무교절을 지켜야 한다. 여기서 '여호와의 율법'은 일반적인 하나님의 교훈을 의미한다.

[13 : 11–13] 첫째 문단(출 13 : 1–10)은 하나님이 조상들에게 맹세하신 땅에 이스라엘 사람들이 도착하면(출 13 : 5) 무교절 예식을 해마다 드려야 한다는 규정을 말하고, 둘째 문단도 이스라엘 사람들이 약속의 땅에 도착하면(11절) 초태생을 하나님께 드려야 한다(12절)고 말한다. 그런데 "수컷은 여호와의 것이라"라고 명시한 것을 보면, 수컷 초태생만 하나님께 드렸음이 분명하다(출 13 : 15). 나귀와 사람의 초태생은 양으로 그 목숨을 대속해야 한다(13절).

나귀는 집에서 기르는 가축이지만, 제물로는 적합하지 않다(레 22 : 19). 그래서 나귀를 하나님께 드려야 할 경우 양으로 대신 드렸다. 만약 양으로 대속하지 않을 경우에는 나귀 목을 부러뜨려서 죽여야 했다(13절).

13절은 "네 아들 중 처음 난 모든 자는 대속할지니라"라고 하는데, 이것은 하나님이 이스라엘의 모든 초태생들을 구하셨기 때문에 초태생은 모두 하나님의 소유가 되어서 거룩해졌기 때문이다. 이렇게 성별된 초태생은 사람이든 짐승이든 모두 하나님께 드려야 한다(출 22 : 29–30). 즉, 제물로 바쳐야 했는데, 사람을 제물로 드릴 수 없기 때문에 가축으로 대신하게 했다. 부정한 가축들, 즉 앞에서 예를 든 나귀는 제물로 사용할 수 없기 때문에 대속해야 한다. 그러나 소, 양, 염소의 초태생은 대속하지 않는다(여기에 대해서는 민 18 : 15–17을 보라). 초태생을 속하는 값은 한 사람당 은 5세겔이었다(민 18 : 16).

[13 : 14–16] 이 단락은 후손교육을 잘할 것을 강조하는데, 먼저는 하나님이 능력의 손으로 이스라엘을 애굽에서 나오게 하신 것을 상기하게 하고(14절), 둘째는 바로가 완강하게 거부해서 결국 하나님이 애굽의 모든 수컷 초태생들을 죽이고 이스라엘의 초태생들을 살리셨는데, 이런 이유로 인해서 이스라엘 사람들의 초태생은 하나님께 성별되었다. 하나님께 성별된 것은 대속하지 않으면 죽여야 하기 때문에 가축의 초태생으로 사람의 초태생을 대속해야 하며(15절), 출애굽과 아울러 이 사실을 잊지 말고 매년 기억해야 한다

(16절). 기억하기 위해서 기호와 표식을 착용해야 하는데, 여기서 '기호'(히브리어 '토타포트')는 신명기 6 : 8과 11 : 18에도 나온다. 후대에는 조그만 두루마리에 성경구절을 써서 가죽으로 이마와 왼손에 묶었다.

제 Ⅱ 부

시내산 계약

출애굽기 13 : 17~23 : 33

A. 광야로 나간 이스라엘(13 : 17 - 20 : 17)

B. 규례를 일러 주시는 하나님(20 : 18 - 23 : 33)

| 출애굽기 13 : 17~23 : 33 |

시내산 계약

A. 광야로 나간 이스라엘(13 : 17 – 20 : 17)

1. 광야 길로 인도하시는 하나님(13 : 17 – 22)

17바로가 백성을 보낸 후에 블레셋 사람의 땅의 길은 가까울지라도 하나님이
그들을 그 길로 인도하지 아니하셨으니 이는 하나님이 말씀하시기를 이 백성
이 전쟁을 하게 되면 마음을 돌이켜 애굽으로 돌아갈까 하셨음이라 18그러므
로 하나님이 홍해의 광야 길로 돌려 백성을 인도하시매 이스라엘 자손이 애
굽 땅에서 대열을 지어 나올 때에 19모세가 요셉의 유골을 가졌으니 이는 요셉
이 이스라엘 자손으로 단단히 맹세하게 하여 이르기를 하나님이 반드시 너희
를 찾아오시리니 너희는 내 유골을 여기서 가지고 나가라 하였음이더라 20그
들이 숙곳을 떠나서 광야 끝 에담에 장막을 치니 21여호와께서 그들 앞에서 가

시며 낮에는 구름 기둥으로 그들의 길을 인도하시고 밤에는 불 기둥을 그들에게 비추사 낮이나 밤이나 진행하게 하시니 [22]낮에는 구름 기둥, 밤에는 불 기둥이 백성 앞에서 떠나지 아니하니라

본문은 이스라엘이 택한 길에 대해서 먼저 언급한다. 이스라엘은 블레셋 영토를 통과하는 해안도로가 지름길임에도 불구하고 그 길을 택하지 않고, 요단강을 동쪽에서 건너 가나안 땅으로 들어간다. 그리고 그들은 요셉의 유골을 가지고 갔다. 20~22절은 이스라엘이 광야에 머무는 내내 하나님이 낮에는 구름 기둥으로, 밤에는 불 기둥으로 그들에게 나타나셨음을 말한다.

[13 : 17] 애굽에서 가나안으로 가는 최단 거리는 수에즈 북쪽에서 해안선을 따라 가사, 즉 블레셋 땅으로 가는 것이다. 하지만 이스라엘은 이 길을 택하지 않았다. 그들은 동쪽으로 돌아가는 길을 택했다. 본문 기자는 그 까닭을 하나님이 이스라엘 사람들을 위해서 일부러 그렇게 하셨기 때문이라고 한다. 그 길로 가면 가는 길에 거주하는 다른 민족들과 전쟁을 벌일 수밖에 없는데, 그럴 경우 이스라엘 사람들이 지레 겁을 먹고 애굽으로 돌아갈 것을 하나님이 염려하셔서 그 길로 인도하지 않으셨다는 것이다('인도하다' 는 히브리어로 '나하' 인데, 본문에는 17절과 18절에 나온다). 〈개역개정〉 성경은 "애굽으로 돌아갈까", 즉 '그럴 가능성이 없지만, 혹시라도 그럴 수 있기 때문에' 라는 의미로 번역한다. 그러나 히브리어 원문은 '……할까 두렵다' 라는 의미를 갖는 히브리어 '펜' 을 사용함으로써 그럴 가능성이 충분한 상황임을 보여 준다. 하나님은 이스라엘 사람들이 전쟁을 해야 하는 경우, 애굽으로 다시 돌아가려고 할 것을 아셨던 것이다.

블레셋은 이스라엘보다 일찍 가나안에 들어와 정착하고 그 지역에서 최초로 국가를 세웠는데, 이들의 이름을 따서 그 지역을 '팔레스타인' (블레셋의 땅)이라고 부른다. 블레셋은 이스라엘이 국가를 건설하는 초기 과정, 즉

사울과 다윗 초기에 이스라엘에 매우 위협적이었다.

[13 : 18-19] 우리가 보통 '홍해'(紅海, Red Sea)라고 부르는 것은 히브리어로 '얌 숲'이다. 즉 '숲 바다'인데, '숲'은 갈대를 가리키기 때문에 '갈대 바다'이다. 이것은 그 지역에 갈대가 많았음을 보여 준다.

모세는 출애굽 하면서 요셉의 유골(히브리어로는 '아체모트'인데, 직역하면 '뼈들'이다.)을 가지고 나왔는데, "요셉이 또 이스라엘 자손에게 맹세시켜 이르기를 하나님이 반드시 당신들을 돌보시리니 당신들은 여기서 내 해골을 메고 올라가겠다 하라 하였더라"고 했기 때문이다(창 50 : 25-26). 이것은 요셉이 출세한 정치가이기보다는 훌륭한 신앙인이었음을 보여 준다. 그는 자신이 이룬 업적에는 아랑곳하지 않고, 하나님이 하신 약속, 출애굽의 약속을 믿고, 그 역사에 자신의 유해라도 동참하고자 했다.

[13 : 20-22] 이스라엘 백성들이 광야에서 지내는 동안 하나님이 그들과 함께하신다는 것은 출애굽 이야기에서 기본 주제이다. 하나님이 이스라엘과 함께하신다는 징표는 에담에서부터 낮에는 구름 기둥으로, 그리고 밤에는 불 기둥으로 나타났고, 이스라엘 사람들을 떠나지 않았다. 그렇게 함으로써 이스라엘 사람들은 밤낮으로 이동해야 했다. 우리는 대개 구름 기둥, 불 기둥이라고 하면 이스라엘 사람들이 보호받은 것만을 생각하는데, 하나님은 구름 기둥과 불 기둥으로 빛을 비춰서 이스라엘 사람들로 하여금 낮이나 밤이나 이동하게 하셨다. 그러니 얼마나 힘들었겠는가?

참고-밤낮 없는 돌보심(13 : 20-22)

1. 에담까지 인도하신 하나님(20절)

드디어 출애굽. 430년만의 외출. 그리고 그 영화롭고 감격스러운 '여호와의 밤'. 모여드는 사람들. 아침 해 돋는 동쪽으로 끝없이 이어지는 장엄한 행렬.

이렇게 라암셋을 떠난 이스라엘 백성들은 숙곳에 도착해(출 12 : 37) 그곳에서 유월절을 지킨다(출 12 : 39-13 : 16). 그리고 다시 그곳을 떠나서 에담에 장막을 쳤다. 이스라엘 백성들이 에담에 장막을 쳤기 때문에 우리도 에담에서 잠시 머문다. 그러면서 '에담이 과연 어디일까?' 생각한다. 이 문제를 풀기 위해서 애를 써 보지만, 우리는 에담이 어디에 있는지 정확하게 알 수가 없다. 성경 기자가 '광야 끝'이라고 밝혀 놓았지만, 이 허술한 정보로는 에담의 정확한 위치를 짚어 내지 못한다.

이처럼 성경 기자는 에담이 정확히 어떤 곳인지 밝히지 않는다. 왜 그랬을까? 에담이란 곳이 중요치 않아서일까? 결코 그렇지 않다. 다음 구절을 읽어 보면 알겠지만, 에담은 출애굽에서 상당히 중요한 곳이고, 또 이스라엘 사람들이 쉽게 잊을 수 있는 그런 장소가 아니다. 21절과 22절을 보면, 이 에담에서 놀라운 일이 일어났다. 사람들로 하여금 에담을 결코 잊을 수 없게 만드는 사건이 일어난다. 그 사건은 과연 무엇일까?

2. 우리를 앞서시는 하나님(21절)

성경 기자는 그 사건을 "여호와께서 그들 앞에서 가셨다"는 말로 표현한다. 여기서 '가셨다'(히브리어 본문대로 직역하면 '걸으셨다.')는 일회적인 사건을 뜻하는 단순과거형이 아니고, 지속적인 동작을 뜻하는 '현재분사능동형'이다. 그러니까 여호와께서 한 번 행하시고 끝내신 것이 아니고, 어떤 일을 '여호와께서 계속 걸어가셨다'는 진행의미이다.

그런데 '여호와께서 그들 앞에 가셨다'는 것은 무엇을 말하는가? 성경 기자는 그것을 바로 이어서 설명한다. 하나님이 이스라엘 백성들 앞서서 가셨다(걸으셨다)는 것은 낮에는 구름 기둥으로 그들의 길을 인도하시고, 밤에는 불 기둥으로 그들을 비춰주셔서 그들이 주야로 이동할 수 있게 해 주셨다는 것이다.

여기에 그 유명한 "낮에는 구름 기둥 밤에는 불 기둥"이라는 구절이 나온다. 출애굽한 이스라엘 백성들은 이것을 결코 잊지 못했을 것이다. 어느 누가 그 놀라운 하나님의 역사를 잊을 수 있겠는가? 이스라엘 사람들은 누구든 '구름 기둥과 불 기둥'하면, 두말할 필요 없이 에담을 생각했을 것이다.

이처럼 이곳에서 유명한 사건이 일어났는데, 성경 기자는 왜 에담의 위치를 정확하게 밝히지 않았을까?
첫 번째로 생각할 수 있는 것은 당시 사람들은 에담을 너무도 잘 알았기 때문에 굳이 정확한 위치를 밝힐 필요가 없었다는 것이다. 그리고 두 번째 생각할 수 있는 것은 에담이라는 장소가 중요한 것이 아니고, 또 구름 기둥과 불 기둥이 중요한 것도 아니며, 하나님이 그들을 밤낮없이 보살펴 주셨다는 것이 중요하기 때문에 장소를 정확히 밝히는 데 그렇게 신경을 쓰지 않았고, 구름 기둥과 불 기둥도 자세하게 묘사하지 않았다는 것이다.
구름 기둥과 불 기둥은 에담에서만 나타난 것이 아니다. 이스라엘 백성들이 비하히롯 앞 곧 바알스본 맞은편 바닷가에 머물 때에도 구름 기둥과 불 기둥은 계속 나타났다.

> "이스라엘 진 앞에 가던 하나님의 사자가 그들의 뒤로 옮겨 가매 구름 기둥도 앞에서 그 뒤로 옮겨 애굽 진과 이스라엘 진 사이에 이르러 서니 저쪽에는 구름과 흑암이 있고 이쪽에는 밤이 밝으므로 밤새도록 저쪽이 이쪽에 가까이 못하였더라"(출 14 : 19 – 20).

> "새벽에 여호와께서 불과 구름 기둥 가운데서 애굽 군대를 보시고 애굽 군대를 어지럽게 하시며"(출 14 : 24).

이곳에서는 구름 기둥과 불 기둥이 이스라엘 백성들 앞에서 비추고 인도하는 것이 아니라 이스라엘 백성들 뒤로 간다. 그렇게 하면서 구름 기둥과 불 기둥은 이스라엘 백성과 애굽 군대를 갈라놓고, 이스라엘 백성을 보호한다.
그런데 도대체 이 구름 기둥과 불 기둥이 무엇일까? 어떤 사람들은 시내산(출 19 : 16, 18) 장면을 화산폭발로 보는데, 구름 기둥과 불 기둥도 이 화산폭발과 연결해서 보기도 한다. 자연현상을 하나님의 기적으로 해석하는 것이다.
그러나 이것은 추측일 뿐이다. 사람들이 여러 가지 이야기를 해도, 우리는 구름 기둥과 불 기둥이 무엇인지 정확하게 알 수 없다. '구름'과 '불'은 알겠는데, 여기에 '기둥'이라는 단어가 붙으면서 아주 모호하고 신비로운 것으로 바뀌어 버린 것이다.

한 가지 분명한 것은 구름 기둥과 불 기둥이 '백성들 앞서 인도하시는 하나님'(과 '백성들 뒤에서 백성들을 지키시는 하나님')을 구체적으로 설명하는 것이며, 결국 구름 기둥과 불 기둥이 하나님을 가리키는 상징물이라는 사실이다. 그래서 '구름 기둥과 불 기둥이 무엇이냐?' 보다 그것들을 하나님 상징으로 받아들이면서 하나님을 체험하는 것이 더 중요하다.
지금까지 이야기한 것을 정리해 보면 이렇다.

본문에는 몇 가지 불분명함이 나타나는데, 이런 불분명함은 우리를 의혹에 빠뜨리는 것이 아니고, 오히려 명약관화(明若觀火)한 하나님의 체험으로 나아가게 한다. 에담이라는 장소의 불분명함은 구름 기둥과 불 기둥을 강조하는데, 성경 기자는 구름 기둥과 불 기둥이 무엇인지 정확하게 묘사하지 않음으로써 우리로 하여금 그 신비로운 구름 기둥과 불 기둥을 넘어서 하나님을 보게 한다. 그리고 구름 기둥과 불 기둥의 불분명함은 상황과 장소에 따라서 하나님이 언제나 구름 기둥과 불 기둥이라는 것들로 우리를 보살피고 인도해 주시고, 길을 밝혀 주신다는 것을 뜻한다.

여기까지 이야기했으니, 이쯤해서 다시 조금 앞으로 가 보자. 성경 기자는 '하나님이 그들 앞에서 가셨다' 고 말한다. 이것은 구름 기둥과 불 기둥으로 나타났는데, 하나님이 그들보다 앞서 행하셨다는 말에는 또 어떤 의미가 담겨 있을까?
'하나님의 앞섬' 은 두 가지로 나타난다. 하나님은 이스라엘 백성들보다 앞서 나가시면서 그들을 보호하셨다. 이것은 '장소적인 앞섬' 이다.
오랜 세월 동안 출애굽을 예고해 오시고, 이스라엘 백성들이 하나님께 예배드리는 모습을 그려 오셨을 하나님은 심정적으로 이스라엘 백성들보다 먼저 약속의 땅 가나안을 향하고 계셨다. 그래서 백성들보다 앞서서 가나안을 향하시는 하나님. 출애굽은 이러한 하나님의 간절함으로 이루어진다. 이것이 '심리적인 앞섬' 이다. 이렇게 하나님은 이스라엘 백성들을 앞섰다.
이제는 하나님이 구름 기둥과 불 기둥을 사용하신 이유가 무엇인지 생각해 보자. 21절에서 특이한 것은 하나님이 이스라엘 백성들로 하여금 '낮이나 밤이나 진행하게 하셨다'(히브리어 원문은 '걷게 하셨다' 이다.)는 것이다. 다시 말하면, 하나님이 이스라엘 백성들로 하여금 주야로 걷게 하셨다는 것이다. 낮에 걷고 밤에는 장막을 치고 거기서 거하고 다음 날 또 걷고 그렇게 한 것이 아니라, 밤낮을 가리지 않고 걸었다는 것이다.

여기서 우리가 알 수 있는 것은 무엇인가? 어떤 조급함이다. 여유로움이 아니고 조급함이다. 이 조급함은 할 일이 많아서 기한 내에 도저히 그 일을 끝낼 수 없을 때, 사람들이 불을 밝히고 불철주야로 일을 하는 것과 마찬가지다. 하나님은 이스라엘 백성들로 하여금 밤낮없이 걷게 하셨다.

왜 그렇게 하셨을까? 왜 그들을 이렇게 재촉하시면서 밤낮없이 걷게 하셨을까? 숨 돌릴 겨를도 없이 밤낮 앞으로 나아가게 하셨을까?

자세히 들여다보면, 여기에도 한시라도 빨리 가나안으로 가려는 하나님의 간절한 마음이 나타난다. 약속의 땅을 향하는 이스라엘 백성들의 발걸음. 그들을 주야로 지켜 주시면서 걷게 하시고 잠시도 지체하지 않고 앞으로 나아가게 하시는 하나님. 그러면서 그들보다 앞서 약속의 땅 가나안으로 가시는 하나님. 앞서시는 하나님. 앞섬의 신학.

그런데 하나님이 그렇게 서둘렀던 또 다른 이유는 없었을까? 도대체 무엇 때문에 그토록 서두르며 백성들을 밤낮없이 걷게 하셨을까? 그것은 출애굽기 14장에 들어가면 드러난다. 애굽 왕 바로가 이스라엘 백성들을 다시 붙잡아 오기 위해서 군대를 이끌고 추격한다. 상식적으로 생각해 보아도 당시 상황을 충분히 상상할 수 있다.

애굽을 떠난 이스라엘 백성들은 하나님이 약속하신 가나안 땅을 한시라도 빨리 밟아 보고 싶었을 것이고, 그래서 발걸음을 밤낮없이 재촉했을 것이다. 이것을 돕기 위해서 하나님이 낮에는 구름 기둥으로 밤에는 불 기둥으로 인도하셨을 것이다. 이뿐 아니라 이스라엘 백성들이 그토록 조급하게 서두른 것은 바로가 언제 마음을 바꿔서 그들을 추격해 올지 몰랐기 때문이다. 그래서 조금이라도 바로에게서 멀리 떨어지기 위해 발걸음을 재촉했을 것이다.

3. 언제나 함께하시는 하나님(22절)

22절에서 성경 기자는 하나님을 상징하는 구름 기둥과 불 기둥이 백성 앞에서 떠나지 않았다고 한다. 결코 백성을 떠나지 않는 구름 기둥과 불 기둥. 여기서 우리는 자신의 백성들을 결코 떠나지 않고 지키시고, 보호하시며, 인도하시는 하나님을 만난다. 그분의 그 깊고 끈질긴 사랑, 항상 함께하시는 그 사랑을 만난다. 우리를 떠나지 않으시는 하나님. 결코 우리를 홀로 두지 않으시고, 언제나 우리와 함께하시는 임마누엘의 하나님. 그분은 지난 세월 동안 낮의 상황에서는 구름 기둥(같은 것)으로 밤의 상황에서는 불 기둥(같은 것)으로 우리와 함께하셨다. 우리를 지키시고 인도하시기에 밤낮 없으셨던 하나님. 앞으로도 그렇게 하실 하나님. 지난 세월 살아온 모든 것이 바로 밤낮 없으신 하나님의 돌보심 덕분이었다.

2. 진퇴양난으로 영광을 얻으시는 하나님(14 : 1-18)

[1]여호와께서 모세에게 말씀하여 이르시되 [2]이스라엘 자손에게 명령하여 돌이
켜 바다와 믹돌 사이의 비하히롯 앞 곧 바알스본 맞은편 바닷가에 장막을 치
게 하라 [3]바로가 이스라엘 자손에 대하여 말하기를 그들이 그 땅에서 멀리 떠
나 광야에 갇힌 바 되었다 하리라 [4]내가 바로의 마음을 완악하게 한즉 바로가
그들의 뒤를 따르리니 내가 그와 그의 온 군대로 말미암아 영광을 얻어 애굽
사람들이 나를 여호와인 줄 알게 하리라 하시매 무리가 그대로 행하니라 [5]그
백성이 도망한 사실이 애굽 왕에게 알려지매 바로와 그의 신하들이 그 백성에
대하여 마음이 변하여 이르되 우리가 어찌 이같이 하여 이스라엘을 우리를 섬
김에서 놓아 보내었는가 하고 [6]바로가 곧 그의 병거를 갖추고 그의 백성을 데
리고 갈새 [7]선발된 병거 육백 대와 애굽의 모든 병거를 동원하니 지휘관들이
다 거느렸더라 [8]여호와께서 애굽 왕 바로의 마음을 완악하게 하셨으므로 그가
이스라엘 자손의 뒤를 따르니 이스라엘 자손이 담대히 나갔음이라 [9]애굽 사람
들과 바로의 말들, 병거들과 그 마병과 그 군대가 그들의 뒤를 따라 바알스본
맞은편 비하히롯 곁 해변 그들이 장막 친 데에 미치니라 [10]바로가 가까이 올
때에 이스라엘 자손이 눈을 들어 본즉 애굽 사람들이 자기들 뒤에 이른지라

이스라엘 자손이 심히 두려워하여 여호와께 부르짖고 11그들이 또 모세에게 이
르되 애굽에 매장지가 없어서 당신이 우리를 이끌어 내어 이 광야에서 죽게
하느냐 어찌하여 당신이 우리를 애굽에서 이끌어 내어 우리에게 이같이 하느
냐 12우리가 애굽에서 당신에게 이른 말이 이것이 아니냐 이르기를 우리를 내
버려 두라 우리가 애굽 사람을 섬길 것이라 하지 아니하더냐 애굽 사람을 섬
기는 것이 광야에서 죽는 것보다 낫겠노라 13모세가 백성에게 이르되 너희는
두려워하지 말고 가만히 서서 여호와께서 오늘 너희를 위하여 행하시는 구원
을 보라 너희가 오늘 본 애굽 사람을 영원히 다시 보지 아니하리라 14여호와께
서 너희를 위하여 싸우시리니 너희는 가만히 있을지니라 15여호와께서 모세에
게 이르시되 너는 어찌하여 내게 부르짖느냐 이스라엘 자손에게 명령하여 앞
으로 나아가게 하고 16지팡이를 들고 손을 바다 위로 내밀어 그것이 갈라지게
하라 이스라엘 자손이 바다 가운데서 마른 땅으로 행하리라 17내가 애굽 사람
들의 마음을 완악하게 할 것인즉 그들이 그 뒤를 따라 들어갈 것이라 내가 바
로와 그의 모든 군대와 그의 병거와 마병으로 말미암아 영광을 얻으리니 18내
가 바로와 그의 병거와 마병으로 말미암아 영광을 얻을 때에야 애굽 사람들이
나를 여호와인 줄 알리라 하시더니

열째 재앙을 겪고 이스라엘 사람들을 내보낸 다음, 바로는 다시 마음을 바꿔서 이스라엘 사람들을 다시 데려오려고 군사들을 동원해서 그들을 추격한다. 바로는 끝내 완악함을 버리지 않은 것이다. 그런데 그 결과는 비참했다. 그들은 중무장을 한 정예병들이었지만, 이스라엘 사람들을 막지 못했다. 본문은 그들이 이스라엘 사람들을 막지 못한 까닭이 이스라엘 때문이 아님을 명확히 밝힌다. 이스라엘 사람들이 용맹하거나 지혜로워서가 아니라는 것이다. 그것은 하나님이 직접적으로 역사하셨기 때문이다. 그래서 결국 바로가 보여 주는 끈질긴 완악함, 우리를 놀라게 하는 그 완강함은 하나님께 영광을 돌리는 역할을 한다. 하나님은 애굽 사람들이 하나님을 알기를 원하

신다. 이스라엘 사람들이 출애굽 하는 것은 하나님의 임재와 역사를 세상 사람들에게 보여 주는 역할을 했다.

[14 : 1-4] 하나님이 이스라엘 사람들에게 장막을 치도록 지시하신 비하히롯이나 믹돌은 그 정확한 위치를 알 수가 없다. 그곳은 바알스본 맞은편인데, 이스라엘 사람들이 그곳에 머무는 것은 군사적인 측면에서 보면 매우 어리석은 행동이다. 하지만 하나님은 애굽 사람들로 하여금 하나님을 더욱 분명하게 알게 하기 위해서 이스라엘 사람들을 그곳으로 인도하셨다. 하나님은 이스라엘 사람들을 일부러 그곳으로 인도하심으로써 바로로 하여금 오판을 하게 하고, 결국 바로가 보여 주는 열심을 통해서 하나님의 영광을 드러내겠다고 하신다. 그리고 이를 통해 애굽 사람들로 하여금 하나님이 어떤 분인지 뼈저리게 체험하게 함으로써, 그들이 전혀 예상치 못한 정반대의 결과를 만들어 내겠다고 말씀하신다. 그래서 바로는 다시 여전히 자신도 모르는 사이에 하나님을 위해 일하는 아이러니를 행할 것이다.

[14 : 5] 이스라엘 백성들은 애굽을 잠시 떠난 것이 아니다. 그들은 애굽에 다시 돌아오지 않을 것이다. 그러나 바로는 이것을 용납할 수 없었다. 연이은 재앙으로 인해 잠시 마음이 약해져서 이스라엘 사람들로 하여금 애굽에서 나가도록 허용했지만, 바로와 애굽 사람들 가운데 누구도 이스라엘 사람들을 내보내고 싶은 사람은 없었다. 그래서 그들은 자신들이 내린 결론을 뒤집는다. 그들은 땅을 치는 심정으로 어쩌다 그런 어리석은 결정을 내렸는지 모르겠다고 후회한다.

[14 : 6] 바로를 비롯해서 애굽 군인들은 병거를 타고 이스라엘 사람들을 추격했다. 이것은 이스라엘 사람들로 하여금 공포에 빠지게 했을 것이다. 이스라엘 사람들은 솔로몬 시대에야 비로소 병거를 소유했다. 그렇기 때문에 애

굽의 병거 부대가 무력하게 몰사한 것은 이스라엘 사람들에게 더욱 큰 의미를 주었을 것이다.

[14 : 7-9] 바로는 정예병들로 구성한 600대의 병거부대와 그 외의 모든 병거를 다 동원하여 각 지휘관들로 하여금 이끌게 한다. '지휘관'은 히브리어로 '샬리쉬'인데, 이들은 상당히 계급이 높은 사람들이다(R. E. Clements, *Exodus*, p. 85).

바로는 이스라엘 사람들이 애굽에서 담대히(히브리어로는 '베야드 라마'인데, 직역하면 '높은 손으로'이다. 이것은 '손을 높이 든' 모습, 환호성을 지르는 듯한 모습을 가리키는 것으로 보인다.), 즉 손을 높이 쳐들고 나가는 것을 도저히 두고 볼 수 없어서 병거부대를 이끌고 이스라엘 사람들을 추격한다. 바로는 여전히 완악하다. 그는 조금도 바뀌지 않았고, 하나님이 누구인지 여전히 알지 못한다. 바로는 이스라엘 사람들을 반드시 다시 데려오려는 비장한 마음으로 출전한다. 바로가 얼마나 많은 군인들을 동원했는지는 "애굽 사람들과 바로의 말들, 병거들과 그 마병과 그 군대"라는 반복적인 구절을 통해 짐작할 수 있다.

[14 : 10-12] 애굽 군인들이 탄 병거들을 보고 이스라엘 사람들은 하나님께 부르짖긴 하지만, 곧바로 공황상태에 빠진다. 그들이 애굽 군대를 보고 공황상태에 빠진 것은 히브리어 '힌네'에 잘 드러나는데, 〈개역개정〉 성경은 '힌네'를 번역하지 않았다. 히브리어 원문을 보면, "바로가 가까이 올 때에 이스라엘 자손이 눈을 들어 본즉 애굽 사람들이 자기들 뒤에 이른지라"에서 '눈을 들어 본즉' 바로 다음에 히브리어 '힌네'가 나온다. 주의를 집중케 하는 '힌네'의 의미를 살려서 이 구절을 의역해 보자. "눈을 들어 뒤돌아보았더니, 아이고, 애굽 사람들이 자기들 뒤에 바짝 다가온 게 아닌가." 겁에 질린 사람들은 모세에게 불평하는데, 11절과 12절에 걸쳐서 상당히 길게 그리

고 경황 중에도 매우 조리 있게 따진다.

그들은 “애굽에 매장지가 없어서 당신이 우리를 이끌어 내어 이 광야에서 죽게 하느냐”고 모세에게 거칠게 대드는데, 이것은 매우 재미있는 표현이다. 그들은 그냥 겁에 질려서 한 말이지만, 원래 애굽은 무덤으로 유명한 곳이다. 많은 사람들이 ‘애굽’ 하면 피라미드를 떠올릴 텐데, 피라미드는 파라오들의 거대한 무덤이다(R. E. Clements, *Exodus*, p. 85). 그러니 애굽은 무덤으로 유명한 것이다. 애굽은 무덤 천지이다. 그것도 어마어마하게 큰 무덤들이 즐비한 곳이다. 그러니 아무리 애써도 바로는 무덤의 주인일 뿐이다. 이것은 에스겔이 본 환상에서 바벨론을 무덤에 묘사한 것과 같다.

그런데 그들이 아무리 다급한 상황 중이라고 해도, “애굽 사람을 섬기는 것이 광야에서 죽는 것보다 낫다.”고 한 것은 도를 넘어선다. 12절은 이스라엘 사람들이 애굽에서 나올 때에 모두가 기꺼이 나온 것이 아님을 보여 준다. 모세에게 항의하는 사람들은 그들이 애굽에 있을 때부터 출애굽을 반대했다고 하면서, “우리를 내버려 두라. 애굽 사람을 섬기는 것이 광야에서 죽는 것보다 낫다.”라고 한다. 이것은 하나님을 정면으로 거부하는 극단적인 발언이다. 하나님은 바로에게 “내 백성을 보내라. 그러면 그들이 나를 섬길 것이다.”라고 말씀하시는데, 모세에게 항의하는 사람들은 그냥 애굽에 남아서 애굽 사람들을 섬기겠다고 한다. ‘섬긴다’ 는 히브리어로 ‘아바드’ 인데, 이것은 사람들을 섬기는 것과 신을 섬기는 것을 의미한다. 그래서 ‘애굽을 섬긴다’ 는 것은 바로의 신하가 되겠다는 것이고, 애굽의 신들을 섬기겠다는 것이다.

[14 : 13–14] 이스라엘 사람들은 전쟁을 어떻게 생각했을까? 그들은 전쟁을 하나님이 개입하시는 성스러운 것으로 여겼다. 물론 이스라엘이 침략을 할 때도 있었지만, 대체로 이스라엘은 공격을 당하는 편이었다. 하나님은 이스라엘을 도우셔서 전쟁에서 이기게 하셨다. 전쟁을 하나님이 개입하시는 신

적인 역사로 보았기 때문에, 그들은 전쟁이 어떤 제의처럼 일정한 절차를 거쳐야 한다고 생각했다.

모세는 하나님이 애굽 군대와 싸우실 것이기 때문에, 이스라엘 사람들은 가만히 서서 구경만 하라고 말한다. 모세는 그들이 하는 말(출 14 : 12)에 대해 직접적인 대응을 하지 않는다. 그는 그들이 그런 말을 하는 까닭이 두려움 때문이라고 생각해서 그들에게 "두려워하지 말라."라고 한다. 그리고 그런 위급한 상황에서 그냥 가만히 서서 보기만 하고, 아무런 말도 하지 말라고 한다. 그들이 할 일은 아무것도 없다.

[14 : 15-16] "여호와께서 모세에게 이르시되 너는 어찌하여 내게 부르짖느냐"(15절)는 구절은 조금 이상한데, 10~14절에는 이스라엘 사람들이 하나님께 부르짖지만, 모세가 하나님께 부르짖었다는 말이 나오지 않기 때문이다.

하나님은 모세에게 이스라엘 사람들을 앞으로 나아가게 하고, 지팡이를 바다 위로 내밀게 하신다. 이것 역시 이상한데, 지팡이를 바다 위로 들어서 바다에 길을 낸 다음 이스라엘 사람들로 하여금 앞으로 나아가게 하는 것이 일하는 순서에 부합하기 때문이다. 그런데 이스라엘 사람들로 하여금 먼저 앞으로 나아가게 하신 까닭은 시간을 절약하기 위한 것이기도 하겠지만, 하나님을 의지하게 하려는 의도로 보인다. 그런데 여기서도 바다가 나뉘는 놀라운 역사는 모세가 지팡이를 치켜듦으로써 시작한다. 우리는 이런 모습을 재앙 기사들에서 이미 확인했다.

[14 : 17-18] 하나님은 홍해(숲 바다) 사건으로 자신이 영광을 얻으려 하시는데, 여기서도 하나님은 그 일을 통해서 애굽 사람들(하나님은 다른 구절들에서는 바로의 마음을 완강하게 하겠다고 하시는데, 여기서는 애굽 사람들의 마음을 완악하게 하겠다고 하신다〈17절〉. 〈칠십인역〉은 "바로와 모든 애굽 사람들의 마음"이라고 번역한다. 그런데 17절에서 말하는 애굽 사람들은 모든 애굽 사람들

이 아니고, '바로와 그의 군대들' 이다. 하나님은 바로와 그의 모든 군대와 그의 병거와 마병으로 말미암아 영광을 얻으신다"는 말을 17절과 18절에서 두 번 하시고, 그럴 "때에야 애굽 사람들이 나를 여호와인 줄 알리라"라고 말씀하시는데, 여기서 애굽 사람들은 바로와 그의 군대를 포함해서 모든 애굽 사람들을 가리키는 것으로 보아야 한다. 하나님의 목적은 모든 애굽 사람들로 하여금 하나님을 알게 하는 것이다.)로 하여금 하나님을 알게 하겠다고 말씀하신다. 하나님은 무슨 일을 하시든지 사람들로 하여금 자신을 알게 하는 데 목적을 둔다. 그래서 하나님이 일으키는 놀라운 역사들을 모두 이적이라고 한다.

갈대 바다를 건넌 사건을 사도 바울은 고린도전서 10 : 1~2에서 세례로 풀이한다.

3. 바다에서 놀라운 일을 하신 하나님(14 : 19-31)

> 19이스라엘 진 앞에 가던 하나님의 사자가 그들의 뒤로 옮겨 가매 구름 기둥
> 도 앞에서 그 뒤로 옮겨 20애굽 진과 이스라엘 진 사이에 이르러 서니 저쪽에
> 는 구름과 흑암이 있고 이쪽에는 밤이 밝으므로 밤새도록 저쪽이 이쪽에 가
> 까이 못하였더라 21모세가 바다 위로 손을 내밀매 여호와께서 큰 동풍이 밤새
> 도록 바닷물을 물러가게 하시니 물이 갈라져 바다가 마른 땅이 된지라 22이스
> 라엘 자손이 바다 가운데를 육지로 걸어가고 물은 그들의 좌우에 벽이 되니
> 23애굽 사람들과 바로의 말들, 병거들과 그 마병들이 다 그들의 뒤를 추격하
> 여 바다 가운데로 들어오는지라 24새벽에 여호와께서 불과 구름 기둥 가운데
> 서 애굽 군대를 보시고 애굽 군대를 어지럽게 하시며 25그들의 병거 바퀴를
> 벗겨서 달리기가 어렵게 하시니 애굽 사람들이 이르되 이스라엘 앞에서 우리
> 가 도망하자 여호와가 그들을 위하여 싸워 애굽 사람들을 치는도다 26여호와
> 께서 모세에게 이르시되 네 손을 바다 위로 내밀어 물이 애굽 사람들과 그들
> 의 병거들과 마병들 위에 다시 흐르게 하라 하시니 27모세가 곧 손을 바다 위

로 내밀매 새벽이 되어 바다의 힘이 회복된지라 애굽 사람들이 물을 거슬러
도망하나 여호와께서 애굽 사람들을 바다 가운데 엎으시니 28물이 다시 흘러
병거들과 기병들을 덮되 그들의 뒤를 따라 바다에 들어간 바로의 군대를 다
덮으니 하나도 남지 아니하였더라 29그러나 이스라엘 자손은 바다 가운데를
육지로 행하였고 물이 좌우에 벽이 되었더라 30그날에 여호와께서 이같이 이
스라엘을 애굽 사람의 손에서 구원하시매 이스라엘이 바닷가에서 애굽 사람
들이 죽어 있는 것을 보았더라 31이스라엘이 여호와께서 애굽 사람들에게 행
하신 그 큰 능력을 보았으므로 백성이 여호와를 경외하며 여호와와 그의 종
모세를 믿었더라

〈개역개정〉 성경은 출애굽기 14 : 15~20을 한 묶음으로 간주하는데, 19절에서 문맥적 분위기가 달라지고 19~20절이 21절 이하의 상황과 관련을 갖기 때문에, 19~31절을 한 묶음으로 다룬다.

[14 : 19-20] 하나님의 천사는 하나님의 임재를 상징하는 것으로, 하나님의 천사가 이스라엘 진('이스라엘 진〈陣〉'은 히브리어로 '마하네 이스라엘'인데, 이스라엘을 군대로 여기는 것이다.)에 앞서 갔다는 것은 하나님이 그들을 인도하셨음을 가리킨다. 하나님의 천사가 애굽 군대 때문에 앞에서 뒤로 이동하자 구름 기둥도 뒤로 이동한다(20절은 의미를 파악하기가 쉽지 않다. 〈칠십인역〉은 "그리고 어둠과 흑암이 있었고, 밤이 지나갔다"로 번역하는데, 〈개역개정〉 성경은 〈탈굼〉의 번역을 반영한 것으로 보인다). 그런 다음 애굽 군대와 이스라엘 사람들 사이에 머물러 서는데, 실제로는 애굽 군대를 막은 것이다. 애굽 군대 쪽은 구름으로 인해 어둡지만, 이스라엘 사람들이 머무는 곳은 빛으로 환했다. 이것은 애굽 사람들은 여전히 어둠 속을 헤매고, 이스라엘 사람들은 빛 가운데서 앞으로 나아가는 것을 의미한다.

한편, '하나님의 천사'가 등장하는 것은 독자들을 약간 당혹스럽게 하는

데, 출애굽기 13 : 21을 보면 '여호와께서 그들 앞에서 가'신다고 하기 때문이다. '하나님의 천사'는 '여호와'를 가리키는 다른 표현이라고 할 수 있겠다.

[14 : 21-25] 이 문단은 다음 문단과 아울러 가장 극적인 장면을 묘사한다. 하나님이 밤새 '큰 동풍'(히브리어 원문을 직역하면, '강한 동풍'이다.)을 불게 해서 바다 가운데 마른 땅이 드러나게 하셔서 이스라엘 백성들에게 그곳을 걸어서 건너게 하신다. 그리고 그 좌우에 물이 벽을 이루어서 이스라엘 사람들을 보호하신다. 그것을 보고 애굽 군대도 그 뒤를 추격해서 새벽에 이스라엘 사람들을 거의 따라잡았는데, 그때 하나님이 애굽 군대(히브리어로는 '마하네 미츠라임'인데, 직역하면 '애굽 진〈陣〉'이다. 이것은 출 14 : 19에 나오는 '마하네 이스라엘'〈이스라엘 진〉과 대조적이다.)를 혼잡하게 만들고 병거 바퀴를 벗겨서(〈사마리아 오경〉, 〈칠십인역〉, 〈시리아역〉은 '묶었다'로 번역한다.) 도무지 달릴 수 없게 하신다. 그래서 애굽 군대는 도망치려고 한다. 이 일이 얼마나 놀라웠는지 애굽 군인들 스스로 하나님이 그들과 싸우신다고 고백하게 한다. 이처럼 이스라엘 사람들과 애굽 사람들은 같은 곳을 지나지만, 그들이 겪는 일은 달랐다. 그 까닭은 그들이 섬기는 신이 다르기 때문이다.

[14 : 26-31] 여기서도 이스라엘 사람들과 애굽 사람들을 대비하는데, 먼저 애굽 군인들이 바다에 빠져 죽은 사건을 비교적 상세하게 설명한다. 하나님은 모세에게 할 일을 자세히 지시하시고, 모세는 그대로 따른다. 그래서 결국 애굽 군인들은 하나도 남김없이 모두 물에 휩쓸려 죽는다. 하지만 '그러나'라는 접속사를 통해서 알 수 있듯이, 이스라엘 사람들은 마른 땅을 걸어가고, 물은 여전히 벽을 이루어서 그들을 보호한다.

이스라엘 사람들은 놀라운 경험을 했다. 그들은 하나님의 큰 능력(원문은 '손'이다. 손은 하나님이 하시는 일과 그 일이 보여 주는 능력을 가리킨다.)을 보았다. 그래서 하나님을 경외하고 그의 종 모세를 신뢰했다.

4. 하나님을 찬양하는 이스라엘 사람들(15 : 1-21)

1이때에 모세와 이스라엘 자손이 이 노래로 여호와께 노래하니 일렀으되 내가
여호와를 찬송하리니 그는 높고 영화로우심이요 말과 그 탄 자를 바다에 던지
셨음이로다 2여호와는 나의 힘이요 노래시며 나의 구원이시로다 그는 나의 하
나님이시니 내가 그를 찬송할 것이요 내 아버지의 하나님이시니 내가 그를 높
이리로다 3여호와는 용사시니 여호와는 그의 이름이시로다 4그가 바로의 병거
와 그의 군대를 바다에 던지시니 최고의 지휘관들이 홍해에 잠겼고 5깊은 물
이 그들을 덮으니 그들이 돌처럼 깊음 속에 가라앉았도다 6여호와여 주의 오
른손이 권능으로 영광을 나타내시니이다 여호와여 주의 오른손이 원수를 부
수시니이다 7주께서 주의 큰 위엄으로 주를 거스르는 자를 엎으시니이다 주께
서 진노를 발하시니 그 진노가 그들을 지푸라기같이 사르니이다 8주의 콧김에
물이 쌓이되 파도가 언덕같이 일어서고 큰 물이 바다 가운데 엉기니이다 9원
수가 말하기를 내가 뒤쫓아 따라잡아 탈취물을 나누리라, 내가 그들로 말미암
아 내 욕망을 채우리라, 내가 내 칼을 빼리니 내 손이 그들을 멸하리라 하였으
나 10주께서 바람을 일으키시매 바다가 그들을 덮으니 그들이 거센 물에 납같
이 잠겼나이다 11여호와여 신 중에 주와 같은 자가 누구니이까 주와 같이 거룩
함으로 영광스러우며 찬송할 만한 위엄이 있으며 기이한 일을 행하는 자가 누
구니이까 12주께서 오른손을 드신즉 땅이 그들을 삼켰나이다 13주의 인자하심
으로 주께서 구속하신 백성을 인도하시되 주의 힘으로 그들을 주의 거룩한 처
소에 들어가게 하시나이다 14여러 나라가 듣고 떨며 블레셋 주민이 두려움에
잡히며 15에돔 두령들이 놀라고 모압 영웅이 떨림에 잡히며 가나안 주민이 다
낙담하나이다 16놀람과 두려움이 그들에게 임하매 주의 팔이 크므로 그들이
돌같이 침묵하였사오니 여호와여 주의 백성이 통과하기까지 곧 주께서 사신
백성이 통과하기까지였나이다 17주께서 백성을 인도하사 그들을 주의 기업의
산에 심으시리이다 여호와여 이는 주의 처소를 삼으시려고 예비하신 것이라

주여 이것이 주의 손으로 세우신 성소로소이다 [18]여호와께서 영원무궁하도록
다스리시도다 하였더라 [19]바로의 말과 병거와 마병이 함께 바다에 들어가매
여호와께서 바닷물을 그들 위에 되돌려 흐르게 하셨으나 이스라엘 자손은 바
다 가운데서 마른 땅으로 지나간지라 [20]아론의 누이 선지자 미리암이 손에 소
고를 잡으매 모든 여인도 그를 따라 나오며 소고를 잡고 춤추니 [21]미리암이 그
들에게 화답하여 이르되 너희는 여호와를 찬송하라 그는 높고 영화로우심이
요 말과 그 탄 자를 바다에 던지셨음이로다 하였더라

홍해(숲 바다)에서의 구원을 감사하는 이 승전가는 구약성경에서 가장 오랜 서사시이다. 13~17절은 가나안 정착 시대를 간략하게 언급하기 때문에, 이 시는 가나안에 정착한 이후에 현재 형태를 갖춘 것으로 보인다. 13절과 17절에서 언급하는 하나님의 거처는 예루살렘을 가리키는 것으로 보이고, 그렇다면 다윗이 예루살렘을 차지한 이후로 보인다.

[15 : 1-2] 이 노래는 예배 공동체에서 부르기 위해 만들어졌으며, 승전가 형태를 보인다. 1절은 모세와 이스라엘 사람들이 노래하는 이유를 밝히고, 2절과 3절은 그들이 찬양하는 하나님이 어떤 분인지 밝히는데, 2절에 나오는 '나의 하나님'과 '내 아버지의 하나님'이라는 칭호가 인상적이다.

"그는 높고 영화로우심이요"는 히브리어로 '가오 가아'('가오'는 '가아'의 부정사절대형으로 본동사 '가아'를 강조한다.)인데, 이것을 〈표준새번역〉 성경은 "그지없이 높으신 분"으로 번역했다.

[15 : 3] 주님이 '용사'(히브리어는 '전쟁의 사람')라고 하는 생각은 거룩한 전쟁을 선포할 때 하나님이 그들을 도우시러 오신다는 이스라엘의 믿음에 근거한다.

[15 : 4] 바다에 내던지셨다는 표현은 하나님이 물을 다스리신다는 사실을 특별히 강조한다.

[15 : 5] '깊은 물'(히브리어로는 복수형〈'깊은 물들'〉으로 강조한다.)은 창세기 1 : 2에 나오는 '깊음'을 가리키는 것으로 매우 신화적인 표현이다. 이것은 애굽 군대가 단순히 깊은 물속에 빠진 것이 아니라, 헤어 나올 수 없는 죽음의 세력에게 사로잡혔다는 것이다.

[15 : 6-10] 5절까지는 하나님이 하신 일을 사람들에게 들려주는 방식인데, 6절부터는 하나님께 아뢰는 방식으로 노래한다. 그래서 '여호와여'로 시작한다. 여기서는 하나님을 원수를 멸하시는 분으로 묘사하는데, 6절은 '주의(히브리어로 '당신의') 오른손'이 적들을 물리친 것을 반복해서 말하고, 7절은 주의(히브리어로 '당신의') 위엄과 진노로 적들을 물리친 것을 반복해서 말한다. 8절은 바닷물이 나뉘는 장면을 시적으로 묘사한다. 9절은 원수인 애굽 군대가 이스라엘 사람들을 추격해서 바닷속으로 들어가는 장면을 묘사하는데, 그들이 하는 말을 직접 화법으로 인용하면서 전리품에 눈이 어두운 자들로, 잔인한 약탈자로 보이게 한다. 10절은 5절과 비슷하게 하나님이 애굽 군대를 수장시키는 장면을 들려준다(5절에서는 깊은 바다에 돌처럼 잠겼다고 하는데, 10절에서는 거센 물에 납처럼 잠겼다고 한다).

[15 : 11-13] 11절은 여러 신들 가운데 하나님이 비교할 수 없이 뛰어나다는 것을 의미하는 수사적인 의문문인데, 그렇다고 해서 다른 신들이 존재한다는 것을 말하려는 것은 아니다. 12절은 6절에 나오는 '주의 오른손'을 언급하며 땅이 그들을 삼켰다고 말함으로써 땅을 의인화한다. 그런데 이러한 표현은 '해가 뜬다'는 것처럼, 사실적이기보다는 관용적인 표현이다.

13절에 '구속'(히브리어로 '가알')이라는 말이 나오는데, 이것은 종에게 자유를 주기 위해서 돈을 대신 지불하는 것을 가리킨다. 이 단어는 하나님이 이스라엘 백성들을 애굽의 종살이에서 해방시키시는 것을 보증하기 위해서 행하심을 비유적으로 표현한다.

하나님은 인자하심으로 이스라엘 사람들을 인도하셔서 주의 거룩한 처소에 들어가게 하신다. 여기서 '주의(히브리어로 '당신의') (거룩한) 처소'는 히브리어로 '나웨'인데, 이것은 목장, 정착지를 의미한다. 그렇다면 이스라엘은 양 떼이고 하나님은 이스라엘을 인도하시는 목자이시다. 사무엘하 15 : 25은 주님의 거처를 예루살렘 성소라고 말한다. 아마도 이 구절에서 주의 처소는 예루살렘을 가리키는 것으로 보이는데, 좀 더 넓게는 팔레스타인 전체를 가리키는 것으로 보인다.

[15 : 14-18] 이 단락은 하나님이 행하신 일이 주변에 미친 여파를 이야기한다. 이스라엘이 출애굽 함으로써 블레셋 주민, 에돔 두령, 모압 영웅, 그리고 가나안 주민들은 두려워하고 낙담할 수밖에 없다. 그리고 그들은 주님의(히브리어로 '당신의') 백성인 이스라엘 사람이 다 지나갈 때까지 돌같이('돌처럼'은 5절에도 나온다.) 잠잠했다. 이 구절은 이스라엘 사람들이 이들을 모두 통과해서 가나안 땅에 이미 들어간 것을 전제한다. 하나님은 그들을 '주의 기업의 산' = '주님의 처소' = '주의 손으로 세우신 성소'로 인도하신다. 하나님의 성소가 시온산에 있기 때문에, 시온산은 하나님의 특별한 거처이다. 이것은 이 노래가 다윗이 예루살렘을 차지한 이후에 기록되었음을 보여 준다(삼하 5 : 6-10). 주님이 그곳에서 영원무궁하게 다스리신다는 후렴구는 시편 93 : 1, 96 : 10 등에도 나온다. 이런 점에서 이 승전가는 예배에서 사용되었음을 알 수 있다.

[15 : 19-21] 미리암과 여인들이 손에 소고를 들고 춤을 춘다. 그리고 미리암이 노래를 부른다. 19절은 출애굽기 14 : 26~29을 요약한다. 20절에서 미

리암을 선지자(구약성경에서 '선지자'로 불린 여인들은 미리암 외에 드보라〈삿 4 : 4〉, 훌다〈왕하 22 : 14〉, 노아댜〈느 6 : 14〉, 그리고 이사야의 부인〈사 8 : 3〉이다.)라고 부르는 것은 미리암이 미래에 일어날 일을 예견하는 사람이기 때문이 아니다. 그의 행동은 고대에 여인들이 귀환하는 병사들을 맞이하러 나가서 승전가로 그들을 환영하는 관습을 반영한다. 미리암이 부르는 노래는 모세와 이스라엘 사람들이 부른 노래의 시작 부분(1절)인데, 결국 미리암도 같은 노래를 부른 것이다.

5. 물을 주시는 하나님(15 : 22-27)

[22]모세가 홍해에서 이스라엘을 인도하매 그들이 나와서 수르 광야로 들어가
서 거기서 사흘길을 걸었으나 물을 얻지 못하고 [23]마라에 이르렀더니 그곳 물
이 써서 마시지 못하겠으므로 그 이름을 마라라 하였더라 [24]백성이 모세에게
원망하여 이르되 우리가 무엇을 마실까 하매 [25]모세가 여호와께 부르짖었더
니 여호와께서 그에게 한 나무를 가리키시니 그가 물에 던지니 물이 달게 되
었더라 거기서 여호와께서 그들을 위하여 법도와 율례를 정하시고 그들을 시
험하실새 [26]이르시되 너희가 너희 하나님 나 여호와의 말을 들어 순종하고 내
가 보기에 의를 행하며 내 계명에 귀를 기울이며 내 모든 규례를 지키면 내가
애굽 사람에게 내린 모든 질병 중 하나도 너희에게 내리지 아니하리니 나는
너희를 치료하는 여호와임이라 [27]그들이 엘림에 이르니 거기에 물 샘 열둘과
종려나무 일흔 그루가 있는지라 거기서 그들이 그 물 곁에 장막을 치니라

여기서부터 이스라엘이 광야를 이곳저곳 오가는 이야기를 시작하는데, 출애굽기 16~18장, 민수기 1~36장에 나온다. 광야 방랑 이야기가 출애굽기 18장에서 끊어졌다가 민수기 1장에서 다시 시작하는 까닭은 출애굽기 19~40장이 시내산 사건과 계시를 기록하기 때문이다.

광야 방랑 이야기는 두 가지 근본적인 진리를 명확하게 보여 주는데, 하나는 인간이 본질적으로 불신앙적이라는 것이고, 다른 하나는 하나님은 인간이 필요로 하는 것을 때로는 기적적인 방식으로 채워 주신다는 것이다. 첫째는 이스라엘이 모세에게 끊임없이 불평하는 것(시 95 : 7-11, 106 : 13-33, 불평하는 것은 히브리어로 '룬' 인데, 이 단어는 구약성경에서 여기에 처음 나온다. 수 9 : 18과 시 59 : 15을 제외하고는 출애굽기와 민수기의 광야 방랑 이야기에만 나온다.)에서 드러나고, 둘째는 기대하지 않은 음식을 제공하시는 것(시 105 : 40-42)에서 드러난다. 그래서 광야 방랑 이야기는 이스라엘 사람들에게 감사하지 않음과 불신앙의 불합리함을 경고하는 역할을 한다.

광야로 들어오면서 이스라엘은 여러 가지 어려움에 직면한다. 특히 마실 물이 없어서 고통당한다. 그들이 오가는 지역은 소금이 많기 때문에 물이 써서 마실 수가 없다. 하나님은 모세로 하여금 그 물을 정화해서 마실 수 있게 해 주신다.

[15 : 22-23] 홍해(숲 바다)에서 나온 이스라엘 사람들은 수르 광야로 들어간다(수르 광야에 대한 언급은 창 25 : 18, 삼상 15 : 7, 27 : 8에 나온다). 수르는 아람어로 '(성)벽' 을 가리키는데, 이것은 그곳이 한때 요새였음을 알려 준다. 그곳에서 마라까지 사흘길인데, 그 사흘 동안 이스라엘 사람들은 물이 없어서 마시지 못했다. 그러니 얼마나 목이 말랐겠는가? 이스라엘 사람들은 애굽에서 나온 뒤 홍해(숲 바다)에서 엄청난 사건을 경험했는데, 그러고 나서 바로 물 때문에 어려움을 겪는다. 이것은 앞으로 이스라엘 사람들이 해야 할 광야생활이 가장 기본적인 식수와 양식 문제로 인해 얼마나 고통스러울 것인지를 미리 보여 주는 것이다. 그리고 마라에는 물이 있었지만, 물이 써서 마실 수가 없었다. 그래서 그곳 이름을 '마라' 라고 불렀다.

[15 : 24] 물 때문에 이스라엘 사람들은 모세에게 불평하는데, 그들이 모세에

게 불평하는 것은 출애굽기 16 : 2~3, 7~8, 17 : 3, 민수기 14 : 2ff., 16 : 11, 41, 17 : 5에 나온다. 이스라엘 사람들이 하는 불평은 두 가지 유형이다. 첫 번째 불평 유형은 그들이 곤궁에 처했을 때 하는 것이고, 두 번째 불평 유형은 그렇지 않은 경우에 하는 것이다.

이스라엘 사람들은 "우리가 무엇을 마실까?" 하고 불평하는데, 광야생활 내내 그들은 주로 먹고 마시는 문제로 불평을 한다. 어찌 보면 이것은 사람이기에 당연한 불평이지만, 한편으로는 주님이 하신 말씀, 즉 무엇을 마실까 무엇을 먹을까 염려하지 말라는 말씀을 떠올리게 한다.

[15 : 25] 물로 인해서 얼마나 고통을 당했는지 모세는 하나님께 부르짖는다. 모세는 하나님이 일러 주신 대로 어떤 나무를 물에 넣어서 물을 달게 만들었다. 이것과 비슷한 이야기가 열왕기하 2 : 19~22에 나오는데, 여기서 엘리사는 소금을 넣어서 물을 고친다.

[15 : 26] 그런데 본문 기자는 이 기적적인 사건보다는 마라에서 하나님이 이스라엘 사람들에게 법도와 율례를 정하시고 그들을 시험하신 것을 부각시킨다. 하나님은 이스라엘 사람들로 하여금 법도와 율례를 지키라고 하시면서 그럴 경우 애굽에 내린 질병을 내리지 않겠다고 약속하신다. 이것은 만약 그들이 법도와 율례를 지키지 않으면, 그런 질병에 걸릴 것임에 대한 경고이기도 하다. 하나님은 "나는 너희를 치료하는 여호와"라고 하신다. 본문 기자는 물의 쓴 맛을 없애는 것을 물을 치료한 것으로 본다. 고대 사회에서는 의사가 귀했고, 의술이 발달하지 않았기 때문에 병을 치료한다는 것은 매우 어려운 일이었다. 그래서 '(질병을) 치료하시는 하나님' 은 지금 우리가 생각하는 것보다 더 중요한 의미를 가졌다. 하나님은 치료하시는 하나님이다(민 21 : 8-9, 시 103 : 3, 107 : 17-20, 147 : 3, 사 57 : 18-19, 호 14 : 4). 하나님은 심지어 애굽도 치료하신다(사 19 : 22).

[15 : 27] 엘림은 종려나무를 가리키는데, 엘림에는 샘 12개와 종려나무 70그루가 있었다. 12개 샘은 이스라엘 12지파를 가리키고, 70그루 종려나무는 이스라엘의 장로들을 가리키는데, 엘림은 온전한 이스라엘, 이상적인 이스라엘을 상징한다.

이스라엘 백성들은 물 때문에 어려움을 겪는다. 물은 생존에 필수적이다. 그래서 물 때문에 불평하는 것은 이해할 만하다. 그런데 문제는 하나님이 그들에게 행하신 일을 이스라엘 사람들이 잊는다는 것이다.

시편 106 : 7에서도 그렇게 말한다. 그들은 망각함으로써 하나님을 거역한다. 그들은 감사할 줄 모른다. 이것은 그들의 믿음이 부족하다는 것을 보여 주고, 하나님을 의지하지 않는다는 것을 보여 준다.

모세가 하나님이 일러 준 대로 하자, 쓴 물이 단물로 바뀌었다. 이것은 매우 중요한 의미를 갖는다. 우리에게 소망을 주는 것이다. 우리가 겪는 삶의 쓴 맛을 단맛으로 바꾸어 주실 것이라는 확신을 주는 상징이다.

그래서 우리에게 중요한 것은 믿음이다. 그리고 신뢰이다. 우리가 영적으로 성숙하다는 것은 하나님을 의지하고 신뢰하는 것이다. 하나님을 의지하고 신뢰하는 것이 어려워 보일수록 하나님을 의지하는 것이 믿음이다. 우리가 하나님을 신뢰할 때, 하나님께 순종할 수 있다.

마라를 나오미로 바꾸어 놓으시는 하나님, 그 하나님은 바로 치료하시는 하나님, '아도나이-로페'이다. 하나님은 이런 역사를 통해서 새로운 이름을 알려 주신다. 하나님은 끊임없이 새로운 역사를 만드시는 분이고, 이런 새로운 역사를 통해서 새로운 이름을 지으시는 분이다. 무엇보다 하나님은 우리를 용서하시고 우리를 치료하시는 분이다(시 103 : 3).

이스라엘 백성들은 불평을 했는데, 그것은 하나님을 향한 불평이었다. 그들은 차라리 죽는 게 낫다고 불평을 한다. 이것은 출애굽의 놀라운 역사를 거부하고, 하나님을 의지하지 않고 바로에게로 돌아가려는 것이다. 패트릭

헨리는 “자유 아니면 죽음을 달라.”라고 외치는데, 이스라엘 백성들은 오히려 “억압 아니면 죽음을 달라.”고 외치는 식이다.

6. 양식을 주시는 하나님(16 : 1-36)

1이스라엘 자손의 온 회중이 엘림에서 떠나 엘림과 시내산 사이에 있는 신 광
야에 이르니 애굽에서 나온 후 둘째 달 십오일이라 2이스라엘 자손 온 회중이
그 광야에서 모세와 아론을 원망하여 3이스라엘 자손이 그들에게 이르되 우
리가 애굽 땅에서 고기 가마 곁에 앉아 있던 때와 떡을 배불리 먹던 때에 여
호와의 손에 죽었더라면 좋았을 것을 너희가 이 광야로 우리를 인도해 내어
이 온 회중이 주려 죽게 하는도다 4그때에 여호와께서 모세에게 이르시되 보
라 내가 너희를 위하여 하늘에서 양식을 비같이 내리리니 백성이 나가서 일
용할 것을 날마다 거둘 것이라 이같이 하여 그들이 내 율법을 준행하나 아니
하나 내가 시험하리라 5여섯째 날에는 그들이 그 거둔 것을 준비할지니 날마
다 거두던 것의 갑절이 되리라 6모세와 아론이 온 이스라엘 자손에게 이르되
저녁이 되면 너희가 여호와께서 너희를 애굽 땅에서 인도하여 내셨음을 알
것이요 7아침에는 너희가 여호와의 영광을 보리니 이는 여호와께서 너희가
자기를 향하여 원망함을 들으셨음이라 우리가 누구이기에 너희가 우리에게
대하여 원망하느냐 8모세가 또 이르되 여호와께서 저녁에는 너희에게 고기를
주어 먹이시고 아침에는 떡으로 배불리시리니 이는 여호와께서 자기를 향하
여 너희가 원망하는 그 말을 들으셨음이라 우리가 누구냐 너희의 원망은 우
리를 향하여 함이 아니요 여호와를 향하여 함이로다 9모세가 또 아론에게 이
르되 이스라엘 자손의 온 회중에게 말하기를 여호와께 가까이 나아오라 여호
와께서 너희의 원망함을 들으셨느니라 하라 10아론이 이스라엘 자손의 온 회
중에게 말하매 그들이 광야를 바라보니 여호와의 영광이 구름 속에 나타나더
라 11여호와께서 모세에게 말씀하여 이르시되 12내가 이스라엘 자손의 원망함

을 들었노라 그들에게 말하여 이르기를 너희가 해 질 때에는 고기를 먹고 아
침에는 떡으로 배부르리니 내가 여호와 너희의 하나님인 줄 알리라 하라 하
시니라 13저녁에는 메추라기가 와서 진에 덮이고 아침에는 이슬이 진 주위에
있더니 14그 이슬이 마른 후에 광야 지면에 작고 둥글며 서리같이 가는 것이
있는지라 15이스라엘 자손이 보고 그것이 무엇인지 알지 못하여 서로 이르되
이것이 무엇이냐 하니 모세가 그들에게 이르되 이는 여호와께서 너희에게 주
어 먹게 하신 양식이라 16여호와께서 이같이 명령하시기를 너희 각 사람은 먹
을 만큼만 이것을 거둘지니 곧 너희 사람 수효대로 한 사람에 한 오멜씩 거두
되 각 사람이 그의 장막에 있는 자들을 위하여 거둘지니라 하셨느니라 17이스
라엘 자손이 그같이 하였더니 그 거둔 것이 많기도 하고 적기도 하나 18오멜
로 되어 본즉 많이 거둔 자도 남음이 없고 적게 거둔 자도 부족함이 없이 각
사람은 먹을 만큼만 거두었더라 19모세가 그들에게 이르기를 아무든지 아침
까지 그것을 남겨 두지 말라 하였으나 20그들이 모세에게 순종하지 아니하고
더러는 아침까지 두었더니 벌레가 생기고 냄새가 난지라 모세가 그들에게 노
하니라 21무리가 아침마다 각 사람은 먹을 만큼만 거두었고 햇볕이 뜨겁게 쬐
면 그것이 스러졌더라 22여섯째 날에는 각 사람이 갑절의 식물 곧 하나에 두
오멜씩 거둔지라 회중의 모든 지도자가 와서 모세에게 알리매 23모세가 그들
에게 이르되 여호와께서 이같이 말씀하셨느니라 내일은 휴일이니 여호와께
거룩한 안식일이라 너희가 구울 것은 굽고 삶을 것은 삶고 그 나머지는 다 너
희를 위하여 아침까지 간수하라 24그들이 모세의 명령대로 아침까지 간수하
였으나 냄새도 나지 아니하고 벌레도 생기지 아니한지라 25모세가 이르되 오
늘은 그것을 먹으라 오늘은 여호와의 안식일인즉 오늘은 너희가 들에서 그것
을 얻지 못하리라 26엿새 동안은 너희가 그것을 거두되 일곱째 날은 안식일인
즉 그날에는 없으리라 하였으나 27일곱째 날에 백성 중 어떤 사람들이 거두러
나갔다가 얻지 못하니라 28여호와께서 모세에게 이르시되 어느 때까지 너희
가 내 계명과 내 율법을 지키지 아니하려느냐 29볼지어다 여호와가 너희에게

안식일을 줌으로 여섯째 날에는 이틀 양식을 너희에게 주는 것이니 너희는
각기 처소에 있고 일곱째 날에는 아무도 그의 처소에서 나오지 말지니라 [30]그
러므로 백성이 일곱째 날에 안식하니라 [31]이스라엘 족속이 그 이름을 만나라
하였으며 깟씨같이 희고 맛은 꿀 섞은 과자 같았더라 [32]모세가 이르되 여호와
께서 이같이 명령하시기를 이것을 오멜에 채워서 너희의 대대 후손을 위하여
간수하라 이는 내가 너희를 애굽 땅에서 인도하여 낼 때에 광야에서 너희에
게 먹인 양식을 그들에게 보이기 위함이니라 하셨다 하고 [33]또 모세가 아론에
게 이르되 항아리를 가져다가 그 속에 만나 한 오멜을 담아 여호와 앞에 두어
너희 대대로 간수하라 [34]아론이 여호와께서 모세에게 명령하신 대로 그것을
증거판 앞에 두어 간수하게 하였고 [35]사람이 사는 땅에 이르기까지 이스라엘
자손이 사십 년 동안 만나를 먹었으니 곧 가나안 땅 접경에 이르기까지 그들
이 만나를 먹었더라 [36]오멜은 십분의 일 에바이더라

[16 : 1] 앞에서는 '이스라엘' 또는 '이스라엘 자손'이라고 했는데, 여기서는 '이스라엘 자손의 온 회중'이라고 한다. 이 용어는 출애굽기 16 : 1~2, 9, 17 : 1에 나온다. 이스라엘 사람들은 엘림을 떠난다. 엘림은 사람들이 거주하기에 좋은 여건을 갖춘 곳인데, 물로 인해서 어려움을 겪은 이스라엘 사람들이 엘림을 떠나기는 쉽지 않았을 것이다. 그들은 엘림과 시내산 사이, 신 광야에 머문다. 그때가 애굽에서 나온 지 한 달 보름이 지난 때였다. 이스라엘 사람들은 출애굽한 날을 원년(元年)으로 삼는다.

[16 : 2-3] 이스라엘 사람들은 신 광야에 도착하자마자 모세와 아론에게 불평을 한다. 신 '광야', 광야는 사람들이 거주하기에 결코 편한 곳이 아니었을 것이다. 그곳에서 먹을 것을 구하지 못했는지 이스라엘 사람들이 모세에게 불평을 하는데, 2절을 보면, '이스라엘 자손 온 회중'이 불평을 한다. 이것은 상황이 매우 심각했음을 보여 준다. 그들은 출애굽기 14 : 11~12과 같

은 논리로 모세를 공격한다. 그들은 모세가 자신들을 굶겨 죽이기 위해 의도적으로 광야로 데려왔다고 말한다. 그리고 애굽에 사는 게 오히려 나았다고 하면서, 이렇게 광야에서 굶어 죽느니 차라리 애굽에서 고기와 떡을 배불리 먹고 살다가(그들은 애굽을 '고기 가마' 로 기억한다〈3절〉. 이스라엘 사람들이 애굽에서 그렇게 호의호식하지 않았을 텐데, 현재 겪는 어려움으로 인해 그들은 과거를 왜곡하고 미화하는 잘못을 범하는 것이다.) "여호와의 손에 죽었더라면 좋았을 것"이라고 막말을 한다. 비록 하나님의 말씀을 따르지 않아서 징계를 받아 죽는다고 해도, 애굽 땅에 남아서 배불리 먹는 게 낫다는 것이다.

[16 : 4-5] 백성들이 모세에게 불평하는 것을 듣고 하나님은 즉각 모세에게 말씀하신다. 모세가 그 일로 인해 하나님께 부르짖었다는 말은 없는데, 하나님은 양식을 비처럼 내려 주겠다고 말씀하신다. 그런데 하나님은 양식을 주시면서 이스라엘 사람들이 지켜야 할 규칙도 주신다. 이렇게 하나님은 불평하는 이스라엘 사람들이 말씀을 지키도록 훈련하시고 시험하신다. 하나님은 여러 가지 상황들을 신앙교육의 장으로 활용하시는 것이다. 하나님이 일러주신 규칙은 여섯째 날에는 갑절로 양식을 거두라는 것이다. 여섯째 날에 곱절로 내려 주신 것은 21~30절에 나오는 이야기를 예고한다.

[16 : 6-8] 모세는 이스라엘 사람들이 저녁에는 하나님이 그들을 출애굽 시키신 사실을 인정하고, 아침에는 하나님의 영광을 볼 것이라고 말하는데(6-7절), 이것은 이스라엘 사람들에게 저녁에는 고기를, 아침에는 떡을 주신다는 의미이다(8절). 13절을 보면, 저녁에는 메추라기가 진을 덮고, 아침에는 만나가 지면을 덮어서 이스라엘 사람들은 그것들을 양식으로 삼았다.

모세는 7절 뒷부분과 8절 뒷부분에서 같은 말을 반복한다. 이스라엘 사람들이 불평하는 것을 하나님이 들으셨는데, 그들이 모세에게 불평하는 게 아니라, 하나님께 불평하는 것임을 지적한다.

[16 : 9-12] 하나님은 이스라엘 백성들이 불평하는 것을 듣고 계신다. 본문은 하나님이 네 번 들었다고 기록한다(출 16 : 7-9, 12). 그런데 하나님은 이스라엘 사람들을 책망하지 않으신다. 오히려 이스라엘 사람들로 하여금 하나님께 가까이 나오게 하고, 구름으로 하나님의 영광을 드러내신다. 하나님은 책망하는 대신, 이스라엘 사람들에게 양식을 주시겠다고 약속하신다. 그렇게 함으로써 그들로 하여금 하나님을 알게 하겠다고 말씀하신다. 하나님을 알게 하는 것, 이것이 바로 하나님이 하시는 모든 사역의 목적이다.

[16 : 13-15] 하나님은 저녁에는 메추라기를, 아침에는 만나를 양식으로 주셨다. 그래서 이제 광야는 '고기 가마'가 되고 '떡 집'이 되었다. 메추라기는 계절에 따라 이동한다. 그것들은 바람을 타고 봄에는 북쪽, 즉 아라비아와 아프리카에서 남부 유럽으로 이동하고, 11월에 돌아온다. 이스라엘 사람들은 메추라기는 알았지만, 만나는 처음에 무엇인지 알지 못했다. 애굽을 고기와 떡 가마로 추억하던 그들도 전혀 듣도 보도 못한 새롭고 신비한 것이었다. 그래서 서로 "이것이 무엇이냐?"(히브리어로 '마 후')라고 묻는다. 모세가 그들에게 "이는 여호와께서 너희에게 주어 먹게 하신 양식이라."고 알려준다. 그것을 '만나'(히브리어로 '만')라고 부르는 것은 31절부터이다. 만나를 하늘의 양식(시 105 : 40, 78 : 24), 힘센 자의 떡(시 78 : 25), 신령한 음식(고전 10 : 3)으로 칭한다.

[16 : 16-18] 이스라엘 사람들은 매일 만나를 먹을 만큼만 거둬야 하는데, 모든 사람이 균등하게 한 오멜씩 걷게 했다. 오멜은 10분의 1에바이고, 4ℓ 가량이다. 약간씩 차이 나게 거뒀지만, 결과적으로는 모두가 먹을 만큼씩 거뒀다. 넘치지도 부족하지도 않았다는 것은 고린도후서 8 : 15에도 나온다.

[16 : 19-21] 해가 뜨면 만나가 사그라졌다는 것은 만나를 보관하기가 어려웠

음을 보여 준다. 그래서 그날그날 먹어야 했다. 그런데 그것을 다음 날까지 남겨 둔 사람들 때문에 모세는 화를 낸다. 이스라엘 사람들이 먹고 마실 것이 없어서 고통을 당했기 때문에 그들이 욕심을 내고 또 혹시 몰라서 다 먹지 않고 남겨 두는 것은 이해할 수 있다. 그러나 우리는 하나님이 그들에게 율례를 정해 주셨음을 기억해야 한다(4절). 그들이 과연 하나님을 신뢰하는지 시험하시는 것이다.

[16 : 22-30] 이 문단은 여섯째 날에 양식을 갑절로 거두어야 하는 이유를 알려 준다. 안식일을 지키기 위해 안식일 전날에 곱절로 만나를 거두는 것이다. 이스라엘 사람들은 모세가 지시한 대로 한다. 그리고 그 사실을 '회중의 모든 지도자' 들이 모세에게 보고한다.

그런데 문제는 그 다음에 발생한다. 하나님은 일곱째 날에는 양식을 내리지 않았다. 그래서 '여호와의 안식일' 이라고 하는데, 어떤 사람들은 일곱째 날에도 양식을 거두러 나갔다. 그들은 하나님이 정해 주신 율례를 어긴 것이다. 양식이 없다고 불평하는 것보다 하나님이 명하신 것을 어기는 것이 더 문제다. 하나님은 "어느 때까지 너희가 내 계명과 내 율법을 지키지 아니하려느냐"고 한탄하신다(앞뒤 문맥을 보면 하나님은 이스라엘 사람들이 먹고 사는 문제로 인해 불평할 때 그들을 책망하기보다는 그들에게 필요한 것을 주시고, 그들이 지킬 규례를 주시는 것에 집중하신다. 그러나 민수기 15 : 32-36을 보면, 안식일에 나뭇가지를 거둔 사람을 돌로 쳐 죽인다). 하나님은 이스라엘 사람들이 안식일에 온전한 쉼을 누리도록 여섯째 날에 양식을 갑절로 주시는데, 이스라엘 사람들은 그들의 욕심 때문에 주님이 주시는 쉼을 충만히 누리지 못했다. 그래서 하나님은 그들이 지켜야 할 규정을 다시 일러 주시고, 이스라엘 사람들은 일곱째 날 집 안에서 온전한 안식을 취했다.

[16 : 31-36] 이스라엘 사람들은 아침에 거둔 양식을 '만나' 라고 했는데, 이

것은 깟씨처럼 생겼다. '깟' 은 애굽과 팔레스타인에서 흔히 보는 식물인데, 그 씨는 회색빛이 나는 흰색으로 먹을 수 있고, 기분 좋게 하는 향기가 난다. 하나님은 후손들을 교육하기 위해서 만나를 항아리에 넣어서 보관하게 하시는데, '증거(판)' 앞에 두라고 하신다. 여기서 '증거(판)' 는 '증거궤' 를 가리킨다. 35~36절은 이스라엘 사람들이 40년 동안 만나를 먹었다는 것과 한 오멜이 십분의 일 에바임을 알려 주는데, 굳이 하루치 만나의 분량을 수치로 밝히는 것은 일용할 양식이 어느 정도 분량인지 보여 주려는 의도일 것이다.

하나님께서 이스라엘 백성들이 먹는 것으로 인해 어려움을 겪게 하신 까닭은 그들로 하여금 떡이 아니라 하나님의 말씀으로 살게 하기 위해서이다(신 8 : 3). 이 구절은 주님이 시험받을 때 사탄에게 하신 말씀이다. 주님은 '만나 이후' 를 말씀하신다. 주님은 '생명의 떡' 에 대해 말씀하신다(요 6장).

하나님은 이스라엘 사람들이 하나님의 말씀대로 행하는지를 시험하려 하신다. 만나를 거둬들이는 것을 통해서 노동과 쉼을 조율하신다. 하나님은 이스라엘 사람들로 하여금 안식일에 철저한 쉼을 누리게 하신다. 그러나 이스라엘 사람들은 그러한 하나님의 뜻을 거역한다. 에스겔도 이것을 지적한다(겔 20 : 10-17). 예배하는 것은 하나님의 은총 가운데서 쉼을 누리는 것이다.

만나는 예수님이 광야에서 굶주린 사람들을 먹이신 것에서 다른 모습으로 나타난다. 그리고 항아리에 담긴 만나는 성만찬을 상징한다. 그런데 우리는 여전히 바로의 떡을 그리워한다.

7. 므리바 또는 맛사(17 : 1-7)

1이스라엘 자손의 온 회중이 여호와의 명령대로 신 광야에서 떠나 그 노정대
로 행하여 르비딤에 장막을 쳤으나 백성이 마실 물이 없는지라 2백성이 모세

와 다투어 이르되 우리에게 물을 주어 마시게 하라 모세가 그들에게 이르되
너희가 어찌하여 나와 다투느냐 너희가 어찌하여 여호와를 시험하느냐 [3]거기
서 백성이 목이 말라 물을 찾으매 그들이 모세에게 대하여 원망하여 이르되
당신이 어찌하여 우리를 애굽에서 인도해 내어서 우리와 우리 자녀와 우리
가축이 목말라 죽게 하느냐 [4]모세가 여호와께 부르짖어 이르되 내가 이 백성
에게 어떻게 하리이까 그들이 조금 있으면 내게 돌을 던지겠나이다 [5]여호와
께서 모세에게 이르시되 백성 앞을 지나서 이스라엘 장로들을 데리고 나일
강을 치던 네 지팡이를 손에 잡고 가라 [6]내가 호렙산에 있는 그 반석 위 거기
서 네 앞에 서리니 너는 그 반석을 치라 그것에서 물이 나오리니 백성이 마시
리라 모세가 이스라엘 장로들의 목전에서 그대로 행하니라 [7]그가 그곳 이름
을 맛사 또는 므리바라 불렀으니 이는 이스라엘 자손이 다투었음이요 또는
그들이 여호와를 시험하여 이르기를 여호와께서 우리 중에 계신가 안 계신가
하였음이더라

르비딤에 이르렀을 때, 이스라엘 백성들은 다시 물 때문에 어려움을 겪는다. 르비딤은 '휴식처' 라는 의미를 갖는다. 그렇다면 그곳은 쉴 만한 여건을 갖춘 곳이어야 하는데, 이스라엘 사람들에게 그곳은 결코 휴식처가 아니었다. 이스라엘 백성들은 여기서도 하나님께 불평한다. 이번이 네 번째다(출 14 : 11－12, 15 : 24, 16 : 2). 그들은 모세를 원망하고, 그를 적대시한다. 모세를 괴롭히고 그의 권위에 도전한다. 모세는 그들에게 그것을 명확하게 지적한다. 시편 기자도 그렇게 말한다(시 95 : 7－9, 78 : 40－42).

[17 : 1] 이스라엘 사람들은 하나님이 지시하시는 대로, 신 광야를 떠나서 르비딤에 진을 쳤다. 그런데 그곳에 마실 물이 없었다. 마라와 신 광야에서 일어난 일을 기억하는 독자들은 이스라엘 사람들이 이제 어떤 반응을 보일지 짐작할 것이다.

[17 : 2-3] 2절은 이스라엘 사람들이 르비딤에서 모세와 '다투고' 하나님을 '시험' 했음을 알려 준다. 여기서 우리가 만나는 새로운 단어는 '다투다' 인데, 이것은 법적인 소송을 가리킨다. 백성들이 모세와 다투었다는 것은 이스라엘 사람들이 모세를 일종의 인민재판에 회부했다는 것이다. 이런 일로 인해서 그곳 이름을 '므리바' 로 바꾼다. 그리고 하나님을 시험했다고 해서 그곳 이름을 '맛사' 라고도 한다. 이스라엘 사람들이 모세에게 불평하는 주 내용은 출애굽기 14~16장에서 본 대로, 왜 그들을 애굽에서 광야로 공연히 데려와서 죽이려 하느냐는 것이다.

[17 : 4-6] 백성들이 얼마나 대들었는지 모세는 견디지 못해서 하나님께 울부짖는다. 상황은 심각하다. 사람들이 모세를 돌로 쳐서 죽일 기세다. 하나님은 모세에게 해결 방안을 일러 주시는데, 이스라엘 장로들과 함께 그 문제를 해결하게 하신다. 하나님은 모세에게 처음부터 이스라엘 장로들과 함께 일하라고 지시하셨다. 모세는 하나님이 말씀하신 대로 호렙산(히브리어 원문은 그냥 '호렙' 이다.)으로 가서 이스라엘 장로들이 보는 앞에서 거기에 있는 바위를 친다.

그런데 여기에 나오는 호렙이 시내산을 가리킨다면, 그들이 실제로 호렙산까지 갔는지는 의문이다. 시내 광야에 도착해서 호렙산 앞에 장막을 치는 것은 출애굽기 19장에 나오기 때문이다. 본문은 모세가 하나님이 일러 주신 대로 행했다는 것으로 끝나는데, 그 다음에 일이 어떻게 진행되었는지는 민수기 20 : 10~12에 나온다. 모세는 이스라엘 사람들을 '반역자' 라고 책망한 다음 지팡이로 반석을 두 번 치자, 거기서 물이 솟아나서 물 문제가 해결되었다. 그런데 하나님이 모세와 아론을 책망하시면서 그들이 가나안 땅에 들어가지 못할 것이라고 말씀하신다.

[17 : 7] 2절에서 모세는 "너희가 어찌하여 나와 다투느냐(므리바) 너희가 어

찌하여 여호와를 시험하느냐(맛사)"고 하는데, 맛사는 어떤 문제로 인해서 법적 소송이 제기된 것을 가리키고, 므리바는 법적 소송에서 서로 논박하는 것을 가리킨다. 7절은 '여호와를 시험했다'는 것이 무엇인지를 설명하는데, 그것은 '여호와께서 우리 중에 계신가, 안 계신가'를 확인하려는 태도를 가리킨다. 이 구절은 그곳 지명들을 통해서 이스라엘의 반역을 알려 주는 데 목적을 둔다.

이스라엘 백성들은 모세에게 마실 물을 달라고 한다. 그리고 왜 애굽에서 데리고 나와서 자신들을 목말라 죽게 하느냐고 말한다. 그리고 하나님이 그들 가운데 계시는지 안 계시는지 시험한다. 이스라엘 백성들은 마라 사건을 잊었다. 이런 기억상실증이 문제다(시 106 : 13, 95 : 9). 그들은 기억상실로 인해서 불평하는 죄를 범한다. 르비딤은 하나님이 이스라엘 백성들을 시험하는 장소이다. 르비딤을 므리바라고 하는데, 이것은 이스라엘 백성들이 그곳에서 하나님과 다투었기 때문이다. 므리바는 리브에서 파생했는데, 이것은 송사하는 것을 말한다. 재판을 했다는 것이다. 인민재판을 한 것이다. 그리고 모세에게 최고형을 선언한다. 그래서 그들은 모세를 돌로 쳐서 죽이려고 한다.

맛사와 므리바는 이스라엘 백성들이 모세와 논쟁을 벌이고 하나님께 대드는 상황을 독자들에게 알려 준다. 광야생활이 어렵다는 것을 감안해도, 맛사와 므리바는 그들의 믿음이 얼마나 연약했는지를 명확하게 보여 준다. 그리고 이것은 후대에 경고를 한다(시 95 : 7-11). 그럼에도 불구하고 하나님은 그들과 함께하시겠다는 약속을 철회하지 않으셨고, 그들을 위해 더 많은 것을 예비하심으로써 그들로 하여금 불신앙을 이겨 내게 하셨다. 이렇게 하시면서 하나님은 자신이 누구인지 사람들에게 알리셨다.

8. 승리하게 하시는 하나님(17 : 8-16)

[8]그때에 아말렉이 와서 이스라엘과 르비딤에서 싸우니라 [9]모세가 여호수아에
게 이르되 우리를 위하여 사람들을 택하여 나가서 아말렉과 싸우라 내일 내
가 하나님의 지팡이를 손에 잡고 산꼭대기에 서리라 [10]여호수아가 모세의 말
대로 행하여 아말렉과 싸우고 모세와 아론과 훌은 산꼭대기에 올라가서 [11]모
세가 손을 들면 이스라엘이 이기고 손을 내리면 아말렉이 이기더니 [12]모세의
팔이 피곤하매 그들이 돌을 가져다가 모세의 아래에 놓아 그가 그 위에 앉게
하고 아론과 훌이 한 사람은 이쪽에서, 한 사람은 저쪽에서 모세의 손을 붙들
어 올렸더니 그 손이 해가 지도록 내려오지 아니한지라 [13]여호수아가 칼날로
아말렉과 그 백성을 쳐서 무찌르니라 [14]여호와께서 모세에게 이르시되 이것
을 책에 기록하여 기념하게 하고 여호수아의 귀에 외워 들리라 내가 아말렉
을 없이하여 천하에서 기억도 못 하게 하리라 [15]모세가 제단을 쌓고 그 이름
을 여호와 닛시라 하고 [16]이르되 여호와께서 맹세하시기를 여호와가 아말렉
과 더불어 대대로 싸우리라 하셨다 하였더라

아말렉이 이스라엘을 공격한다. 이것은 이스라엘이 출애굽 한 이후에 겪은 첫 번째 공격이었다. 여기서 이스라엘의 대적으로 나타나는 아말렉은 시내 광야 지역을 떠도는 매우 거칠고 공격적인 유목민들이다. 그들은 이스라엘처럼 광야 주변에 정착했거나 반쯤 정착한 사람들을 공격해서 약탈하고 괴롭혔다. 이들은 광야를 여행하는 대상들이나 무리들에게 심각한 위협이었다. 사울과 다윗 시대에도 유다 남부에 거주하는 이스라엘 사람들은 아말렉이 쳐들어와서 약탈하는 것 때문에 괴롭힘을 당했다(삼상 14 : 48, 30 : 1ff.) 그래서 이스라엘과 아말렉은 계속 전쟁하는 상황으로 여겨졌다(출 17 : 16). 이런 이유로 인해 이스라엘은 하나님의 도우심이 간절했다.

[17 : 8] 물 문제를 간신히 해결하고 나서 한숨 돌릴 겨를도 없이 일이 터졌다. 아말렉이 그들을 공격한 것이다. 정말 엎친 데 덮친 격이다.

[17 : 9] 모세는 아말렉과 싸우기 위해 여호수아를 부른다. 그런데 독자들은 여기까지 출애굽기를 읽으면서 여호수아에 대해 들은 적이 없다. 여호수아는 여기에 아무런 예고 없이 그리고 어떤 소개도 없이 등장한다. 물론 그는 이스라엘의 제2인자이고, 이스라엘 군대를 통솔하는 역할을 하기 때문에, 여기서 그가 등장하는 것은 당연하지만 말이다. 모세가 지침을 일러 주는데, 여호수아에게는 사람들을 모아서 아말렉과 싸우게 하고, 자신은 하나님의 지팡이를 잡고 산꼭대기에 서 있겠다고 한다. 모세의 명을 받은 여호수아는 이스라엘 사람들 가운데 용맹한 사람들을 선발하여 그들과 함께 계곡으로 내려간다.

[17 : 10] 모세와 아론과 훌은 산(히브리어는 일반적으로 산을 지칭하는 '하르'가 아니고, '기브아' 인데, 기브아를 '언덕' 으로 번역하기도 하지만, 여기서는 산을 가리키는 것으로 보인다.)꼭대기로 올라가는데, 여기서는 훌이 아무런 예고 없이 등장한다. 그런데 여호수아의 경우와는 달리 그가 누구인지 어떤 지위인지에 대해 전혀 언급하지 않는다. 이 위급한 순간에 아론과 함께 모세를 도운 것으로 보아 중요한 인물인 것은 분명하다.

[17 : 11-13] 이스라엘이 아말렉과 싸우는 동안 모세가 손을 올리면 이스라엘이 이기고 모세가 손을 내리면 아말렉이 이기는 기이한 일이 벌어졌는데, 이것은 하나님을 의지하는 상징적인 표시였을 것이다. 모세가 힘이 빠져서 팔을 들 수 없게 되었을 때, 아론과 훌이 그 팔을 붙들어서 해 질 때까지 내려오지 않게 했다(그래서 그곳 이름을 '르비딤' 이라고 명명한 것으로 보인다. '르비딤' 의 어근 'rpd' 는 '지원하다' 의 의미를 갖는다). 여호수아와 그의 군대는

칼날('칼날'로 번역된 히브리어는 '피-헤렙', 즉 '칼의 입'인데, 이것은 고대 이스라엘 사람들이 칼로 적군을 죽인 것을 칼이 적군을 삼킨 것으로 이해했음을 보여 준다.)로 아말렉을 무찔렀다.

[17 : 14] 하나님은 모세에게 아말렉과의 전투를 기록하게 하시고, 여호수아를 비롯한 이스라엘 사람들에게 암송하게 하신다. 고대 이스라엘에는 '주의 전쟁의 책'(민 21 : 14)이 있었는데, 이 책은 이스라엘이 치른 여러 전쟁들에 관해 기록한 것으로, 후대 사람들에게 용기를 주고, 하나님이 어떻게 역사하셨는지를 대대로 증거하기 위해서 기록되었다. 하나님은 아말렉을 멸절시키겠다고 약속하신다. 하나님이 이토록 아말렉에 대해서 과민한 반응을 보이시는 까닭은 출애굽 한 이후에 하나님의 장자인 이스라엘을 공격한 최초의 약탈자들이기 때문일 것이다. 신명기는 여기에 대한 상세한 이야기를 들려준다.

> "너희는 애굽에서 나오는 길에 아말렉이 네게 행한 일을 기억하라 곧 그들이 너를 길에서 만나 네가 피곤할 때에 네 뒤에 떨어진 약한 자들을 쳤고 하나님을 두려워하지 아니하였느니라 그러므로 네 하나님 여호와께서 네게 기업으로 주어 차지하게 하시는 땅에서 네 하나님 여호와께서 사방에 있는 모든 적군으로부터 네게 안식을 주실 때에 너는 천하에서 아말렉에 대한 기억(출 17 : 14에도 '아말렉〈에 대한〉 기억'이 나오는데, 하나님이 이스라엘 사람들에게 아말렉을 대대로 기억하라고 하면서, 그 기억을 지워 버리겠다고 하시는 것은 앞뒤가 맞지 않는다. 그래서 '아말렉〈에 대한〉 기억'을 '아말렉의 이름'으로 보는 것이 낫겠다. 즉, 아말렉이라는 이름을 지워 버리겠다는 것이다〈Propp, *Exodus 1-18*, p. 619.〉)을 지워 버리라 너는 잊지 말지니라"(신 25 : 17-19).

이런 이유로 하나님은 아말렉 진멸을 공포하신다. 나중에 사무엘이 사울에게 아말렉을 치라는 하나님의 명령을 전하는데(삼상 15 : 1 – 3), 모든 것을 진멸하라는 명령을 사울이 어김으로써(9절) 그는 사무엘로부터 책망과 저주를 듣는다(17 – 23절). 아말렉 왕 아각도 사무엘이 처형한다(32 – 33절). 그리고 사무엘과 사울은 각자의 길을 가는데, 사무엘은 사울로 인해 슬퍼하고, 하나님은 사울을 왕으로 삼으신 것을 후회하신다(34 – 35절, 삼상 31장을 보면, 다윗이 블레셋으로 망명한 때에 아말렉이 쳐들어와서 다윗도 어려움을 당하는데, 그는 아말렉을 치고 그들이 사로잡아 간 사람들과 물품을 모두 되찾는다. 다윗이 그것들 외에 아말렉으로부터 전리품으로 얻은 것이 있는지는 알 수 없지만, 그 물품들을 분배하고 또 이스라엘 여러 지역에 보낸다. 이 과정에서 다윗은 전리품을 분배하는 율례와 규례를 정한다. 사울과 다윗의 경우를 비교해 보면, 사울은 아말렉을 치고 전리품을 가져왔지만, 다윗은 그들이 빼앗아간 물건들을 찾아온다. 그리고 사울은 아말렉 사람들을 다 죽이지 않지만, 다윗은 도망한 사람들을 제외하고는 모두 죽인다. 이런 점에서 둘은 다르다).

[17 : 15] 모세는 그곳에 단을 쌓고, 이름을 '여호와 닛시' 라고 했는데, 이 말의 의미는 '주는 나의 깃발' 이다. 이것은 이스라엘 사람들이 전쟁을 하면서 하나님의 임재와 인도를 상징하는 그림이나 문양을 정해서 사용했음을 보여준다.

[17 : 16] 이스라엘은 아말렉 사람들로 인해 심한 고통을 겪은 것으로 보인다. 그래서 그들과는 무슨 방법으로도 평화를 유지할 수 없으므로 대대로 그들과 전쟁을 할 수밖에 없다고 생각한다. '여호와께서 맹세하시기를' (히브리어로 '키 – 야드 알 – 케스 야흐')은 직역하면 '손이 주의 보좌를 향해 들렸다' 인데, 이 구절은 의미가 불분명하다. 과연 그 손은 누구의 손인가? '야(야훼)의 깃발에 손' 이나 '야(야훼)의 보좌에 손' 으로 해석할 수 있다. 이 구절은 이스

라엘 백성들이 하나님의 군대로서 하나님께 성별하면서 제의적인 서약을 하는 것을 가리킨다. 아니면 하나님이 아말렉과 대대로 싸우시겠다고 하는 것으로 보아, 아말렉이 하나님을 향해 손을 쳐들었다. 즉, 아말렉 사람들이 하나님의 보좌를 공격한 것으로 해석할 수도 있다.

본문의 사건은 이스라엘 사람들이 아말렉과의 전쟁을 무기로만 한 것이 아니라 기도로 한 전쟁이라는 점에서 의미를 갖는다. 모세는 하나님을 의지하는 것이 무엇인지를 명확하게 보여 준다. 모세가 지팡이를 하늘을 향해서 들었다는 것은 그가 기도했음을 상징적으로 보여 준다. 그것은 가지를 하늘로 치켜든 나무처럼 기도하는 자세이다. 아말렉은 하나님을 거역해서 손을 들지만, 모세는 하나님을 의지해서 손을 든다. 모세는 어떤 문제를 만나든 항상 하나님께 아뢰고, 해결책을 강구했다. 모세가 기도한 효과는 컸다. 그러나 기도의 능력은 기도 자체에서 비롯되는 게 아니라는 사실을 명심해야 한다. 하나님의 능력이다.

9. 사법 체계를 세운 모세(18 : 1－27)

1모세의 장인이며 미디안 제사장인 이드로가 하나님이 모세에게와 자기 백성
이스라엘에게 하신 일 곧 여호와께서 이스라엘을 애굽에서 인도하여 내신 모
든 일을 들으니라 2모세의 장인 이드로가 모세가 돌려보냈던 그의 아내 십보
라와 3그의 두 아들을 데리고 왔으니 그 하나의 이름은 게르솜이라 이는 모세
가 이르기를 내가 이방에서 나그네가 되었다 함이요 4하나의 이름은 엘리에셀
이라 이는 내 아버지의 하나님이 나를 도우사 바로의 칼에서 구원하셨다 함이
더라 5모세의 장인 이드로가 모세의 아들들과 그의 아내와 더불어 광야에 들
어와 모세에게 이르니 곧 모세가 하나님의 산에 진 친 곳이라 6그가 모세에게
말을 전하되 네 장인 나 이드로가 네 아내와 그와 함께한 그의 두 아들과 더불

어 네게 왔노라 7모세가 나가서 그의 장인을 맞아 절하고 그에게 입 맞추고 그
들이 서로 문안하고 함께 장막에 들어가서 8모세가 여호와께서 이스라엘을 위
하여 바로와 애굽 사람에게 행하신 모든 일과 길에서 그들이 당한 모든 고난
과 여호와께서 그들을 구원하신 일을 다 그 장인에게 말하매 9이드로가 여호
와께서 이스라엘에게 큰 은혜를 베푸사 애굽 사람의 손에서 구원하심을 기뻐
하여 10이드로가 이르되 여호와를 찬송하리로다 너희를 애굽 사람의 손에서와
바로의 손에서 건져 내시고 백성을 애굽 사람의 손 아래에서 건지셨도다 11이
제 내가 알았도다 여호와는 모든 신보다 크시므로 이스라엘에게 교만하게 행
하는 그들을 이기셨도다 하고 12모세의 장인 이드로가 번제물과 희생제물들을
하나님께 가져오매 아론과 이스라엘 모든 장로가 와서 모세의 장인과 함께 하
나님 앞에서 떡을 먹으니라 13이튿날 모세가 백성을 재판하느라고 앉아 있고
백성은 아침부터 저녁까지 모세 곁에 서 있는지라 14모세의 장인이 모세가 백
성에게 행하는 모든 일을 보고 이르되 네가 이 백성에게 행하는 이 일이 어찌
됨이냐 어찌하여 네가 홀로 앉아 있고 백성은 아침부터 저녁까지 네 곁에 서
있느냐 15모세가 그의 장인에게 대답하되 백성이 하나님께 물으려고 내게로
옴이라 16그들이 일이 있으면 내게로 오나니 내가 그 양쪽을 재판하여 하나님
의 율례와 법도를 알게 하나이다 17모세의 장인이 그에게 이르되 네가 하는 것
이 옳지 못하도다 18너와 또 너와 함께한 이 백성이 필경 기력이 쇠하리니 이
일이 네게 너무 중함이라 네가 혼자 할 수 없으리라 19이제 내 말을 들으라 내
가 네게 방침을 가르치리니 하나님이 너와 함께 계실지로다 너는 하나님 앞에
서 그 백성을 위하여 그 사건들을 하나님께 가져오며 20그들에게 율례와 법도
를 가르쳐서 마땅히 갈 길과 할 일을 그들에게 보이고 21너는 또 온 백성 가운
데서 능력 있는 사람들 곧 하나님을 두려워하며 진실하며 불의한 이익을 미워
하는 자를 살펴서 백성 위에 세워 천부장과 백부장과 오십부장과 십부장을 삼
아 22그들이 때를 따라 백성을 재판하게 하라 큰 일은 모두 네게 가져갈 것이
요 작은 일은 모두 그들이 스스로 재판할 것이니 그리하면 그들이 너와 함께

담당할 것인즉 일이 네게 쉬우리라 [23]네가 만일 이 일을 하고 하나님께서도 네
게 허락하시면 네가 이 일을 감당하고 이 모든 백성도 자기 곳으로 평안히 가
리라 [24]이에 모세가 자기 장인의 말을 듣고 그 모든 말대로 하여 [25]모세가 이스
라엘 무리 중에서 능력 있는 사람들을 택하여 그들을 백성의 우두머리 곧 천부
장과 백부장과 오십부장과 십부장을 삼으매 [26]그들이 때를 따라 백성을 재판하
되 어려운 일은 모세에게 가져오고 모든 작은 일은 스스로 재판하더라 [27]모세
가 그의 장인을 보내니 그가 자기 땅으로 가니라

출애굽기 18장은 광야에서 모세가 장인인 이드로를 만나는 이야기를 한다. 모세는 이드로에게서 여러 가지 행정적인 조언을 듣고 그것을 따른다. 18장은 이스라엘이 어떻게 법적인 제도를 구축하게 되었는지를 알려 주고, 이스라엘의 법적 제도를 구축하는 데 모세가 결정적인 역할을 했음을 보여 준다. 모세는 법적 제도를 만들면서 단계를 설정하고, 거기에 사람들을 세웠으며, 그들에게 법적인 권위를 부여해서 그들이 각 단계별로 법적인 절차를 시행하게 했다.

그리고 모세는 미디안으로부터 종교적인 측면에서도 많은 것들을 배웠을 것이다. 미디안은 야훼를 섬겼으며, 그런 점에서 아직 구체적인 종교적 틀을 갖추지 못한 이스라엘 백성들보다 앞서 있었음에 분명하다. 정확한 것은 알 길이 없지만, 어떤 학자들은 모세가 미디안에서 야훼 신앙을 배웠다고 주장할 정도로 미디안이 이스라엘의 종교적인 측면에 미친 영향이 크다.

[18 : 1] 이스라엘 사람들이 출애굽 한 소문이 널리 퍼졌다. '모세의 장인이며 미디안 제사장' 인 이드로도 그 소문을 듣는다. 그런데 그가 들은 것은 하나님이 그의 백성 이스라엘에게 하신 일, 즉 여호와께서 이스라엘을 애굽에서 인도하여 낸 일이다(1절은 "하나님이 모세에게와 자기 백성 이스라엘에게 하신 일 곧 여호와께서 이스라엘을 애굽에서 인도하여 내신 모든 일"이라고 하는데,

〈칠십인역〉은 '모세에게와'를 생략한다. 문맥상으로는 하나님이 이스라엘 백성들에게 하신 일을 강조하기 때문에 〈칠십인역〉이 더 적합한 것으로 보인다). 이드로는 모세에 대한 이야기를 들은 것이 아니다.

[18 : 2-4] 이드로가 모세의 가족들과 함께 모세를 찾아온다. 이 구절은 독자들을 혼란스럽게 하는데, 출애굽기 4 : 20은 모세가 아내와 아들들과 함께 애굽으로 갔다고 하기 때문이다. 그런데 여기서는 그들이 이드로와 함께 왔다고 함으로써 지금까지 모세와 함께 동행하지 않았음을 알려 준다.

모세의 가족에 대해서는 출애굽기 4장 이후로는 나오지 않는다. 이드로가 모세를 만나러 오면서 모세의 아내와 두 아들(〈개역개정〉 성경은 "그의 아내 십보라와 그의 두 아들"〈2-3절〉이라고 번역해서 독자들로 하여금 '그의 아내'와 '그의 두 아들'에서 '그'가 모세라고 생각하게 하는데, '그의 아내'에서 '그'는 모세이지만, '그의 두 아들'에서 '그'는 십보라이다. 히브리어로 3인칭 여성단수소유격이기 때문이다. 이것은 6절에서도 마찬가지인데, '그의 두 아들'에서 '그' 역시 십보라이다. 〈칠십인역〉과 〈시리아역〉, 그리고 〈불가타〉는 '그의 두 아들'을 '너의 두 아들'로 바꾼다.)을 데려오는데, 2~3절은 모세가 그들을 이드로에게 돌려보냈다고 한다. 이것은 무엇을 의미하는가? 단순히 상황이 어려워져서 모세가 아내를 친정으로 돌려보낸 것인가? 아내를 친정으로 돌려보냈다는 것은 이혼을 의미하는 경우가 많아서 모세와 십보라가 피남편 사건으로 인해 이혼했다고 생각하는 사람들도 있다. 그러나 그렇게 보기에는 무리가 있다.

게르솜에 대해서는 출애굽기 2 : 22에서 언급했고, 엘리에셀은 여기서 처음으로 등장하는데, '하나님은 나의 도움'이라는 의미이며, 당시 이스라엘에서 상당히 흔한 이름이었다. 물론 이 이름에는 모세의 독특한 경험이 반영되어 있다. 모세는 "내 아버지의 하나님이 나를 도우사 바로의 칼에서 구원하셨다."라는 의미를 부여해서 아들의 이름을 지었다.

[18 : 5] 이드로가 모세를 찾아온 장소는 '모세가 하나님의 산에 진 친 곳' 이다. '하나님의 산' 은 호렙산인데, 그렇다면 지금 모세와 이스라엘 사람들은 호렙산 지역에서 체류 중이라는 것이다. 출애굽기 16 : 1과 17 : 1은 이스라엘 사람들이 신 광야에서 머물다가 현재 르비딤에 머무는 것으로 이야기하기 때문에 상당히 혼란스럽다. 앞에서 살펴본 대로 르비딤에서 물 문제로 인해 어려움을 당할 때, 모세는 장로들과 함께 호렙산으로 가서 거기에 있는 반석을 쳐서 물을 얻는다. 하지만 이스라엘 사람들이 호렙산, 즉 시내산에 도달한 것은 출애굽기 19장에 의하면 출애굽 한 지 3개월째 되는 날이다.

[18 : 6-8] 모세는 장인인 이드로에게 최대한 경의를 표해서 맞이한다. 이드로는 모세로부터 하나님이 어떻게 역사하셨는지 자초지종을 듣는다. 모세는 결코 자신을 내세우지 않고, 언제나 하나님을 내세운다. 하나님이 모든 것을 다하셨다고 말한다.

[18 : 9-12] 모세가 하는 말을 듣고 이드로는 하나님을 찬양한다. 10~11절은 이드로가 하나님을 찬양한 것을 직접화법으로 들려준다. 하나님이 모든 신들 가운데서 가장 위대하시다는 고백은 엄밀한 의미에서 유일신 사상은 아니지만, 출애굽기 15 : 11에서처럼 이스라엘의 유일신적 신앙을 보여 준다는 점에서 중요한 의미를 갖는다.

하나님을 찬양한 다음 이드로는 하나님께 번제물와 희생제물을 드린다. 번제는 짐승 한 마리를 모두 제단 위에서 불태우는 것이고(레 1 : 3ff.), 희생제는 제물의 일부만 불태우고 나머지는 예배자와 다른 사람들, 여기서는 아론과 이스라엘 장로들이 '모세의 장인' (이드로를 지칭할 때 12절 앞부분까지는 '모세의 장인이며 미디안의 제사장인 이드로' 또는 '모세의 장인 이드로' 나 간략하게 '이드로' 라고 하는데, 12절 뒷부분부터 27절까지는 '모세의 장인' 또는 '그의 장인' 이라고 한다.)과 함께 나눠 먹었다. 이것은 '화목제' 를 가리키는 것으로 보인다. 여기서 번제와 희생제를 언급하는 것은 이 두 가지 제사가 가장 기본적이었기 때문이다.

[18 : 13] 13절부터는 이드로가 모세를 찾아온 지 이틀째 되는 날 이야기이다. 모세는 부족의 우두머리와 같은 역할을 했다. 그래서 날마다 아침부터 저녁까지 이스라엘 사람들이 하는 불만들을 들어주고, 법적인 판결을 필요로 하는 일들을 처리했다. 사람들 사이에서 일어나는 일들은 대체로 증거가 명확하지 않고 어느 정도 책임을 져야 하는지도 명확하지 않았으며, 어떻게 해야 하는지도 정해지지 않았기 때문에 처리가 어려울 수밖에 없었다. 그러다 보니 사람들은 무슨 일이 생겨서 자신들이 해결할 수 없으면 모세를 찾아왔다.

[18 : 14-16] 정의는 하나님으로부터 비롯하기 때문에 바른 법적인 판결을 하기 위해서는 하나님의 도우심이 필요하다. 이것은 모세와 같은 존경받는 지도자들에 의해서 이루어지는데, 그들은 자신의 경험과 하나님께서 주시는 영으로 올바른 판단을 할 수 있었으며, 우림과 둠밈을 사용해서 판결하기도 했다. 그리고 이들은 오랜 세월 동안 법적인 사건들을 다루면서 상당한 분량의 판결 자료들을 비축했을 것이다. 이것들에 근거해서 유사한 사건들에 대한 판결을 내렸을 것이고, 전혀 새로운 사건을 다룰 때는 과거의 사례를 참조하면서 새로운 해법을 찾았을 것이다. 그런데 이들이 지향하는 궁극적인 목적은 이스라엘 사람들로 하여금 하나님의 율례와 법도(16절)를 알게 하는 것이다.

[18 : 17-23] 모세는 자신이 현재 하는 일을 당연하다는 듯이 이야기하지만, 그 이야기를 듣고 이드로는 "옳지 못하다."라고 평가한다. 그리고 새로운 재판 방식, 즉 재판 과정을 분담하고 체계화하는 법을 알려 준다. 이드로는 모

세로 하여금 일을 분담하고, 심급을 정하게 한다.

무엇보다 재판을 바르게 집행하기 위해서는 재판하는 사람을 바로 세워야 한다. 재판하는 사람들은 존경받는 인물이어야 하며, 법적인 지식을 갖춘 전문가여야 했다. 이스라엘 사람들을 법을 집행하는 단위로 재편하는 것은 가문과 부족 중심의 체계에서 국가적인 행정 체계로 재편하는 과정을 보여 준다.

이스라엘에서 재판은 매우 중요한 의미를 갖는다. 그리고 재판은 하나님의 뜻을 통해서 의를 실천하는 통로였다.

> "네 성중에서 서로 피를 흘렸거나 다투었거나 구타하였거나 서로 간에 고소하여 네가 판결하기 어려운 일이 생기거든 너는 일어나 네 하나님 여호와께서 택하실 곳으로 올라가서 레위 사람 제사장과 당시 재판장에게 나아가서 물으라 그리하면 그들이 어떻게 판결할지를 네게 가르치리니 여호와께서 택하신 곳에서 그들이 네게 보이는 판결의 뜻대로 네가 행하되 그들이 네게 가르치는 대로 삼가 행할 것이니 곧 그들이 네게 가르치는 율법의 뜻대로, 그들이 네게 말하는 판결대로 행할 것이요 그들이 네게 보이는 판결을 어겨 좌로나 우로나 치우치지 말 것이니라 사람이 만일 무법하게 행하고 네 하나님 여호와 앞에 서서 섬기는 제사장이나 재판장에게 듣지 아니하거든 그 사람을 죽여 이스라엘 중에서 악을 제하여 버리라 그리하면 온 백성이 듣고 두려워하여 다시는 무법하게 행하지 아니하리라"(신 17 : 8-13).

[18 : 24-27] 모세는 이드로가 일러 준 그대로 행하여 사법 체계를 갖추고, 그것이 제대로 작동하게 했다. 자신의 부족함을 인정하고 다른 사람의 조언을 경청하는 것, 이것이 모세가 가진 최대의 장점이다. 이렇게 사법 체계에 대한 여러 가지 조언을 한 다음, 이드로는 집으로 돌아갔다. 자신이 할 일을

마치고 아무런 미련 없이 돌아가는 이드로의 뒷모습이 참 정갈하다.

모세는 최선을 다하는 사람이다. 그는 자신에게 맡겨진 일을 혼신의 힘을 다해서 완수하려고 했다. 그러나 이것이 지혜로운 것은 아니다. 우리는 우리가 가진 한계를 알아야 한다. 모세는 이드로가 조언한 것을 따라서 사람들을 선발한다. 그들은 하나님을 경외하고 불의한 이득을 미워하는 신실한 사람들이었다.

여기서 보는 대로 모세가 사람들을 선발하는 기준은 첫째, 하나님과의 관계성이다. 둘째는 대표성이다. 이것은 사람들을 선발할 때 혈연이나 지연에 얽매이지 않았음을 보여 준다. 이스라엘 전체에서 가장 적합한 사람을 선발한 것이다. 이러한 것은 신명기 1 : 13에도 나온다. 이렇게 모세는 사람들을 선발하고 그들과 지도력을 나누었다. 이것이 바로 이드로가 제안한 것의 본질이다.

10. 호렙산에 강림하신 하나님(19 : 1-25)

1이스라엘 자손이 애굽 땅을 떠난 지 삼 개월이 되던 날 그들이 시내 광야에
이르니라 2그들이 르비딤을 떠나 시내 광야에 이르러 그 광야에 장막을 치되
이스라엘이 거기 산 앞에 장막을 치니라 3모세가 하나님 앞에 올라가니 여호
와께서 산에서 그를 불러 말씀하시되 너는 이같이 야곱의 집에 말하고 이스
라엘 자손들에게 말하라 4내가 애굽 사람에게 어떻게 행하였음과 내가 어떻
게 독수리 날개로 너희를 업어 내게로 인도하였음을 너희가 보았느니라 5세
계가 다 내게 속하였나니 너희가 내 말을 잘 듣고 내 언약을 지키면 너희는
모든 민족 중에서 내 소유가 되겠고 6너희가 내게 대하여 제사장 나라가 되며
거룩한 백성이 되리라 너는 이 말을 이스라엘 자손에게 전할지니라 7모세가
내려와서 백성의 장로들을 불러 여호와께서 자기에게 명령하신 그 모든 말씀

을 그들 앞에 진술하니 [8]백성이 일제히 응답하여 이르되 여호와께서 명령하
신 대로 우리가 다 행하리이다 모세가 백성의 말을 여호와께 전하매 [9]여호와
께서 모세에게 이르시되 내가 빽빽한 구름 가운데서 네게 임함은 내가 너와
말하는 것을 백성들이 듣게 하며 또한 너를 영영히 믿게 하려 함이니라 모세
가 백성의 말을 여호와께 아뢰었으므로 [10]여호와께서 모세에게 이르시되 너
는 백성에게로 가서 오늘과 내일 그들을 성결하게 하며 그들에게 옷을 빨게
하고 [11]준비하게 하여 셋째 날을 기다리게 하라 이는 셋째 날에 나 여호와가
온 백성의 목전에서 시내산에 강림할 것임이니 [12]너는 백성을 위하여 주위에
경계를 정하고 이르기를 너희는 삼가 산에 오르거나 그 경계를 침범하지 말
지니 산을 침범하는 자는 반드시 죽임을 당할 것이라 [13]그런 자에게는 손을
대지 말고 돌로 쳐 죽이거나 화살로 쏘아 죽여야 하리니 짐승이나 사람을 막
론하고 살아남지 못하리라 하고 나팔을 길게 불거든 산 앞에 이를 것이니라
하라 [14]모세가 산에서 내려와 백성에게 이르러 백성을 성결하게 하니 그들이
자기 옷을 빨더라 [15]모세가 백성에게 이르되 준비하여 셋째 날을 기다리고 여
인을 가까이 하지 말라 하니라 [16]셋째 날 아침에 우레와 번개와 빽빽한 구름
이 산 위에 있고 나팔 소리가 매우 크게 들리니 진중에 있는 모든 백성이 다
떨더라 [17]모세가 하나님을 맞으려고 백성을 거느리고 진에서 나오매 그들이
산기슭에 서 있는데 [18]시내산에 연기가 자욱하니 여호와께서 불 가운데서 거
기 강림하심이라 그 연기가 옹기 가마 연기같이 떠오르고 온 산이 크게 진동
하며 [19]나팔 소리가 점점 커질 때에 모세가 말한즉 하나님이 음성으로 대답하
시더라 [20]여호와께서 시내산 곧 그 산꼭대기에 강림하시고 모세를 그리로 부
르시니 모세가 올라가매 [21]여호와께서 모세에게 이르시되 내려가서 백성을
경고하라 백성이 밀고 들어와 나 여호와에게로 와서 보려고 하다가 많이 죽
을까 하노라 [22]또 여호와에게 가까이 하는 제사장들에게 그 몸을 성결히 하게
하라 나 여호와가 그들을 칠까 하노라 [23]모세가 여호와께 아뢰되 주께서 우리
에게 명령하여 이르시기를 산 주위에 경계를 세워 산을 거룩하게 하라 하셨

사온즉 백성이 시내산에 오르지 못하리이다 [24]여호와께서 그에게 이르시되 가라 너는 내려가서 아론과 함께 올라오고 제사장들과 백성에게는 경계를 넘어 나 여호와에게로 올라오지 못하게 하라 내가 그들을 칠까 하노라 [25]모세가 백성에게 내려가서 그들에게 알리니라

이스라엘 백성들은 출애굽 한 다음 2개월 후에 하나님의 산에 도착했는데, 이것은 매우 중요한 의미를 갖는다. 하나님은 이스라엘 백성들이 하나님의 산에 도착하는 것을 하나님의 징표로 제시했었다(출 3 : 12). 하나님의 산에서 이스라엘 백성들이 하나님을 예배하는 것, 이것이야말로 하나님과 모세가 꿈꾸던 일이었다. 그 일이 바로 이루어진 것이다.

이 사건은 하나님이 그의 백성 이스라엘을 구원하시려는 계획이 성취된 것을 보여 줄 뿐만 아니라, 하나님이 이스라엘 백성들과 새로운 관계를 맺으시고 새로운 역사를 시작하시는 것을 보여 준다.

출애굽기 19장부터는 세 가지를 이야기한다. ① 신현현, ② 언약체결, ③ 예배법. 이 세 가지는 서로 긴밀한 관계를 가지면서 나타난다. 신현현은 언약체결로 이어지고, 예배법은 계약의 목적을 다양한 측면에서 제시한다.

신현현을 묘사할 때 천둥, 번개, 폭풍 같은 자연현상으로 묘사한다. 시내산에서 하나님은 화산폭발(18절), 그리고 천둥과 폭풍(16절)으로 나타나신다. 그래서 어떤 학자들은 그런 자연현상이 발생하는 지역에 시내산이 위치할 것으로 추정하기도 하지만, 그런 곳은 애굽에서 지나치게 멀리 떨어져 있다. 신현현을 묘사하는 것은 반드시 그 장소에서 그런 자연현상이 발생하기 때문이 아니라 전통적인 묘사 방식을 채용한 까닭으로 보아야 한다.

[19 : 1-2] '삼 개월이 되던 날'은 셋째 달 초하루를 가리킨다. 그들은 시내 광야에 도착해서 그곳에 장막을 쳤다. 그런데 '거기 산 앞에' 장막을 쳤다고 한다. 그 산은 당연히 시내산이다. 드디어 이스라엘 사람들이 그들의 첫 목

적지인 시내산에 도착했다.

[19 : 3-6] 장막을 친 다음 모세는 하나님께 올라간다. 하나님께 올라갔다는 것은 산으로 올라갔다는 것이다. 출애굽기에서 모세는 모두 일곱 번 정도 산에 올라간다.

	올라감	내려옴	내 용
1	출 19 : 3	출 19 : 7	제사장 나라 거룩한 백성에 대한 말씀
2	출 19 : 8	출 19 : 14	백성의 말을 하나님께 전하고, 백성들에게 신현현 준비사항 전달
3	출 19 : 20	출 19 : 25	백성들에 대한 주의사항 전달, 십계명
4	출 20 : 21	출 24 : 3	일상적인 일들에 대한 법규, 산에 오르는 것에 대한 지시
5	출 24 : 15-18	출 32 : 15	성막 제작에 대한 규정
6	출 32 : 31		모세의 간구와 하나님이 이스라엘과 함께 하시지 않겠다는 말씀
7	출 34 : 4	출 34 : 29	새로 맺은 언약

하나님은 산에서 모세에게 말씀하시는데, 이스라엘 사람들에게 하나님이 이스라엘을 출애굽 시키고 지금까지 인도하신 사실을 잊지 말라고 하신다.

하나님은 그곳까지 이스라엘 사람들을 인도하신 것을 독수리 날개로 묘사한다. 독수리 날개는 독수리 어미가 새끼들을 양육하고 보호하는 것을 의미한다. 이것은 신명기 32 : 9~11에도 나온다. 하나님은 독수리 어미이고, 이스라엘 사람들은 독수리 새끼들이다.

하나님은 이스라엘 사람들에게 무엇보다 언약을 지키라고 말씀하시는데, 이것은 시내산 신현현 사건이 계약의 결론 역할을 하는 것을 의미한다. 하나님은 이스라엘 사람들에게 계약에 충실할 것을 요구하신다. 온전한 순종을 요구하시는 것이다.

'언약을 지킨다'는 구절은 여기에 처음 나오는데, 하나님이 출애굽이라는 놀라운 역사를 일으키신 까닭이 바로 하나님이 언약을 기억하신 것에서 비롯한다는 것을 기억해야 한다. 그래서 하나님이 언약을 기억하신다는 것은 새로운 역사를 일으키신다는 것을 의미한다. 그렇기에 언약은 사람뿐만 아니라 하나님께도 중요하다. 우리에게는 하나님의 구원을 촉발하고 하나님께 간구할 가장 중요한 근거이기도 하다. 그러므로 우리는 하나님과 맺은 언약을 기억하고 그 언약을 온전히 지켜야 한다. 하나님이 이스라엘 백성들에게 온전한 순종을 요구하시는 것은 하나님을 위해서가 아니라 이스라엘을 위한 길이다.

하나님은 이스라엘 백성들이 온전한 순종을 통해서 하나님의 귀중한 소유물이 된다고 말씀하신다. 이스라엘 백성들을 하나님이 소유로 삼으신 까닭은 이스라엘 백성들이 소중해서가 아니라 하나님의 사랑 때문임을 모세는 명확하게 가르친다. 하나님은 이스라엘의 하나님이 되시고 이스라엘은 하나님의 백성이 된다는 것이 계약의 내용이다. 하나님은 이스라엘이 나라를 세울 것을 말씀하시는데, 여기서 중요한 것은 그들이 하나님과 밀접한 관계를 유지할 것이라는 사실이다. 하나님이 이스라엘을 소중하게 여기시는 것은 그들에게 소중한 목적을 갖고 계시기 때문이다. 그들은 제사장 나라를 이루어야 한다. 이사야 49 : 6을 보면, 이스라엘은 온 세상에 하나님의 구원을 선포해야 한다. 제사장 나라에 대한 언급은 베드로전서 2 : 9, 요한계시록 1 : 6에 나온다.

[19 : 7-15] 모세는 산을 오르락내리락 한다. 모세는 3절에서 산 위에 올라갔다가 7절에서 내려온다. 그리고 8절 마지막 부분에 "모세가 백성의 말을 여호와께 전하매"라고 한 것을 보면, 모세는 다시 산으로 올라갔을 것이다. 그리고 14절에서 내려온다. 모세는 산을 이렇게 오르내리면서 하나님의 말씀을 이스라엘 사람들에게 전하고, 이스라엘 사람들이 하는 말을 하나님에게

전하는 중개자 역할을 수행한다.

모세는 산에서 내려와서 장로들을 불러 모은다. 여기서 '장로'는 연장자가 아니라 가문을 대표하는 사람이다. 모세는 그들에게 하나님의 명령을 전한다(7-8절은 모세가 장로들에게 하나님의 말씀을 전하면, 장로들이 각 지파 사람들에게 그 말씀을 전하고, 그 사람들이 응답한 것을 장로들이 모세에게 전달했음을 보여 준다).

9절은 하나님이 다음번에 어떤 모습으로 나타나실지를 미리 말씀하시는 장면인데, 이를 통해서 사람들 앞에서 모세를 하나님의 대변인으로 완전히 인정하고 하나님의 선물인 계약을 확증한다. 출애굽 내내 하나님은 짙은 구름으로 이스라엘에게 자신을 나타내셨다(출 13 : 21-22).

하나님이 다음번에는 이스라엘 백성들과 매우 가까운 거리에 자신을 나타내시기 때문에, 이스라엘 백성들은 주님을 맞이하는 일에 특별히 주의를 기울여야 했다. 그들은 신적인 거룩함을 방해하는 모든 것을 제거해야 했고, 신적인 거룩함을 거스르는 모든 것들을 피해야 했다. 그리고 일상적인 삶에서 발생하는 부정을 제거하기 위해 의복을 세탁함으로써 자신들을 거룩하게 했다(10절).

하나님은 대체로 인간들과 상당한 거리를 두시지만, 이때는 매우 가까운 곳에 자신을 나타내신다. 그러나 하나님은 여전히 신비로운 분이다. 하나님은 이스라엘 백성들에게 자신을 가까이 계시하시면서 동시에 이스라엘 백성들로 하여금 그에게 지나치게 가까이 오는 것을 금하신다. 하나님은 거리를 두기 원하신다. 이러한 거리 두기는 매우 중요한 의미를 갖는다. 하나님께 가까이 나아가야겠지만, 그렇다고 하나님과 우리 사이에 두어야 할 거리를 넘어가는 것은 금해야 한다.

이스라엘 백성들은 하나님이 임재하실 것을 2일 동안 기다렸다(11절). 드디어 셋째 날 하나님은 놀라운 상황 속에서 이스라엘 백성들에게 자신을 드러내 보이신다(16절). 그러나 하나님이 자신을 드러내 보이셨다고 해서 이스라엘 백성들이 하나님 모습을 다 볼 수 있었던 것은 결코 아니다. 그들이 어떤 경이로움과 신비를 경험한 것은 사실이지만, 그렇다고 하나님을 직접 뵌 것은 아니기 때문이다.

12절은 사람들이 하나님께 나아가는 한계선을 설정함으로써, 인간들이 그 이상 더 나아가지 못하게 하려는 의도를 보여 준다. 하나님이 임재하시는 시내산은 산 전체가 마치 성소와 같아서 사람들이 마음대로 접근할 수 없는 곳임을 알려 준다. 그리고 거룩은 항상 '구별'을 의미하기 때문에 아무리 하나님이 인간과 가깝게 자신을 드러내신다고 해도 여전히 인간과 거리를 둘 수밖에 없고, 아무리 자신을 인간들에게 드러내신다고 해도 하나님은 여전히 신비로운 분이기 때문이다. 그렇기 때문에 사람들은 '거룩'을 유지하기 위해서 신께 지나치게 가깝게 다가가는 것을 금해야 한다. 의도적이든 그렇지 않든지 간에 신에게 지나치게 가까이 다가가면 그들은 죽임을 당한다. 사람이든 짐승이든 신의 영역으로 들어가면 그는 거룩해져서 죽임을 당하는 것이다.

13절에서 양각 나팔을 부는 것은 거룩한 절기가 시작했음을 알리고, 하나님이 그의 백성들과 함께하신다는 것을 알리는 역할을 한다. 시내산 신현현은 성전에서 정규적인 예배 형태로 반복적으로 재현되었을 것이고, 유월절이 출애굽 사건을 상기하게 하듯이 시내산 신현현 사건도 이스라엘의 초기 예배에서 재현되었을 것으로 보인다.

나팔을 불면 사람들은 시내산으로 올라갈 수 있었다. 시내산으로 올라가기 위해서 사람들은 준비했다. 신의 나타나심을 준비하는 기간에는 성적인 관계를 금해야 했는데(남자들은 여인을 가까이 하지 말아야 한다〈15절〉. '가까이 하다'〈히브리어로 '닉가쉬'〉는 22절에도 나온다〈'여호와께 가까이 하는 제사장'〉.), 이것은 성관계를 부정적으로 여겨서가 아니다. 거룩케 하는 것이 활력을 갖추는 것도 의미했기 때문에 성관계를 금함으로써 활력을 유지하려는 의도이다.

[19 : 16-22] 16절에서는 시내산 신현현을 천둥을 동반한 폭풍, 즉 뇌우(雷雨)로 묘사한다. 사람들은 이러한 자연현상을 통해서 신적인 능력과 임재를 표현하고자 했다. 이스라엘 사람들은 예배에서 큰 소리가 나는 나팔을 불었는데, 이것은 천둥소리를 재현하는 것이다.

옹기가마는 길쭉하고 위로 갈수록 좁아져서 전체 모습이 마치 화산 같은 형태이다. 거기서 연기가 나오면 그것은 더욱 화산과 같아 보였을 것이다(18절).

하나님은 이미 사람들이 듣는 가운데 모세와 말씀하셨는데, 여기서는 모세가 산 위에 올라왔을 때 그에게 말씀하신다. 하나님은 자신이 설정한 선을 사람들이 함부로 넘어서 다가오는 것을 금하신다. 20~25절은 제사장과 백성들 사이의 거리를 강조한다. 제사장들은 일반 사람들보다 하나님께 더 가까이 나아갈 수 있었다. 여기서 이렇게 제사장을 언급하는 것은 나중에 하나님이 지시하시는 제사장 위임식 이전에도 이미 이스라엘에 제사장들이 있었음을 보여 준다.

[19 : 23-25] 모세는 하나님이 말씀하신 대로 산에 경계선을 설치하고, 누구도 그 경계선을 넘어서 하나님께 더 가까이 나아가지 못하게 했다. 하나님은 모세에게 아론과 함께 올라오라고 하신다. 그러나 제사장들과 백성들은 경계선을 넘지 못하게 한다.

16~25절에서도 모세는 산을 오르락내리락하는데, 20절에서 모세는 산으로 올라간다. 그리고 25절에서 산을 내려와서 하나님이 일러 주신 말씀을 사람들에게 전한다.

출애굽 한 이스라엘 백성들은 이제 시내 광야에 이르러서 거기에 장막을 치고 거한다. 모세는 거기서 하나님께로 올라간다. 본문을 읽으면서 독자인 우리도 모세를 따라 산으로 올라가서 하나님 앞에 선다. 하나님은 이스라엘 백성들에게 자신의 말을 전하라고 하신다. 말해야 할 내용은 두 가지이다. 하나는 하나님이 이스라엘 백성들을 어떻게 출애굽 시키셨는가 하는 것이고, 다른 하나는 이스라엘 백성이 하나님과 맺은 언약을 지키면 하나님의 백성이 된다는 것이다. 하나님과 이스라엘이 시내산에서 정식으로 계약을 맺는다. 이제부터 하나님은 이스라엘의 하나님이 되셔서 이스라엘에게 복을 주시고 이스라엘을 보호해 주시며, 이스라엘은 하나님의 백성이 되어서 하나님만을 사랑하고 섬기기로 다짐한 것이다. 하나님은 이 말을 모세가 이스라엘 백성들에게 반드시 전하기를 원하신다.

이처럼 하나님은 출애굽 한 이스라엘 백성들에게 하시고 싶은 말씀이 있었다. 그래서 그들을 시내산 앞으로 불러 모으고, 모세를 산 위로 올라오게 해서 이스라엘 백성들에게 전해야 할 말씀을 들려주신 것이다.

11. 십계명을 주시는 하나님(20 : 1-17)

1하나님이 이 모든 말씀으로 말씀하여 이르시되 2나는 너를 애굽 땅, 종 되었
던 집에서 인도하여 낸 네 하나님 여호와니라 3너는 나 외에는 다른 신들을
네게 두지 말라 4너를 위하여 새긴 우상을 만들지 말고 또 위로 하늘에 있는
것이나 아래로 땅에 있는 것이나 땅 아래 물속에 있는 것의 어떤 형상도 만들
지 말며 5그것들에게 절하지 말며 그것들을 섬기지 말라 나 네 하나님 여호와
는 질투하는 하나님인즉 나를 미워하는 자의 죄를 갚되 아버지로부터 아들에
게로 삼사 대까지 이르게 하거니와 6나를 사랑하고 내 계명을 지키는 자에게
는 천 대까지 은혜를 베푸느니라 7너는 네 하나님 여호와의 이름을 망령되게
부르지 말라 여호와는 그의 이름을 망령되게 부르는 자를 죄 없다 하지 아니
하리라 8안식일을 기억하여 거룩하게 지키라 9엿새 동안은 힘써 네 모든 일을
행할 것이나 10일곱째 날은 네 하나님 여호와의 안식일인즉 너나 네 아들이나
네 딸이나 네 남종이나 네 여종이나 네 가축이나 네 문 안에 머무는 객이라도

> 아무 일도 하지 말라 11이는 엿새 동안에 나 여호와가 하늘과 땅과 바다와 그
> 가운데 모든 것을 만들고 일곱째 날에 쉬었음이라 그러므로 나 여호와가 안식
> 일을 복되게 하여 그날을 거룩하게 하였느니라 12네 부모를 공경하라 그리하
> 면 네 하나님 여호와가 네게 준 땅에서 네 생명이 길리라 13살인하지 말라 14간
> 음하지 말라 15도둑질하지 말라 16네 이웃에 대하여 거짓 증거하지 말라 17네
> 이웃의 집을 탐내지 말라 네 이웃의 아내나 그의 남종이나 그의 여종이나 그
> 의 소나 그의 나귀나 무릇 네 이웃의 소유를 탐내지 말라

십계명(Ten Commandments)은 구약성경에 나오는 법령집 가운데 가장 유명하고 가장 중심적인 열 가지 말씀이라는 의미에서 '데칼로그' (Decalogue)라고 한다.

숫자 '10' 이 특별한 의미를 갖는다기보다는 열 손가락을 하나씩 세면서 법률을 암기하기 위한 매우 단순하고 실용적인 의도에서 비롯했을 것이다. 출애굽기 34 : 14~26에도 십계명과 유사한 것이 나오는데, 출애굽기 32 : 19에서 모세가 십계명 돌판을 던져서 깨뜨려 버리기 때문에, 출애굽기 34 : 14~26은 첫 번째 십계명을 대체하는 것이다.

십계명에서 하나님이 1인칭으로 말씀하시는데, 이것은 이스라엘의 초기 예배 양식에서 나타나는 것으로, 일반적인 법률 형식에서 3인칭을 사용하는 것과 다른 특징을 보인다. 이스라엘 백성들은 예배를 드리면서 십계명을 대중적으로 낭송했는데, 그렇게 하면서 시내산 계약 사건을 상기하게 했다. 그렇기 때문에 십계명은 구체적인 범법 사항들이나 형벌부과에 대해서는 언급하지 않는다. 십계명은 사람들에게 행위의 근본 목적이 무엇인지 알려 주는 역할을 한다. 행위의 새로운 근거를 제시하는 것이 아니고, 사회에서의 도덕적인 삶에 대한 가장 기본적인 요구를 하나님의 뜻과 연결시킨다. 십계명은 이스라엘이 하나님과 계약 맺은 것을 전제한다.

[20 : 1-2] 1절은 하나님이 직접 하신 말씀이라는 것을 강조한다. 그리고 2절은 하나님이 자신을 출애굽의 하나님으로 소개하신다. 이것은 계약의 서언이다.

[20 : 3] 이스라엘은 오직 하나님만 섬겨야 했으며, 하나님께서는 이스라엘이 다른 신을 섬기는 것을 결코 용납하지 않으셨다. 그래서 무엇보다 이것을 첫째 계명으로 삼았다. 구약성경은 다른 신들의 존재를 부인하지 않기 때문에 엄밀한 의미에서 유일신 사상을 찾아보기 어렵다. 그러나 오직 하나님만을 예배하라는 것에서 유일신 사상적 경향이 강하게 드러나고, 결국 이것으로부터 명확한 유일신 사상이 형성된다.

[20 : 4-6] 첫째 계명이 오직 하나님만을 예배하라는 것이기 때문에, 어떤 형상(〈개역개정〉 성경은 "너를 위하여 새긴 우상을 만들지 말라"고 하는데, '우상'은 히브리어 '페셀'을 번역한 것이다. 그런데 '페셀'은 우상이 아니고 일반적인 이미지를 가리킨다. 그러니까 신을 형상화한 어떤 작품도 만들지 말라는 것이다.)을 만든다고 해도 그것은 결국 하나님을 상징하는 형상일 것이다. 그런데도 하나님에 대한 형상을 만들지 말라고 하는 까닭은 고대 사람들은 인간들이 어떤 신을 형상화하면, 그것은 신에 대한 인간의 통제를 의미한다고 생각했기 때문이다. 그래서 하나님을 형상화하는 것마저 금지하신 것이다.

'질투'는 그리 적합한 번역은 아니다. 질투한다는 것은 무엇인가를 부러워하고 의심한다는 것인데, 이것은 하나님이 하시려는 말씀을 제대로 전달하는 어휘가 아니다. 오히려 '열심' 또는 '열성'으로 번역하는 것이 낫겠다. 하나님이 보여 주시는 강력한 열심은 자존적인 열성인데, 하나님은 악하고 거짓된 것들 앞에서 자신의 명예를 지키려고 하신다. 그렇기 때문에 하나님은 사람들이 하나님 대신 다른 것을 택하는 것을 결코 허용하지 않으신다. 그리고 사람들이 그렇게 하는 것은 자신들에게도 해롭다. 그래서 하나님이 열심을 다해 자신의 명예를 지키려고 하는 것은 하나님을 위할 뿐만 아니라, 사람들을 위한 것이기도 하다.

하나님이 그를 미워하는 자의 자녀들까지 벌하겠다고 하신 것은 징벌의 범위를 넓힘으로써 보복하는 인상을 주기 쉬운데, 고대 사회에서는 한 사람이 죄를 지었을 때 그 책임을 그가 속한 온 가족이 짊어져야 했다는 사실을 고려해야 한다. 그리고 '삼사 대'는 대가족제이던 당시 사회에서 한 가족 안에 보통 삼사 대가 함께 거주했다는 사실을 고려하면 그 의미를 파악할 수 있을 것이다. 오히려 사랑하는 자에게 천대까지 은혜를 베푸신다는 것이 더 중요한 메시지이다.

[20 : 7] 하나님의 이름을 헛되게(히브리어로 '샤웨'인데, '무가치함', '속임', '공허함', '파괴', '마술'의 의미를 갖는다.) 부르는 것은 아무런 생각 없이 하나님의 이름을 부르는 것을 가리키지 않는다. 악한 의도로 다른 사람을 고발하거나 거짓 증거를 제시하면서 그것이 사실로 보이게 하기 위해서 하나님의 이름을 사용하는 것을 의미한다. 그리고 하나님의 이름을 부름으로써 어떤 마술을 부리려는 것을 가리킨다. 유대인들은 이 계명을 과도하게 지킴으로써 하나님의 이름을 아예 부르지 않았다.

[20 : 8-11] 넷째 계명은 긍정문이라는 점에서 부정문 형태를 갖는 다른 계명들과는 구별된다. 그래서 어떤 학자들은 넷째 계명이 원래는 "안식일에 일하지 말라"였다고 주장하기도 하지만, 그다지 타당해 보이지 않는다. "안식일을 기억하여 거룩하게 지키라"(히브리어를 직역하면, "안식일을 기억하라, 그것을 거룩하게 하기 위하여"이다. 〈사마리아 오경〉은 '기억하라'를 '지키라'로 바꾼다.)는 것은 단순히 안식일에 노동을 하지 말라는 것이 아니라 예배에 적극 참여해야 한다는 것을 가리킨다. 안식일 규정은 인간애적인 관심사에서 나타나듯 쉼을 위한 실제적인 기회를 제공해 줄 뿐만 아니라, 하나님을

예배하는 특정한 날을 정함으로써 시간을 성결하게 했다.

안식일 준수는 평등을 중시한다(T. E. Fretheim, *Exodus*, p. 230). 남녀노소 빈부귀천을 불문하고 모든 사람들이 동일하게 쉬어야 한다. 그리고 가축들과 땅도 쉬어야 한다. 여기서 '이방인'은 이스라엘에서 거주하면서 보호받기 위해서 어떤 특정한 지파나 도시에 접해 사는 영주 외국인들을 가리킨다. 이런 점에서 이들은 이스라엘로 귀화하지 않은 외국인들과 차이를 보인다.

[20 : 12] "네 부모를 공경하라"는 계명도 형태는 긍정문이다. 그래서 어떤 학자들은 "네 부모를 저주하지 말라"가 원래 형태였다고 주장한다. 하지만 이 계명은 성인이 된 자녀들이 부모를 적극적으로 부양해야 함을 말하기 때문에 "네 부모를 저주하지 말라"는 것은 지나치게 소극적으로 보인다.

[20 : 13] 여기서 '살인'(히브리어로 '라차흐'인데, 의도적인 보복행위로 인한 살인에 초점을 맞춘다.)은 아무 계획 없이 사람을 죽인 것, 그리고 적합한 법적 심리나 공개적인 재판을 하지 않고 살인용의자에게 개인적으로 복수하는 것을 가리킨다. 살인을 금지하는 것은 생명에 대한 존중을 지향한다.

[20 : 14] 약혼은 고대 사회에서 결혼에 대한 법적 근거로 여겨졌다. 그래서 약혼한 여자는 결혼한 여자도 그렇지만 이 명령에 의해서 법적 보호를 받았다.

[20 : 15] 구체적인 대상을 알려 주지 않는다는 점에서, 또 사유재산에 대한 일반적인 언급은 열째 계명에 담겨 있기 때문에 이 계명은 유괴를 금하는 것으로 보인다(출 21 : 16). 사람을 유괴하는 까닭은 그 사람을 종으로 부리기 위해서이다. 유괴는 인간의 기본권을 박탈하기 때문에 매우 심각한 범죄이다.

[20 : 16] 하나님은 이스라엘이 정당하고 효율적인 법적 제도를 운용할 것을 원하셨다. 그런데 그것은 증거를 제시하는 증인의 진실성에 달려 있다(16절을 직역하면, "너는 네 이웃에 대해서 거짓의 증언으로 대답하지 말라."이다. 즉, 재판하는 과정에서 질문에 거짓으로 대답하지 말라는 것이다). 이런 점에서 부정직함은 법률 체계 전체를 훼손하기 때문에 신중하게 다루어야 한다. 거짓증언에 대해서는 심한 벌을 부과한다(신 19 : 15 – 19).

[20 : 17] 여기서 집은 어떤 가정이 소유한 모든 것을 가리킨다. 그리고 부러워하는 것은 내면적인 심리 상태를 말하는 게 아니고 그것이 밖으로 드러난 것, 즉 다른 사람이 소유한 것을 '부당하게 전용하고 불법적으로 취하는 것'을 의미한다. 십계명에서 하나님은 삶의 모든 영역, 즉 하나님, 가족, 세계를 다 아우른다. 그래서 의미상으로는 십계명은 마지막 계명에서 시작하고 끝난다. 여기서는 부적당한 욕망(히브리어로 '하마드')에 대해서 말한다.

계명을 범했을 때, 최고형을 부과하는 경우를 계명별로 살펴보면 다음과 같다. ① 1계명 – 출애굽기 22 : 20, 신명기 13 : 1~5, ② 3계명 – 레위기 24 : 10~16, ③ 4계명 – 출애굽기 35 : 2, 민수기 15 : 32~36, ④ 5계명 – 출애굽기 21 : 15, 신명기 21 : 18~21, ⑤ 6계명 – 출애굽기 21 : 12, ⑥ 7계명 – 레위기 20 : 10.

하나님은 이제 그 유명한 십계명을 주신다. 하나님은 먼저 자신이 누구인지를 밝히신다. 우리 하나님은 자신을 언제나 분명히 밝히시는 분이다. 하나님이 자신을 밝히시면 이스라엘이 누구인지도 밝혀진다. 하나님은 "나는 너를 애굽 땅, 종 되었던 집에서 인도하여 낸 너의 하나님 여호와로라"라고 말씀하시는데, 이것은 이스라엘이 애굽에서 종살이한 사실을 밝히는 것이다. 서로 계약을 맺은 하나님과 이스라엘은 이제 떨어질 수 없는 사이가 되어서 하나님이 어떤 분인지 말하면 이스라엘이 누구인지도 아울러 밝혀지고, 이스라엘이 누구인지를 말하면 하나님이 어떤 분인지도 함께 밝혀진다.

우리가 아는 대로 십계명은 돌판 두 개에 하나님이 직접 새겨 주신 것이다. 영화 "십계"에 나오는 것처럼, 하나님의 손에서 불이 나와 두 개의 돌판에 글을 새기는 모습을 생각해 보라. 우리는 이 구절을 읽으면서 모세와 함께 시내산에서 하나님 앞에 서 있고, 하나님이 십계명을 두 돌판에 새기는 장면을 보고 있다. 첫째 돌판에는 하나님 사랑, 둘째 돌판에는 인간 사랑에 관한 계명들이 새겨진다. "하나님을 사랑하고 인간들을 사랑하면서 살아가라." 이것이 십계명을 요약한 말일 것이다. 하나님은 이런 세상을 만드시려고 이스라엘 백성들을 출애굽 시키신 것이다.

참고－십계명 정신

1. 출애굽기 20 : 1~2

하나님은 애굽에서 종살이하던 이스라엘 백성들을 이끌어 내신 다음, 그들을 시내산까지 데리고 오셨다. 하나님이 그들을 시내산까지 데려오신 까닭이 무엇인가? 그들에게 무엇인가 중요한 것을 말씀하시기 위해서이다. 하나님은 이스라엘 백성들에게 하시고 싶은 말씀이 있었다. 그래서 하나님은 이스라엘 백성들에게 말씀하신다. "하나님이 이 모든 말씀으로 말씀하여 이르시되"(1절).

우리 하나님은 이스라엘 백성들에게 무엇을 말씀하고 싶으셨을까? 무슨 사실을 그들에게 알리고 싶었기에 19장에 기록한 것처럼 그런 복잡한 절차를 거치면서까지 이스라엘 백성들을 준비시켰을까? 하나님은 경청할 준비가 되지 않은 사람들에게는 이야기하고 싶지 않았던 모양이다. 하나님이 맨 처음 하시는 말씀은 이렇다. "나는 너를 애굽 땅, 종 되었던 집에서 인도하여 낸 네 하나님 여호와니라"(2절). 이스라엘 백성들에게 계명들을 구체적으로 들려주기 전에 하나님은 자신이 이스라엘 백성과 어떤 관계인지를 밝히신다. 2절 앞에 나오는 '나는 너를' 은 '나' 와 '너', 즉 하나님과 이스라엘이 밀접한 관계가 있음을 보여 준다. 그리고 하나님은 자신과 이스라엘의 신분, 즉 정체를 밝히신다. '너' 이스라엘은 애굽 땅에서 종살이를 한 백성이고, '나' 여호와는 이스라엘 백성들을 그곳에서 인도하여 낸 하나님이다. 그리고 하나님은 '네 하나님 여호와' 라는 구절로 말씀을 마무리하시는데 이 구절에서 하나님과 이스라엘은 결코 뗄 수 없는 관계로 나타나며, 하나님과 이스라엘 백성이 계약을 맺었음을 보여 준다. 그래서 이제 하나님은 이스라엘의 하나님이고 이스라엘은 하나님의 백성이다.

이렇듯 하나님은 자신을 '출애굽의 하나님' 으로 소개한다. 여호와는 이스라엘을 출애굽 시켜 주신 하나님이다. 출애굽, 즉 엑소더스(Exodus)는 구약성경에서 매우 중요하며, 이스라엘 역사는 두 번의 엑소더스를 축으로 이루어진다. 첫 번째 엑소더스는 출애굽이고, 두 번째 엑소더스는 출바벨론이다. 이 두 사건을 중심으로 이스라엘 역사가 전개된다. 그런데 출애굽과 계명 수여, 그리고 계명 준수는 밀접한 관계가 있다. 이스라엘을 출애굽 시키신 하나님은 이스라엘 백성들에게 규례와 명령을 주시면서 그것들을 지키라고 말씀하셨다. 이것은 두 번째 엑소더스, 즉 출바벨론에 관한 구절에서도 나타난다(겔 37 : 24 – 28).

이스라엘을 출애굽 시키셨던 하나님은 바벨론에서 포로생활을 하는 이스라엘 백성들을 출바벨론, 즉 그들을 귀환시켜서 새 예루살렘과 새 이스라엘을 건설하고 그곳에서 하나님의 규례와 율례를 준행하면서 아름답게 살기를 원하셨다.

이처럼 하나님은 이스라엘을 엑소더스 시키시고, 그들과 언약을 맺으면서 그들이 하나님의 백성으로서 지켜야 할 규례들을 상세하게 알려 주셨다. 그 많은 규례들 가운데서 가장 앞에 나오는 것이 바로 십계명이다. 십계명은 히브리어로는 '열 가지 말씀들' 이다. 그런데 본문에는 자세하게 밝히지 않았지만, 다른 구절들을 보면 우리가 잘 아는 대로 하나님은 십계명을 두 돌판에 기록하셨다. 하나님이 돌판에 손수 십계명을 새기셨다는 것은 상징적인 의미가 강하다. 즉, 결코 변개할 수 없는 말씀을 주셨다는 뜻이다. 여기에는 하나님의 강력한 의지, 간절한 마음이 담겨 있다. 그런데 하나님은 무엇 때문에 이스라엘 백성들에게 열 가지 말씀을 주셨을까? 하나님은 이스라엘 백성들이 아름다운 삶을 살기를 바라는 마음으로 그들에게 규례와 법도를 알려 주셨다.

"오늘 네 하나님 여호와께서 이 규례와 법도를 행하라고 네게 명령하시나니 그런즉 너는 마음을 다하고 뜻을 다하여 지켜 행하라 네가 오늘 여호와를 네 하나님으로 인정하고 또 그 도를 행하고 그 규례와 명령과 법도를 지키며 그의 소리를 들으라 여호와께서도 네게 말씀하신 대로 오늘 너를 그의 보배로운 백성이 되게 하시고 그의 모든 명령을 지키라 확언하셨느니라 그런즉 여호와께서 너를 그 지으신 모든 민족 위에 뛰어나게 하사 찬송과 명예와 영광을 삼으시고 그가 말씀하신 대로 너를 네 하나님 여호와의 성민이 되게 하시리라"(신 26 : 16–19).

이스라엘 백성이 복된 삶을 살기를 원하시는 하나님은 신명기 26 : 17과 18절에서 밝히는 것처럼, 자신이 누구시며 이스라엘이 누구인지를 분명하게 알기를 원하신다. 모든 것은 이것으로부터 시작한다. 하나님이 어떤 분이시며, 이스라엘이 누구인지를 모르는 상태에서는 아무것도 할 수 없다. 그것을 모르고서 우리가 어떻게 하나님을 섬기겠는가? 그래서 하나님은 십계명을 말씀하시기 전에 자신이 구원자이시고, 우리는 구원받은 자들이며, 하나님의 백성들임을 알려 주신다.

2. 출애굽기 20 : 3~11

하나님은 이스라엘 백성들을 출애굽 시키신 다음에 그들이 앞으로 어떻게 살아야 할지 여러 가지 말씀으로 일러 주셨다. 그 말씀들 가운데 제일 먼저 나오는 말이 "너는 나 외에는 다른 신들을 네게 두지 말라"(3절)는 것이다. 이것은 하나님이 계시기 때문에 다른 신들을 섬기지 말고, 하나님만 섬기라는 말이다. 실제로는 이스라엘이 섬기는 하나님 여호와가 유일하신 하나님이기 때문에 다른 신들은 존재하지 않는다. 그래서 이스라엘은 다른 신들을 섬길 수도 없다. 하나님 외에 다른 신을 섬기는 것은 존재하지 않는 신을 섬기는 우매한 짓이다. 그리고 하나님은 자신을 포함해서 어떤 형상이든지 만들지 말라고 신신당부하신다. "너를 위하여 새긴 우상을 만들지 말고 또 위로 하늘에 있는 것이나 아래로 땅에 있는 것이나 땅 아래 물속에 있는 것의 어떤 형상도 만들지 말며 그것들에게 절하지 말며 그것들을 섬기지 말라"(4–5a절).
그러나 이렇게 신신당부를 했는데도 이스라엘 백성들은 우상 제작과 우상숭배의 유혹에서 벗어나지 못했다. 요시야가 이스라엘을 개혁할 때 상황을 열왕기하 23장을 통해서 살펴보라. 하나님의 거룩한 도성이라는 예루살렘이 온통 우상투성이다. 도대체 어떻게 이럴 수 있단 말인가? 하나님이 우상 제작을 하지 말라고 신신당부하셨는데도 이 정도니, 만약 우상 제작을 금지하지 않으셨다면 어떠했겠는가? 우상 제작을 금지하시는 하나님은 출애굽기 20 : 23에서 다른 신은 말할 것도 없고 하나님의 모습마저도 상으로 만들지 말라고 말씀하신다. 이렇게 하나님이 우상 제조 금지를 거듭 강조하시는 까닭은 우리에게 어떤 복선을 주시는 것이다. 무엇인가 불길한 예감이 들게 한다. 출애굽기 32장을 보면, 염려하던 일이 실제로 일어난다. 하나님이 이토록 신신당부하셨지만, 이스라엘은 그들을 출애굽 시켜 주신 하나님의 명령을 망각하고, 출애굽 직후부터 우상을 만들어 섬기다가 결국에는 멸망당했다. 하나님은 아무리 하나님을 본뜬 모습이라고 해도 백성들이 하나님 자신이 아니라 그 형상을 섬기는 것을 결코 용납하지 않으셨다. 더욱이 하나님의 모습을 송아지나 곤충 같은 것으로 만들어서 섬기는 미련한 짓을 하나님은 심히 가증스럽게 생각하셨다(왕하 17 : 7－18).

북왕국 이스라엘이 멸망당한 까닭은 바로 우상 제작과 우상숭배 때문이었다. 우상 제조 금지를 강력하게 명령하시는 하나님은 자신을 '질투하는 하나님'이라고 말씀하신다. "나 네 하나님 여호와는 질투하는 하나님인즉"(5b절). 그리고 자신을 미워하는 자의 죄는 삼사 대까지 갚고, 하나님을 사랑하고 계명을 지키는 사람은 천대까지 은혜를 베풀겠다고 말씀하신다. "나를 미워하는 자의 죄를 갚되 아버지로부터 아들에게로 삼사 대까지 이르게 하거니와 나를 사랑하고 내 계명을 지키는 자에게는 천대까지 은혜를 베푸느니라"(5c－6절). 얼핏 기이해 보이지만, 이 구절을 문자적으로만 이해해서 하나님을 편협하고 이상한 분으로 생각할 필요는 없다. 이 구절은 문장이 매우 수사적이다. 이스라엘 백성들에게 하나님을 사랑하라고 그만큼 강조하는 것이다. 하나님은 이스라엘 백성들이 하나님을 사랑하고 하나님이 그들에게 일러 주신 계명을 지키면서 살기를 원하신다. 그래서 그들이 천대까지 이어지는 역사를 이뤄 나가기를 바라신다. 여기서 첫 계명과 둘째 계명이 이어진다. 이 두 계명이 한결같이 말하는 것은 하나님만을 사랑하라는 것이다. 이렇게 해서 하나님 사랑과 계명 준수가 이어진다.

지금까지 살펴본 것처럼, 첫 번째와 두 번째 계명을 통해서 하나님은 자신을 사랑하고 계명을 지키면서 살라고 우리에게 말씀하신다. 이것은 우리로 하여금 철저히 윤리적인 삶을 살 것을 요구하시는 것이다. 결코 주술적인 방식으로 하나님을 섬기지 말라는 것이다. "너는 네 하나님 여호와의 이름을 망령되게 부르지 말라 여호와는 그의 이름을 망령되게 부르는 자를 죄 없다 하지 아니하리라"(7절). 하나님을 진심으로 사랑하지 않는 사람들은 하나님의 이름을 망령되이, 즉 하나님의 이름을 신실함과 경외함 없이, 깊은 의미 없이 주문 외우듯이 부르는 자들이다. 하나님은 그런 것을 아주 싫어하신다. 그래서 그렇게 하지 말 것을 사람들에게 엄중히 경고하신다. 하나님은 자신을 사람들이 도깨비 방망이 대하듯 하는 것을 매우 혐오하신다. 하나님을 경외하는 마음 없이 하나님이 무엇인가를 마술처럼 이뤄 주시기를 바라면서 하나님의 이름을 부르는 것이 바로 하나님의 이름을 망령되이 일컫는 것이다. 하나님의 이름은 그렇게 함부로 부를 저급한 이름이 아니다. 그런 사람들과 다르게 하나님을 사랑하는 사람은 하나님의 이름을 아끼며, 하나님의 뜻대로 살기 위해서 애쓴다.

> "예수께서 대답하여 이르시되 사람이 나를 사랑하면 내 말을 지키리니 내 아버지께서 그를 사랑하실 것이요 우리가 그에게 가서 거처를 그와 함께하리라 나를 사랑하지 아니하는 자는 내 말을 지키지 아니하나니 너희가 듣는 말은 내 말이 아니요 나를 보내신 아버지의 말씀이니라"(요 14 : 23-24).

하나님이 누구이신지 알고 하나님을 사랑하는 사람들은 하나님이 원하시는 대로 사는데, 그 첫 번째가 안식일을 지키는 것이다. 안식일 규정은 8~11절까지 모두 4개 절로, 십계명에서 가장 많은 분량을 차지한다.

하나님은 안식일을 거룩히 지키라고 말씀하신다. 그러면서 사람들이 일주일을 어떻게 살아야 할지 알려 주신다. 엿새 동안은 열심히 일하고 일곱째 날은 하나님 여호와의 안식일이기 때문에 아무도 일하지 못하게 하신다. 하나님은 창조 때에 자신이 쉬셨음을 강조하신다. 하나님의 쉼이 인간들의 쉼으로 이어진다는 것은 얼마나 놀라운 일인가? 하나님은 자신을 위해서 쉬신 것이 아니고 인간들을 위해서 쉬신 것이다. 인간들에게 쉼을 주시는 하나님. 안식일 규정은 출애굽기 34 : 21에도 나오고, 출애굽기 35 : 1~3에도 나온다. 그리고 출애굽기 23 : 10~13에서 안식일 규정은 쉼과 나눔으로 이어진다.

> "너는 여섯 해 동안은 너의 땅에 파종하여 그 소산을 거두고 일곱째 해에는 갈

지 말고 묵혀 두어서 네 백성의 가난한 자들이 먹게 하라 그 남은 것은 들짐승이 먹으리라 네 포도원과 감람원도 그리할지니라 너는 엿새 동안에 네 일을 하고 일곱째 날에는 쉬라 네 소와 나귀가 쉴 것이며 네 여종의 자식과 나그네가 숨을 돌리리라 내가 네게 이른 모든 일을 삼가 지키고 다른 신들의 이름은 부르지도 말며 네 입에서 들리게도 하지 말지니라 너는 매년 세 번 내게 절기를 지킬지니라 너는 무교병의 절기를 지키라 내가 네게 명령한 대로 아빕월의 정한 때에 이레 동안 무교병을 먹을지니 이는 그 달에 네가 애굽에서 나왔음이라 빈손으로 내 앞에 나오지 말지니라 맥추절을 지키라 이는 네가 수고하여 밭에 뿌린 것의 첫 열매를 거둠이니라 수장절을 지키라 이는 네가 수고하여 이룬 것을 연말에 밭에서부터 거두어 저장함이니라 네 모든 남자는 매년 세 번씩 주 여호와께 보일지니라"(출 23 : 10－17).

그런데 출애굽기와 신명기 본문을 비교해 보면, 안식일 규정이 약간 차이가 나는 것을 알 수 있다.

출애굽기 20 : 8~11	신명기 5 : 12~15
안식일을 기억하여 거룩하게 지키라	네 하나님 여호와가 네게 명령한 대로 안식일을 지켜 거룩하게 하라
엿새 동안은 힘써 네 모든 일을 행할 것이나	엿새 동안은 힘써 네 모든 일을 행할 것이나
일곱째 날은 네 하나님 여호와의 안식일인즉 너나 네 아들이나 네 딸이나 네 남종이나 네 여종이나 네 가축이나 네 문 안에 머무는 객이라도 아무 일도 하지 말라	일곱째 날은 네 하나님 여호와의 안식일인즉 너나 네 아들이나 네 딸이나 네 남종이나 네 여종이나 네 소나 네 나귀나 네 모든 가축이나 네 문 안에 유하는 객이라도 아무 일도 하지 못하게 하고 네 남종이나 네 여종으로 너 같이 안식하게 할지니라
이는 엿새 동안에 나 여호와가 하늘과 땅과 바다와 그 가운데 모든 것을 만들고 일곱째 날에 쉬었음이라 그러므로 나 여호와가 안식일을 복되게 하여 그날을 거룩하게 하였느니라	너는 기억하라 네가 애굽 땅에서 종이 되었더니 네 하나님 여호와가 강한 손과 편 팔로 거기서 너를 인도하여 내었나니 그러므로 네 하나님 여호와가 네게 명령하여 안식일을 지키라 하느니라

여기서 보는 대로, 두 본문이 조금 차이를 보인다. 출애굽기는 하나님이 창조 때에 쉬셨기 때문에 안식일을 지키도록 하고, 신명기는 하나님이 이스라엘 백성을 출애

굽 시키셨기 때문에 그것을 기념해서 안식일을 지키라고 말한다. 어쨌든 안식일은 하나님이 본을 보이시고 하나님이 제정해서 사람들로 하여금 지키도록 명령하시는 쉼의 날이다. 그런데 안식일은 자신이 쉬는 날이기도 하지만, 다른 사람들을 쉴 수 있게 해 주는 날이라는 점에서 더 큰 의미를 갖는다. 하나님은 자신이 제정하신 안식일 준수를 매우 중요하게 생각하셨다.

> "여호와께서 모세에게 말씀하여 이르시되 너는 이스라엘 자손에게 말하여 이르기를 너희는 나의 안식일을 지키라 이는 나와 너희 사이에 너희 대대의 표징이니 나는 너희를 거룩하게 하는 여호와인 줄 너희가 알게 함이라 너희는 안식일을 지킬지니 이는 너희에게 거룩한 날이 됨이니라 그날을 더럽히는 자는 모두 죽일지며 그날에 일하는 자는 모두 그 백성 중에서 그 생명이 끊어지리라 엿새 동안은 일할 것이나 일곱째 날은 큰 안식일이니 여호와께 거룩한 것이라 안식일에 일하는 자는 누구든지 반드시 죽일지니라 이같이 이스라엘 자손이 안식일을 지켜서 그것으로 대대로 영원한 언약을 삼을 것이니 이는 나와 이스라엘 자손 사이에 영원한 표징이며 나 여호와가 엿새 동안에 천지를 창조하고 일곱째 날에 일을 마치고 쉬었음이니라 하라"(출 31 : 12 - 17).

하나님은 사람들에게 안식일을 반드시 지킬 것을 강조하신다. 만약 지키지 않으면 죽이라고 말씀하신다. 안식일 규정은 이렇듯 중요한 것이었다. 하나님은 안식일에 쉬지 않는 것이 얼마나 큰 죄인지, 또 안식일에 일을 하면 어떤 벌을 내리실 것인지도 말씀하셨다(렘 17 : 19 - 27).

안식일 준수를 이렇게 강조하다 보니, 유대인들은 갈수록 안식일을 율법주의적으로 지켰다. 그래서 안식일을 제정한 본래의 뜻을 잊어버리고 안식일 법에 얽매여 살았다. 그런 안식일을 얽매임에서 풀어 내신 분이 바로 예수님이시다. 예수님은 안식일을 새롭게 해석하신다(마 12 : 1 - 8).

예수님은 안식일을 하나님의 일을 하는 날로 해석하셨는데, 바로 이 구절 다음에 '손 마른 사람' 을 예수님이 고치시는 사건이 나온다. 예수님은 이런 일들을 통해서 안식일이 사람을 위해 있는 것이지 사람이 안식일을 위해서 있는 것이 아니라는 안식일의 근본정신을 사람들에게 일깨워 주셨다. 이처럼 안식일을 바르게 지키는 것,

즉 사람을 사랑하는 것이 하나님을 사랑하는 것이다.
지금까지 우리가 살펴본 대로, 하나님은 첫째 계명에서 넷째 계명까지를 말씀하시면서 우리가 하나님만 사랑하기를 원하신다.

3. 출애굽기 20 : 12~17

우리가 하나님을 사랑하면 하나님이 일러 주신 계명을 당연히 지킨다. 그리고 그 계명 지킴은 안식일 규정에서도 나타나듯이 사람 사랑으로 나아가며, 사람 사랑은 각 가정에서의 부모 공경, 즉 효행(孝行)으로부터 시작한다. 부모 공경은 동서고금을 막론하고 사람이라면 누구나 당연히 해야 할 일이요, 모든 행위의 근본이다. 하나님을 사랑하고 안식일을 지키는 사람은 당연히 부모를 공경하지만, 하나님을 사랑하지 않는 사람은 부모를 공경할 수 없다. 만약 하나님을 사랑한다고 하면서 부모를 공경하지 않는다면, 그 사람은 참으로 하나님을 사랑하지 않는 것이다. 하나님은 부모를 공경하지 않고 업신여기는 자들을 결코 용서하지 말라고 말씀하신다. 심지어 그들을 반드시 죽이라고까지 말씀하셨다(출 21 : 15, 17). 예수님도 하나님 섬김과 부모 공경을 다 같이 강조하신다(마 15 : 1-6).
이에 비해 바리새인과 서기관들은 어쩌면 그렇게 비비 꼬였을까. 자신들의 학식을 동원해서 별 요상한 논리를 만들어 내는 그들이 한심하기조차 하다. 예수님은 바리새인과 서기관들이 내세우는 묘한 논리의 허점을 짚어 내시면서, 자신들이 정한 관습을 따르며 하나님의 뜻을 거역하는 그들의 모순을 지적하셨는데, 여기서 보는 대로 부모 공경이 그 대표적인 예였다. 예수님은 하나님을 섬긴다고 하면서 부모를 공경하지 않는 자들을 가리켜 하나님의 말씀을 폐하는 자들이라고 말씀하셨다. 이것은 매우 혹독한 지적이다. 그만큼 부모 공경이 중요하다는 얘기다. 그리고 부모 공경은 사도 바울이 예리하게 지적한 대로, 복을 약속받은 유일한 규정이다. 이것도 부모 공경이 얼마나 중요한지 보여 준다(엡 6 : 1-3).
그러나 부모 공경만 복을 약속받는 것은 아닐 것이다. 다른 계명들도 준행하면 하나님이 복을 주실 것이다. 그리고 부모 공경을 비롯한 인간 사이의 행동을 규정하는 계명들은 일방적이지 않고 쌍방적이다.
그 구절들이 말하려는 것은 서로 존중하고 아끼라는 것이다. 사랑은 주고받는 것이다. 하나님은 사람들이 윤리적이기를 원하신다. 다른 사람들에게 결코 피해를 주지 말라고 말씀하신다. 부모 공경에 바로 이어서 말씀하시는 것은 살인하지 말라는 명령이다(출 20 : 13). 다른 사람을 죽이지 말라는 것이다. 그리고 간음하지 말라(14절), 도둑질하지 말라(15절), 거짓 증거하지 말라(16절), 탐내지 말라(17절)고 말씀하신다. 이웃을 해하지 말고 그들을 의도적으로 어렵게 하지 말라는 것이다. 하나님은 우리가 이웃과 더불어 살면서 그들이 인간답게 살아갈 권리를 침해하지 말라고 명령하신다. 하나님을 사랑하는 사람은 사람을 사랑하고, 사람을 사랑하는 사람은 부모를 공경하며, 부모를 공경하는 사람은 이웃을 해치거나 곤경에 처하게 하지 않는다.

그러나 사람들은 욕심에 취해서 주변 사람들을 해치는 일이 많다. 그들은 하나님을 사랑하지 않으며, 사람을 사랑하지 않는 자들이고, 오직 욕심에 눈이 어두운 불쌍한 자들이다. 에스겔 22 : 6~12에는 그런 사람들이 행하는 범죄 목록이 나온다.

모두 17개 범죄를 밝히는 이 범죄 목록은 매우 정교하다. 1~4는 윤리적인 범죄, 5~8은 제의적인 범죄(7은 성격이 모호하다.), 9~14는 성적인 범죄, 15~17은 경제적인 범죄를 말한다. 이것들은 모두 이웃들에게 행하는 범죄들이다. 하나님은 출애굽기 21~23장까지의 인간관계에서 구체적으로 일어나는 일들에 관한 규정들을 통해서 최대한 타인에게 재산상의 손해를 비롯한 여타의 피해를 끼치지 않도록 당부하신다. 그리고 형편이 어렵고 연약한 사람들을 결코 압제하지 말 것을 당부하신다.

특히 거짓증거하지 말라는 제9계명은 재판과 관련해서 다른 사람들을 의도적으로 해하려고 하지 말라는 명령이다. 하나님은 공정한 재판을 강조하셨다(출 23 : 1-9). 거짓증언하며, 재판을 그르치는 것은 결국 무죄한 자와 의로운 자를 죽이는 일이고, 자신이 속한 공동체를 깨뜨리는 심각한 행위이다. 그리고 그런 거짓증거에는 뇌물이 오간다. 그들은 자신들이 사는 세상을 거짓이 난무해서 도무지 신뢰할 수 없는 곳으로 만들어 버린다. 하나님은 사람 사이에 화목을 깨뜨리는 이런 못된 짓을 결코 하지 말라고 말씀하신다. 재판이 공정하지 못하다면, 어디에서 하나님의 정의가 이루어질 것이며, 소외받은 가련한 사람들은 어디에 소망을 둘 것인가? 하나님은 사람들이 서로 아끼며 화목하게 살기를 원하신다. 그래서 하나님은 사람들이 '어떻게 사느냐? 무슨 마음으로 사느냐?' 를 소중하게 여기신다. 무엇을 하건 사람 사랑의 정신이 근본적으로 중요하다. 하나님이 십계명을 주신 까닭은 사람들을 자유롭고 행복하게 하기 위해서지, 사람들을 얽어매기 위해서가 아니다. 그래서 예수님은 살인과 간음에 관한 옛 율법을 새롭게 해석하셨다(마 5 : 21-32).

율법 자체보다는 율법에 담긴 정신이 중요하다. 살인하지 말라는 계명은 다른 사람을 죽이지 않는 것에서 그치지 않고, 이 계명이 궁극적으로 지향하는 정신, 즉 타인을 위한 적극적인 삶의 자세가 중요하다. 이웃을 욕하고 미워하는 사람은 마음으로 이미 살인하는 자이며, 음욕을 품는 사람도 이미 간음한 것이다. 물론 마음먹는 것과 그것을 실행하는 것은 큰 차이가 있지만, 하나님이 중시하는 것은 마음과 정신이다. 예수님은 하나님이 맨 처음 십계명을 주실 때의 하나님의 심정을 알아차리셨던 것이다. 하나님은 우리가 더 엄격하게 삶으로써 진정한 사랑을 실천하게 하신다. 그럼으로써 아무도 하나님 앞에서 모든 계명을 다 지켰다고 자만하지 못하게 하시고, 겸손해질 수밖에 없게 하신다.

마태복음 19 : 16~22을 보면, 예수님을 찾아온 이 사람은 자신이 모든 계명을 다 지켰다고 자신 있게 말한다. "아직 무엇이 부족하니이까?" 이렇게 말하는 그 사람은 하나님이 그 계명들을 주신 이유를 여태 모른다. 그는 하나님이 진정으로 기뻐하시는 일이 무엇인지 아직 모르는 사람이다. 아니, 그런 것에는 관심조차 없다. 하나님은 하나님의 속도 모르고 형식적으로만 십계명을 지켜 놓고 뻐기는 그 속 차갑고 교만한 사람들을 예쁘게 봐 주실 분이 아니다.

하나님이 우리에게 원하시는 것은 언제나 자신의 부족함을 인정하는 겸손한 사람 사랑이다. 아들을 이 땅에 내려 보내시고 십자가에서 죽게 하셨던 것처럼, 우리 하나님은 사람을 그렇게 겸손하고 치열하게 사랑하라고 그 먼 옛날 모세를 시내산에 오르게 하시고 친히 돌판에 글을 새겨서 십계명을 주신 것이다.

B. 규례를 일러 주시는 하나님(20 : 18 - 23 : 33)

1. 규례를 일러 주시는 하나님(20 : 18 - 26)

18뭇 백성이 우레와 번개와 나팔 소리와 산의 연기를 본지라 그들이 볼 때에

떨며 멀리 서서 19모세에게 이르되 당신이 우리에게 말씀하소서 우리가 들으
리이다 하나님이 우리에게 말씀하시지 말게 하소서 우리가 죽을까 하나이다
20모세가 백성에게 이르되 두려워하지 말라 하나님이 임하심은 너희를 시험
하고 너희로 경외하여 범죄하지 않게 하려 하심이니라 21백성은 멀리 서 있고
모세는 하나님이 계신 흑암으로 가까이 가니라 22여호와께서 모세에게 이르
시되 너는 이스라엘 자손에게 이같이 이르라 내가 하늘로부터 너희에게 말하
는 것을 너희 스스로 보았으니 23너희는 나를 비겨서 은으로나 금으로나 너희
를 위하여 신상을 만들지 말고 24내게 토단을 쌓고 그 위에 네 양과 소로 네
번제와 화목제를 드리라 내가 내 이름을 기념하게 하는 모든 곳에서 네게 임
하여 복을 주리라 25네가 내게 돌로 제단을 쌓거든 다듬은 돌로 쌓지 말라 네
가 정으로 그것을 쪼면 부정하게 함이니라 26너는 층계로 내 제단에 오르지
말라 네 하체가 그 위에서 드러날까 함이니라

출애굽기 20 : 22~23 : 19을 '언약의 책'(출 24 : 8)이라고 하는데, 일반적으로는 '계약법전'이라고 부른다. 계약법전은 십계명과 여러 가지 면에서 다르다.

십계명은 요구하는 것이 간결하고 총체적이지만, 계약법전은 상당히 세밀하고 자세하게 이야기한다. 십계명은 대상자들을 직접적으로 지칭하는 2인칭을 사용하고 형벌을 언급하지 않지만, 계약법전은 대상자들을 간접적으로 지칭하는 3인칭을 사용하고 형벌을 명시한다. 계약법전은 공동체 내에서 법적 절차를 관장해야 하는 사사들이나 장로들을 위한 지침서 역할을 한 것으로 보인다. 이스라엘은 정착생활을 하면서 법적 절차를 통일해야 할 필요가 있었을 것이다.

고대근동의 여러 법령들이 계약법전과 비슷한데, 그 가운데 함무라비 법전(주전 1,700년경)이 가장 유명하다. 그리고 이 외에도 수메르의 에쉬눈나 법전(주전 2,000년경)도 계약법전과 유사하고, 앗시리아나 히타이트 법들도

상당히 유사한 점이 많다. 고대근동의 법전들은 어떤 공통된 흐름 속에서 형성되고 발전한 것으로 보인다.

계약법전에서 공적인 예배에 관한 것은 출애굽기 20 : 22~26과 23 : 14~19인데, 출애굽기 20 : 22~26은 제단에 대한 규정이다. 계약법전이 제단에 대한 규정으로 시작한다는 것은 의미를 갖는다. 예배가 이스라엘 사람들이 지켜야 할 가장 우선적인 의무이기 때문이다. 예배를 바르게 드려야 법이 지향하는 공정성과 정의를 실행할 수 있기 때문이다. 그리고 이스라엘에서는 인간들 사이에서 지켜야 할 의무는 하나님에 대한 의무에 기초한다.

본문을 18~21절과 22~26절로 나눈다. 앞부분은 모세가 하나님의 말씀을 듣기 위해서 하나님께로 나아가는 장면을 서술하고, 뒷부분은 하나님이 모세에게 제단을 만드는 것에 대한 규례를 알려 주시는 장면을 묘사한다.

[20 : 18-21] 온 백성이 신현현 장면을 지켜보면서 두려워한다. 그들은 신적인 권위 앞에서 죽음을 두려워한다. 그리고 하나님이 직접 말씀하시지 말고, 모세를 통해서 말씀하실 것을 부탁하는데, 그런 그들에게 모세는 두려워하지 말라고 한다. 그리고 모세는 하나님이 이스라엘 사람들을 여러 가지 상황을 통해 훈련시켜서 하나님을 경외하고 죄를 짓지 않게 하려 하신다고 말한다. 모세는 하나님의 뜻이 무엇인지를 명확하게 알았다. 그렇게 말한 다음, 모세는 사람들을 뒤에 두고 하나님께 나아간다. 그런데 '하나님이 계신 흑암' 이라는 것이 이상하다. 하나님은 빛 가운데 계셔야 하는데, 흑암 가운데 계신다는 것은 어울리지 않기 때문이다. 여기서 흑암은 히브리어로 '아라펠' 인데, 〈표준새번역〉 성경은 '먹구름' 으로 번역한다. 물론 아라펠이 먹구름이나 짙은 어둠을 의미하지만, 여기서는 아마도 '빽빽한 구름' (출 19 : 9, 16절), 즉 구름이 가득 차서 아무것도 볼 수 없는 상황(출 19 : 18)을 표현한 것으로 보인다.

[20 : 22-23] 출애굽기 19 : 18과 20절은 하나님이 산으로 내려오셨다고 하는데, 하나님이 '하늘로부터 너희에게' 말씀하셨다(22절)는 것은 하나님이 지상적인 것과 구별되며, 그래서 지상적인 것으로 하나님을 온전히 표현할 수 없음을 강조하는 것이다. 그리고 은과 금을 언급하는 것은 아무리 비싼 것이라고 해도 하나님을 형상화해서는 안 된다는 것이며, 무엇보다 '너희를 위하여' 신상을 만들지 말라고 경고하신다.

[20 : 24] 가장 단순한 형태의 제단은 볼록하게 튀어나온 곳에 세운 것이다. 가축의 피를 그 위에 쏟고, 일부 혹은 전체를 그 위에서 불태운다. 제단은 사람들이 하나님을 만나고 제물을 바치는 거룩한 곳이기 때문에 특별히 관리해야 할 곳이다.

번제와 화목제는 고대 이스라엘 사람들이 드리던 가장 대표적인 제사였다. 번제는 모두 불태우고, 화목제는 일부를 불태운다(레 3 : 1-17). 그리고 나머지는 예배자와 참여자들이 함께 (나눠) 먹는다. '화목제'로 번역한 히브리어('쉘라밈')가 정확히 어떤 것을 의미하는지 알기는 어렵다. 쉘라밈이 어원적으로 '완성', '온전', '건강'을 의미하기 때문에, '계약 제사'(covenant-offering), '친교 제사'(commnion-offering), 또는 '종결 제사'(conclusion-offering)로 번역하기도 한다.

하나님의 이름을 기념하게 한다는 것은 제사장들이 예배 공동체를 축복하면서 주님의 이름을 부르는 것을 가리킨다(민 6 : 24-27). 하나님의 이름은 신적인 힘으로 충만하기 때문에 신의 이름을 부르는 것은 하나님이 그 백성들에게 자신을 계시하시는 방편이다.

[20 : 25] 대개는 토단을 쌓는데, 이 구절은 특별히 돌들('돌로 제단을 쌓거든'에서 '돌'은 히브리어 원문에서는 '돌들'이다.)로 제단을 쌓을 경우에 대해 언급한다. 이 경우 제단을 쌓을 돌들을 다듬지 말고 원래 형태대로 사용해야

하는데, 사람들이 돌을 다듬으면 하나님이 부여하신 온전함이 훼손된다고 믿었기 때문이다.

[20 : 26] 층계를 통해서 제단에 오르는 것을 금지한 까닭은 일반인들이 평상복차림으로 제단에 오를 가능성이 있기 때문인데, 나중에는 제단이 커지면서 층계를 사용했다(겔 43 : 17, 출 27 : 5). 그러나 아무나 제단에 오를 수는 없고, 제사장들도 반드시 특별히 제작한 세마포 속옷을 입고 올라가야 했다. 그 까닭은 '하체가 그 위에서 드러날까' 염려했기 때문이다. 여기서 하체는 히브리어로 '에르와' 인데, 이것은 나체, 특히 성기 노출을 가리킨다. 그러니까 성기 노출을 하지 말라는 것이다.

2. 히브리 종(21 : 1-11)

1네가 백성 앞에 세울 법규는 이러하니라 2네가 히브리 종을 사면 그는 여섯
해 동안 섬길 것이요 일곱째 해에는 몸값을 물지 않고 나가 자유인이 될 것이
며 3만일 그가 단신으로 왔으면 단신으로 나갈 것이요 장가들었으면 그의 아
내도 그와 함께 나가려니와 4만일 상전이 그에게 아내를 주어 그의 아내가 아
들이나 딸을 낳았으면 그의 아내와 그의 자식들은 상전에게 속할 것이요 그
는 단신으로 나갈 것이로되 5만일 종이 분명히 말하기를 내가 상전과 내 처자
를 사랑하니 나가서 자유인이 되지 않겠노라 하면 6상전이 그를 데리고 재판
장에게로 갈 것이요 또 그를 문이나 문설주 앞으로 데리고 가서 그것에다가
송곳으로 그의 귀를 뚫을 것이라 그는 종신토록 그 상전을 섬기리라 7사람이
자기의 딸을 여종으로 팔았으면 그는 남종같이 나오지 못할지며 8만일 상전
이 그를 기뻐하지 아니하여 상관하지 아니하면 그를 속량하게 할 것이나 상
전이 그 여자를 속인 것이 되었으니 외국인에게는 팔지 못할 것이요 9만일 그
를 자기 아들에게 주기로 하였으면 그를 딸같이 대우할 것이요 10만일 상전이

다른 여자에게 장가들지라도 그 여자의 음식과 의복과 동침하는 것은 끊지 말 것이요 [11]그가 이 세 가지를 시행하지 아니하면, 여자는 속전을 내지 않고 거저 나가게 할 것이니라

고대 이스라엘 사회는 종 제도를 당연시했다. 물론 종들을 인간 이하로 학대하는 것에 대해서는 반대했지만, 종 제도 자체를 문제시하지는 않았다. 그래도 종들이 어느 정도는 보호받아야 한다고 생각했다. 전쟁포로들을 종으로 삼는 경우가 많았지만, 이스라엘 사람들 가운데 형편이 어려워 빚을 갚지 못해서 종이 된 사람들도 있었다. 본문은 빚 때문에 종이 될 수밖에 없었던 이스라엘 사람들에 대한 법규이다.

[21 : 1] 모세는 산 위에 올라가서 하나님이 일러 주시는 제단에 관한 규례를 들었다. 그리고 하나님은 지금부터는 사람들 사이에서 일어나는 여러 가지 법적 분쟁에 대한 규례(히브리어로 '미쉬파팀' 인데, 이것은 일상적인 삶에서 발생하는 세속적인 문제들에 관한 법적 규정 또는 재판 결과를 가리킨다.)를 알려 주신다.

[21 : 2] '히브리 종' 에서 '히브리' 는 인종적인 의미가 아니라 사회적 신분을 가리키는 것으로 보인다. 형편이 어려워서 종이 될 수밖에 없는 이스라엘 사람들을 최대 6년까지 부리게 했다. 그리고 일곱째 해에 자유인이 되게 했다. 그러나 전쟁포로로 끌려와서 종노릇하는 사람들은 평생 그 상태에서 벗어날 수 없었다.

[21 : 3-4] 3~6절은 히브리 종이 자유인이 될 수 있는 상황에서 그가 선택할 수 있는 조건들에 관한 규정이다. 주인이 종으로 하여금 부인을 맞이하게 하면, 그 부인 역시 주인의 소유이기 때문에 남자 종이 자유를 얻는다고 해도

그의 부인은 종생활에서 벗어날 수 없다. 그리고 그 결혼생활에서 태어난 자녀들도 모두 주인의 소유이기 때문에 아버지가 자유를 얻었다고 해도 그들은 여전히 종생활을 계속해야 했다. 만약 부인이 종생활을 하기 이전에 결혼을 했다면, 그의 부인은 주인 소유가 아니기 때문에 남편이 자유를 얻으면 남편과 함께 나가서 살 수 있었다. 그러나 자녀들은 어떻게 했는지 알 수 없다.

[21 : 5-6] 우리는 고대 사회에서 종들이 자유를 얻으면 그들이 모두 기뻐했을 것이라고 생각하지만, 실제로는 그렇지 않았다. 그들은 주인집에서 나와 제 스스로 삶을 영위해야 했는데, 그게 쉽지 않았기 때문에 다시 빚을 지고 종생활을 했다. 그래서 신명기는 히브리 종들을 내보낼 때 빈손으로 보내지 말고 6년 치 임금을 주라고 한다. 그래야 나가서 살림을 할 수 있기 때문이다. 그런데 이것도 여의치 않은 경우가 많았기 때문에 종들은 자유를 누리기보다는 계속해서 종생활을 하는 것을 선택했다. 그리고 자신은 자유를 얻어도 부인과 자녀들이 자유를 얻지 못하는 경우가 많았기 때문에 그들은 그냥 주인집에 평생 머물기도 했다.

만약 히브리 종이 자유를 포기하고 평생 종으로 남겠다고 하면, 주인은 이를 위해 예식을 행하는데, 귀에 구멍을 뚫는 것은 그가 평생 종임을 표시하는 것이다.

[21 : 7-8] 히브리 종들 가운데 자유를 얻는 것은 대부분 남자들이었고, 여자들은 자유를 얻기 쉽지 않았다. 히브리 여자가 종으로 팔리는 경우는 대체로 노동보다는 성적인 측면 때문인데, 주인이 성관계를 맺은 여자 종을 함부로 내보내지 못하게 하려는 의도이다. 그러나 성관계를 갖지 않은 여자 종은 자유를 얻을 수 있었다.

[21 : 9] 만약 주인이 여자 종을 아들에게 주었을 때, 주인은 그 여자 종을 딸

처럼 대해야 한다. 이렇게 함으로써 여자 종이 성적으로 유린당하지 않게 했다(레 18 : 15). 아모스는 이 규정을 어긴 사람들을 질책했다(암 2 : 7).

[21 : 10-11] 고대 이스라엘 사회는 일부다처제를 용인했기 때문에 만약 주인이 히브리 여자 종을 총애하지 않아서 다른 여자를 맞이했을 때, 히브리 여자 종을 함부로 대하지 못하게 했다. 만약 함부로 대하면, 그 여자 종은 속전을 내지 않고 자유를 얻을 수 있었다. 하지만 이런 경우 그 여자 종이 문제를 제기해야 하고, 그 사실들을 모두 입증해야 했기 때문에 이런 규정은 그다지 구속력을 갖지 못했을 것이다.

3. 사형죄(21 : 12-17)

> [12]사람을 쳐 죽인 자는 반드시 죽일 것이나 [13]만일 사람이 고의적으로 한 것이
> 아니라 나 하나님이 사람을 그의 손에 넘긴 것이면 내가 그를 위하여 한곳을
> 정하리니 그 사람이 그리로 도망할 것이며 [14]사람이 그의 이웃을 고의로 죽였
> 으면 너는 그를 내 제단에서라도 잡아 내려 죽일지니라 [15]자기 아버지나 어머
> 니를 치는 자는 반드시 죽일지니라 [16]사람을 납치한 자가 그 사람을 팔았든지
> 자기 수하에 두었든지 그를 반드시 죽일지니라 [17]자기의 아버지나 어머니를
> 저주하는 자는 반드시 죽일지니라

본문은 사형에 처할(히브리어로는 '모트 유마트', 즉 '반드시 죽이라'는 구절을 공통적으로 사용한다.) 여러 죄목에 대해서 언급하는데, 살인, 유괴, 그리고 부모 폭행이나 저주를 십계명에서 느끼는 긴박감으로 매우 간결하게 언급한다. 이 규정은 십계명의 단순한 형태와 기타 법전들이 보여 주는 상세함의 중간적인 형태를 보인다.

[21 : 12-14] 살인자들은 반드시 죽여야 한다. 그러나 고의가 아닌 우발적으로 또는 실수로 사람을 죽인 경우, 그들은 정상참작 대상이다. 왜냐하면 의도적이 아니었는데 사람이 죽었다면, 그것은 하나님의 뜻이라고 보았기 때문이다. 그래서 누군가 사람을 죽였을 때, 그것이 살인행위인지 아닌지를 판별하는 기준은 그가 그 사람을 죽일 마음을 가졌느냐이다. 우발적으로 사람을 죽였을 경우, 그는 도피성으로 피할 수 있었다. 이런 경우 그 사람은 사건을 조사하는 동안 목숨을 부지할 수 있었다. 그러나 만약 조사결과 그가 고의적 살인을 한 것으로 밝혀지면, 그는 도피성에서 끌려 나와 처형당했다.

[21 : 15] 부모를 폭행하거나 저주하는 행위는 고대 이스라엘 사회에서 가장 악한 죄로 여겨서 반드시 사형에 처하게 했다. 그것은 가족을 파괴하는 행위였기 때문이다. 가족은 고대 사회에서 가장 기본적인 단위이기 때문에 특별히 보호해야 했다. 만약 가족이 폭력적인 행위나 말로 인해 어려움을 당하면, 그 일에 관여한 사람들은 모두 엄중한 심판을 받아야 했다.

[21 : 16] 고대 사회에서 유괴는 그 사람을 종으로 팔아서 이득을 챙기는 수법이었기 때문에 최고형을 선고받았다.

[21 : 17] 여기서 '저주'는 말이 아니라 실제적인 행동을 가리키는데, 특히 자기 아버지나 어머니를 저주하면 반드시 사형에 처하게 했다. 이것은 15절과 이어진다.

4. 상해죄(21 : 18-36)

18사람이 서로 싸우다가 하나가 돌이나 주먹으로 그의 상대방을 쳤으나 그가
죽지 않고 자리에 누웠다가 19지팡이를 짚고 일어나 걸으면 그를 친 자가 형

벌은 면하되 그간의 손해를 배상하고 그가 완치되게 할 것이니라 [20]사람이 매
로 그 남종이나 여종을 쳐서 당장에 죽으면 반드시 형벌을 받으려니와 [21]그가
하루나 이틀을 연명하면 형벌을 면하리니 그는 상전의 재산임이라 [22]사람이
서로 싸우다가 임신한 여인을 쳐서 낙태하게 하였으나 다른 해가 없으면 그
남편의 청구대로 반드시 벌금을 내되 재판장의 판결을 따라 낼 것이니라 [23]그
러나 다른 해가 있으면 갚되 생명은 생명으로, [24]눈은 눈으로, 이는 이로, 손
은 손으로, 발은 발로, [25]덴 것은 덴 것으로, 상하게 한 것은 상함으로, 때린
것은 때림으로 갚을지니라 [26]사람이 그 남종의 한 눈이나 여종의 한 눈을 쳐
서 상하게 하면 그 눈에 대한 보상으로 그를 놓아 줄 것이며 [27]그 남종의 이나
여종의 이를 쳐서 빠뜨리면 그 이에 대한 보상으로 그를 놓아 줄지니라 [28]소
가 남자나 여자를 받아서 죽이면 그 소는 반드시 돌로 쳐서 죽일 것이요 그
고기는 먹지 말 것이며 임자는 형벌을 면하려니와 [29]소가 본래 받는 버릇이
있고 그 임자는 그로 말미암아 경고를 받았으되 단속하지 아니하여 남녀를
막론하고 받아 죽이면 그 소는 돌로 쳐 죽일 것이고 임자도 죽일 것이며 [30]만
일 그에게 속죄금을 부과하면 무릇 그 명령한 것을 생명의 대가로 낼 것이요
[31]아들을 받든지 딸을 받든지 이 법규대로 그 임자에게 행할 것이며 [32]소가 만
일 남종이나 여종을 받으면 소 임자가 은 삼십 세겔을 그의 상전에게 줄 것이
요 소는 돌로 쳐서 죽일지니라 [33]사람이 구덩이를 열어 두거나 구덩이를 파고
덮지 아니하므로 소나 나귀가 거기에 빠지면 [34]그 구덩이 주인이 잘 보상하여
짐승의 임자에게 돈을 줄 것이요 죽은 것은 그가 차지할 것이니라 [35]이 사람
의 소가 저 사람의 소를 받아 죽이면 살아 있는 소를 팔아 그 값을 반으로 나
누고 또한 죽은 것도 반으로 나누려니와 [36]그 소가 본래 받는 버릇이 있는 줄
을 알고도 그 임자가 단속하지 아니하였으면 그는 소로 소를 갚을 것이요 죽
은 것은 그가 차지할지니라

본문은 신체를 상하게 했지만, 죽을 정도로 해를 입히지는 않은 경우에

대한 규정이다. 여기서는 상해에 대해 얼마를 보상해야 하는가가 관건이다. 특히 종에 관한 규정을 언급하는 2~11절처럼, 주인들이 저지르는 과도한 폭력으로부터 종들을 보호하려 한다는 점에서 의미를 갖는다.

[21 : 18-19] 어떤 사람이 무슨 문제로 인해 상대방에게 상해를 입혔을 때, 그 사람은 보상을 해야 하는데, 상대방이 해를 입어서 일하지 못한 것을 보상하고, 상처 치료비를 보상해야 했다. 이것은 23~27절에 언급하는 것을 완화해서 적용한 것인데, 그 까닭은 가해자나 피해자가 모두 문제 발단에 동일한 책임을 져야 하기 때문이고, 이렇게 쌍방과실로 간주했을 때 가해자와 피해자에게 어느 정도 책임을 물어야 하는지가 명확하지 않기 때문이다. '주먹'으로 번역된 히브리어는 '에그로프'인데, 이것을 '주먹'으로 번역하는 것보다는 삽 같은 '농사 도구'로 보는 게 낫겠다(R. E. Clements, *Exodus - The Cambridge Bible Commentary on the New English Bible*〈Cambridge : Cambridge University Press, 1972〉, p. 137). 그러니까 돌이나 농기구로 사람을 친 경우에 대한 것이다.

[21 : 20] 주인이 종을 때리는 것은 당시에 일반적이었는데, 문제는 그 종이 죽었을 때 주인이 벌을 받아야 한다는 것이다. 주인이 어떤 벌을 받는지는 명확하게 밝히지 않았다. 그러나 여기서 사용하는 단어가 보복 실행과 관련되기 때문에 주인에게 사형을 선고한 것으로 보인다. 이런 점에서 종을 때려서 죽인 것과 일반 시민을 살해한 것은 전혀 차이가 없다.

[21 : 21] 만약 매를 맞은 종이 바로 죽지 않고 하루나 이틀 연명하다가 죽는 경우, 주인은 전혀 벌을 받지 않는다. 이것은 그 종이 죽은 까닭이 불분명하다고 여겼기 때문일 것이다. 그리고 무엇보다 종이 주인의 재산(히브리어를 직역하면 '그는 그의 돈이다' 이다.)이라는 점을 강조한다.

[21 : 22-25] 22~25절은 주인과 종 사이에서 일어나는 폭행사건이 아닌, 일반인들 사이에서 발생하는 폭행사건에 관한 것이다. 먼저 임산부를 쳐서 낙태했을 경우 남편은 가해자에게 낙태에 대한 손해배상 청구소송을 제기할 수 있고, 재판장이 배상액을 정하면 그것을 따라야 한다.

23~25절에는 동해동상법(同害同傷法, lex talionis)이 나온다. 임산부를 쳐서 낙태했을 경우 낙태 자체에 대한 것은 22절을 따르는데, 만약 임산부가 다른 상해를 입었을 경우 피해자가 가해자에게 동일한 상해를 가할 수 있게 허락하는 법이다. 그런데 생명은 생명으로 갚게 하는 것은 만약 임산부가 죽었을 경우 가해자를 사형에 처하라는 것으로 보인다. 하지만 피해자나 그 가족이 처형을 자의적으로 시행하지 않고, 공동체의 정의를 유지하는 책임을 맡은 공인(公認) 재판장이 주관해서 시행한다.

[21 : 26-27] 다시 주인과 종 사이에서 발생하는 폭행사건을 다루는데, 주인이 때려서 종의 한쪽 눈이나 이가 상하면, 주인은 그 종을 자유롭게 해 주어야 한다. 이것은 종에 대한 폭행사건을 가급적 줄이려는 의도로 보인다.

[21 : 28-32] 이것은 황소가 사람을 받아서 죽일 경우에 관한 규정인데, 우발적으로 예상치 못한 상황에서 소가 사람을 죽이면 그 소를 돌로 쳐서 죽이게 했다. 이것은 소도 사람처럼 범죄자로 여기는 것이다. 돌로 쳐서 죽인 소의 고기는 먹을 수 없다. 이 경우 주인에게 책임을 묻지 않았다. 그런데 만약 소가 자주 사람을 들이받아서 그것을 주인에게 경고했는데도 불구하고 주인이 그것을 막지 못해 소가 사람을 죽였을 경우, 소는 물론이고 그 주인도 책임을 물어서 사형에 처하게 했다. 하지만 실제로 주인을 사형에 처하지는 않았고, 사형에 처하지 않는 대신 배상금을 내게 했다. 그러나 소가 종을 받았을 경우에는 소는 돌로 쳐서 죽이고, 소 임자는 그 종의 상전에게 은 삼십 세겔을 주는 것으로 마무리했다. 은 삼십 세겔은 당시 종의 평균 몸값이었을 것

으로 보인다.

[21 : 33-34] 당시 주민들은 자기가 소유한 것들을 안전하게 관리해야 할 책임이 있었다. 만약 자기 소유를 잘 관리하지 못해서 어떤 사고가 발생하면, 그 소유주가 발생한 피해에 대해 전적인 배상(히브리어로 '실렘'〈샬람의 피엘형〉인데, 우리가 잘 아는 '샬롬' 처럼 이 동사는 사회적인 균형과 조화를 회복하는 것을 가리킨다. '실렘' 이 없으면 '샬롬' 이 없다.) 책임을 져야 했다. 그러나 손실을 전액 배상하는 것으로 끝나고 다른 벌을 받지는 않았으며, 짐승이 구덩이에 빠져 죽은 경우에는 죽은 것을 배상자가 차지했다.

[21 : 35-36] 이 구절은 어떤 소가 다른 사람의 소를 들이받아서 죽인 경우에 관한 규정인데, 이 경우는 쌍방과실로 간주해서 산 소를 팔아서 반씩 나누고, 죽은 소도 반씩 나누어 갖는다. 즉, 양측이 손해를 절반씩 분담하게 했다. 하지만 들이받은 소가 그런 버릇이 있어서 미리 경고를 했는데도 불구하고 그런 일이 발생하면, 소 주인의 과실로 여겨서 전액 보상해야 했다. 즉, 피해자에게 소를 한 마리 주어야 했다.

참고-장애 책임 사회

요즘 우리는 '더불어 산다' 는 말을 많이 한다. '고통을 함께 나눈다' 는 말도 한다. '더불어 산다' 는 것, '고통을 함께 나눈다' 는 것은 무엇일까? 그것은 어떤 경우에서건 생활여건을 형편이 어려운 사람에게 맞추는 것이라고 본다. 여러 가지 이유로 인해서 살아가는 게 버거운 사람들이 편안하게 살 수 있도록 해 주는 것이다. 그들에 대해서 책임을 지는 사회, 이것이 바로 '모두가 더불어 사는 사회' 일 것이다.

그러기 위해서는 우리 주위를 잘 살펴보아야 한다. 둘러보면 신체장애로 인해서 어려움을 겪는 사람들이 의외로 많다는 사실에 놀라지 않을 수 없다. 그런데 우리 시대만 그런 것이 아니고, 구약시대에도 장애인들이 많았던 모양이다.

고대 이스라엘 사회에서는 어떤 유형의 신체장애들이 있었을까? 그런 장애는 어떻게 발생했을까? 구약성경은 후천적 장애발생에 대해서 어떻게 생각하는가? 이런 점들을 알기 위해서 먼저 레위기 21 : 18~20을 읽어 보겠다.

> "누구든지 흠이 있는 자는 가까이 하지 못할지니 곧 맹인이나 다리 저는 자나 코가 불완전한 자나 지체가 더한 자나 발 부러진 자나 손 부러진 자나 등 굽은 자나 키 못 자란 자나 눈에 백막이 있는 자나 습진이나 버짐이 있는 자나 고환 상한 자나"(레 21 : 18 – 20).

여기는 맹인, 다리 저는 자, 코가 불완전한 자, 지체가 더한 자, 발 부러진 자, 손 부러진 자, 등 굽은 자, 키 못 자란 자, 눈에 백막이 있는 자, 습진, 버짐이 있는 자, 고환 상한 자. 모두 12개의 증상을 열거한다. 다른 곳에서는 이렇게 자세한 목록을 찾아보기가 어렵다. 그래서 이 구절들은 고대 이스라엘 사람들이 겪었던 질병과 신체장애를 알 수 있는 중요한 자료이다.

이 목록을 더 자세하게 살펴보자. '맹인' 이 맨 앞에 나오는 것으로 보아 이것이 가장 흔한 신체장애가 아니었을까 추측해 본다. 또 '다리 저는 자' 는 한쪽 다리가 온전치 못한 것을 가리킨다. 신약성경에는 예수님이 앉은뱅이를 고치시는 기사가 나오는데, 구약성경에서는 '앉은뱅이' 는 언급하지 않는다. 그리고 사무엘하 9 : 3은 므비보셋을 '다리 저는 자' 라고 하고, 13절은 "그는 두 발을 다 절더라"라고 한다. 요한복음 5 : 3은 베데스다 연못에 있던 사람들의 유형이 밝혀져 있다. "그 안에 많은 병자, 맹인, 다리 저는 사람, 혈기 마른 사람들이 누워 물의 움직임을 기다리니". 여기에도 맹인, 다리 저는 자가 함께 나온다. 그래서 '맹인' 과 '다리 저는 자' 는 고대에 가장 흔한 장애증상이었을 것으로 보인다.

그리고 '코가 불완전한 자' 는 히브리어로는 '하룸' 인데, 이는 '코가 찢어진 것' 을 뜻하기 때문에 '언청이' 를 가리킬 것이다. '지체가 더한 자' 는 손가락이나 발가락이 정상인보다 많은 사람을 가리킨다. 그런데 구약성경에서 '지체가 더한' 증상은 이스라엘 사람이 아닌 거인족들에게서 나타난다. '발 부러진 자' 와 '손 부러진 자' 의 경우는 그 당시 손이나 발이 부러졌을 때 그것을 지금처럼 완치시킬 수가 없었기 때문에 결국 장애인이 된 사람을 말한다. '등 굽은 자'와 '키 못 자란 자'는 우리가 아는 대로다. '눈에 백막이 있는 자'는 눈에 하얀 막이 끼는 증상이 나타나는 사람이다. 그리고 '습진'은 비타민 C의 결핍으로 인해 기운이 없고 잇몸, 피부 등에서 피가 나며 빈혈을 일으키는 병인데, 얼굴에 무엇이 돋아나는 일종의 피부병이다. 그리고 '버짐이 있는 자'는 얼굴에 얇은 막이 생겨서 그것이 벗겨지는 증상으로 보인다.
'고환 상한 자'는 생식능력이 없는 사람을 말하는데, '불알'(히브리어로는 '아쉐크')이라는 말은 여기에만 나오는 '하팍스 레고메나'(Hapax Legomena, 히브리어 구약성경에서 한 번 또는 두세 번 정도 나오는 낱말)이다. 신명기 23 : 1(히브리어 성경으로는 신 23 : 2)에도 이와 같은 말이 나오는데, '고환이 상한 자나 음경이 잘린 자는 여호와의 총회에 들어오지 못하리라'고 규정한다. 신명기 23 : 1의 규정은 레위기 21장에 비해 더 강력하다. '고환이 상한 자'를 신명기는 아예 이스라엘의 백성으로 간주하지 않는다. 그러나 레위기는 그렇게까지는 하지 않는다.

이제 열두 가지의 증상들을 유형별로 나누어 보자.

1. 얼굴 부위 : 맹인, 눈에 백막이 있는 자, 코가 불완전한 자
2. 사지 : 다리 저는 자, 지체가 더한 자, 발 부러진 자, 손 부러진 자
3. 피부 : 습진, 버짐 있는 자
4. 신체 형태 : 등 굽은 자, 키 못 자란 자
5. 생식기능 : 고환 상한 자

이러한 사실들을 통해서 우리가 알 수 있는 것은 무엇인가? 이러한 목록은 당시에 신체장애인들이 많았음을 보여 준다. 그런데 이러한 신체장애들은 어떻게 발생했을까? 선천적일까? 후천적일까? 선천적인 발생요인들도 있겠지만, 후천적으로 발생하는 장애도 많았을 것이다. 이것을 확인하기 위해 출애굽기 21 : 18~32을 읽어 보자.
이것은 고대 이스라엘의 법률이다. 이 본문이 포함된 출애굽기 21~23장을 '계약법전'이라고 하는데, 이 계약법전에는 고대 이스라엘 백성들이 살아가면서 필요로 한 법률들이 기록되어 있다. 본문은 폭력으로 타인에게 신체적인 손상을 입히는 경우에 대해서 기록하는데, 크게 두 부분으로 나눌 수 있다. 18~27절까지는 사람 사이의 폭력에 의해서 신체손상과 장애가 발생하는 경우에 관한 법률이다. 그리고

28~32절까지는 짐승, 특히 집에서 기르는 소가 사람에게 해를 입히거나 죽이는 경우에 관한 법률이다. 이것을 정리해 보겠다.

i. 18~27절 : 사람 사이의 폭력에 의한 사상(死傷)
- a. 18~19절 : 신분이 대등한 경우(남자와 남자 사이의 폭력 행사)
- b. 20~21절 : 남종과 여종에 대한 경우
- c. 22~25절 : 신분이 대등한 경우(임신한 여인을 상하게 한 경우)
- d. 26~27절 : 남종과 여종에 대한 경우

ii. 28~32절 : 소가 사람을 사상(死傷)하게 했을 경우

여기서 우리가 알 수 있는 것은 우선 그 당시에 이러한 일들이 많이 일어났으리라는 점이다. 그러했기에 이러한 일들에 관한 법률을 제정했을 것이다. 그리고 폭력과 사고로 인한 살인과 신체손상에 대해서 어떤 형태로든 반드시 책임을 지도록 했다는 사실도 확인할 수 있다.

각 구절들의 내용을 자세히 살펴보자.

20~21절은 '종'에 관한 법률인데, 이것을 26~27절에서 다시 설명한다. 20~21절은 종이 주인의 폭력에 의해서 즉사했을 때는 주인이 형벌을 받지만, 2~3일이 지나서 종이 죽으면, 주인이 형벌을 받지 않는다고 규정한다. 그런데 26~27절은 주인이 종의 눈이나 이를 쳐서 상하게 하면 반드시 종을 자유롭게 해야 한다고 규정한다. 눈을 상하게 해서 그가 시각장애자가 되었을 때 주인은 종을 자유롭게 해야 한다.

우리가 생각하기에 '눈'보다는 '이'가 덜 중요한데, '눈'을 상하게 했을 때는 말할 것도 없고 '이'를 하나 부러뜨려도 종을 자유롭게 해야 한다는 것은 어떠한 경우에서건 종의 신체를 상하게 할 정도로 주인이 부당하고 비인격적인 과격한 폭력을 행사하지 못하게 규제한 것이라고 생각한다. 이것은 아무리 종을 부리는 주인이라고 해도 종에게 폭력을 가해서 종의 신체를 손상하고 그로 인해서 후천적 장애를 발생시킨 책임을 반드시 지게 했음을 보여 준다.

그리고 22~25절은 임산부를 폭행했을 경우에 관한 규정이다. 임산부에게 폭력을 가해서 결국 낙태되어 그 남편이 재판을 요청했을 경우(여자는 재판청구권이 없었는지도 모르겠다.) 다른 상해가 없으면 재판장이 정하는 벌금형에 처하지만, 만약

임산부가 죽거나 상해를 입었을 때는 그에 해당하는 벌을 반드시 받게 규정했다. 임산부가 사망했을 때는 가해자를 사형에 처하고, 장애를 입혔으면 가해자에게 그에 상응하는 신체손상을 가하게 한다. 태아 사망에 대해서는 가벼운 벌을 내리지만, 임산부에 대한 폭력은 강력하게 규제하는 것을 알 수 있다. 그렇게 함으로써 후천적인 장애 발생에 대해서 반드시 책임을 지게 했음을 보여 준다.

28~32절은 소가 사람을 받아서 죽이는 경우에 관한 법률인데, 상당히 자세하게 규정한다. 사건을 두 가지 경우로 구분한다. 첫 번째 그 소가 처음 사람을 죽인 경우인데, 그런 때는 소는 죽이되 주인은 형벌을 받지 않는데, 30절에 의거해서 보면 벌금을 물도록 했다. 그런데 문제는 그 소가 사람을 받을 가능성이 있어서 경고를 받았는데도 단속하지 않아서 사람을 죽이는 일이 생기면, 소는 물론이고 임자도 죽이게 했다는 것이다(그런데 종을 죽였을 경우에는 소는 죽이고, 그 종의 주인에게는 벌금을 내게 했다). 물론 소가 사람을 받아서 죽였다고 소 임자에게 사형을 가하는 경우가 그렇게 많았을까 하는 의구심이 들고, 또 이 법규 자체도 벌금형을 언급하기 때문에 사형보다는 벌금형에 처하는 경우가 많았을 것으로 보이지만, 법규상 소가 사람을 받아서 죽이는 경우에 최고 사형까지 처하도록 했다는 것은 의미심장하다. 사람의 사상(死傷)에 대해서 반드시 책임을 지게 했다는 것이다.

소가 다른 소를 받아서 죽이는 경우에 대해서도 35절과 36절이 비슷하게 기록한다. 고대 이스라엘 사회에서 소가 사람을 받거나 다른 소를 받는 경우가 많았으며, 그러한 일로 인해서 법적인 문제가 많이 발생해서 이를 규정하는 법을 제정했음을 알 수 있다. 그런데 이러한 법규는 사건 후 처리뿐만 아니라 사람들로 하여금 그러한 사고가 일어나지 않게 주의를 기울여 예방하게 함으로써 사망이나 신체손상에 의한 장애를 방지하는 효과를 가져왔을 것이라 생각한다.

구약성경에서도 후천적인 신체장애를 막으려는 조치들을 여러 곳에 기록하고 있음을 볼 수 있다. 대표적으로 신명기 22 : 8을 읽어 보자.

> "네가 새 집을 지을 때에 지붕에 난간을 만들어 사람이 떨어지지 않게 하라 그 피가 네 집에 돌아갈까 하노라"(신 22 : 8).

새 집을 만들 때에 지붕에 반드시 난간을 하라는 일종의 건축법 조항이다. 이것은 사람의 안전을 보장하기 위해서이고, 그것을 지키지 않았을 때에는 상당히 벌을 받게 될 것임을 암시한다. '그 피가 네 집에 돌아간다'는 것은 피 값을 받는다는 의미이다. 실제적으로 '피 값'에 해당하는 어떤 조치를 취했는지 알 수 없지만, 이 구절로만 보면 상당한 저주나 형벌을 내렸을 것이다. 사람을 아끼는 세심한 배려가 아닌가. 우리는 구약성경의 사람을 사랑하는 정신, 아니 우리 하나님의 사람을 사랑하시는 마음에 새삼 놀라지 않을 수 없다.

고대 이스라엘 시대에는 실제로 난간에서 떨어질 위험이 많았을 것이다. 북왕국 이스라엘 왕 아하시야는 사마리아에 있는 그의 다락 난간에서 떨어져 병들게 되었고(왕하 1 : 2), 침상에서 일어나지 못한 채 결국 죽었다(왕하 1 : 17). 왕이 불구가 되어 자리에서 일어나지 못하고 죽은 것이다. 왕도 잘못해서 떨어지는 지경이었으니, 일반 사람들은 오죽했겠는가? 아하시야처럼 다락 난간에서 떨어져서 신체장애를 입는 경우가 많았을 것이다. 그래서 이처럼 강력한 법을 만들었을 것이다.

지금 우리 사회는 여러 가지 점에서 예전보다 장애 발생요인이 많다. 이미 장애를 겪는 사람들을 그렇지 않은 사람들과 동등하게 대하고, 그들이 불편 없이 살 수 있는 권리를 보장해 주어야 하는 것은 너무도 당연한데, 여기서 한 걸음 더 나아가 아예 장애를 발생할 수 있는 요인을 없애고, 또 장애 발생에 대해서 철저하게 책임을 묻는 사회가 되었으면 좋겠다. 사람을 하나님의 모습대로 온전하게 만드신 우리 하나님이 그것을 원하신다.

5. 가축 배상(22 : 1-15)

1사람이 소나 양을 도둑질하여 잡거나 팔면 그는 소 한 마리에 소 다섯 마리
로 갚고 양 한 마리에 양 네 마리로 갚을지니라 2도둑이 뚫고 들어오는 것을
보고 그를 쳐 죽이면 피 흘린 죄가 없으나 3해 돋은 후에는 피 흘린 죄가 있으
리라 도둑은 반드시 배상할 것이나 배상할 것이 없으면 그 몸을 팔아 그 도둑

질한 것을 배상할 것이요 [4]도둑질한 것이 살아 그의 손에 있으면 소나 나귀나
양을 막론하고 갑절을 배상할지니라 [5]사람이 밭에서나 포도원에서 짐승을 먹
이다가 자기의 짐승을 놓아 남의 밭에서 먹게 하면 자기 밭의 가장 좋은 것과
자기 포도원의 가장 좋은 것으로 배상할지니라 [6]불이 나서 가시나무에 댕겨
낟가리나 거두지 못한 곡식이나 밭을 태우면 불 놓은 자가 반드시 배상할지
니라 [7]사람이 돈이나 물품을 이웃에게 맡겨 지키게 하였다가 그 이웃 집에서
도둑을 맞았는데 그 도둑이 잡히면 갑절을 배상할 것이요 [8]도둑이 잡히지 아
니하면 그 집 주인이 재판장 앞에 가서 자기가 그 이웃의 물품에 손 댄 여부
의 조사를 받을 것이며 [9]어떤 잃은 물건 즉 소나 나귀나 양이나 의복이나 또
는 다른 잃은 물건에 대하여 어떤 사람이 이르기를 이것이 그것이라 하면 양
편이 재판장 앞에 나아갈 것이요 재판장이 죄 있다고 하는 자가 그 상대편에
게 갑절을 배상할지니라 [10]사람이 나귀나 소나 양이나 다른 짐승을 이웃에게
맡겨 지키게 하였다가 죽거나 상하거나 끌려가도 본 사람이 없으면 [11]두 사람
사이에 맡은 자가 이웃의 것에 손을 대지 아니하였다고 여호와께 맹세할 것
이요 그 임자는 그대로 믿을 것이며 그 사람은 배상하지 아니하려니와 [12]만일
자기에게서 도둑맞았으면 그 임자에게 배상할 것이며 [13]만일 찢겼으면 그것
을 가져다가 증언할 것이요 그 찢긴 것에 대하여 배상하지 아니할지니라 [14]만
일 이웃에게 빌려 온 것이 그 임자가 함께 있지 아니할 때에 상하거나 죽으면
반드시 배상하려니와 [15]그 임자가 그것과 함께 있었으면 배상하지 아니할지
니라 만일 세 낸 것이면 세로 족하니라

다른 사람의 재산에 손해를 입혔을 때, 반드시 변상해야 한다. 도둑의 경우 가진 것이 없을 때는 자신을 팔아야 한다. 타인의 재산에 손해를 입히거나 손실했을 경우 죄의 경중(輕重)은 의도적이었는지, 아닌지에 따라 달라진다. 그래서 그저 배상하는 것으로 그치지 않고, 추가 보상도 해야 한다. 의도적으로 소를 훔쳤을 경우, 다섯 배로 보상해야 한다.

특이한 것은 도둑을 처벌하지 않는다는 것이다. 처벌하는 대신 갚도록 하는데, 이것은 도둑의 인권과 목숨도 존중하는 것으로 보인다. 그리고 태만해서 타인의 재산에 손해를 끼쳤을 때도 배상해야 한다.

의도성이 중요한 기준이기 때문에 의도성을 잘 파악해야 하는데, 그게 쉽지 않을 경우 하나님 앞에 나아가서 재판을 받아야 하고, 재판장이 판정을 내린다. 그런데 그 당시에 범죄 여부를 판단하기 위해 하나님 앞으로 나아간다는 것은 사람들에게 여러 가지 면에서 큰 부담을 주었을 것이다. 그래서 죄를 범한 사람은 하나님 앞에 나아가는 것을 두려워했을 것이고, 자신이 저지른 죄를 자백했을 가능성이 크다. 그러나 무고히 범죄자로 몰리는 경우에는 자신의 무죄를 주장하는 기회로 삼았을 것이다.

[22 : 1-4] 이 단락은 가축 도둑에 관한 규정인데, 황소는 당시에 양보다 값이 더 나갔기 때문에 소를 훔치는 것이 양을 훔치는 것보다 더 중한 벌을 받았다. 양을 한 마리 훔쳤을 경우에는 네 마리로 배상해야 하는데, 소를 한 마리 훔쳤을 경우에는 다섯 마리로 배상해야 했다. 그런데 만약 도둑이 가난해서 갚을 수가 없을 경우에는 자신을 팔아야 했다. 즉, 종살이를 해야 했다.

그리고 소나 양을 그냥 훔친 경우보다 훔친 소를 죽이거나 팔았을 경우, 죄질이 나쁘다고 여겨서 가중처벌을 했다. 그러나 훔친 소나 양을 보유하고 있는 경우에는 정상을 참작해서 배상금을 감해 주었다. 자신이 필요해서 남의 것을 훔쳤을 경우와 그것을 팔려는 목적으로 훔쳤을 경우를 다르게 판단한 것이다.

남의 것을 훔치려고 할 때는 대개 밤에 도둑질을 하는데, 이때 주인이 도둑을 발견하고 자기 소유를 지키기 위해서 도둑을 죽였을 경우, 주인은 정당방위로 무죄하다. 그 시대에는 지금보다 밤이 훨씬 어두웠기 때문에 상황을 정확히 판단하는 것이 어려웠기 때문이다. 그러나 낮에 도둑이 들었을 경우에는 상황 판단을 충분히 할 수 있기 때문에 도둑을 죽이면 그는 살인죄를 저지른 것이 된다.

[22 : 5-6] 가축이 타인의 농작물을 뜯어 먹은 경우, 가해자는 피해자에게 최상의 곡식으로 배상해야 한다. 그리고 타인의 곡식을 불태운 경우에도 역시 배상해야 한다. 그런데 여기서 '(가축에게 꼴을) 먹이다' 와 '불태우다' 로 번역한 동사들이 모두 히브리어로 '바아르' 라는 동일한 동사를 사용한다는 점에서 번역이 쉽지 않다. 〈개역개정〉 성경은 5절을 "사람이 밭에서나 포도원에서 짐승을 먹이다가 자기의 짐승을 놓아 남의 밭에서 먹게 하면 자기 밭의 가장 좋은 것과 자기 포도원의 가장 좋은 것으로 배상할지니라"라고 번역하는데, 히브리어 원문에는 '짐승' 을 명확하게 언급하지 않는다. 동사 '바아르' 가 '짐승을 먹이다' 라는 의미를 갖는 것으로 생각해서 의역한 것으로 보인다. 그러나 6절과 연관해서 본다면, 들판에 불을 낸 것으로 보는 것이 나을 듯하다.

[22 : 7-9] 타인이 맡긴 금품이나 물품을 도둑맞은 경우에 대한 규정이다. 〈개역개정〉 성경이 '재판장' 이라고 번역한 것은 각주에서 밝히듯이 직역하면 '하나님' 이다. '하나님 앞에' 나아가는 것은 다른 사람 물건을 맡았다가 그것을 잃었을 경우, 과연 그것을 도둑맞았는지 아니면 맡은 사람이 취했는지를 법적으로 분간할 수 없을 때 사용한다. 이 경우 용의자를 일단 무죄한 것으로 간주하고, 죄의 여부를 하나님께 맡기는 것이다. 재판장이 판결을 내려야 하고, 당사자들은 그 판결에 따라야 했는데, 이 경우 우림과 둠밈을 사용했을 것이다.

[22 : 10-13] 타인의 가축을 맡았다가 그 가축이 죽거나 상하거나 도둑맞은 경우에 관한 규정이다. 용의자로 지목된 사람이 하나님께 맹세를 하면서 자신이 무죄하다고 강변하면, 하나님께 맡기는 것 외에 더 이상 다른 조치를

취할 수가 없다. 이것은 그 시대 사람들이 하나님이 죄지은 사람을 벌하실 것이고, 거짓 맹세를 했다면 가중처벌하실 것을 믿었기 때문이다.

타인이 맡긴 가축을 맡은 자가 도둑질한 것이 명확하면 배상해야 하고, 맹수에게 찢겨서 죽은 경우에는 배상하지 않는다.

[22 : 14-15] 타인에게서 빌린 가축이 상하거나 죽는 경우, 여기서는 그 가축의 주인이 그곳에 있었는지가 관건이다. 주인이 없었으면 배상해야 하지만, 주인이 함께 있었으면 배상하지 않고 빌린 값만 지불하면 된다.

6. 사회적 약자(22 : 16-31)

[16]사람이 약혼하지 아니한 처녀를 꾀어 동침하였으면 납폐금을 주고 아내로
삼을 것이요 [17]만일 처녀의 아버지가 딸을 그에게 주기를 거절하면 그는 처녀
에게 납폐금으로 돈을 낼지니라 [18]너는 무당을 살려 두지 말라 [19]짐승과 행음
하는 자는 반드시 죽일지니라 [20]여호와 외에 다른 신에게 제사를 드리는 자는
멸할지니라 [21]너는 이방 나그네를 압제하지 말며 그들을 학대하지 말라 너희
도 애굽 땅에서 나그네였음이라 [22]너는 과부나 고아를 해롭게 하지 말라 [23]네
가 만일 그들을 해롭게 하므로 그들이 내게 부르짖으면 내가 반드시 그 부르
짖음을 들으리라 [24]나의 노가 맹렬하므로 내가 칼로 너희를 죽이리니 너희의
아내는 과부가 되고 너희 자녀는 고아가 되리라 [25]네가 만일 너와 함께한 내
백성 중에서 가난한 자에게 돈을 꾸어 주면 너는 그에게 채권자같이 하지 말
며 이자를 받지 말 것이며 [26]네가 만일 이웃의 옷을 전당 잡거든 해가 지기 전
에 그에게 돌려보내라 [27]그것이 유일한 옷이라 그것이 그의 알몸을 가릴 옷인
즉 그가 무엇을 입고 자겠느냐 그가 내게 부르짖으면 내가 들으리니 나는 자
비로운 자임이니라 [28]너는 재판장을 모독하지 말며 백성의 지도자를 저주하
지 말지니라 [29]너는 네가 추수한 것과 네가 짜낸 즙을 바치기를 더디하지 말

지며 네 처음 난 아들들을 내게 줄지며 [30]네 소와 양도 그와 같이 하되 이레
동안 어미와 함께 있게 하다가 여드레 만에 내게 줄지니라 [31]너희는 내게 거
룩한 사람이 될지니 들에서 짐승에게 찢긴 동물의 고기를 먹지 말고 그것을
개에게 던질지니라

본문에 나오는 법규들은 다루는 주제에 공통점이 없다. 명령형과 2인칭을 사용한다는 점이 공통점이다.

[22 : 16-17] 약혼하지 않은 사이에서 성관계를 맺는 경우에 관한 규정인데, 결혼을 하든지 안 하든지 남자는 지참금을 지불해야 한다. 결혼할 때 신랑 집에서는 신부 집에 돈을 지불해야 했는데, 이것은 딸을 보내는 것에 대한 대가이기도 하지만 신랑이 신부에게 성실하게 하겠다는 약속을 나타내는 것이기도 하다.

[22 : 18] 무당을 살려 두지 말라는 규정이다. 점을 치는 것은 고대 이스라엘 주변 국가들에서 널리 퍼진 관습이었는데, 이스라엘에서는 철저히 금지했다(신 18 : 10-14). 점술은 하나님 외에 초자연적인 힘을 이용한다는 점에서 용납할 수 없었을 것이다. 그래도 민간에서는 암암리에 점술을 행했을 것이다. 점술을 행하는 사람들은 주로 여자들이었는데, 병든 사람들이나 생활에 어려움을 겪는 사람들이 그들을 찾아갔을 것이다.

[22 : 19-20] 짐승과 행음하고 점술을 행하는 사람들은 이스라엘 공동체에서 추방당했는데, 친족 공동체를 기반으로 한 당시 상황에서 추방은 곧 죽음을 의미했다.

[22 : 21-24] 이방 나그네에 대한 규정이다. 여기서 나그네는 히브리어로 '게

르' 인데, 이들은 이스라엘 사회에서 확고한 혈연이나 지연을 갖지 못한 사람들이기 때문에 혈연과 지연 중심의 고대 이스라엘 사회에서 그들이 권리를 주장하거나 자신을 보호하기는 어려웠다. 그래서 그들을 위해 특별히 법규를 만들었다.

고대 이스라엘 사회는 법적이고 경제적인 기본 단위인 '아버지의 집' 을 중심으로 하는 대가족 사회였고, 거기에 속해야만 법적이고 경제적인 혜택을 받을 수 있었다. 과부나 고아들은 이런 보호를 받기가 어려웠고, 특히 고대 근동에서 도시에 거주하는 과부나 고아들은 그 정도가 더욱 심했다. 그래서 그들을 특별히 배려하게 한 것이다.

여기서는 세 가지를 강조하는데, 하나는 이스라엘 사람들도 애굽에서 이방인이었다는 것이고, 둘째는 과부나 고아들에게 해를 끼치지 말라는 것이다. 그리고 셋째는 과부나 고아를 괴롭히고 또 괴롭혀서(히브리어로 '부정사 절대형+본동사' 형태여서 '그들을 괴롭히고 또 괴롭히면' 이라는 의미를 갖는다.) 그들이 하나님께 울부짖으면(히브리어로 '부정사 절대형+본동사' 형태여서 '그들이 부르짖고 또 부르짖으면' 이라는 의미를 갖는다.), 하나님이 그 울부짖음을 귀 기울여 들으시고(히브리어로 '부정사 절대형+본동사' 형태여서 '귀 기울여 들으신다' 는 의미를 갖는다.) 그들을 해롭게 하는 사람을 하나님이 죽여서 그 아내는 과부로, 그 자녀들은 고아로 만든다는 것이다. 하나님이 과부나 고아에 대해서 얼마나 마음을 쓰시는지 알 수 있다.

[22 : 25-27] 채무에 대한 규정이다. 전문적으로 돈을 빌려 주는 사람들에게 돈을 빌리면 반드시 이자를 내야 한다. 그러나 가난한 이스라엘 사람들에게는 이자를 받지 못하게 했다. 그 까닭은 경제적으로 어려워서 돈을 빌렸는데 이자를 내게 하면 재기할 가능성이 그만큼 줄어들기 때문이다. 그리고 이스라엘 사람들에게 돈을 빌려 줄 때는 상업적인 이익을 얻기보다는 돕는다는 생각으로 해야 한다.

겉옷은 당시에 가장 기본적인 재산이었고, 매우 한정된 방식으로만 겉옷을 맡기고 돈을 빌릴 수 있었다. 겉옷 없이 밤을 보내기는 쉽지 않은 일이었기 때문에 겉옷을 맡기고 돈을 빌려 갔다고 해도 해질 무렵에는 돌려주게 했다. 이것은 하나님이 가난한 자들에게 마음을 쓰신다는 사실을 강하게 보여주는 것이다. 하나님은 자비하셔서 가난한 자들이 부르짖는 소리를 들으실 것이라고 말씀하신다.

[22 : 28] 재판장(히브리어는 '하나님' 이다.)을 모독하지 말고 백성의 지도자를 저주하지 말라고 하는데, 하나님과 왕을 저주하는 자는 사형에 처한다(왕상 21 : 10). 여기서 백성들을 대표하는 지도자는 히브리어로 '나시' 인데, 그들은 부족 대표자들이다.

[22 : 29-30] 고대 이스라엘 사람들은 하나님이 그들에게 땅을 주셨고 또 땅의 소산도 주셨다고 생각했다. 그래서 곡식걷이를 할 때 첫 삭과 열매를 그들이 거주하는 지역의 성소에 바쳤다.

고대 이스라엘 사람들은 사람이나 가축이나 그 초태생을 하나님께 속한 것으로 생각했다. 하나님께 속한 것은 죽여야 했지만, 고대 이스라엘 사회에서 인신제사를 금지했기 때문에 아이들을 하나님께 바치는 대신 아이들 목숨 값을 내게 했다(출 13 : 2, 11ff). 양으로 아이들을 대속하는 것(출 34 : 20)과 레위인들로 이스라엘 사람 모두를 대속하는 것(민 3 : 11-13, 44-51)이 그런 경우이다.

[22 : 31] 다른 짐승에게 죽임을 당한 짐승은 먹지 못하게 하고, 그것을 개에게 주라고 한다. 그렇게 함으로써 이스라엘 사람들로 하여금 하나님께 거룩한 자들이 되라고 한다.

참고–빚

우리 사회도 그렇지만, 고대 이스라엘에도 경제적으로 어려움을 겪는 사람들이 있었다. 그들이 경제적인 어려움을 겪는 이유는 여러 가지인데, 가장 흔한 이유는 빚이었다.

"환난당한 모든 자(스미스는 이들을 억압받은 자들, 즉 주인들의 무리한 요구에 시달릴 대로 시달린 사람들로 본다. Henry Preserved Smith, *A Critical and Exegetical Commentary on the Books of Samuel. ICC.*〈Edinburgh : T & T Clark, 1977〉, p. 203. 이들은 주인의 학대를 견디다 못해 도망쳤을 것이다. 신 23 : 15–16은 도망친 종들을 어떻게 처우해야 하는지 언급하는데, 이것은 당시에 도망친 종들이 많았기 때문일 것이다.)와 빚진 모든 자(이들은 빚을 갚지 못해서 채권자에게 종으로 팔릴 수밖에 없는 사람들이다. Smith, *ibid.*)와 마음이 원통한 자(헤르츠베르그는 이들을 '〈현재 상황에 대해서〉 불평〈불만〉하는 자'로 보고, 이들을 위험한 무법자 집단으로 본다. Hans W. Hertzberg, *Die Samuelbücher*, tr. J. S. Bowden, *I & II Samuel. OTL*〈Philadelphia : The Westminster Press, 1964〉, p. 182.)가 다 그에게로 모였고 그는 그들의 우두머리가 되었는데 그와 함께 한 자가 사백 명 가량이었더라"(삼상 22 : 2).

여기서 사백 명은 대단히 많은 수인데(이들은 나중에 600명으로 늘어나는데, 다윗은 마치 입다〈삿 11 : 3〉와 같다. Ralph W. Klein, *1 Samuel. WBC.*〈Waco, Texas : Word Books, Publisher, 1983〉, p. 223.), 다윗에게 모여든 사람들은 여러 가지 사정으로 인해 사회생활을 정상적으로 할 수 없는 사람들이었을 것이고(그들은 도망자들이었다. P. Kyle McCarther, Jr., *1 Samuel. AB.*〈Garden City, New York : Doubleday & Company, Inc., 1980〉, p. 359. 클라인은 사울이 왕정을 시작할 때, 여기에 반대하는 자들이 생기는 것을 당연한 결과로 본다. Ralph W. Klein, *1 Samuel. WBC.*〈Waco, Texas : Word Books, Publisher, 1983〉, p. 222. "브루거만은 사울과 다윗과의 갈등은 사회·경제적인 측면에서 다윗쪽에 가담한 경제적인 소외계층이 사울을 중심한 지주계급에 대항한 것이라 볼 수 있다고 말한다." 장일선,

「다윗 왕가의 역사 이야기 – 신명기 역사서 연구」〈서울 : 대한기독교서회, 1997〉, p. 465.), '빚진 모든 자' 라는 구절에서 알 수 있듯이, 대다수가 경제적으로 파산 상태였을 것이다. 이스라엘 건국 초기라고 할 수 있는 다윗시대에도 빚 문제는 상당히 심각한 사회적 문제였던 것으로 보인다. 그리고 그 후로 500여 년이 흐르고 느헤미야가 예루살렘에 총독으로 부임했을 때에도 경제사정이 어려워져서 빚을 지고(펜샴은 느헤미야 당시에 유다 지역이 가난해진 까닭을 두 가지로 보는데, 첫째는 주변 민족들과 적대적이어서 그들과 무역을 하지 못했고, 둘째는 느헤미야가 농부들을 성벽 쌓는 일에 동원함으로써 농사를 제대로 짓지 못했다는 것이다. F. Charles Fensham, *The Books of Ezra and Nehemiah. NICOT.*〈Grand Rapids, Michigan : William B. Eerdmans Publishing Company, 1982〉, p. 190f. 그러나 이것들도 원인일 수 있지만 흉년도 들고, 느 5 : 6 – 13에서 볼 수 있는 것처럼 고리대금이 큰 문제였던 것으로 보인다.), 그 빚을 갚지 못해서 결국 종이 된 사람들이 많았다(느 5 : 1 – 5, 이스라엘 초기에는 상대적으로 평등했는데, 왕정 후기로 갈수록 빈부격차가 심해졌다. G. J. Wenham, *The Book of Leviticus. NICOT.*〈Grand Rapids, Michigan : William B. Eerdmans Publishing Company, 1979〉, p. 317). 열심히 농사를 짓고 일해도 먹고 살기가 어려워서, 즉 경제적으로 가난해져서(어떤 학자들은 성벽건축을 위한 강제노역에 사람들이 동원되어서 임금도 받지 못하고 농사도 짓지 못해서 경제적인 어려움이 발생했다고 생각한다. 그럴 가능성도 있겠지만, 본문에는 성벽건축과 경제적 어려움이 상관관계를 갖는다는 증거는 없다. Loring W. Batten, *A Critical and Exegetical Commentary on the Books of Ezra and Nehemiah. ICC.*〈Edinburgh : T & T Clark, 1913, 1972〉, p. 237.) 양식을 구하고, 세금을 내기 위해 땅을 저당 잡히고 빚을 질 수밖에 없는 상황이었다(이들에게 돈을 빌려주는 사람들은 누구인가? 마이어즈는 그들이 기회가 닿는 대로 동료 유대인들을 등쳐서 제 재산을 늘려 가는 이기적인 사람들로 규정한다. Jacob M. Myers, *Ezra Nehemiah. AB.*〈Garden City, New York : Doubleday & Company, Inc., 1965, 1981〉, p. 130). 그리고 그 빚을 갚지 못해 자식들을 종으로 팔아야 하고, 그래서 가족이 흩어질 수밖에 없는 상황이다(이것은 바벨론에 포로로 끌려갔을 때보다 더 상황이 나쁘다는 것을 의미한다. 바벨론에서는 그나마 한 가족이 모여 살았는데, 귀환한 이후에는 경제적인 어려움으로 인해 가족이 흩어져야 하기 때문이다. Batten, *Ezra and Nehemiah.*, p. 239). 느헤미야 5 : 1~5에 '어떤 사람은 말하기를' 이 3번 나오는 것으로 보아, 세 부류의 사람들이 각각 자신들이 처한 상황을 말한 것으로 보인다(H. G. M. Williamson, *Ezra, Nehemiah. WBC.*〈Nashville : Thomas Nelson Publishers, 1985〉, p. 237). 첫째 부류는 땅이 없어서 품삯으로 사는 사람들이고, 둘째 부류는 땅은 갖고 있지만 흉년으로 인해 농사를 망쳐서 부채를 갚지 못한 경우이고, 셋째 부류도 땅은 갖고 있지만 세금을 내기 위해서 빚을 지는 경우이다(*ibid.*, p. 237f). 느헤미야는 당시 개혁을 추진하면서 이러한 경제적인 불평등 문제에 대해서는 관심을 갖지 않은 것으로 보인다(Gordon F. Davies, *Ezra and Nehemiah, Berit Olam–Studies in Hebrew Narrative & Poetry*〈Collegeville, Minnesota : The Liturgical Press, 1999〉, p. 101). 우리는 여기서 '가난' 이 악순환을 되풀이하면서 결국 사람들을 파산하게 한다는 것을 알 수 있다. 이렇듯 이스라엘에는 건국 초기부터 후대 유대교 시절에 이르기까지 끊임없이 빚진 자들, 경제적으로 파산 상태에 처한 사람들이 있었다.

7. 공정한 재판(23 : 1–9)

1너는 거짓된 풍설을 퍼뜨리지 말며 악인과 연합하여 위증하는 증인이 되지
말며 2다수를 따라 악을 행하지 말며 송사에 다수를 따라 부당한 증언을 하지
말며 3가난한 자의 송사라고 해서 편벽되이 두둔하지 말지니라 4네가 만일 네
원수의 길 잃은 소나 나귀를 보거든 반드시 그 사람에게로 돌릴지며 5네가 만
일 너를 미워하는 자의 나귀가 짐을 싣고 엎드러짐을 보거든 그것을 버려두
지 말고 그것을 도와 그 짐을 부릴지니라 6너는 가난한 자의 송사라고 정의를
굽게 하지 말며 7거짓 일을 멀리 하며 무죄한 자와 의로운 자를 죽이지 말라
나는 악인을 의롭다 하지 아니하겠노라 8너는 뇌물을 받지 말라 뇌물은 밝은

자의 눈을 어둡게 하고 의로운 자의 말을 굽게 하느니라 [9]너는 이방 나그네를 압제하지 말라 너희가 애굽 땅에서 나그네 되었었은즉 나그네의 사정을 아느니라

이 법규들은 재판을 하게 하는 행위들에 관한 것이다. 이 규정들은 전문적인 재판장들을 위한 것이 아니고, 여러 모로 법적인 논쟁에 휘말리는 일반인들을 위한 것이다. 이 법규는 사회를 정의롭게 하기 위해 어떻게 처신해야 할 것인지 그 규준을 제시한다.

[23 : 1-3] 여기서 '거짓된 풍설'(히브리어로 '쉐마 샤웨'인데, '샤웨'는 제3계명에 나오는 것으로 "네 하나님 여호와의 이름을 망령되게 부르지 말라"에서 '망령되게'로 번역한 히브리어가 바로 '샤웨'이다.)은 단순히 확인되지 않은 언급이나 비난이 아니고, 전혀 사실이 아닌 증거를 제시하면서 명확히 죄를 지었다고 적극적으로 고발하는 것을 가리킨다. 이런 경우는 열왕기상 21 : 8 이하에 나오는데, 이세벨은 증거를 날조해서 나봇을 죄인으로 몰아 죽게 한다.

재판에서 증거를 제시할 때는 엄격히 중립적이어야 하고 진실해야 한다. 다수의 요구에 굴복하지 말아야 하고, 가난한 사람이라고 해서 부당하게 편을 들어서도 안 된다.

[23 : 4-5] 원수의 재산에 대한 규정은 문맥상 잘 어울리지 않지만, 법적인 편파성을 염려해서 여기에 언급한 것으로 보인다.

[23 : 6-9] 재판 과정에서 증언을 하는 것은 범죄 여부를 확증하기 위해 반드시 필요한데, 증언을 거짓으로 하면 재판을 그르치게 할 수 있다는 점에서 용납해서는 안 된다. 그리고 뇌물을 받는 것도 거짓 증언을 하게 하거나 부당한 판결을 하게 하는 것이기 때문에 결코 용납해서는 안 된다.

이렇게 말하고 나서 이방 나그네를 억압하지 말 것을 다시 말씀하시는데, 이스라엘 사람들이 애굽에서 나그네였기 때문에 나그네의 사정(히브리어로는 '에트-네페쉬 학게르' 이다. 〈개역개정〉 성경은 '네페쉬' 를 사정〈事情〉으로 번역했다.)을 잘 알 것임을 거듭 강조하신다.

8. 절기(23 : 10-19)

10너는 여섯 해 동안은 너의 땅에 파종하여 그 소산을 거두고 11일곱째 해에는
갈지 말고 묵혀 두어서 네 백성의 가난한 자들이 먹게 하라 그 남은 것은 들
짐승이 먹으리라 네 포도원과 감람원도 그리할지니라 12너는 엿새 동안에 네
일을 하고 일곱째 날에는 쉬라 네 소와 나귀가 쉴 것이며 네 여종의 자식과
나그네가 숨을 돌리리라 13내가 네게 이른 모든 일을 삼가 지키고 다른 신들
의 이름은 부르지도 말며 네 입에서 들리게도 하지 말지니라 14너는 매년 세
번 내게 절기를 지킬지니라 15너는 무교병의 절기를 지키라 내가 네게 명령한
대로 아빕월의 정한 때에 이레 동안 무교병을 먹을지니 이는 그 달에 네가 애
굽에서 나왔음이라 빈손으로 내 앞에 나오지 말지니라 16맥추절을 지키라 이
는 네가 수고하여 밭에 뿌린 것의 첫 열매를 거둠이니라 수장절을 지키라 이
는 네가 수고하여 이룬 것을 연말에 밭에서부터 거두어 저장함이니라 17네 모
든 남자는 매년 세 번씩 주 여호와께 보일지니라 18너는 네 제물의 피를 유교
병과 함께 드리지 말며 내 절기 제물의 기름을 아침까지 남겨 두지 말지니라
19네 토지에서 처음 거둔 열매의 가장 좋은 것을 가져다가 너의 하나님 여호
와의 전에 드릴지니라 너는 염소 새끼를 그 어미의 젖으로 삶지 말지니라

이 법규들은 예배에 관한 것들, 특히 절기와 성소에 관한 규정들이다. 10~13절은 안식년과 안식일에 관한 규정인데, 안식년은 매 칠 년마다 그리고 안식일은 매 칠 일마다 모든 사람이 지켜야 하는 절기이다. 14~19절은

이스라엘 사람들이 하나님께 나아가서 예물을 드려야 하는 최소한의 절기와 최소한의 예물을 언급한다. 그 절기들은 농사절기이고, 드리는 예물 역시 곡식걷이 한 것들이다.

[23 : 10-11] 안식년은 땅을 하나님의 것으로 여기는 오래된 규정이다. 물론 그것을 규정대로 시행했는지는 확실하지 않고, 그랬을 가능성은 거의 없을 것으로 보인다. 안식년 규정은 6년 동안 경작한 땅을 한 해 동안 쉬게 함으로써 땅을 하나님이 주신 그 상태로 회복하려는 의도이다. 그런데 이런 의도를 갖고 실제로는 땅이 없는 가난한 사람들에게 자연스럽게 식량을 공급하기 위한 기능을 한 것으로 보인다.

[23 : 12-13] 안식일에 관한 규정은 출애굽기 20 : 8~11에 나오는데, 12절은 안식일을 안식일이라고 칭하지 않고 그냥 '일곱째 날'이라고 한다. 이것은 창조의 일곱째 날을 상기하게 한다. 안식년과 안식일은 일꾼들과 가축들에 대한 사회적이고 인정 어린 관심을 표명한다. 그리고 이런 규정을 철저하게 지키는 것은 결국 다른 신을 섬기지 않고, 오직 하나님만을 섬기는 것이다.

13절에서 "다른 신들의 이름은 부르지도 말며"는 원문을 직역하면, "다른 신들의 이름을 기억하지도 말며"이다.

[23 : 14-17] 3대 절기는 이스라엘 예배의 근간을 이루는데, 농사절기와 밀접한 관련을 갖는다. 이것은 그 당시 경제제도와 종교제도가 긴밀한 관계를 갖는다는 사실을 염두에 두어야 한다. 이스라엘 사람들은 가나안에서 정착한 이후로 가나안의 전통적인 농사절기들을 그들의 종교적인 절기로 변용했다. 3대 절기는 신명기 16 : 1~17과 레위기 23 : 1~44에도 나온다.

무교절은 봄, 즉 3월과 4월 사이에 지키는데, 한 해의 첫 수확을 기념하는 절기이다. 일주일 동안 햇곡식으로 만든 빵을 먹는데, 여기에는 누룩을 넣지 않는다. 묵은 곡식을 다 먹고 새 곡식 먹는 것을 기념한다. 이것은 삶을 새롭게 시작하는 것을 상징한다. 누룩을 넣지 않는 것도 새로움을 만끽하려는 의도로 보인다. 그렇다고 누룩에 대해서 부정적으로 볼 필요는 없다. 고대 이스라엘 사람들은 대개는 누룩을 넣어서 부풀린 빵을 먹었다.

그런데 이 규정에서 특이한 것은 유월절을 언급하지 않는다는 것이다. 신명기 16 : 1~8과 출애굽기 12~13장에서는 유월절과 무교절을 함께 언급하는데, 여기서는 무교절만 언급한다.

주 앞에 나올 때 이스라엘 사람들은 절대 빈손으로 오면 안 된다. 그들은 주님께 드릴 예물을 가지고 와야 했다. '내 앞에 나오는 것' 은 히브리어로는 '내 얼굴을 보는 것' 을 의미한다. 이것은 상징적인 표현이고, 고대 이스라엘 사람들은 성소에 나오는 것을 하나님의 얼굴을 뵙는 것으로 생각했다.

맥추절은 첫 곡식걷이 하는 날로부터 칠 주 지났을 때 지키는 절기인데(신 16 : 9), 그래서 칠칠절(Feast of Weeks)이라고 하고, 신약성경은 오순절(Pentecost, 행 2 : 1ff.)이라고 한다.

수장절(收藏節)은 초가을에 포도 같은 과일들을 거둬서 저장하는 절기인데, 이것으로 한 해 모든 농사가 끝나고, 새해가 시작하는 것으로 생각했다. 모든 곡식걷이를 끝내고 거둬들인 곡식을 저장함으로써 한 해를 마무리하고, 가을비가 내리는 것을 새해가 시작하는 징표로 보았다. 신명기 16 : 13~15을 보면, 수장절을 초막절, 즉 '장막절' (Feast of Tabernacles)이라고 하는데, 요한복음 7 : 2ff.는 예수님이 이 절기에 나타나신 것으로 기술한다.

[23 : 18] 누룩 넣은 떡을 제물로 바칠 수 없다는 것은 우리를 당혹하게 하는데, 그 까닭은 어느 경우, 즉 레위기 7 : 13, 23 : 17은 누룩 넣은 떡을 바치도록 요구하기 때문이다. 이것은 고대 이스라엘에서 일상적으로는 누룩을 넣었지만, 제사 드릴 때에는 경우에 따라 누룩을 넣기도 하고 넣지 않기도 했음을 보여 준다.

[23 : 19] 이 구절이 언급하는 것은 고대 근동에서 일반적인 관습이었는데, 이스라엘이 이 관습을 거부하는 것은 주변 국가들과 종교적으로 차별화하려는 의도로 보인다. 그 관습이 무엇을 의도하는지는 정확하게 알 수 없지만, 풍요로움을 추구하는 종교적 의미가 담겼을 것으로 보인다. 이 관습에 대한 거부감은 후대로 갈수록 강화되었는데, 나중에는 한 가축의 고기와 젖을 함께 먹는 것도 금했다.

참고 – 농사절기

대다수의 사람들에게 이제 '곡식걷이'라는 말은 그 느낌이 직접 피부에 와 닿지 않는 상징적인 어휘일 뿐이다. 교회가 지키는 감사절기들도 대체로 '곡식걷이'와는 직접적인 관계가 없다. 하지만 예전에는 '곡식걷이'가 상징이 아닌 현실이었으며, 사람들의 구체적인 삶이었다. 그것은 고대 이스라엘 사람들도 마찬가지였다. 그들은 거의 모두가 농사를 지어서 먹고 살았으며, 곡식걷이 한 것을 가지고 하나님께 감사드리고, 가족과 일꾼들, 그리고 이웃들과 함께 기뻐했다. 그리고 곡식걷이 감사를 통해서 모두가 평등한 삶을 누리는 사회를 이루고자 했다. (이런 점에서 곡식걷이는 출애굽과 관련을 갖는다. 곡식걷이와 출애굽은 관련이 없는 것처럼 보여도 실상은 서로 떼어 놓고 생각할 수 없는 것들이다. 곡식걷이는 출애굽 정신을 구현하는 한 방편이었다.) 그들이 어떻게 곡식걷이를 했는지, 곡식걷이의 기쁨을 어떻게 누렸는지, 감사함을 어떻게 표현했는지를 구약성경의 율법서를 중심으로 해서 살펴보면서, 곡식걷이의 본래적인 감동을 간접적으로나마 느껴 보도록 하자.

1. 곡식걷이 기간

고대 이스라엘의 월력(농경이 중심이었던 고대 사회에서 달력은 농사력이었고, 농사를 짓고 살았던 당시 사람들의 삶을 전체적으로 통제하는 것이었다.)에 의하면, 이스라엘의 곡식걷이는 1월 중순경부터 시작해서 8월 중순경까지 7개월 동안에 한다. 유대인의 절기로 보면, 곡식걷이는 유월절 기간에 시작해서 초막절에 끝난다.

절 기	곡식 품목	이스라엘 월력 (종교력)	이스라엘 월력 (민간력)	현대 월력
유월절	보리	1월 15일(아빕)	7월(니산)	3~4월
칠칠절	밀	3월 6일(시반)	9월(시반)	5~6월
초막절	올리브, 포도, 무화과	7월 15일(에다님)	1월(티쉬리)	9~10월

첫 번째 곡식걷이는 1월 중순, 즉 유월절(과 무교절) 도중에 시작해서 칠칠절로 끝난다. 유월절이 1월 14일에 시작하고, 무교절은 15일에 시작하는데, 이 두 날이 안식일이다. 곡식걷이는 안식일 다음 날부터 시작하기 때문에 초실일은 이스라엘 월력으로 1월 16일이다. 이때로부터 50일째인 날이 칠칠절 또는 맥추절이다. 그리고 곡식걷이는 7월 15일의 초막절로 일단 마친다. 그런데 남부 지역에서는 장막절 무렵에 곡식걷이가 끝나지만, 북부 지역에서는 남부 지역보다 곡식걷이가 한 달 정도 늦기 때문에 8월 중순경에 곡식걷이가 끝난다. 유대인의 3대 절기로 일컬어지는 유월절, 칠칠절, 초막절은 모두 이 곡식걷이 기간에 들어 있다. 그래서 곡식걷이에 대해서 이야기하려고 하면, 반드시 3대 절기를 다루어야만 한다. (이스라엘의 3대 절기는 종교적인 절기 이전에 실제적인 농사절기였다.)

2. 3대 절기의 명칭

이스라엘의 3대 절기의 명칭은 여러 곳에서 다양하게 나타난다. 출애굽기 23 : 14~17은 무교병의 절기, 맥추절, 수장절이라는 용어를 사용한다. 출애굽기 34 : 22은 칠칠절과 맥추의 초실절('초실절'은 여기에만 나온다.), 수장절이라는 용어를 사용한다. 그리고 레위기 23장은 유월절, 무교절, 초막절을 사용한다. 민수기 28~29장은 유월절, 칠칠절이라는 이름을 사용하고, 초막절은 '일곱째 달 열다섯째 날'이라고만 표기한다. 그리고 신명기 16장은 유월절, 무교절, 칠칠절, 초막절이라는 용어를 사용한다. 이렇듯 오경은 유월절(유월절과 무교절), 칠칠절, 맥추의 초실절, 맥추절, 초막절, 수장절 등의 이름을 사용한다.

3. 3대 절기와 곡식걷이

3대 절기를 곡식걷이와 관련해서 정리하면 다음과 같다.

1) 무교절

이스라엘의 곡식걷이는 이스라엘의 출애굽을 기념하는 유월절 기간에 시작한다. 우리는 유월절과 무교절이라는 절기를 묶어서 유월절 또는 무교절이라고 부르는데, 실제로 유월절은 1월 14일이고, 15일부터 21일까지 일주일 동안은 누룩 없는 빵을 먹는 무교절이다. 그리고 무교절 첫날이 성일(안식일)이기 때문에 그 다음 날부터 곡식걷이를 시작한다. 그래서 곡식걷이를 시작하는 초실일은 유월절 기간 도중인 1월 16일이다. 성경은 이날을 특정한 명칭으로 부르지 않고, '단을 흔드는 날', 또는 '요제로 단을 가져온 날'이라고 한다. 그러니 무교절은 일차적으로는 농사절기이다.

그런데 이스라엘 백성들은 이 농사절기인 무교절을 자신들의 신앙에 비추어서 새롭게 해석했다. 특히 무교절 전날인 1월 14일을 하나님이 애굽의 초태생들을 죽이고 이스라엘의 초태생들을 살려 준 유월절로 정했다. 그리고 유월절 식사로 양고기와 누룩 없는 빵, 쓴 나물을 먹었다고 해서 무교절을 그렇게 해석한다. 그러니 농사절기인 무교절이 이스라엘 백성들에게는 출애굽과 관련한 날이다. 하나님도 "너의 평생에 항상 네가 애굽 땅에서 나온 날을 기억하라"고 말씀하신다. 이처럼 출애굽은 이스라엘 백성들에게서 떼어 낼 수 없는 소중하고 핵심이 되는 사건이다. 이스라엘 백성들은 일 년 중에 첫 번째 곡식걷이를 하면서 출애굽을 생각하고 경험했다.

2) 칠칠절

이 절기는 유월절의 초실일로부터 칠 주(7×7)가 지난 날이라고 해서 '칠칠절'이라고 부르며, 그때에 보리를 거두어들이기 시작하기 때문에 '맥추절'이라고도 한다. 그리고 출애굽기 34 : 22에는 이 절기를 '맥추의 초실절'이라고 부르며, 보리의 첫 결실을 주님께 바쳤다. 그리고 초실일로부터 50일째 되는 날이라고 해서 신약에서는 '오순절'(여기서 '순'은 우리가 보통 한 달을 셋으로 구분해서 초순, 중순, 하순이라고 할 때의 '순'으로, 10일 단위를 말한다.)이라고 한다. 이렇듯 칠칠절을 맥추의 초실절, 맥추절, 오순절로 부르며 칠 일 동안 진행한다.

칠칠절에는 "네 하나님 여호와께서 네게 복을 주신 대로 네 힘을 헤아려 자원하는 예물을 드리라"라고 하고, 레위인과 객, 고아, 과부와 함께 즐거워하라고 한다. 그러면서 하시는 말씀이 "너는 애굽에서 종 되었던 것을 기억하고 이 규례를 지켜 행할지니라"라고 신신당부하신다.

이스라엘 사람들은 이 칠칠절도 출애굽과 관련시킨다. 무엇을 하든지 이스라엘 백성들에게 '개구리 올챙이 적 생각 못 해서는 안 된다.' 는 것이다. 출애굽을 말하면 이스라엘은 하나님의 놀라우신 구원사역을 이야기하게 되고, 또 하나님을 구원자라고 말하면 하나님이 위태한 상황에 빠진 자신들을 구원하셨음을 이야기하게 되고, 또 그러면 자신들이 과거 애굽에서 종살이했음을 이야기해야 한다. 언제나 이 사실과 그들이 출애굽 했다는 사실을 잊지 말고, 주변에 있는 어려운 이웃들에게 관심을 기울여야 한다는 것이다. 이것이 바로 출애굽의 진정한 목적이다. 그러니 그렇게 살지 못하면 이스라엘은 아직도 진정한 출애굽을 하지 못한 것이다.

3) 초막절

초막절은 7월 15일에 시작해서 일주일 동안 진행된다. 원래는 이스라엘 월력으로 7월이 정월이었다. 그러던 것이 요시야의 종교개혁 때에 월력 체계가 바뀜에 따라 7월이 1월이 되고, 1월이 7월이 되었다. 그래서 나팔절인 7월 1일이 신년축제일이었으며, 새해를 축하하기 위해서 나팔을 불었던 것이다. 초막절은 가을 곡식걷이 감사절에 해당한다. 초막절은 이스라엘 백성들이 광야생활을 하던 것을 추억하면서 초막을 짓고, 거기에 거한다고 해서 붙인 이름이다. 이러한 연유를 레위기 23장이 잘 설명한다.

> "너희는 이레 동안 초막에 거주하되 이스라엘에서 난 자는 다 초막에 거주할지니 이는 내가 이스라엘 자손을 애굽 땅에서 인도하여 내던 때에 초막에 거주하게 한 줄을 너희 대대로 알게 함이니라 나는 너희의 하나님 여호와이니라" (레 23 : 42-43).

당시 사람들은 곡식걷이 할 때, 들판에 초막을 짓고 거기서 거주하면서 곡식걷이를 했다. 초막은 곡식걷이용으로 지었다. 그런데 이 초막을 이스라엘이 출애굽 할 때에 여기저기에 쳤던 장막과 동일시한다. 여기서 우리는 초막절은 원래는 농사절기인데 이스라엘은 이것을 출애굽과 관련시키고 곡식걷이를 하면서도 출애굽을 잊지 말고 기억하라는 의미로 바꾸었음을 알 수 있다. 이 절기에 대해 레위기에서는 초막(또는 장막)을 짓고 광야생활을 기억한다는 의미를 강조하고, 출애굽기 23장에서는 곡식

저장(그래서 수장절이라고 한다.)을 강조한다. "맥추절을 지키라 이는 네가 수고하여 밭에 뿌린 것의 첫 열매를 거둠이니라 수장절을 지키라 이는 네가 수고하여 이룬 것을 연말에 밭에서부터 거두어 저장함이니라"(출 23 : 16). 이 초막절을 장막절, 수장절이라고도 한다.

3. 곡식걷이 본문들

이스라엘의 3대 절기는 현재의 성경구성상으로 보면, 출애굽기 23장에서 가장 먼저 언급한다. 출애굽기 23 : 14~19은 3대 절기를 지키라는 명령을 간략하게 기록한다. 그리고 출애굽기 34 : 18~26에도 간략한 3대 절기 준수의 명령이 나온다. 그리고 레위기에서는 23장이 절기에 대해 언급하는데, 날짜 계산과 드릴 제물에 대해서 말한다. 민수기 28~29장은 각 절기에 어떻게 제사를 드려야 할 것인지를 상세하게 기록한다. 민수기는 거의 전적으로 제물 드리는 것에 관심을 기울인다. 그러나 신명기 16장은 날짜 계산이나 제물 드림보다는 신학적인 의미 부여에 초점을 맞춘다. 특히 신명기는 중앙성소를 강조하고, 곡식걷이 절기를 출애굽 사건과 연결시키며, 가난한 자들을 배려하도록 명령한다. 여기서 볼 수 있는 것처럼, 민수기와 레위기에서 절기를 어떻게 지킬 것인가 하는 제사 절차에 관심을 기울이고 있다면, 출애굽기와 신명기에서는 그 신학적인 의미를 밝히는 데 주력하고 있고, 특히 신명기는 곡식걷이의 사회적인 차원을 강조한다.

4. 곡식걷이와 십일조

여기서는 이스라엘의 곡식걷이의 사회적인 의미를 살펴보려고 하는데, 이것은 신명기에서 가장 분명하게 드러난다. 민수기 28~29장에는 곡식걷이와 관련해서 이러한 언급이 나타나지 않는다. 그러나 레위기에는 23 : 22에 나타난다("너희 땅의 곡물을 벨 때에 밭 모퉁이까지 다 베지 말며 떨어진 것을 줍지 말고 그것을 가난한 자와 거류민을 위하여 남겨 두라 나는 너희의 하나님 여호와이니라"). 다른 곳에서는 곡식걷이 한 다음에 가난한 자들을 어떻게 배려할 것인지에 대해서 말하는데 비해, 이 구절에서는 곡식걷이 하는 도중에 그들을 어떻게 배려해야 할 것인지 말하고 있다는 점에서 중요하다.

신명기에 의하면 이스라엘 사람들은 3대 절기를 지내기 위해서 정해진 한곳, 즉 예루살렘 성전으로 올라가야 했다(이 중앙성소사상은 신명기의 핵심적인 신학사상이다). 그리고 3대 절기는 축제의 성격을 갖는데, 자기 가족뿐만 아니라 일꾼들과 더불어 또 주위의 가난한 사람들과 함께 즐거워하도록 규정한다(신 16 : 11, 14).

> "너와 네 자녀와 노비와 네 성중에 있는 레위인과 및 너희 중에 있는 객과 고아와 과부가 함께 네 하나님 여호와께서 자기의 이름을 두시려고 택하신 곳에서 네 하나님 여호와 앞에서 즐거워할지니라 너는 애굽에서 종 되었던 것을 기억하고 이 규례를 지켜 행할지니라"(신 16 : 11-12).

이런 점에서 볼 때, 이스라엘의 3대 절기는 수직적인 구조와 수평적인 구조를 결합한 것을 알 수 있다. 예루살렘으로 올라가서 하나님을 뵙는 것이 수직적인 구조라고 한다면, 가족뿐만 아니라 종들과 주위의 가난한 사람들과 함께 즐거워하는 것은 수평적인 구조라고 해야 할 것이다. 이 두 가지가 조화를 이루는 것(이것을 '출애굽 정신의 구조' 라고 할 수 있을 것이다.)이 이스라엘의 3대 절기이다. 7개월 동안의 곡식 걷이를 이러한 정신에 의해서 진행하는 것이다.

그런데 고대 이스라엘 사람들은 주위의 가난한 이웃들을 구체적으로 어떻게 도와주려고 했을까? 신명기 14장에 의하면 고대 이스라엘 사람들은 매년 십일조를 드려야 했으며, 그것을 중앙성소로 가져가야 했다. 그리고 하나님 앞에서 여러 사람들과 함께 즐거워해야 했다. "거기 네 하나님 여호와 앞에서 너와 네 권속이 함께 먹고 즐거워할 것이며 네 성읍에 거주하는 레위인은 너희 중에 분깃이나 기업이 없는 자이니 또한 저버리지 말지니라"(신 14 : 26b-27). 그래서 이스라엘 사람들은 매년 십일조를 드려야 했으며, 그 십일조를 주로 레위인들을 위해서 사용하고, 또 어려운 사람들을 위해서도 사용하도록 했다.

십일조에 대해서는 여러 가지를 언급하는데, 신명기는 매년 드리라고 한다. 이 십일조를 하나님께 드리는 다른 제물과 구별한다. 신명기 12 : 6은 "너희의 번제와 너희의 제물과 너희의 십일조와 너희 손의 거제와 너희의 서원제와 낙헌 예물과 너희 소와 양의 처음 난 것들을 너희는 그리로 가져다가 드리고"라고 기록한다. 십일조 예물을 따로 설정하는 것이다. 이것은 신명기 12 : 17도 역시 마찬가지이다. 그리고 다른 곳에서는 대체로 레위 사람들에게 십일조를 주게 하는데, 신명기는 레위 사람을 포함해서 가난한 사람들을 위해 사용하게 하며, 3년 단위로 기간을 설정해서 첫째와 둘째 해에는 하나님께 십일조를 드리고, 셋째 해에는 같은 성안에 거하는 사람들이 십일조를 거두어서 그 성안의 레위인을 비롯해서 가난한 사람들을 위해 사용하도록 규정했다.

> "매 삼 년 끝에 그 해 소산의 십분의 일을 다 내어 네 성읍에 저축하여 너희 중에 분깃이나 기업이 없는 레위인과 네 성중에 거류하는 객과 및 고아와 과부들이 와서 먹고 배부르게 하라 그리하면 네 하나님 여호와께서 네 손으로 하는 범사에 네게 복을 주시리라"(신 14 : 28-29).

우리는 이러한 사실을 통해서 십일조가 모든 사람으로 하여금 기본적인 생계를 유지할 수 있게 하는 일종의 사회보장제도였음을 알 수 있다.

하지만 이러한 제도는 희년제도나 안식년 제도만큼이나 고대 이스라엘에서 제대로 지켜지지 않았다. 유월절을 예를 들면, 우리는 이스라엘 사람들이 철저하게 유월절을 지킨 것으로 생각하지만 실제로 유월절을 거의 지키지 않았고, 요시야가 행한 것이 거의 유일무이하다. 유월절을 지키고, 출애굽 정신을 실현하기 위해서 요시야는 엄청난 노력을 기울였다. 그리고 그에 앞서 히스기야는 출애굽 정신을 실현하기 위해 개혁을 일으켰고, 그 개혁이 실패로 끝난 이후에 므낫세가 그 사람들을 처형했다. 이렇듯 이스라엘에서도 3대 절기를 제대로 지키는 것은 어려운 일이었다.

나오는 말

지금까지 살펴본 바를 정리하면 다음과 같다.

1. 이스라엘의 곡식걷이는 유월절 기간에 시작해서 초막절에 끝난다. 그래서 곡식걷이와 이스라엘의 3대 절기는 매우 관계가 깊다. 그리고 3대 절기는 출애굽과 관련을 갖는다.
2. 이스라엘 사람들은 곡식걷이를 하는 도중에도 가난한 자들을 배려해서 논밭을 다 베지 않고 모서리 부분은 남겨 놓고, 또 이삭도 줍지 말아야 했다.
3. 이스라엘 사람들은 3대 절기를 지키기 위해 중앙성소로 올라가야 했다. (그

래서 그들이 하나님의 백성이며, 형제임을 주변에 과시해야 했다.)

4. 절기 때마다 규정된 제물을 하나님께 드려야 했다.
5. 특별히 십일조를 바쳐야 하는데, 십일조는 레위인과 사회 저층민을 위해서 사용해야 하며, 특히 3년에 한 번씩 드리는 십일조는 모두 모아서 가난한 자들에게 주어야 한다. 이러한 것들은 출애굽 정신을 실천하는 것이었다.

농사는 고대 사람들이 생계를 유지하는 가장 중요한 수단이었기 때문에, 곡식걷이는 그들의 삶에 매우 중요한 의미를 지니고 있었다. 특히 이스라엘 백성들에게 있어서 곡식걷이는 자신들에게 중요한 것이었을 뿐만 아니라, 주위의 어려운 사람들에게도 중요한 것이었다. 성경은 곡식걷이를 할 때 가난한 자들을 배려하도록 했다. 그리고 7개월이라는 곡식걷이 기간에 들어 있는 3대 절기를 통해 하나님께 예물을 드리도록 했으며, 어느 사회에나 있기 마련인 생계를 유지하기 어려운 사람들을 위해 십일조라는 일종의 사회보장제도를 확립함으로써 모든 인간들이 기본적인 삶을 영위할 수 있게 하는 제도적인 장치를 만들려고 했다. 특히 신명기는 이것을 강조한다. 그리고 이스라엘의 곡식걷이의 근본적인 의미는 여기에 있다고 할 수 있을 것이다. 함께 기쁨을 누리는 사회, 더불어 살아가는 사회, 이것이 바로 곡식걷이를 통해서 고대 이스라엘이 이루려고 했던 사회, 출애굽 이후의 사회였던 것이다.

9. 이방인(23 : 20-33)

20내가 사자를 네 앞서 보내어 길에서 너를 보호하여 너를 내가 예비한 곳에
이르게 하리니 21너희는 삼가 그의 목소리를 청종하고 그를 노엽게 하지 말라
그가 너희의 허물을 용서하지 아니할 것은 내 이름이 그에게 있음이니라 22네
가 그의 목소리를 잘 청종하고 내 모든 말대로 행하면 내가 네 원수에게 원수

가 되고 네 대적에게 대적이 될지라 23내 사자가 네 앞서 가서 너를 아모리 사
람과 헷 사람과 브리스 사람과 가나안 사람과 히위 사람과 여부스 사람에게
로 인도하고 나는 그들을 끊으리니 24너는 그들의 신을 경배하지 말며 섬기지
말며 그들의 행위를 본받지 말고 그것들을 다 깨뜨리며 그들의 주상을 부수
고 25네 하나님 여호와를 섬기라 그리하면 여호와가 너희의 양식과 물에 복을
내리고 너희 중에서 병을 제하리니 26네 나라에 낙태하는 자가 없고 임신하지
못하는 자가 없을 것이라 내가 너의 날 수를 채우리라 27내가 내 위엄을 네 앞
서 보내어 네가 이를 곳의 모든 백성을 물리치고 네 모든 원수들이 네게 등을
돌려 도망하게 할 것이며 28내가 왕벌을 네 앞에 보내리니 그 벌이 히위 족속
과 가나안 족속과 헷 족속을 네 앞에서 쫓아내리라 29그러나 그 땅이 황폐하
게 됨으로 들짐승이 번성하여 너희를 해할까 하여 일 년 안에는 그들을 네 앞
에서 쫓아내지 아니하고 30네가 번성하여 그 땅을 기업으로 얻을 때까지 내가
그들을 네 앞에서 조금씩 쫓아내리라 31내가 네 경계를 홍해에서부터 블레셋
바다까지, 광야에서부터 강까지 정하고 그 땅의 주민을 네 손에 넘기리니 네
가 그들을 네 앞에서 쫓아낼지라 32너는 그들과 그들의 신들과 언약하지 말라
33그들이 네 땅에 머무르지 못할 것은 그들이 너를 내게 범죄하게 할까 두려
움이라 네가 그 신들을 섬기면 그것이 너의 올무가 되리라

하나님은 이스라엘 사람들에 앞서서 '내 사자', '내 위엄', '왕벌'을 보내겠다고 약속하신다. 이렇게 하나님이 사자를 앞서 보내셔서 이스라엘을 보호하고 인도하시면(a), 이스라엘은 하나님의 명령대로 행할 것을 요구하신다(b). 그러면 하나님이 그들에게 복을 주실 것이라고 약속하신다(c). 20~26절은 다음과 같은 구조를 보인다.

20절(a)　　21절(b)　　22절(c)
23절(a)　　24~25a절(b)　　25b~26절(c)

〈계약의 책〉(*The Book of Covenant*)에 나오는 법규들은 이스라엘 사람들이 앞으로 가나안 땅에 거주할 때를 염두에 두었다. 그런데 기술하는 시점(時點)은 가나안 정착 때가 아니라 출애굽 한 후에 시내산에 머무는 상황이다. 그래서 〈계약의 책〉을 마무리하면서 다시 시점을 명확하게 한다.

[23 : 20-22] '하나님의 천사'는 하나님의 사신이나 대사를 가리키는데, 그가 하는 일은 하나님이 그에게 맡기신 일을 완수하는 것이다. 그런데 '하나님의 천사'는 사람들이 하나님을 직접 대할 수 없지만 그분의 말씀을 듣게 함으로써 신비감을 증폭시키는 역할을 한다. 그리고 이스라엘 사람들이 하나님과 함께한다고 믿게 하면서 동시에 하나님의 거룩함으로 인해 하나님과 그들 사이에 필연적인 거리가 있다는 생각도 하게 한다. 초기 이스라엘 사람들은 하나님을 시내산의 하나님으로 생각했다(삿 5 : 5). 그래서 시내산의 하나님이 과연 이스라엘이 시내산을 떠나서 가나안 땅에 들어갈 때까지 그들과 함께하실 것인지가 관건이었다.

"내 이름이 그에게 있음이니라"(21절)는 것은 "그에게 내 권위를 부여했다"는 의미이다. 여기서 '하나님의 이름'은 단순히 하나님을 부르는 칭호가 아니라, 하나님의 전 인격을 의미한다. 그래서 하나님의 이름을 누구에게 준다는 것은 하나님이 직접적이고 개인적으로 그에게 권위를 부여하셨음을 의미한다.

[23 : 23-26] 고대 사람들은 여러 가지 질병들로 인해서 고통을 당했지만, 그들을 치료할 전문적인 의사들은 거의 없었다. 그러다 보니 병자들은 신에게 기도할 수밖에 없었다(사 38 : 1ff). 이런 점에서 하나님이 질병을 고쳐 주시겠다고 약속하시는 것은 오늘 우리가 생각하는 것보다 훨씬 더 중요한 의미를 갖는다.

[23 : 27-28] 이스라엘 사람들이 가나안 땅에 들어가는 과정에서 여러 가지 일들이 많이 일어날 텐데, 다른 민족들과의 전투도 해야 할 것이다. 이럴 경우에 대비해서 하나님은 미리 약속을 하시는데, 하나님이 직접 개입하셔서 적들을 물리쳐 주시겠다는 것이다. 구체적인 방식은 알 수 없지만, 하나님은 적들을 두려움(〈개역개정〉 성경이 '내 위엄'으로 번역한 히브리어는 '에마티'인데, 어근인 '에마'는 놀라움과 공포를 의미한다. 그리고 히브리어 문장은 동사가 앞에 나오고 그 다음에 주어와 목적어가 나오는데, 이 구절은 목적어가 동사보다 먼저 나온다. 즉, 주님이 주시는 두려움을 강조하는 것이다.)에 빠지게 하겠다고 말씀하신다. 이것은 사사기 7 : 9ff.에도 나온다. '왕벌'로 번역한 히브리어 단어(히브리어로 '치르아'인데, 말벌〈hornet〉을 가리키기도 하지만, 대체로 두려움을 의미한다.)는 그 의미가 명확하지 않은데, '재앙'을 가리키는 것으로 보인다.

[23 : 29-33] 이 구절들은 이스라엘 사람들이 가나안 땅에 들어가서 그곳에 거주하는 사람들을 쫓아내는 것에 관한 규정인데, 29~39절은 그들을 천천히(히브리어로 '메아트 메아트'인데, 이것은 '조금씩 조금씩'이다.) 쫓아내시겠다는 말씀이다. 이 말씀대로 사사기 1 : 28, 2 : 21~23에도 나오듯이, 이스라엘 사람들이 가나안 땅에 정착하는 것은 단시간에 이루어지지 않았다.

31절에서 언급하는 지역은 하나님이 이스라엘에게 주시겠다고 약속하는 최대의 영토를 가리킨다(창 15 : 18-21). 이것은 다윗과 솔로몬 시대의 이스라엘의 영토와 거의 유사하다. '블레셋 바다'는 지중해이고, '강'은 유프라테스이다.

32~33절은 하나님이 이스라엘 사람들로 하여금 가나안에 거주하는 민족들을 쫓아내라고 강력하게 명령하는 까닭을 밝히는데, 그것은 이스라엘 사람들이 다른 신들을 섬길 것을 염려하기 때문이다(〈개역개정〉 성경은 33절 뒷부분을 "그들이 너를 내게 범죄하게 할까 두려움이라"고 번역하는데, '……할

까 두렵다'로 번역한 히브리어 '펜'은 '그럴지도 모르겠다'는 의미가 아니라, '반드시 그럴 것이다'라는 의미를 갖기 때문에, 33절은 "그들이 네 땅에 머무르지 못하게 하라. 틀림없이 그들이 너로 하여금 나에게 죄를 짓게 할 것이다."로 번역해야 한다). 하나님은 이스라엘로 하여금 그들과 전혀 관계를 갖지 말라고 하신다.

제 Ⅲ 부

성막 건축

출애굽기 24 : 1~40 : 38

A. 성막 지침을 일러 주시는 하나님(24 : 1-31 : 18)

B. 범죄하는 이스라엘(32 : 1-34 : 35)

C. 성막을 건축하는 이스라엘(35 : 1-40 : 38)

| 출애굽기 24 : 1~40 : 38 |

성막 건축

A. 성막 지침을 일러 주시는 하나님(24 : 1-31 : 18)

1. 모세를 산 위에서 만나신 하나님(24 : 1-18)

1또 모세에게 이르시되 너는 아론과 나답과 아비후와 이스라엘 장로 칠십 명과
함께 여호와께로 올라와 멀리서 경배하고 2너 모세만 여호와께 가까이 나아오
고 그들은 가까이 나아오지 말며 백성은 너와 함께 올라오지 말지니라 3모세가
와서 여호와의 모든 말씀과 그의 모든 율례를 백성에게 전하매 그들이 한 소리
로 응답하여 이르되 여호와께서 말씀하신 모든 것을 우리가 준행하리이다 4모
세가 여호와의 모든 말씀을 기록하고 이른 아침에 일어나 산 아래에 제단을 쌓
고 이스라엘 열두 지파대로 열두 기둥을 세우고 5이스라엘 자손의 청년들을 보
내어 여호와께 소로 번제와 화목제를 드리게 하고 6모세가 피를 가지고 반은

여러 양푼에 담고 반은 제단에 뿌리고 7언약서를 가져다가 백성에게 낭독하여
듣게 하니 그들이 이르되 여호와의 모든 말씀을 우리가 준행하리이다 8모세가
그 피를 가지고 백성에게 뿌리며 이르되 이는 여호와께서 이 모든 말씀에 대하
여 너희와 세우신 언약의 피니라 9모세와 아론과 나답과 아비후와 이스라엘 장
로 칠십 인이 올라가서 10이스라엘의 하나님을 보니 그의 발 아래에는 청옥을
편 듯하고 하늘같이 청명하더라 11하나님이 이스라엘 자손들의 존귀한 자들에
게 손을 대지 아니하셨고 그들은 하나님을 뵙고 먹고 마셨더라 12여호와께서
모세에게 이르시되 너는 산에 올라 내게로 와서 거기 있으라 네가 그들을 가르
치도록 내가 율법과 계명을 친히 기록한 돌판을 네게 주리라 13모세가 그의 부
하 여호수아와 함께 일어나 모세가 하나님의 산으로 올라가며 14장로들에게 이
르되 너희는 여기서 우리가 너희에게로 돌아오기까지 기다리라 아론과 훌이
너희와 함께하리니 무릇 일이 있는 자는 그들에게로 나아갈지니라 하고 15모세
가 산에 오르매 구름이 산을 가리며 16여호와의 영광이 시내산 위에 머무르고
구름이 엿새 동안 산을 가리더니 일곱째 날에 여호와께서 구름 가운데서 모세
를 부르시니라 17산 위의 여호와의 영광이 이스라엘 자손의 눈에 맹렬한 불같
이 보였고 18모세는 구름 속으로 들어가서 산 위에 올랐으며 모세가 사십 일 사
십 야를 산에 있으니라

모세는 수차례 시내산을 오르락내리락하는데(일곱 차례), 이렇게 하는 것이 바로 그가 할 일이기 때문이다. 모세는 하나님과 이스라엘 백성 사이를 중재하는 역할을 한다.

출애굽기 24장은 하나님과 이스라엘이 맺은 계약, 즉 십계명과 계약의 책에 나오는 내용을 비준하는 장면을 서술한다. 이 예식에서 중심은 모세와 제사장들, 그리고 70명의 장로들이 함께 거룩한 식사를 하는 장면이다(9-11절). 그들은 하나님 앞에서 식사를 했고, 이스라엘의 장로들이 하나님의 천상보좌를 보게 허용했다는 점에서 특별하다.

3~8절은 「계약의 책」의 부록인데, 그곳에서 희생 제사를 드린 이야기를 통해서 시내산 계약과 「계약의 책」을 연결한다.

[24 : 1-2] 하나님은 모세에게 하나님을 뵈러 올라오라고 하시는데, 모세는 하나님께 나아올 수 있지만, 나답과 아비후, 그리고 이스라엘 장로들은 먼 곳에서 하나님을 경배하고, 백성들은 더 먼 곳에 머물러야 한다. 나답과 아비후는 아론의 첫째와 둘째 아들로 출애굽기 6 : 23에서 처음 언급되고, 레위기 10 : 1~7에서 비극적으로 죽임을 당한다. 그들은 이스라엘의 주요 지도자들에 속했다. '이스라엘 장로 칠십 명' 은 민수기 11장에서 다시 등장한다.

[24 : 3-8] 모세가 (산에서 내려)와서 이스라엘 사람들에게 하나님의 말씀("여호와의 모든 말씀과 그의 모든 율례"〈히브리어로 '콜-함미쉬파팀' 인데, 재판, 결정, 법적 송사, 그리고 법을 가리키는 '미쉬파트' 의 복수형이다.〉)을 다 전했다. 그랬더니 이스라엘 사람들이 하나님의 말씀을 다 준행하겠다고 한 목소리로 다짐한다. 그 다음 모세는 하나님의 말씀을 모두 기록하고, 이른 아침에 일어나 제단을 쌓아서 청년들로 하여금 번제와 화목제를 드리게 하고, 언약서를 낭독하고 백성들이 언약서 조항들을 준행할 것을 서약한 다음, 백성들에게 피를 뿌리고 하나님과 언약을 맺는다. 열두 기둥을 세우는데, '12' 는 이스라엘 열두 지파를 가리키는 것이 분명하고, 이렇게 기둥 12개를 세움으로써 이스라엘 백성 모두가 온전히 계약에 충실할 것을 보여 주는 것이다.

피는 생명을 가리키고, 생명을 만드신 분은 하나님이기 때문에, 모든 피는 하나님께 드려야 한다(레 17 : 10-13). 그래서 결코 피를 먹으면 안 되고, 희생제물의 피는 모두 제단에 뿌려야 한다. 희생제물이 쏟은 피의 절반을 백성들에게 뿌리는 것은 매우 독특한 예식인데, 이것은 그들이 하나님과 더불어 거룩한 삶을 산다는 것을 보여 준다.

[24 : 9–11] 1~2절에서 하나님이 말씀하신 대로, 모세는 아론, 나답, 아비후, 그리고 이스라엘 장로 70명과 함께 산에 올라간다. 우리는 '하나님을 보니' 라는 구절을 잘 이해해야 한다. 본문은 사람들이 하나님을 뵈었다고 하는데, 이것이 무엇을 의미하는지 알 수 없지만 본문이 그렇게 말하는 것은 분명한 사실이다. 물론 하나님을 직접 뵙는 것은 매우 위험한 일이지만, 이 경우는 하나님이 허용하셨다.

그러나 출애굽기 33 : 20, 신명기 4 : 12, 15, 사사기 13 : 22은 사람들이 하나님을 뵐 수 없다고 하기 때문에, 본문에서 하나님을 뵌 것을 바르게 이해해야 한다. 하나님을 인간의 오감으로 경험한 것에 대한 언급들도 구약성경에 나온다. 하지만 이것은 하나님을 직접 뵌 것을 말하는 것은 아니라는 점을 명심해야 한다. 그리고 본문은 '하나님의 발아래' 를 언급함으로써 하나님을 뵈었는지를 흐릿하게 만든다. 그렇기에 그들이 무엇을 보았는지는 알기 어렵다. 본문은 그들이 무엇을 보았는지를 정확하게 언급하지 않는다. 그 까닭은 본문이 거기에 관심을 두지 않기 때문이다. 그리고 에스겔 1장에서처럼, 하나님의 모습에 대해 아무리 자세하게 묘사한다고 해도, 결국 우리가 하나님의 형상에 대해서 알 수 있는 것은 별로 없기 때문이다.

그리고 무엇을 보았는지 자세하게 언급하지 않는 까닭은 그들이 본 것이 없기 때문일 수도 있다. 그렇기 때문에 아무리 하나님을 뵈었다고 해도 하나님을 묘사할 수 없는 것이고, 하나님을 형상화할 수도 없는 것이다. 하나님은 그들을 아주 가까이 부르셨고, 그들에게 스치듯 자신을 느끼게 하셨을 뿐이다. '청옥' 은 푸른 하늘을 가리키는 것으로 보인다.

'손을 대지 아니하셨고' 는 하나님이 그를 본 자들, 즉 하나님을 뵌다고 생각할 만큼 하나님께 가까이 다가온 사람들을 죽이지 않았다는 것이다. 그들은 하나님이 초청했고, 산에 올라서 하나님께 가까이 나아가기 위한 적합한 준비를 했기 때문에 이스라엘 백성들의 대표로서 그들이 하나님께 나아가는 것을 허락하신 것이다.

사람들이 식사를 함께하는 것은 우정과 신뢰를 보여 주는 가장 확실한 증거이다. 산 위에서 함께하는 식사는, 물론 하나님이 직접 그 식사에 참여하신 것은 아니지만, 이스라엘과 하나님이 얼마나 밀접한 관계인지 보여 주는 징표이다.

그들은 하나님을 뵈면서, 즉 하나님께 아주 가까이 다가가서 그곳에서 함께 먹고 마셨다. 이것은 그들이 하나님과 계약을 맺었음을 보여 준다. 이삭도 아비멜렉과 계약을 맺고 함께 먹고 마셨다(창 26 : 30). 예수님은 하나님의 나라를 먹고 마시는 것과 연관해서 말씀하셨다(마 8 : 11). 하나님은 잔치를 베푸시고 사람들을 초청하시기에 바쁘시다.

이렇게 거룩한 식사를 하고 하나님이 주신 명령에 따를 것을 서약함으로써 이스라엘은 하나님과 계약관계에 들어간다. 그래서 앞으로는 하나님이 주신 어떤 법을 어기는 것은 바로 하나님과 맺은 계약을 어기는 것이 된다.

[24 : 12-14] 하나님은 모세로 하여금 이스라엘 사람들을 가르치게 하기 위해서 하나님이 직접 율법과 계명을 기록한 '돌판'을 모세에게 주겠다고 말씀하시는데, 이것은 출애굽기 20 : 1~17에 나오는 십계명을 새긴 두 돌판을 가리킨다. 그런데 출애굽기 32 : 15을 보면, 거기에는 돌판 앞뒤에 계명을 새겼다고 한다. 돌판을 받기 위해서 모세는 다른 사람들은 뒤에 남겨 두고, 여호수아와 함께 산으로 올라갔다. 모세는 그가 없는 동안 모든 일을 아론과 훌이 처리하도록 위임했다.

[24 : 15-18] 모세가 산 위에 오르자 구름이 산을 가렸다. 구름은 하나님의 영광을 상징하는데, 구름이 나타나는 것은 하나님이 그곳에 임재하셨음을 보여 주는 징표이다. 그러나 구름 자체가 하나님은 아니고, 하나님이 이스라엘과 함께하심을 알려 주는 표지일 뿐이다. 그런데 하나님의 영광이 산 아래에 있는 이스라엘 사람들에게는 맹렬한 불처럼 보였다. '맹렬한 불'은 히브

리어로는 '삼키는 불' 이다. 모세는 그곳에서 6일 동안 기다렸고, 일곱째 날에 하나님이 그를 부르셨다. 그래서 모세는 구름 속으로 들어가서 하나님께 나아갔다. 그곳에서 모세는 사십 일 동안 머물렀다.

2. 성막 제작 지침 – 재료(25 : 1–9)

> [1]여호와께서 모세에게 말씀하여 이르시되 [2]이스라엘 자손에게 명령하여 내게
> 예물을 가져오라 하고 기쁜 마음으로 내는 자가 내게 바치는 모든 것을 너희
> 는 받을지니라 [3]너희가 그들에게서 받을 예물은 이러하니 금과 은과 놋과 [4]청
> 색 자색 홍색 실과 가는 베 실과 염소 털과 [5]붉은 물 들인 숫양의 가죽과 해달
> 의 가죽과 조각목과 [6]등유와 관유에 드는 향료와 분향할 향을 만들 향품과 [7]호
> 마노며 에봇과 흉패에 물릴 보석이니라 [8]내가 그들 중에 거할 성소를 그들이
> 나를 위하여 짓되 [9]무릇 내가 네게 보이는 모양대로 장막을 짓고 기구들도 그
> 모양을 따라 지을지니라

출애굽기 25~31장까지는 이스라엘 최초의 성막 제작에 관한 광범위한 지침들을 제시한다. 출애굽기 35~40장은 25~31장에 따라 성막이 실제로 세워지는 것을 언급한다. 성막을 세우는 목적은 출애굽기 25 : 8에 나온다. 성막은 하나님이 임재하시기 위한 성소이며, 하나님이 성막에 임재하신 것은 성막을 완공했을 때 구름이 성막을 덮은 것, 즉 하나님의 영광이 구름으로 나타난 것에서 입증되었다(출 40 : 34–38).

모세가 다섯 번째로 시내산에 오른 것을 기록한 본문에는 "여호와께서 모세에게 말씀하여 이르시되"가 모두 7번 나온다(출 25 : 1, 30 : 11, 17, 22, 34, 31 : 1, 12).

모세는 산에 올라가서 6일을 기다렸다. 드디어 제칠일에 하나님께서 그에게 말씀하셨다(출 24 : 16). 하나님은 이스라엘 백성들에게 자원해서 예물

을 가져오라고 말씀하신다.

[25 : 1-2] 주님이 모세에게 말씀하여 이르신다("여호와께서 말씀하여 이르시되"는 히브리어 원문에는 '와이요메르 아도나이 …… 레모르'와 '와예답베르 아도나이 …… 레모르'로 표기하고, '레모르'가 없는 경우 '여호와께서 이르시되'로 번역한다. '와예답베르 아도나이'는 출 20 : 1, 25 : 1, 30 : 11, 17, 22, 31 : 1, 32 : 7, 33 : 1에 나온다). 2~9절은 성막을 건설하기 위한 자재들을 모으고 회막과 기구들을 만드는 데 대해 하나님이 일러 주시는 말씀이다. 하나님은 성막건축 자재들을 모을 때, 이스라엘 사람들이 기쁜 마음으로 바치는 것만 받으라고 하신다. 히브리어는 '잇데벤누 립보'인데, '그의 마음이 움직여서', 즉 '자원해서'이다. 자원해서 건축에 필요한 것들을 바쳐야 한다는 것이다. 이것은 결코 이기적이지 않은 영적 자세가 이스라엘 예배의 기초임을 보여 준다. 하나님께 드리는 것을 '예물'이라고 하는데, 히브리어로 '테루마'('테루마'는 예물 또는 공물을 가리키는데, '들어올리다'라는 의미를 갖는 히브리어 '룸'에서 파생했다.)이다.

[25 : 3-7] 성막 건축에 필요한 자재들 가운데 어떤 것은 원방에서 가져오기도 했는데, 상당히 비싸고 귀한 자재들을 사용했음을 보여 준다. 애굽에서 막 나와서 광야생활을 하는 이스라엘 사람들이 구입하기에는 쉽지 않았을

금 속	금, 은, 놋
실	청색실, 자색실, 홍색실, 가는 베 실
가 죽	염소털, 숫양의 가죽, 해달의 가죽
나 무	조각목
향 품	향료, 향품
보 석	호마노, 기타 보석들

텐데, 어쨌든 그들은 최선을 다해서 성막을 아름답게 만들려고 했다는 사실을 보여 준다.

성막 건축을 위한 자재 품목은 출애굽기 35 : 5~9, 22~28에도 나오는데, 거의 동일하다. 앞으로 보면 회막에 가까이 두는 기구들은 금으로 만들거나 금으로 싸서 만들었는데, 회막에서 멀어질수록 은과 놋으로 만들었다. 성막 건축 자재 가운데는 해달 가죽도 있었는데, 이것은 히브리어로 '테하심' 으로, 정확하지는 않지만 바다소(sea cow=manatee, 〈개역개정〉 성경은 각주에 '돌고래' 라고 한다.)를 가리키는 것으로 보인다. 이것은 홍해와 인도양에서 서식한다.

[25 : 8-9] 이 구절은 이스라엘의 예배제도가 인간들이 고안하여 이룬 것이 아니고, 그저 신이 계시하는 계획과 지침에 따른 것임을 강조한다. 성막은 인간을 위해서 짓는 것이 아니다. 하나님을 위해서 짓는다. 그리고 인간들이 생각해서 짓는 것이 아니다. 하나님이 보여 주시는 대로 지어야 한다. 9절을 히브리어 원문에 따라 번역하면, "내가 너에게 보여 주는 모든 것, 즉 장막의 모양 그리고 모든 기구들의 모양 그대로 그렇게 만들어라."이다.

그렇기 때문에 예배는 인간들이 하나님께 드리는 것이 아니고, 하나님의 뜻 가운데서 하나님의 임재를 누리는 하나님의 선물이다. 하나님과 교제하는 것이야말로 예배를 통해서 하나님이 주시는 가장 귀한 선물이고 특권이다. 올바른 예배는 오직 하나님만이 아시고, 그래서 인간들은 하나님이 알려 주시는 대로 예배하는 것이 마땅하다. 이런 점에서 인간들이 예배의 본질과 방식에 개입하는 것은 주제넘는 일이다.

장막은 그냥 천막을 가리키는데, 그러나 여기서는 인간들이 거주하는 일반적인 장막이 아니고, 예배를 위한 특별한 장소이다. 하나님이 일러 주신 대로 이스라엘 사람들이 만든 것은 성소이다. 광야 방랑 중이었기 때문에 운반하기 쉽게 만들었고, 머무를 때는 이스라엘 진 한가운데에 세웠다(민 2 : 1ff).

이스라엘 백성들이 세우는 성막은 광야생활에 적합하게 운반하기 쉬운 형태인데, 그러나 그 세부적인 것들을 보면 크기도 그리 작지 않고 모양도 상당히 정교하게 만들어서 꼭 운반하기에 편리하게 만든 것만은 아님을 알 수 있다.

이런 점 때문에 많은 학자들은 성막이 초기 이스라엘에 존재했다는 것을 부정하고 후대의 투사로 보는데, 그렇게 결론내리기는 어렵다. 솔로몬 성전 이전에도 성소가 있었고, 성막을 만들기까지는 모세가 하나님과 만나는 회막도 있었다. 그리고 성막형 성소가 없었다면 솔로몬이 성전을 만들기까지, 특히 사사시대 동안 이스라엘 사람들은 어디에서 예배를 드렸겠는가?

성막은 하나님이 아브라함에게 약속하신 것, 즉 하나님이 이스라엘 백성의 하나님이 되실 것(창 17 : 8)이라는 약속이 이뤄지는 증거이다. 그래서 시내산 계약은 아브라함 계약과 다른 것이 아니고, 아브라함 계약이 이뤄진 것이다.

하나님이 모세에게 성막 양식을 보여 주신다. 하나님은 40일 동안 성막 양식을 설명하신다. 하나님은 이스라엘 백성들과 함께 거하시기 위해서 성소를 건설하게 하신다. 요한복음 1 : 14은 하나님이 육신이 되어 우리 가운데 거하신다고 하는데, 여기서 거하신다는 말이 바로 '미쉬칸' 이다. 이런 점에서 출애굽기의 성막과 그리스도의 오심은 연관을 갖는다.

참고 – 성막

'성막'(聖幕)은 무엇을 가리키는가? '성막'은 정확히 무엇인가? '성막'은 '거룩한 막'인데, '막'은 휘장 또는 장막(텐트)을 가리킨다. 〈개역개정〉 성경은 히브리어로 '미쉬칸'을 '성막'(출 36 : 25) 또는 '장막'(출 36 : 27 – 28)으로 번역한다. 이 경우 성막 또는 장막은 천으로 만든 휘장을 비롯해서 그것으로 둘러친 공간 안에 둔 모든 것을 가리킬 수도 있고, 텐트만을 가리킬 수도 있다.

히브리어 성경은 성막('미쉬칸')을 '회막'('오헬 모에드')이라고도 한다. 그래서 '미쉬칸 오헬 모에드'라고 하는데, 이 경우는 구체적으로 장막 자체, 즉 텐트를 가리킨다. 〈개역개정〉 성경은 '미쉬칸 오헬 모에드'를 대체로 '성막 곧 회막'으로 번역한다(출 40 : 2). 이것을 〈개역개정〉 성경은 '회막의 성막'(출 40 : 6)으로 번역하기도 하는데, 이는 오역으로 보인다.

히브리어 성경은 성막('미쉬칸')을 막('오헬')과 구분한다(출 39 : 33). 이 경우 '성막'은 모든 것을 통칭하고, '막'은 텐트를 가리킨다.

그리고 '성소'('코데쉬')라는 용어도 사용하는데, 이것은 성막과 모든 기구들을 통칭한다(출 36 : 1-7). 그러나 회막을 휘장으로 나누어서 '성소'('코데쉬')와 '지성소'('코데쉬 학코다쉼')로 구분할 때 성소를 가리키는 용어로 사용하기도 한다(출 26 : 33).

여기서 보는 대로, 성막과 관련한 용어들이 독자들에게 혼란을 주기 쉬운데, 이 책에서는 여러 가지를 고려해서 막, 장막, 또는 회막이라고 하는 것을 '회막'으로 칭하고, 회막을 비롯해서 다른 모든 기구들을 포함한 것을 '성막'이라고 하겠다.

3. 성막 제작 지침-증거궤(25 : 10-22)

10그들은 조각목으로 궤를 짜되 길이는 두 규빗 반, 너비는 한 규빗 반, 높이
는 한 규빗 반이 되게 하고 11너는 순금으로 그것을 싸되 그 안팎을 싸고 위쪽
가장자리로 돌아가며 금 테를 두르고 12금 고리 넷을 부어 만들어 그 네 발에
달되 이쪽에 두 고리 저쪽에 두 고리를 달며 13조각목으로 채를 만들어 금으
로 싸고 14그 채를 궤 양쪽 고리에 꿰어서 궤를 메게 하며 15채를 궤의 고리에

궨 대로 두고 빼내지 말지며 [16]내가 네게 줄 증거판을 궤 속에 둘지며 [17]순금으
로 속죄소를 만들되 길이는 두 규빗 반, 너비는 한 규빗 반이 되게 하고 [18]금
으로 그룹 둘을 속죄소 두 끝에 쳐서 만들되 [19]한 그룹은 이 끝에, 또 한 그룹
은 저 끝에 곧 속죄소 두 끝에 속죄소와 한 덩이로 연결할지며 [20]그룹들은 그
날개를 높이 펴서 그 날개로 속죄소를 덮으며 그 얼굴을 서로 대하여 속죄소
를 향하게 하고 [21]속죄소를 궤 위에 얹고 내가 네게 줄 증거판을 궤 속에 넣으
라 [22]거기서 내가 너와 만나고 속죄소 위 곧 증거궤 위에 있는 두 그룹 사이에
서 내가 이스라엘 자손을 위하여 네게 명령할 모든 일을 네게 이르리라

하나님은 모세에게 회막과 그곳에 비치할 기구들을 만들라고 명령하시는데, 그래서 25장부터는 '(너는) 만들라'(히브리어로 '아쉬타')는 말이 여러 번 나온다. 성막에 비치할 기구들 목록과 그 제작 순서는 다음과 같다.

품 목	25-28장, 30장	36-39장
증거궤	출 25 : 10-22	출 37 : 1-9
상	출 25 : 23-30	출 37 : 10-16
등잔대와 기구들	출 25 : 31-40	출 37 : 17-24
성 막	출 26 : 1-37	출 36 : 8-38
제 단	출 27 : 1-8	출 38 : 1-7
성막의 뜰	출 27 : 9-19	출 38 : 9-20
제사장 옷	출 28 : 1-14	출 39 : 1-7
판결 흉패	출 28 : 15-30	출 39 : 8-21
제사장 옷, 기타	출 28 : 31-43	출 39 : 22-31
분향단	출 30 : 1-10	출 37 : 25-28
놋 물두멍	출 30 : 17-21	출 38 : 8

성막을 건축하는 과정에서 이 목록을 공식화해서 사용했다는 것은 여러 구절들이 제시하는 품목이 일정하고, 그 순서도 일치하는 사실에서 알 수 있

다. 출애굽기 39 : 32~41 목록을 보면 성소 기구 제작을 완료하고 그것들을 모세에게 가져오는데, 품목과 순서가 다른 목록들과 일치한다.

> "이스라엘 자손이 이와 같이 성막 곧 회막의 모든 역사를 마치되 여호와께서 모세에게 명령하신 대로 다 행하고 그들이 성막을 모세에게로 가져왔으니 곧 막과 그 모든 기구와 그 갈고리들과 그 널판들과 그 띠들과 그 기둥들과 그 받침들과 붉은 물을 들인 숫양의 가죽 덮개와 해달의 가죽 덮개와 가리는 휘장과 증거궤와 그 채들과 속죄소와 상과 그 모든 기구와 진설병과 순금 등잔대와 그 잔 곧 벌여 놓는 등잔대와 그 모든 기구와 등유와 금 제단과 관유와 향기로운 향과 장막 휘장 문과 놋 제단과 그 놋 그물과 그 채들과 그 모든 기구와 물두멍과 그 받침과 뜰의 포장들과 그 기둥들과 그 받침들과 뜰 문의 휘장과 그 줄들과 그 말뚝들과 성막 곧 회막에서 사용할 모든 기구와 성소에서 섬기기 위한 정교한 옷 곧 제사 직분을 행할 때에 입는 제사장 아론의 거룩한 옷과 그의 아들들의 옷이라"(출 39 : 32 – 41).

성막에 갖추어야 할 물품들 가운데 가장 먼저 언급하는 것은 증거궤이다. 그러나 실제로 성막을 만들 때는 회막 휘장부터 만든다(출 36 : 8ff.). 그렇다면 실제 제작 순서와 달리 증거궤를 가장 먼저 언급하는 까닭은 무엇일까? 그것은 증거궤가 가장 중요한 의미를 갖기 때문이다. 증거궤는 시내산 계약을 증빙하는 돌판을 넣어 둔 것이고(16절), 하나님이 임재해서 이스라엘 사람들을 만나시는 곳이다(22절). 증거궤를 〈개역개정〉 성경 각주에서는 '법궤' 라고 한다.

[25 : 10] 증거궤는 이스라엘 종교 역사에서 매우 고대적인 것인데, 증거궤에 관한 가장 초기의 언급들을 보면, 이스라엘 백성들이 전쟁 때 증거궤를 들고

나가서 하나님이 이스라엘 군대를 이끄시는 것을 나타내 보였다(민 10 : 35 - 36, 삼상 4 : 4 - 11). 증거궤를 뜻하는 히브리어 '아론'은 '상자'를 가리키는데, 이 단어는 요셉의 관(창 50 : 26)이나 성전 헌금함(왕하 12 : 10f.)을 언급할 때도 나온다. 증거궤를 영어로 'ark'라고 하는데, 노아가 만든 방주도 영어로 'ark'이지만, 이것은 히브리어로 '테바'(창 6 : 14ff.)이다. 그래서 둘은 다르다. 현대 회당에서 '아론'은 율법 두루마리를 보관하는 작은 장을 가리킨다.

많은 학자들은 이 증거궤가 왕좌(王座)처럼 생겼을 것으로 추정한다. 그래서 증거궤가 하나님이 그곳에 앉아 계시는 것으로 여기게 하려는 의도를 갖는다고 생각한다. 그리고 '상자'라는 말에서 알 수 있듯이 그것은 무엇인가를 보관하는 것인데, 신명기 10 : 2과 열왕기상 8 : 9에 의하면 법률을 기록한 두 돌판을 넣어 두었다고 한다. 그리고 만나를 넣은 단지와 아론의 (싹난) 지팡이도 그 안에 넣어 두었다고 한다(히 9 : 4).

다윗은 이 증거궤를 예루살렘으로 가져왔고(삼하 6 : 1 - 17), 솔로몬은 그것을 자신이 건축한 성전 안에 있는 지성소에 두었다(왕상 8 : 6 - 9).

증거궤를 '조각목'으로 만들라고 하는데, 조각목은 히브리어로 '싯팀'이다. 즉, '싯딤나무'인데, 이것은 아카시아 나무이다. 조각목을 '조각(皁角)자나무'라고도 하는데, 가시가 있어서 겉으로 보기에 아카시아 나무와 비슷하다. 중국에서 조협목(皁莢木)이라고 한 것을 주엽나무라고 불렀는데, 세월이 흐르면서 쥐엄나무로 바뀌었다. 조협은 쥐엄나무 열매를 가리키고, 조각(皁角) 또는 조각자(皁角子, 皁角刺)는 쥐엄나무의 가시를 가리키는데, 한약재로 쓰인다.

규빗은 히브리어로는 '암마'인데, 손가락 끝에서 팔꿈치까지의 길이이다. 그런데 이 길이가 사람마다 다르다 보니 일률적으로 정해진 것은 아니지만, 대략 45㎝이다. 증거궤 크기는 2.5규빗(길이)×1.5규빗(너비)×1.5규빗(높이)인데, 125㎝×75㎝×75㎝ 정도이다.

[25 : 11-16] 원래 증거궤는 나무로 만들었는데, 후대에 금을 덮은 것으로 보인다. 금으로 전체를 싼 다음, 금 테를 두른다. 그리고 금 고리 넷을 만들어서 네 발에 달고, 조각목에 금을 입힌 채를 만들어서 그 고리에 꿰어 궤를 메게 했다.

16절을 보면 증거궤에 '증거(판)'를 두라고 하는데, 여기서의 '증거(판)'가 무엇인지는 분명치 않다. '증거'는 히브리어로 '에둣'인데, 계약과 깊은 관련을 갖는다. 그래서 '언약궤'라고도 한다. 그리고 여러 가지를 고려하면, 특히 출애굽기 24 : 12, 신명기 10 : 2, 열왕기상 8 : 9에 근거하면, 궤 안에 둔 '증거(판)'는 십계명을 기록한 두 돌판일 것이다. 그래서 증거궤를 '법궤'라고도 한다. 이 돌판들은 계약의 증거라고 할 수 있다. 증거판을 궤 속에 두라는 명령은 21절에도 나오는데, 이것은 이 명령이 매우 중요함을 보여 준다.

[25 : 17] 순금으로 속죄소(贖罪所)를 만드는데, 규격은 2.5규빗(길이)×1.5규빗(너비)×1.5규빗(높이), 즉 125cm×75cm×75cm이다. '속죄소'는 히브리어로 '카포렛'인데, 이것은 '덮다'의 의미를 가진 '키페르'라는 히브리어 동사에서 파생한 명사로서, '속죄하다', '용서하다'라는 의미를 갖는다. 그래서 이것을 시은좌(施恩座), 즉 은혜를 베푸는 자리라고 한다. 〈개역개정〉 성경은 '시은좌 곧 은혜의 자리'라고 각주를 달았다. 속죄소는 일 년에 한 차례, 즉 대속죄일에 사용한다(레 16 : 14). 헬라어로는 '힐라스테리온'이라고 한다.

[25 : 18-20] 금으로 그룹 둘을 만드는데, 속죄소 양 끝에 세워서 속죄소와 연결했다. 솔로몬이 지은 성전에서 그룹들은 나무로 만든 큰 조각상인데, 지성소에 두고 그것들의 날개로 증거궤를 덮게 했다(왕상 8 : 7). 그룹들은 하나님의 보좌를 지키는 천상의 수비병들이다(창 3 : 24). 그리고 하나님이 그룹들을 타고 다니신다(시 18 : 10). 그것들이 어떻게 생겼는지 거의 묘사하지

않아서 알 수 없지만, 몸은 사자이고, 날개는 독수리, 그리고 얼굴은 사람을 닮은 매우 복합적인 형상이었을 것이다.

하나님은 그룹들 가운데 계신다(시 99 : 1). 히스기야도 그렇게 말한다(왕하 19 : 15). 그러므로 증거궤는 천상적인 세계를 상징한다.

[25 : 21-22] 속죄소는 증거궤 위에 올려놓아야 한다. 그리고 궤 안에는 증거판을 넣어 두어야 하는데, 하나님은 그 증거판을 '내가 네게 줄' 것이라고 하신다. 그러니까 아직 모세에게 주지 않았다는 것이다.

하나님이 회막 기구들 가운데 모세에게 제일 먼저 만들게 하신 것은 증거궤이다. 그 까닭은 증거궤가 가장 중요하기 때문이다. 증거궤가 중요하다는 것은 베레스 웃사 사건에서도 명확하게 드러난다. 증거궤라고 하는 까닭은 그 안에 증거물이 들어 있기 때문이다. 증거궤 위는 하나님의 보좌이고, 증거궤는 하나님의 발등상이다.

4. 성막 제작 지침-탁자(25 : 23-30)

> 23너는 조각목으로 상을 만들되 길이는 두 규빗, 너비는 한 규빗, 높이는 한
> 규빗 반이 되게 하고 24순금으로 싸고 주위에 금 테를 두르고 25그 주위에 손
> 바닥 넓이만한 턱을 만들고 그 턱 주위에 금으로 테를 만들고 26그것을 위하
> 여 금 고리 넷을 만들어 그 네 발 위 네 모퉁이에 달되 27턱 곁에 붙이라 이는
> 상을 멜 채를 꿸 곳이며 28또 조각목으로 그 채를 만들고 금으로 싸라 상을 이
> 것으로 멜 것이니라 29너는 대접과 숟가락과 병과 붓는 잔을 만들되 순금으로
> 만들며 30상 위에 진설병을 두어 항상 내 앞에 있게 할지니라

성막에는 제사 드리기 위한 제단도 필요하지만, 가축 제물 외에 다른 것

들을 놓을 탁자도 필요했다. 이 탁자는 네 다리를 가진 정방형 모양이다. 탁자에 올려놓을 것들 가운데 '진설병'(陳設餠, The Bread of the Presence)이 대표적인데, 하나님 앞에 빵 덩이를 올려놓는 것은 오랜 관습이다. 진설병 외에 탁자 위에는 여러 금 그릇들, 여러 쟁반들, 접시들, 그릇들을 놓았다. 쟁반들에는 떡을 놓았을 것으로 보이고, 접시들에는 향을 놓은 것으로 보인다(레 24 : 7). 진설병에 대해 여기서는 자세하게 언급하지 않지만, 레위기는 자세히 언급한다(레 24 : 5-9). 제사장들은 안식일 전날에 이것을 구워서 안식일에 오래된 빵을 먹고 새로운 빵 열두 덩이를 탁자 위에 놓았다(삼상 21 : 6, 대상 9 : 32).

[25 : 23] 이 탁자는 조각목으로 만드는데, 규격은 2규빗(길이)×1규빗(너비)×1.5규빗(높이)으로, 90㎝×45㎝×67.5㎝이다.

[25 : 24-28] 탁자를 나무로 만든 다음 순금으로 싸고, 금 테를 주위에 두른다. 성막을 전체적으로 운반하기에 쉽게 만들었는데, 탁자도 마찬가지이다. 금 고리 넷을 만들어서 다리 모퉁이에 달고, 조각목으로 채를 만들고 금으로 입혀서 탁자를 쉽게 운반할 수 있게 한다.

[25 : 29-30] 탁자에 올린 그릇들을 순금으로 만드는데, 그 그릇들 위에 진설병을 올려놓는다. 진설병을 영어로는 대개 'The Bread of the Presence', 즉 '임재의 빵'이라고 하는데, 'Shew bread'라고도 한다. 윌리엄 틴데일이 진설병(showbread, shewbread)이라는 표현을 사용했다. 하나님 앞에 항상 빵덩이들을 진열하고 정기적으로 새 빵으로 교체했다. 레위기 24 : 5~9에는 진설병에 관한 구체적인 규정이 나온다. 진설병을 왜 놓는지 정확히 알 수는 없지만, 하나님께 음식을 드린다는 것보다 인간들이 먹는 음식들을 하나님이 정결하게 하신다는 의미일 것이다.

5. 성막 제작 지침-등잔대(25 : 31-40)

31너는 순금으로 등잔대를 쳐 만들되 그 밑판과 줄기와 잔과 꽃받침과 꽃을
한 덩이로 연결하고 32가지 여섯을 등잔대 곁에서 나오게 하되 다른 세 가지
는 이쪽으로 나오고 다른 세 가지는 저쪽으로 나오게 하며 33이쪽 가지에 살
구꽃 형상의 잔 셋과 꽃받침과 꽃이 있게 하고 저쪽 가지에도 살구꽃 형상의
잔 셋과 꽃받침과 꽃이 있게 하여 등잔대에서 나온 가지 여섯을 같게 할지며
34등잔대 줄기에는 살구꽃 형상의 잔 넷과 꽃받침과 꽃이 있게 하고 35등잔대
에서 나온 가지 여섯을 위하여 꽃받침이 있게 하되 두 가지 아래에 한 꽃받침
이 있어 줄기와 연결하며 또 두 가지 아래에 한 꽃받침이 있어 줄기와 연결하
며 또 두 가지 아래에 한 꽃받침이 있어 줄기와 연결하게 하고 36그 꽃받침과
가지를 줄기와 연결하여 전부를 순금으로 쳐 만들고 37등잔 일곱을 만들어 그
위에 두어 앞을 비추게 하며 38그 불 집게와 불 똥 그릇도 순금으로 만들지니
39등잔대와 이 모든 기구를 순금 한 달란트로 만들되 40너는 삼가 이 산에서
네게 보인 양식대로 할지니라

[25 : 31-37] 일곱 가지를 가진 등잔(메노라) 제작에 관한 지침은 상당히 복잡하다. 등잔은 가운데 줄기에서 양쪽으로 세 개씩 가지가 뻗는다. 가지마다 아몬드(히브리어로 '샤케드', 정확하게는 살구가 아니고 아몬드이다.) 꽃 모양을 약간씩 거리를 두면서 층층이 세 개씩 만들고(이것을 '잔' 이라고 한다.) 맨 끝에 등잔을 만든다. 그리고 가운데 줄기는 꽃 모양을 약간씩 거리를 두면서 층층이 네 개를 만들고, 역시 맨 끝에 등잔을 만든다. 그래서 금 등잔은 전체적으로 아몬드 꽃을 피운 나무 모양이었다.

성막 안이 빛이 들어오지 않기 때문에 한 번에 불을 여러 개 밝히는 이런 등잔대가 필요했을 것이다. 그리고 어두운 성막 안에서 이 등잔대로 불을 밝히면, 예배드리는 사람들은 하나님이 빛을 선물로 주신 것(창 1 : 3-5)을 떠

올렸을 것이다. 등잔대에 관해 여러 가지 의미부여를 할 수 있겠지만, 여기서는 매우 실용적인 기능을 하는 것으로 보인다. 등잔은 기름으로 불을 밝히는데, 줄기와 가지들을 가운데 속이 빈 파이프처럼 만들어서 그곳으로 기름이 흐르게 했다.

[25 : 38-40] 등잔은 물론이고, 거기에 따르는 부속 기구들도 모두 순금 한 달란트로 만들게 했다. 순금 한 달란트. 달란트 용량을 규격화하지 않았기 때문에 정확한 무게는 알 수 없지만, 대략 29~30㎏쯤일 것으로 보인다.

이렇게 등잔대와 거기에 딸린 기구들을 만드는 재료에 대해서 말씀하신 하나님은 "산에서 네게 보인 양식(히브리어로 '타브니트' 인데, 어떤 것의 모양이나 작업 도면과 같은 것을 가리킨다. 출 25 : 9〈'모양'〉에도 나왔다.)대로 할지니라"라고 말씀하시는데, 이런 구절은 출애굽기 26 : 30과 27 : 8에도 나온다.

회막 휘장은 네 겹으로 이루어졌는데, 첫째는 면이고, 둘째는 염소털이며, 셋째는 양털이고, 넷째는 해마 가죽이다. 회막은 안이 매우 어두웠고, 그 안을 밝히기 위해서 등잔불을 켜야 했다. 그래서 등잔대(메노라)를 만들었다. 등잔대는 매우 정교하게 만든 작품이다. 등잔대는 하나님이 모든 생명과 빛의 원천임을 보여 준다.

6. 성막 제작 지침 - 회막(26 : 1-37)

1너는 성막을 만들되 가늘게 꼰 베 실과 청색 자색 홍색 실로 그룹을 정교하
게 수 놓은 열 폭의 휘장을 만들지니 2매 폭의 길이는 스물여덟 규빗, 너비는
네 규빗으로 각 폭의 장단을 같게 하고 3그 휘장 다섯 폭을 서로 연결하며 다
른 다섯 폭도 서로 연결하고 4그 휘장을 이을 끝폭 가에 청색 고를 만들며 이

어질 다른 끝폭 가에도 그와 같이 하고 5휘장 끝폭 가에 고 쉰 개를 달며 다른
휘장 끝폭 가에도 고 쉰 개를 달고 그 고들을 서로 마주 보게 하고 6금 갈고리
쉰 개를 만들고 그 갈고리로 휘장을 연결하게 한 성막을 이룰지며 7그 성막을
덮는 막 곧 휘장을 염소털로 만들되 열한 폭을 만들지며 8각 폭의 길이는 서
른 규빗, 너비는 네 규빗으로 열한 폭의 길이를 같게 하고 9그 휘장 다섯 폭을
서로 연결하며 또 여섯 폭을 서로 연결하고 그 여섯째 폭 절반은 성막 전면에
접어 드리우고 10휘장을 이을 끝폭 가에 고 쉰 개를 달며 다른 이을 끝폭 가에
도 고 쉰 개를 달고 11놋 갈고리 쉰 개를 만들고 그 갈고리로 그 고를 꿰어 연
결하여 한 막이 되게 하고 12그 막 곧 휘장의 그 나머지 반 폭은 성막 뒤에 늘
어뜨리고 13막 곧 휘장의 길이의 남은 것은 이쪽에 한 규빗, 저쪽에 한 규빗씩
성막 좌우 양쪽에 덮어 늘어뜨리고 14붉은 물 들인 숫양의 가죽으로 막의 덮
개를 만들고 해달의 가죽으로 그 윗덮개를 만들지니라 15너는 조각목으로 성
막을 위하여 널판을 만들어 세우되 16각 판의 길이는 열 규빗, 너비는 한 규빗
반으로 하고 17각 판에 두 촉씩 내어 서로 연결하게 하되 너는 성막 널판을 다
그와 같이 하라 18너는 성막을 위하여 널판을 만들되 남쪽을 위하여 널판 스
무 개를 만들고 19스무 널판 아래에 은 받침 마흔 개를 만들지니 이쪽 널판 아
래에도 그 두 촉을 위하여 두 받침을 만들고 저쪽 널판 아래에도 그 두 촉을
위하여 두 받침을 만들지며 20성막 다른 쪽 곧 그 북쪽을 위하여도 널판 스무
개로 하고 21은 받침 마흔 개를 이쪽 널판 아래에도 두 받침, 저쪽 널판 아래에
도 두 받침으로 하며 22성막 뒤 곧 그 서쪽을 위하여는 널판 여섯 개를 만들고
23성막 뒤 두 모퉁이 쪽을 위하여는 널판 두 개를 만들되 24아래에서부터 위까
지 각기 두 겹 두께로 하여 윗고리에 이르게 하고 두 모퉁이 쪽을 다 그리하
며 25그 여덟 널판에는 은 받침이 열여섯이니 이쪽 판 아래에도 두 받침이요
저쪽 판 아래에도 두 받침이니라 26너는 조각목으로 띠를 만들지니 성막 이쪽
널판을 위하여 다섯 개요 27성막 저쪽 널판을 위하여 다섯 개요 성막 뒤 곧 서
쪽 널판을 위하여 다섯 개이며 28널판 가운데에 있는 중간 띠는 이 끝에서 저

끝에 미치게 하고 [29]그 널판들을 금으로 싸고 그 널판들의 띠를 꿸 금 고리를 만들고 그 띠를 금으로 싸라 [30]너는 산에서 보인 양식대로 성막을 세울지니라 [31]너는 청색 자색 홍색 실과 가늘게 꼰 베 실로 짜서 휘장을 만들고 그 위에 그룹들을 정교하게 수놓아서 [32]금 갈고리를 네 기둥 위에 늘어뜨리되 그 네 기둥을 조각목으로 만들고 금으로 싸서 네 은 받침 위에 둘지며 [33]그 휘장을 갈고리 아래에 늘어뜨린 후에 증거궤를 그 휘장 안에 들여놓으라 그 휘장이 너희를 위하여 성소와 지성소를 구분하리라 [34]너는 지성소에 있는 증거궤 위에 속죄소를 두고 [35]그 휘장 바깥 북쪽에 상을 놓고 남쪽에 등잔대를 놓아 상과 마주하게 할지며 [36]청색 자색 홍색 실과 가늘게 꼰 베 실로 수놓아 짜서 성막 문을 위하여 휘장을 만들고 [37]그 휘장 문을 위하여 기둥 다섯을 조각목으로 만들어 금으로 싸고 그 갈고리도 금으로 만들지며 또 그 기둥을 위하여 받침 다섯 개를 놋으로 부어 만들지니라

출애굽기 26장은 세 부분으로 나뉘는데, 1~14절은 회막 덮개 휘장 제작에 관해 자세하게 언급한다. 먼저 열 폭짜리 휘장을 여러 색 실로 만들고(1-6절), 그 다음에 그것을 덮는 열한 폭짜리 휘장을 염소털로 만드는데(7-13절), 염소털은 당시 유목민들이 천막을 만들 때 주로 사용했다. 그 위에 숫양의 가죽으로 만든 덮개를 씌우고, 그 위에 해달 가죽으로 만든 윗덮개를 씌운다(14절).

15~30절은 회막의 틀을 만드는 목재 작업에 관한 지침인데, 성소 제작에 사용하는 나무는 아카시아 나무이다. 아카시아 나무판자들을 연결해서 세우고, 그 위에 휘장을 친다.

31~37절은 휘장 제작에 관한 지침인데, 이것은 회막 안에서 성소와 지성소를 구분하는 역할을 한다.

얼핏 보아도 많은 비용을 들여서 성막을 아름답게 만들려고 하는데, 제작하는 물품들은 성막에서 직접 사용하기 위해 만드는 것들로 그것들에 특

별히 어떤 상징적인 의미를 부여하지 않는다. 이것은 고대 근동의 성전 건물이나 장식품들이 고도로 정교한 상징성을 갖고, 후기 유대교에서 상징성을 부여하고, 신약성경, 특히 히브리서가 알레고리적으로 해석하는 것과 비교할 때 매우 이례적이다. 이것은 성막이 원래 상징성보다는 기능성을 앞세우기 때문일 것이다. 이스라엘 사람들은 광야에서 수시로 이동해야 했기 때문에 성막을 이동하기 편리하게 만들었을 것이고, 그래서 가능한 한 상징성보다는 기능성을 높이려 했을 것이다. 그리고 성소 전체를 하나님이 이스라엘과 함께하심에 대한 상징으로 만족하려고 했을 것이다.

[26 : 1-2] 하나님은 모세에게 회막(히브리어로 '미쉬칸' 인데, '거하는 곳' 을 뜻한다.)을 만들라고 하시는데, 히브리어 문장을 보면 목적어인 회막이 먼저 나오고 동사가 그 다음에 나온다. 이것은 목적어인 회막을 강조하는 것이다. 하나님은 회막 맨 아래를 덮는 열 폭짜리 휘장을 만들 재료와 그 규격을 세밀하게 알려 주신다. 이 휘장 규격은 매 폭마다 28규빗(길이)×4규빗(너비), 즉 1,260㎝×180㎝이다. 이 회막 휘장에는 그룹들을 수놓았는데, 솔로몬 성전도 그룹들을 새겨 놓았다(왕상 6 : 29, 32, 35). 그룹들은 천상적 존재들이기 때문에 하나님이 거처하시는 회막을 장식하는 소재로 적합하다.

[26 : 3-6] 하나님은 각 휘장을 연결하는 방법을 알려 주시는데, 다섯 폭을 연결해서 한 벌, 모두 두 벌을 만든다. 그리고 이 두 벌 휘장 양쪽 끝 부분에 고(히브리어로 '룰라오트' 인데, 손잡이〈knob〉나 고리〈loop〉를 의미한다. 한글사전은 '고' 를 '옷고름이나 노끈 따위의 매듭이 풀리지 않도록 한 가닥을 고리처럼 맨 것' 이라고 풀이한다.)를 50개씩 만들고, 이것들에 금 갈고리 50개씩을 연결한다. 이렇게 해서 두 벌 휘장을 하나로 연결한다. 그래서 전체적으로 40규빗(길이)×28규빗(너비), 즉 1,800㎝×1,260㎝짜리 휘장이 된다. 당시에 천막을 만들 때, 기둥과 널판을 사방으로 둘러치고 휘장을 위에서 덮었

다. 성막은 길이가 30규빗이고, 너비 10규빗, 높이가 10규빗이기 때문에 길이 40규빗, 폭 28규빗짜리 휘장으로 회막 입구를 제외한 3면을 충분히 덮을 수 있다.

[26 : 7-14] 하나님은 염소털로 열한 폭짜리 덮는 휘장을 만드는 방법을 알려 주시는데, 덮는 휘장은 매 폭마다 30규빗(길이)×4규빗(너비), 즉 1,350㎝×180㎝이다. 맨 아래 휘장처럼 이 휘장도 각 폭을 연결하는데, 다섯 폭을 연결해서 한 벌로 만들고, 남은 여섯 폭을 연결해서 한 벌로 만든다. 그런 다음 여섯 번째 폭 절반으로 회막 전면을 두른다. 휘장 두 벌을 연결할 때는 양쪽에 각각 고를 50개씩 만들고, 놋 갈고리 50개씩으로 연결한다. 그래서 40규빗(길이)×30규빗(너비), 즉 1,800㎝×1,350㎝짜리 휘장이 만들어진다. 여섯 번째 폭의 나머지 절반을 성막 뒤로 늘어뜨리고, 회막을 덮고 양쪽에 남은 부분은 회막 양옆으로 늘어뜨린다. 그리고 붉게 물들인 숫양 가죽을 그 위에 덮고, 해달 가죽을 그 위에 덮는다. 이렇게 모두 네 종류의 휘장을 겹겹이 덮어서 회막을 만든다.

[26 : 15-30] 하나님은 회막을 두르는 모두 48개의 널판을 만드는 방법을 알려 주시는데, 각 판 규격은 10규빗×1.5규빗(450㎝×67.5㎝)이고, 남쪽과 북쪽에 각각 20개씩, 그리고 서쪽에 여섯 개, 회막 뒤 모퉁이에 각각 1개씩을 만든다. 그리고 각 판마다 은 받침 두 개씩으로 받친다. 띠를 5개씩 모두 15개를 만들고, 금으로 싼 널판에 금 고리를 만들어서 띠를 거기에 꿴다. 하나님은 하나님이 일러 주신 방식대로 회막을 만들 것을 다시 요구하신다(30절).

[26 : 31-37] 하나님은 성소와 지성소를 구분하는 휘장 만드는 법을 알려 주시는데, 휘장 만드는 방식과 재료는 둘러치는 휘장 만드는 것과 동일하고, 그룹을 수놓는다. 조각목을 금으로 싼 기둥 네 개를 세워서 그 휘장을 매단

다. 후대에 만드는 솔로몬 성전도 성소와 지성소로 나눈다(왕상 6 : 16 - 17, 19 - 20). 성막에서 지성소 안에는 증거궤 위에 속죄소를 두고, 지성소 휘장 뒤편, 즉 지성소 바깥쪽에는 진설병 탁자, 그 맞은편에는 등잔대를 마주 놓는다(34 - 35절). 그리고 회막 휘장이 덮지 않고 남은 부분이 성막 입구 문 역할을 하는데, 다른 휘장을 만드는 것과 동일한 재료로 만들지만, 그룹들을 수놓으라는 지시는 없다. 그리고 조각목을 금으로 싼 기둥 다섯 개를 금 갈고리로 이어서 놋으로 부어 만든 다섯 개 받침 위에 세우고, 거기에 그 휘장을 매단다.

7. 성막 제작 지침 - 제단과 뜰(27 : 1 - 21)

1너는 조각목으로 길이가 다섯 규빗, 너비가 다섯 규빗의 제단을 만들되 네모
반듯하게 하며 높이는 삼 규빗으로 하고 2그 네 모퉁이 위에 뿔을 만들되 그
뿔이 그것에 이어지게 하고 그 제단을 놋으로 싸고 3재를 담는 통과 부삽과 대
야와 고기 갈고리와 불 옮기는 그릇을 만들되 제단의 그릇을 다 놋으로 만들
지며 4제단을 위하여 놋으로 그물을 만들고 그 위 네 모퉁이에 놋 고리 넷을
만들고 5그물은 제단 주위 가장자리 아래 곧 제단 절반에 오르게 할지며 6또
그 제단을 위하여 채를 만들되 조각목으로 만들고 놋으로 쌀지며 7제단 양쪽
고리에 그 채를 꿰어 제단을 메게 할지며 8제단은 널판으로 속이 비게 만들되
산에서 네게 보인 대로 그들이 만들게 하라 9너는 성막의 뜰을 만들지니 남쪽
을 향하여 뜰 남쪽에 너비가 백 규빗의 세마포 휘장을 쳐서 그 한쪽을 당하게
할지니 10그 기둥이 스물이며 그 받침 스물은 놋으로 하고 그 기둥의 갈고리
와 가름대는 은으로 할지며 11그 북쪽에도 너비가 백 규빗의 포장을 치되 그
기둥이 스물이며 그 기둥의 받침 스물은 놋으로 하고 그 기둥의 갈고리와 가
름대는 은으로 할지며 12뜰의 옆 곧 서쪽에 너비 쉰 규빗의 포장을 치되 그 기
둥이 열이요 받침이 열이며 13동쪽을 향하여 뜰 동쪽의 너비도 쉰 규빗이 될

지며 [14]문 이쪽을 위하여 포장이 열다섯 규빗이며 그 기둥이 셋이요 받침이
셋이요 [15]문 저쪽을 위하여도 포장이 열다섯 규빗이며 그 기둥이 셋이요 받침
이 셋이며 [16]뜰 문을 위하여는 청색 자색 홍색 실과 가늘게 꼰 베 실로 수놓아
짠 스무 규빗의 휘장이 있게 할지니 그 기둥이 넷이요 받침이 넷이며 [17]뜰 주
위 모든 기둥의 가름대와 갈고리는 은이요 그 받침은 놋이며 [18]뜰의 길이는
백 규빗이요 너비는 쉰 규빗이요 세마포 휘장의 높이는 다섯 규빗이요 그 받
침은 놋이며 [19]성막에서 쓰는 모든 기구와 그 말뚝과 뜰의 포장 말뚝을 다 놋
으로 할지니라 [20]너는 또 이스라엘 자손에게 명령하여 감람으로 짠 순수한 기
름을 등불을 위하여 네게로 가져오게 하고 끊이지 않게 등불을 켜되 [21]아론과
그의 아들들로 회막 안 증거궤 앞 휘장 밖에서 저녁부터 아침까지 항상 여호
와 앞에 그 등불을 보살피게 하라 이는 이스라엘 자손이 대대로 지킬 규례이
니라

출애굽기 27장은 제단(1-8절)과 뜰(9-19절) 제작에 관해서 언급한다. 솔로몬 성전은 돌로 지었지만, 성막은 나무와 천을 주로 사용했고, 뜰을 따로 만들지 않고 휘장으로 구분했다.

[27 : 1-2] 고대 사회에서 제단은 대체로 돌로 만들거나(출 20 : 25), 흙을 쌓아서 만들었다(출 20 : 24). 그런데 여기서는 제단을 아카시아 나무로 만들게 하는데, 그 까닭은 쉽게 운반하기 위해서이다. 하지만 실용성에서는 문제이다. 제단은 제물을 불태우는 곳인데, 제단을 나무로 만드는 것을 이해하기 어렵다. 물론 그 위에 청동을 덮어씌우게 하지만, 그렇다고 해서 제물을 불태울 때 제단이 견뎌 낼 것 같지 않다. 그리고 규모도 에스겔서와 비교해 보면 상당히 작다(겔 43 : 13ff., Noth, *Exodus*, p. 216).

제단 네 귀퉁이를 뿔 모양처럼 돋게 했는데, 이것은 기능적으로는 제물을 단단히 붙들어 매서 아래에 놓은 장작과 간격을 두어 제물이 잘 타게 하

기 위해서이다. 그런데 법적으로 고발당한 사람이 이것을 붙들면 체포할 수 없었다. 그래서 요압도 성전으로 피해서 제단 뿔을 잡았다(출 21 : 14, 왕상 2 : 28ff).

[27 : 3-8] 제단은 불로 제물을 태우는 곳이기 때문에 불을 다루는 기구들(재 담는 통, 부삽, 대야, 고기 갈고리, 불 옮기는 그릇)이 필요한데, 그것들은 모두 놋으로 만든다. 그리고 청동으로 그물, 즉 격자 모양의 틀을 만들어서 그것으로 제단을 절반쯤 감싸게 한다. 제단 역시 운반하기에 편리해야 하기 때문에 놋으로 싼 조각목을 제단 고리에 꿰어서 멜 수 있게 했다. 하나님은 마지막으로 제단을 하나님이 일러 주신 대로 만들라고 명령하신다.

[27 : 9-19] 뜰은 직사방형 모양인데, 규모는 동쪽과 서쪽은 각각 50규빗, 남쪽과 북쪽은 각각 100규빗이다(2,250㎝×4,500㎝). 뜰을 둘러칠 휘장을 세마포로 만드는데, 높이는 5규빗(225㎝)이다. 남쪽과 북쪽에는 놋 받침 위에 놋 기둥을 각각 20개씩 세운다. 뜰의 서쪽은 동일한 기둥 10개를 세우고, 동쪽에는 문 양쪽에 각각 놋 기둥 3개씩을 세운다. 20규빗짜리 뜰 문은 성막 휘장과 동일한 재료로 만들어서 놋으로 만든 기둥 4개에 매단다. 여기서는 성막에서 사용하는 모든 기구들을 놋으로 만들라고 특별히 지시한다(19절).

[27 : 20-21] 20~21절은 성막 제작에 관한 부록인데, 여기서는 성막을 '회막' 이라고 한다. 이 용어는 성막보다 더 고대적인 것으로 보인다. 회막은 히브리어로 '오헬 모에드' 인데, 이것을 직역하면 '만남의 천막' 또는 '축제의 천막' 이다.

제사장들은 금 등잔에 불을 항상 켜 놓아야 했다. 등불을 보살피는 것은 하나님이 제사장들에게 요구하신 첫 번째 거룩한 임무이다(출 27 : 20-21, J. A. Motyer, *The Message of Exodus - The Days of Our Pilgrimage.*

The Bible Speaks Today〈Downers Grove : InterVarsity Press, 2005〉, p. 254). 그리고 이스라엘 자손이 대대로 지킬 규례이다. 이 구절에 대한 히브리어를 직역하면, ‘이스라엘 사람들로부터 (시작해서) 대대로 (지켜야 할) 영원의 임무’이다. 이와 같은 등잔불에 대한 지침은 우리를 당혹스럽게 하는데, 20절에서는 금 등잔에 불을 항상 켜 놓으라고 하는 반면에, 21절은 밤에만 불을 켜라고 한다. 사무엘상 3 : 3을 보면, “하나님의 등불은 아직 꺼지지 아니하였으며 사무엘은 하나님의 궤 있는 여호와의 전 안에 누웠더니”라고 하는데, 이것은 등잔불을 밤에 켜고 낮에는 껐음을 암시한다. 아마 성막은 어두웠기 때문에 하루 내내 등잔을 켰을 것이고, 성전에서는 밤에 켰을 것으로 보인다.

8. 성막 제작 지침 – 제사장 의복(28 : 1 – 43)

1너는 이스라엘 자손 중 네 형 아론과 그의 아들들 곧 아론과 아론의 아들들
나답과 아비후와 엘르아살과 이다말을 그와 함께 네게로 나아오게 하여 나를
섬기는 제사장 직분을 행하게 하되 2네 형 아론을 위하여 거룩한 옷을 지어
영화롭고 아름답게 할지니 3너는 무릇 마음에 지혜 있는 모든 자 곧 내가 지
혜로운 영으로 채운 자들에게 말하여 아론의 옷을 지어 그를 거룩하게 하여
내게 제사장 직분을 행하게 하라 4그들이 지을 옷은 이러하니 곧 흉패와 에봇
과 겉옷과 반포 속옷과 관과 띠라 그들이 네 형 아론과 그 아들들을 위하여
거룩한 옷을 지어 아론이 내게 제사장 직분을 행하게 하라 5그들이 쓸 것은
금 실과 청색 자색 홍색 실과 가늘게 꼰 베 실이니라 6그들이 금 실과 청색 자
색 홍색 실과 가늘게 꼰 베 실로 정교하게 짜서 에봇을 짓되 7그것에 어깨받
이 둘을 달아 그 두 끝을 이어지게 하고 8에봇 위에 매는 띠는 에봇 짜는 법
으로 금 실과 청색 자색 홍색 실과 가늘게 꼰 베 실로 에봇에 정교하게 붙여
짤지며 9호마노 두 개를 가져다가 그 위에 이스라엘 아들들의 이름을 새기되

10그들의 나이대로 여섯 이름을 한 보석에, 나머지 여섯 이름은 다른 보석에
새기라 11보석을 새기는 자가 도장에 새김같이 너는 이스라엘 아들들의 이름
을 그 두 보석에 새겨 금 테에 물리고 12그 두 보석을 에봇의 두 어깨받이에 붙
여 이스라엘 아들들의 기념 보석을 삼되 아론이 여호와 앞에서 그들의 이름
을 그 두 어깨에 메워서 기념이 되게 할지며 13너는 금으로 테를 만들고 14순금
으로 노끈처럼 두 사슬을 땋고 그 땋은 사슬을 그 테에 달지니라 15너는 판결
흉패를 에봇 짜는 방법으로 금 실과 청색 자색 홍색 실과 가늘게 꼰 베 실로
정교하게 짜서 만들되 16길이와 너비가 한 뼘씩 두 겹으로 네모반듯하게 하고
17그것에 네 줄로 보석을 물리되 첫 줄은 홍보석 황옥 녹주옥이요 18둘째 줄은
석류석 남보석 홍마노요 19셋째 줄은 호박 백마노 자수정이요 20넷째 줄은 녹
보석 호마노 벽옥으로 다 금 테에 물릴지니 21이 보석들은 이스라엘 아들들의
이름대로 열둘이라 보석마다 열두 지파의 한 이름씩 도장을 새기는 법으로
새기고 22순금으로 노끈처럼 땋은 사슬을 흉패 위에 붙이고 23또 금 고리 둘을
만들어 흉패 위 곧 흉패 두 끝에 그 두 고리를 달고 24땋은 두 금 사슬로 흉패
두 끝 두 고리에 꿰어 매고 25두 땋은 사슬의 다른 두 끝을 에봇 앞 두 어깨받
이의 금 테에 매고 26또 금 고리 둘을 만들어 흉패 아래 양쪽 가 안쪽 곧 에봇
에 닿은 곳에 달고 27또 금 고리 둘을 만들어 에봇 앞 두 어깨받이 아래 매는
자리 가까운 쪽 곧 정교하게 짠 띠 위쪽에 달고 28청색 끈으로 흉패 고리와 에
봇 고리에 꿰어 흉패로 정교하게 짠 에봇 띠 위에 붙여 떨어지지 않게 하라
29아론이 성소에 들어갈 때에는 이스라엘 아들들의 이름을 기록한 이 판결
흉패를 가슴에 붙여 여호와 앞에 영원한 기념을 삼을 것이니라 30너는 우림
과 둠밈을 판결 흉패 안에 넣어 아론이 여호와 앞에 들어갈 때에 그의 가슴에
붙이게 하라 아론은 여호와 앞에서 이스라엘 자손의 흉패를 항상 그의 가슴
에 붙일지니라 31너는 에봇 받침 겉옷을 전부 청색으로 하되 32두 어깨 사이에
머리 들어갈 구멍을 내고 그 주위에 갑옷 깃같이 깃을 짜서 찢어지지 않게 하
고 33그 옷 가장자리로 돌아가며 청색 자색 홍색 실로 석류를 수놓고 금 방울

을 간격을 두어 달되 34그 옷 가장자리로 돌아가며 한 금 방울, 한 석류, 한 금
방울, 한 석류가 있게 하라 35아론이 입고 여호와를 섬기러 성소에 들어갈 때
와 성소에서 나올 때에 그 소리가 들릴 것이라 그리하면 그가 죽지 아니하리
라 36너는 또 순금으로 패를 만들어 도장을 새기는 법으로 그 위에 새기되 '여
호와께 성결' 이라 하고 37그 패를 청색 끈으로 관 위에 매되 곧 관 전면에 있
게 하라 38이 패를 아론의 이마에 두어 그가 이스라엘 자손이 거룩하게 드리
는 성물과 관련된 죄책을 담당하게 하라 그 패가 아론의 이마에 늘 있으므로
그 성물을 여호와께서 받으시게 되리라 39너는 가는 베 실로 반포 속옷을 짜
고 가는 베 실로 관을 만들고 띠를 수놓아 만들지니라 40너는 아론의 아들들
을 위하여 속옷을 만들며 그들을 위하여 띠를 만들며 그들을 위하여 관을 만
들어 영화롭고 아름답게 하되 41너는 그것들로 네 형 아론과 그와 함께 한 그
의 아들들에게 입히고 그들에게 기름을 부어 위임하고 거룩하게 하여 그들이
제사장 직분을 내게 행하게 할지며 42또 그들을 위하여 베로 속바지를 만들어
허리에서부터 두 넓적다리까지 이르게 하여 하체를 가리게 하라 43아론과 그
의 아들들이 회막에 들어갈 때에나 제단에 가까이 하여 거룩한 곳에서 섬길
때에 그것들을 입어야 죄를 짊어진 채 죽지 아니하리니 그와 그의 후손이 영
원히 지킬 규례니라

본문은 제사장 복장에 관한 규정인데, 전적으로 대제사장 아론의 의복만을 다룬다. 40~43절에서만 아론의 아들들이 입는 옷을 언급한다. 아론이 착용하는 것들은 흉패, 에봇, 겉옷, 반포 속옷, 관, 띠(4절)이다. 제사장 복장은 여러 가지로 왕이 착용하는 복장을 떠올리게 하는데 이것은 고대로부터 제사장이 왕에 견줄 만한 권위를 가졌으며, 특히 왕권이 유명무실해진 포로기 이후 상황에서 제사장들은 왕과 같은 역할을 했다. 제사장 복장이 갖는 기능은 '영화롭고 아름답게' 하기 위함이다(2절). 제사장은 하나님과 이스라엘 사이의 최고 중재자로서, 제사장이 하나님께 속한 아름다움과 권위를 갖는 것은

매우 중요하다. 그리고 제사장이 착용하는 것들은 제사장 임무를 수행하는 데 필요한 것들이다. 흉패는 우림과 둠밈을 넣어 두는 곳이다(30절). 흉패가 갖는 종교적인 의미는 흉패를 장식하는 12가지 보석들에 이스라엘 각 지파 이름을 새긴 것에서 명확하게 드러나는데, 제사장은 하나님께 나아갈 때마다 이스라엘 열두 지파와 함께 나아가는 것이다(17-21절). 에봇을 매는 어깨 끈에도 이스라엘 지파 이름을 여섯 개씩 새긴 두 보석을 사용한다.

[28 : 1] 하나님은 아론과 그 아들들을 하나님께 나아오게 하는데, 한 사람씩 이름을 부르신다. 하나님은 그들에게 하나님을 섬기는 제사장 직분을 맡기려 하신다. 1절은 상당히 복잡한 문장 형태를 보인다.

"너는 이스라엘 자손 중
네 형 아론과 그의 아들들
곧 아론과 아론의 아들들
나답과 아비후와 엘르아살과 이다말을
그와 함께 네게로 나아오게 하여
나를 섬기는 제사장 직분을 행하게 하되".

이런 복잡한 문장 구조를 통해서 전하려는 의미는 '아론과 그의 아들들'을 이스라엘 사람들 가운데서 특별히 선택해서 제사장을 삼는다는 것이고, 불필요해 보이는 반복을 통해서 아론과 그의 아들들의 이름을 굳이 밝히는 까닭은 그들을 더욱 부각하려는 의도 때문이다.

[28 : 2-3] 그들을 제사장으로 세우기 위해서 먼저 제사장 복장을 만들어 입혀야 한다. 제사장 복장을 만드는 장인들을 '마음에 지혜 있는 자' 라고 하는데, 여기서 지혜는 특별한 기술이나 예술적 재주를 가리킨다. 그들은 '지혜

의 영으로 충만한 자들' 인데, 이것은 하나님이 그런 재주를 그들에게 주셨음을 가리킨다. 그들은 아론에게 '성의' 를 만들어 입혀서 그를 영화롭고, 아름답게 해야 한다. 특별한 기술이나 재주를 지혜로 여기고, 그런 사람을 지혜의 영으로 충만한 자로 본 것이 흥미롭다.

[28 : 4-5] 하나님은 제사장 복장(흉패, 에봇, 겉옷, 반포 속옷, 관, 띠)을 구체적으로 명시하시고, 그것들을 만들 재료(금 실, 청색 자색 홍색 실, 가늘게 꼰 베 실)도 일러 주시는데, 성막 맨 아래 휘장을 만들 때 사용한 재료에 금 실을 첨가한다.

[28 : 6-14] 에봇은 제사장 복장 가운데 가장 중요한 것인데, 한때는 제사장이 에봇만을 입기도 했다(삼상 2 : 28, 14 : 3, 22 : 18). 에봇은 허리에 두르는 옷인데, 끈이나 띠로 엉덩이에 고정했다. 그리고 두 개의 띠로 에봇을 어깨에 메었는데, 어깨에 메는 두 끈에는 각각 이스라엘 여섯 지파 이름을 새긴 보석 한 개씩을 붙였다. 하나님은 에봇과 에봇을 매는 띠를 동일한 재료로 만들라고 지시하신다. 에봇을 어깨에 메는 끈에 이스라엘 지파 이름을 기록한 두 보석을 단 까닭은 하나님으로 하여금 이스라엘 모든 지파들을 기억하게 하려는 의도이다. 그래서 대제사장이 백성의 중재자로서 하나님 앞에 나아올 때, 하나님이 이스라엘을 잊지 않으시고 그들에게 자비를 베풀게 하려는 것이다. 이러한 의도는 제사장이 가슴에 매다는 흉패를 장식하는 열두 보석에 이스라엘 지파 이름을 새기는 것에서 더욱 분명해진다.

[28 : 15-28] 흉패(胸牌, 히브리어로 '호쉔')는 우림과 둠밈을 넣어 두는 곳인데, 제사장이 우림과 둠밈을 사용해서 신의 뜻을 분간하고 판결하기 때문에 흉패를 '판결 흉패' 라고 한다. 이스라엘 역사 초기에는 신의 뜻을 알기 위해 제비를 뽑았다(레 16 : 8).

흉패는 에봇을 만들 때 사용한 것과 동일한 재료로 거의 동일한 방식으로 만들어서 에봇에 매다는데, 규격은 '한 뼘' 이 대략 9인치이기 때문에 9×9인치(23㎝×23㎝)이다. 흉패를 이스라엘 12지파를 상징하는 각종 보석 12개로 장식했는데, 이것은 이스라엘 12지파를 총괄하는 왕적인 권위를 보여 주는 것이다.

첫째 줄	둘째 줄	셋째 줄	넷째 줄
홍보석, 황옥, 녹주옥	석류석, 남보석, 홍마노	호박, 백마노, 자수정	녹보석, 호마노, 벽옥

보석 목록은 흉패 제작을 완료한 것을 보고하는 출애굽기 39 : 10~13에도 나오는데, 두 목록이 일치한다.

[28 : 29-30] 아론은 성소에 들어갈 때마다 반드시 흉패를 착용해서 하나님이 이스라엘을 기억하게 해야 한다. 그 안에 우림과 둠밈을 넣어 두는데, 우림과 둠밈이 무슨 의미를 가진 것인지는 정확하게 알 수 없지만, 대략적으로 추정해 보면 우림은 '빛' (히브리어로 '오르'), 둠밈은 '완전함' (히브리어로 '타밈')을 가리키는 것으로 보인다. 우림과 둠밈은 돌로 만든 두 개의 주사위 같은 것인데, 제사장이 신의 뜻을 알고자 할 때, 그리고 그것에 따라서 판결을 내려야 할 때 사용했다. 이런 점에서 우림과 둠밈은 '정의 실현' 을 상징하는데, 정의는 하나님으로부터 비롯된다는 것을 보여 준다.

[28 : 31-35] 에봇 받침 겉옷은 소매가 없는 큰 옷인데, 그 옷을 입을 때 머리를 집어넣기 위해 구멍을 파 놓았다. 이런 옷을 왕이 입었는데(삼상 24 : 5, 11, 18 : 4), 대제사장에게 이런 옷을 입히는 것은 대제사장이 왕과 동등한 권위를 갖는다는 것을 보여 주기 위함이다. '석류' 장식은 고대 이스라엘 사람들이 가장 선호하는 장식이다. 석류 열매는 많은 씨를 드러내 보이기 때문에

고대 사회에서 석류는 풍요로움을 상징했다. 그러나 여기서는 그런 일반적인 상징은 드러나지 않는다. 석류 장식 중간 중간에 매다는 금종(金鐘)은 소리를 내어서 악한 영을 내쫓기 위한 것인데, 여기서는 그런 기능을 하지 않고 성소에 들어가는 사람이 대제사장이라는 사실을 하나님께 알리는 기능을 한다. 하나님이 허락하지 않은 사람이 성소에 들어가면 그가 죽는다고 생각했기 때문이다(35절). 대제사장이 성전에 들어갈 때 자칫하면 죽을 수도 있다는 것은 그가 성소에서 직무를 수행할 때 얼마나 조심했을 것인지 짐작하게 한다.

[28 : 36-39] 제사장이 머리에 쓰는 두건에 금패를 부착하는데, 거기에는 '여호와께 성결'(히브리어로 '코데쉬 라도나이')이라고 새겨야 한다. 이것은 제사장이 하는 역할이 무엇인지를 보여 주는데, 제사장은 이 글귀를 새긴 금패를 반드시 두건에 부착하고 성소에 들어가야 한다. 그래야만 하나님이 성물을 받으신다(38절). 39절은 베 실로 반포 속옷과 관, 그리고 띠를 만드는 것에 대해 말씀하신다.

[28 : 40-43] 아론의 아들들, 즉 대제사장이 아닌 일반 제사장들이 착용할 복장에 대한 규정인데, 대제사장 복장에 비해 아주 간결하게 언급한다. 제사장들이 착용하는 것들은 속옷, 허리띠, 관, 속바지인데, 허리부터 넓적다리까지 가리는 속바지는 제사장들이 하나님 앞에서 섬길 때, 신체의 은밀한 부위가 드러나지 않게 하려는 것이다. 〈개역개정〉 성경은 '하체'라고 번역하는데, 이것은 히브리어로 '베사르 에르와', 즉 남성의 성기를 가리킨다. 그러니까 제사장들은 성스런 직무를 수행할 때, 결코 성기를 노출해서는 안 된다는 것이다. 하나님은 이것을 대대손손 반드시 지킬 것을 명령하신다. 그래서 이 규정도 등불 관리처럼 '영원히 지킬 규례'이다(43절). 만약 이 의무를 이행하지 않으면, 즉 성기를 노출하면 죽임을 당할 것이라고 경고하신다. 이

런 경고를 받은 제사장들이 얼마나 신중하게 직무를 수행했을지 짐작할 수 있다. '위임하고'(41절)를 직역하면 '그들의 손을 채우고'이다. 제사장들의 손을 채운다는 것은 출애굽기 29 : 24과 레위기 8 : 27에 나오는 것처럼, 제사장 위임식을 하면서 예물을 제사장들에 손에 올려놓는 것에서 비롯한 것으로 보인다.

9. 제사장 위임 지침(29 : 1–46)

1네가 그들에게 나를 섬길 제사장 직분을 위임하여 그들을 거룩하게 할 일은
이러하니 곧 어린 수소 하나와 흠 없는 숫양 둘을 택하고 2무교병과 기름 섞
인 무교 과자와 기름 바른 무교 전병을 모두 고운 밀가루로 만들고 3그것들을
한 광주리에 담고 그것을 광주리에 담은 채 그 송아지와 두 양과 함께 가져오
라 4너는 아론과 그의 아들들을 회막 문으로 데려다가 물로 씻기고 5의복을 가
져다가 아론에게 속옷과 에봇 받침 겉옷과 에봇을 입히고 흉패를 달고 에봇에
정교하게 짠 띠를 띠게 하고 6그의 머리에 관을 씌우고 그 위에 거룩한 패를
더하고 7관유를 가져다가 그의 머리에 부어 바르고 8그의 아들들을 데려다가
그들에게 속옷을 입히고 9아론과 그의 아들들에게 띠를 띠우며 관을 씌워 그
들에게 제사장의 직분을 맡겨 영원한 규례가 되게 하라 너는 이같이 아론과
그의 아들들에게 위임하여 거룩하게 할지니라 10너는 수송아지를 회막 앞으로
끌어오고 아론과 그의 아들들은 그 송아지 머리에 안수할지며 11너는 회막 문
여호와 앞에서 그 송아지를 잡고 12그 피를 네 손가락으로 제단 뿔들에 바르고
그 피 전부를 제단 밑에 쏟을지며 13내장에 덮인 모든 기름과 간 위에 있는 꺼
풀과 두 콩팥과 그 위의 기름을 가져다가 제단 위에 불사르고 14그 수소의 고
기와 가죽과 똥을 진 밖에서 불사르라 이는 속죄제니라 15너는 또 숫양 한 마
리를 끌어오고 아론과 그의 아들들은 그 숫양의 머리 위에 안수할지며 16너는
그 숫양을 잡고 그 피를 가져다가 제단 위의 주위에 뿌리고 17그 숫양의 각을

뜨고 그 장부와 다리는 씻어 각을 뜬 고기와 그 머리와 함께 두고 18그 숫양 전
부를 제단 위에 불사르라 이는 여호와께 드리는 번제요 이는 향기로운 냄새니
여호와께 드리는 화제니라 19너는 다른 숫양을 택하고 아론과 그 아들들은 그
숫양의 머리 위에 안수할지며 20너는 그 숫양을 잡고 그것의 피를 가져다가 아
론의 오른쪽 귓부리와 그의 아들들의 오른쪽 귓부리에 바르고 그 오른손 엄지
와 오른발 엄지에 바르고 그 피를 제단 주위에 뿌리고 21제단 위의 피와 관유
를 가져다가 아론과 그의 옷과 그의 아들들과 그의 아들들의 옷에 뿌리라 그
와 그의 옷과 그의 아들들과 그의 아들들의 옷이 거룩하리라 22또 너는 그 숫
양의 기름과 기름진 꼬리와 그것의 내장에 덮인 기름과 간 위의 꺼풀과 두 콩
팥과 그것들 위의 기름과 오른쪽 넓적다리를 가지라 이는 위임식의 숫양이라
23또 여호와 앞에 있는 무교병 광주리에서 떡 한 개와 기름 바른 과자 한 개와
전병 한 개를 가져다가 24그 전부를 아론의 손과 그의 아들들의 손에 주고 그
것을 흔들어 여호와 앞에 요제를 삼을지며 25너는 그것을 그들의 손에서 가져
다가 제단 위에서 번제물을 더하여 불사르라 이는 여호와 앞에 향기로운 냄새
니 곧 여호와께 드리는 화제니라 26너는 아론의 위임식 숫양의 가슴을 가져다
가 여호와 앞에 흔들어 요제를 삼으라 이것이 네 분깃이니라 27너는 그 흔든
요제물 곧 아론과 그의 아들들의 위임식 숫양의 가슴과 넓적다리를 거룩하게
하라 28이는 이스라엘 자손이 아론과 그의 자손에게 돌릴 영원한 분깃이요 거
제물이니 곧 이스라엘 자손이 화목제의 제물 중에서 취한 거제물로서 여호와
께 드리는 거제물이니라 29아론의 성의는 후에 아론의 아들들에게 돌릴지니
그들이 그것을 입고 기름 부음으로 위임을 받을 것이며 30그를 이어 제사장이
되는 아들이 회막에 들어가서 성소에서 섬길 때에는 이레 동안 그것을 입을
지니라 31너는 위임식 숫양을 가져다가 거룩한 곳에서 그 고기를 삶고 32아론
과 그의 아들들은 회막 문에서 그 숫양의 고기와 광주리에 있는 떡을 먹을지
라 33그들은 속죄물 곧 그들을 위임하며 그들을 거룩하게 하는 데 쓰는 것을
먹되 타인은 먹지 못할지니 그것이 거룩하기 때문이라 34위임식 고기나 떡이

아침까지 남아 있으면 그것을 불에 사를지니 이는 거룩한즉 먹지 못할지니라
[35]너는 내가 네게 한 모든 명령대로 아론과 그의 아들들에게 그같이 하여 이레
동안 위임식을 행하되 [36]매일 수송아지 하나로 속죄하기 위하여 속죄제를 드
리며 또 제단을 위하여 속죄하여 깨끗하게 하고 그것에 기름을 부어 거룩하게
하라 [37]너는 이레 동안 제단을 위하여 속죄하여 거룩하게 하라 그리하면 지극
히 거룩한 제단이 되리니 제단에 접촉하는 모든 것이 거룩하리라 [38]네가 제단
위에 드릴 것은 이러하니라 매일 일 년 된 어린 양 두 마리니 [39]한 어린 양은
아침에 드리고 한 어린 양은 저녁 때에 드릴지며 [40]한 어린 양에 고운 밀가루
십분의 일 에바와 찧은 기름 사분의 일 힌을 더하고 또 전제로 포도주 사분의
일 힌을 더할지며 [41]한 어린 양은 저녁 때에 드리되 아침에 한 것처럼 소제와
전제를 그것과 함께 드려 향기로운 냄새가 되게 하여 여호와께 화제로 삼을지
니 [42]이는 너희가 대대로 여호와 앞 회막 문에서 늘 드릴 번제라 내가 거기서
너희와 만나고 네게 말하리라 [43]내가 거기서 이스라엘 자손을 만나리니 내 영
광으로 말미암아 회막이 거룩하게 될지라 [44]내가 그 회막과 제단을 거룩하게
하며 아론과 그의 아들들도 거룩하게 하여 내게 제사장 직분을 행하게 하며
[45]내가 이스라엘 자손 중에 거하여 그들의 하나님이 되리니 [46]그들은 내가 그
들의 하나님 여호와로서 그들 중에 거하려고 그들을 애굽 땅에서 인도하여 낸
줄을 알리라 나는 그들의 하나님 여호와니라

본문은 제사장들이 직무를 시작하기 위해서 치러야 하는 위임예식에 대해 상세하게 기록한다. 이 예식은 두 가지 목적을 갖는다. 하나는 제사장들로부터 모든 죄의 흔적들을 깨끗하게 지움으로써 거룩하신 하나님께 보다 가까이 나아가게 하려는 것이다. 그리고 다른 하나는 제사장들과 그들이 일을 하는 제단을 거룩하게 연결하려는 것이다. 실제로 제사장을 위임하는 장면은 레위기 8~9장에 나온다.

[29 : 1-3] 제사장을 위임하기 위해서, 즉 그들을 거룩하게 하기 위해서 제일 먼저 할 일은 예물을 준비하는 것이다. 준비할 것들은 어린 수소 1마리, 흠 없는 숫양 2마리, 무교병, 고운 밀가루로 만든 과자들(기름 섞은 무교 과자, 기름 바른 무교 전병)이다. 〈개역개정〉 성경은 1절을 "네가 그들에게 나를 섬길 제사장 직분을 위임하여 그들을 거룩하게 할 일은 이러하니"로 번역하는데, 히브리어 원문을 직역하면, "이것은 나에게 제사장 직분을 수행하도록 그들을 거룩하게 하기 위해서 그들에게 네가 해야 할 일들이다."이다.

[29 : 4-9] 예물을 준비하고 아론과 그의 아들들을 회막 문으로 데려가서 씻긴 다음, 먼저 아론에게 의복들을 착용하게 하고, 관유를 머리에 붓고(관유의 중요성에 대해서는 출 30 : 22ff.를 보라.), 아론의 아들들에게 의복을 착용하게 해서 제사장 직분을 감당하게 한다.

이 구절은 아론 가문이 이스라엘의 제사장직을 계속 도맡는 것을 확증한다. 사사기 17~18장을 보면 여러 가문에서 제사장들이 나왔는데, 제사장직을 아론 가문에 국한하는 것은 포로기 이후부터일 것으로 보인다. 이것은 요시야가 개혁을 하면서 이스라엘의 모든 희생제의를 예루살렘에서만 행하게 한 결과이다(왕하 23 : 4ff). 이렇게 함으로써 예배를 표준화하고 정한 규칙에 따라 전문적으로 훈련받은 사람들이 희생제의를 충실하게 수행하게 했다.

[29 : 10-14] 제사장들로 하여금 복장을 갖추게 한 다음, 수송아지에게 안수하게 하고 회막 문에서 잡아서 속죄제(贖罪祭, 히브리어로 '핫타트'인데, 그 의미는 죄 그리고 속죄제이다.)를 드리게 하는데, 기름들은 모두 제단에서 불태우고, 고기와 가죽과 똥을 진 밖에서 불태운다(레 4 : 11-12). 제사장들이 손을 희생제물의 머리에 놓는 것은 희생제물과 예배자를 동일시하는 의미를 갖는다. 이렇게 함으로써 예배자가 지은 죄들을 희생제물에게 전가하는 것

으로 여겼다.

속죄제(sin-offering)에 대한 자세한 규정은 레위기 4 : 1~6 : 7에 나온다. 속죄제는 죄의 흔적을 지우는 기능을 한다. 그래서 '정화제'(淨化祭, purification offering)로 번역하기도 한다. 제사장들이 희생제의를 주관하려면 속죄제를 통해서 모든 죄를 제해야 한다. 대제사장은 일 년에 한 차례씩 이스라엘 백성과 자신을 위해서 속죄제를 드려야 한다(레 16 : 6-14).

속죄제 제물에 대한 규정은 시대마다 조금씩 다르다. 어떤 때는 제사장들이 속죄제물을 먹었다(레 6 : 24-30, 10 : 16-20). 하지만 여기서는 속죄제물을 진 밖 특정한 장소에서 태우게 했다. 속죄제물은 죄를 담당하기 때문에 부정한 것으로 여기기 쉽지만, 고대 이스라엘에서는 죄를 속하게 한다는 점에서 매우 거룩한 것으로 여겼다. 그래서 속죄제물을 함부로 다루지 못하게 하고, 사람들 손이 타지 않도록, 진 밖 특정한 장소에서 태우게 한 것이다.

[29 : 15-18] 수소로 속죄제를 드린 다음 숫양 한 마리로 번제(燔祭, burnt offering, 히브리어로 '올라'인데, 번제에 대해서는 레 1 : 3-17을 보라.)를 드리는데, 번제는 희생제물을 제단 위에서 모두 불태우는 제사이다. 번제가 속죄제나 속건제와 본질적으로 무엇이 다른지는 알 수 없지만, 번제가 특별한 효능을 갖는다고 생각한 것은 분명하다. 각각의 제사들은 그 기능이 서로 겹치기 때문에 완전히 독립적인 기능을 수행하지는 않는다.

'향기로운 냄새'(히브리어로 '레아흐 니노아흐'인데, '레아흐'는 냄새 또는 향기이고, '니노아흐'는 달래고 위로하는 것을 의미한다. 그래서 '평안하게 하는 향기'로 이해하는 게 낫겠다. 이 용어는 25, 41절에도 나온다.)는 희생제사가 하나님을 기쁘시게 하는 의도를 갖는다는 것을 보여 준다. 하지만 '향기로운 냄새'는 매우 고대적인 용어이기 때문에, 이것이 문자 그대로 의미를 지니는지는 분명치 않다. 하나님을 기쁘시게 한다는 것이 하나님을 달랜다는 것으로 오해할 가능성도 있는데, 이런 해석은 피해야 한다.

'여호와께 드리는 화제'에서 '화제'(火祭)로 번역한 것이 정확히 무엇인지는 알기 어렵다. 이 단어가 히브리어에서 불을 의미하는 단어와 유사하기 때문에(화제로 번역한 히브리어는 '잇쉐'인데, 불은 '에쉬'이다.) 화제로 번역했을 것이다.

[29 : 19-21] 다른 숫양을 잡아서 그 피를 제사장들의 오른쪽 귓부리와 오른손 엄지와 오른발 엄지에 바르는 것은 몸 전체를 정결하게 하는 것을 의미한다. 희생제물의 피를 일부는 제단에 뿌리고, 일부는 이렇게 제사장들에게 바르는 데 사용하며, 일부는 제사장들의 옷에 뿌려서 거룩하게 하는 것은 제사장들과 제단을 밀접하게 연결해 주는 역할을 한다.

[29 : 22-25] 예물로 드리는 가축들 가운데 이제 숫양 한 마리가 남았는데, 이것을 '위임식 숫양'(26절)이라고 한다. 제사장들은 그 숫양의 기름진 부분과 오른쪽 넓적다리를 갖는다. 그리고 떡 한 개, 기름 바른 과자 한 개, 전병 한 개를 아론과 그 아들들에게 주고 흔들게 하는데, 이것은 요제(搖祭, 히브리어로 '테누파'인데, 이것은 제물을 앞뒤로 흔드는 행위에서 비롯한다.)이다. 위임식의 곡식으로 만든 제물, 즉 떡과 과자를 하나님께 드리는 것은 매우 오랜 제의적 관습으로, 하나님께 식사를 드리는 의미를 갖는다. 이렇게 흔든 예물들은 제단에서 번제물과 함께 사른다.

[29 : 26-28] 하나님은 모세에게 위임식 숫양의 가슴을 하나님 앞에 요제로 드리게 하는데, 그것은 모세의 분깃이다. 즉, 모세가 당연히 받을 몫이라는 것이다. 그리고 제사장 위임 때 요제로 사용한 숫양의 가슴과 넓적다리를 거룩하게 해서 아론과 그 아들들에게 특별하게 제공해야 하는데, 그들에게 그것을 주기 전에 먼저 제단을 향해 들어올리고 흔드는 의식을 해야 한다(레 7 : 34).

이렇듯 제사장 위임식 때 사용한 제물을 제단을 향해 흔듦으로써 거룩하게 해야 하는데, 그렇게 함으로써 그 제물을 하나님께 드리고, 하나님이 그것을 제사장들에게 주시는 것을 상징적으로 표현한다.

〈개역개정〉 성경은 27절을 "너는 그 흔든 요제물 곧 아론과 그의 아들들의 위임식 숫양의 가슴과 넓적다리를 거룩하게 하라"로 번역하는데, 〈표준새번역〉 성경은 "너는 아론과 그의 아들들의 제사장 위임식에 쓴 숫양 고기 가운데서 흔들어 바친 것과 들어올려 바친 것, 곧 흔들어 바친 가슴과 들어올려 바친 넓적다리를 거룩하게 구별하여 놓아라"로 번역한다. 〈표준새번역〉 성경이 원문에 더 충실한 것으로 보인다.

27절은 요제와 거제를 구분하는데, 28절은 요제(물)와 거제(물)를 모두 거제(물)(히브리어로 '테루마' 인데, 이것은 제물을 들어 올리는 행위에서 비롯한다.)로 통칭한다. 이것은 요제와 거제가 모두 제물을 들어 올린다는 점에서 동일하기 때문인 것으로 보인다.

[29 : 29-30] '아론의 성의' 는 위임식을 할 때 일주일 동안 입는 옷인데, 아들들에게 물려주어서 나중에 아론의 자손들이 제사장 위임을 받을 때 입게 했다. 이 옷을 입게 하는 까닭은 제단의 성스러움으로부터 보호하려는 것이다. 그런데 레위기 16 : 4, 23~24절을 보면, 대속죄일에도 그 옷을 입었다.

[29 : 31-34] 위임식 숫양 고기를 거룩한 곳에서 삶은 다음, 회막 문에서 아론과 그의 아들들이 떡과 함께 먹는데, 고기나 떡은 다음 날 아침까지 남겼을 경우 반드시 불살라야 한다. 아론 가문에 속하지 않은 사람은 그 음식을 먹을 수 없고, 거룩하게 임명을 받은 사람만이 먹을 수 있는데, 여기에 대한 상세한 규정은 레위기 22 : 10~16에 나온다.

[29 : 35-37] 제사장 위임예식을 칠 일 동안 행하는데, 그 칠 일 동안 매일 수

송아지 한 마리로 속죄제를 드려서 제단을 깨끗하게 하고, 기름을 부어서 거룩하게 해야 한다. 제사장들 외에 어떤 사람이나 가축이 부주의하게 제단을 만지거나 닿으면 제단의 거룩함으로 인해 그(것)들도 거룩하게 되는데, 그러면 그(것)들을 죽여야 한다. 거룩한 제단에 닿음으로써 거룩해지면, 하나님께 바친 게 되기 때문이다.

[29 : 38-46] 이 문단은 제사장 위임식과 직접적인 연관은 없다. 여기서 하나님은 앞으로 매일 드릴 번제 예물에 대해서 말씀하시는데, 일 년 된 어린 양 두 마리를 하나는 아침에, 그리고 다른 하나는 저녁에 드리는데, 소제로 밀가루 십분의 일 에바와 전제로 찧어 놓은 기름 사분의 일 힌, 포도주 사분의 일 힌을 함께 드린다. '에바'는 40ℓ 정도이다. '힌'은 에바의 육분의 일인데, 6.5ℓ 정도이다.

이것을 회막 문에서 대대로 번제로 드려야 하는데, 그렇게 하면 하나님이 그곳에서 이스라엘 사람들을 만나시고 모세에게 말씀하시겠다고 약속하신다.

43~46절은 이스라엘이 하나님께 희생제사를 드리는 목적을 밝힌다. 하나님은 그 영광으로 성소에 거하심으로써 이스라엘 백성과 함께하신다. 이렇게 하나님이 이스라엘과 함께하심으로써 이스라엘은 생명과 축복을 얻는다. 그래서 그들은 하나님이 그들을 출애굽 시킨 분임을 알게 된다. 하나님은 자신을 '그들의 하나님 여호와'로 소개하신다.

10. 성막 제작 지침-분향단(30 : 1-10)

[1]너는 분향할 제단을 만들지니 곧 조각목으로 만들되 [2]길이가 한 규빗, 너비가 한 규빗으로 네모가 반듯하게 하고 높이는 두 규빗으로 하며 그 뿔을 그것과 이어지게 하고 [3]제단 상면과 전후 좌우 면과 뿔을 순금으로 싸고 주위에

금 테를 두를지며 [4]금 테 아래 양쪽에 금 고리 둘을 만들되 곧 그 양쪽에 만들
지니 이는 제단을 메는 채를 꿸 곳이며 [5]그 채를 조각목으로 만들고 금으로
싸고 [6]그 제단을 증거궤 위 속죄소 맞은편 곧 증거궤 앞에 있는 휘장 밖에 두
라 그 속죄소는 내가 너와 만날 곳이며 [7]아론이 아침마다 그 위에 향기로운
향을 사르되 등불을 손질할 때에 사를지며 [8]또 저녁 때 등불을 켤 때에 사를
지니 이 향은 너희가 대대로 여호와 앞에 끊지 못할지며 [9]너희는 그 위에 다
른 향을 사르지 말며 번제나 소제를 드리지 말며 전제의 술을 붓지 말며 [10]아
론이 일 년에 한 번씩 이 향단 뿔을 위하여 속죄하되 속죄제의 피로 일 년에
한 번씩 대대로 속죄할지니라 이 제단은 여호와께 지극히 거룩하니라

분향단은 하나님이 회막에 들이게 하는 마지막 물품이다. 아론은 아침저녁으로 향을 켜야 했다. 향을 켜는 것은 기도를 상징한다(시 141 : 2). 솔로몬 성전에도 금으로 만든 향단이 있었는데(왕상 7 : 48), 나중에 마카비 시대에 새로 건축한 예루살렘 성전에도 역시 향단을 두었다(마카비 상 1 : 21-22). 고대부터 향을 피웠지만, 그러나 단이 아니고 접시에 놓고 태웠다. 향단을 아카시아 나무로 만들고 거기에 금을 입혔다. 향을 피워서 연기를 내는 것은 이스라엘에서 특별한 의미를 갖는다. 레위기 16 : 2, 13절에서는 향 연기가 하나님의 영광을 상징한다. 그리고 후대에는 향 연기가 성도들의 기도를 상징하는 것으로 여겼다(계 5 : 8).

[30 : 1-2] 조각목, 즉 아카시아 나무로 1규빗(길이)×1규빗(너비)×2규빗(높이), 즉 45㎝×45㎝×90㎝짜리 사각형 분향단을 만드는데, 향단 네 모서리에 만든 뿔은 어떤 용도 때문에 만든 것이 아니고, 번제단을 본 딴 것으로 보인다.

[30 : 3-5] 성막 안에 두는 다른 기구들처럼 분향단도 아카시아 나무로 만들

어서 금으로 싸고 주위에 금 테를 두른다. 금 테 아래 양쪽에 금고리를 두 개씩 모두 네 개를 만들고, 조각목으로 채를 만든 다음 금을 씌운 금고리에 꿰어서 운반하게 한다. 이렇게 해서 향단 역시 운반하기에 편리하게 만들었다.

[30 : 6-9] 분향단은 지성소 휘장 밖에 둔다(6절). 아론은 아침저녁으로 향을 살라야 한다(7-8절). 향단에서는 지정한 향 외에 다른 향을 불사르지 못하고, 또 분향단에서는 어떤 제사도 드리지 못한다(9절). 다른 향을 불사르는 것이 구체적으로 무엇인지 알 수 없지만, '다른' 이라는 형용사가 나답과 아비후가 사용한 '다른 불' 에서 '다른' 과 같다는 사실이 의미를 갖는다(레 10 : 1-3). 이것은 만약 이스라엘 사람들이 다른 향을 불사르면, 나답과 아비후처럼 죽임을 당한다는 것을 암시한다.

[30 : 10] 향단은 매우 거룩하기 때문에 아론은 일 년에 한 차례 대속죄일에 향단 뿔을 위해서 속죄해야 하는데, 이것은 성막에서 봉직하는 제사장들이 일 년 동안 그들이 맡은 일을 하는 과정에서 죄에 접촉할 수밖에 없듯이, 성막 기물들도 죄로 오염된다고 생각했기 때문이다. 그래서 성막 기물들을 정화해서 죄를 씻어 내야 했다.

11. 생명의 속전 규례(30 : 11-16)

11여호와께서 모세에게 말씀하여 이르시되 12네가 이스라엘 자손의 수효를 조
사할 때에 조사받은 각 사람은 그들을 계수할 때에 자기의 생명의 속전을 여
호와께 드릴지니 이는 그것을 계수할 때에 그들 중에 질병이 없게 하려 함이
라 13무릇 계수 중에 드는 자마다 성소의 세겔로 반 세겔을 낼지니 한 세겔은
이십 게라라 그 반 세겔을 여호와께 드릴지며 14계수 중에 드는 모든 자 곧 스
무 살 이상 된 자가 여호와께 드리되 15너희의 생명을 대속하기 위하여 여호

와께 드릴 때에 부자라고 반 세겔에서 더 내지 말고 가난한 자라고 덜 내지
말지며 [16]너는 이스라엘 자손에게서 속전을 취하여 회막 봉사에 쓰라 이것이
여호와 앞에서 이스라엘 자손의 기념이 되어서 너희의 생명을 대속하리라

본문은 이스라엘의 성인 남자들이 내야 하는 생명의 속전에 관한 것인데, 이스라엘 성인 남자들은 하나님께 그들의 목숨값을 내야 했다. 생명의 속전은 일종의 성전세인데, 이는 마태복음 17 : 24~27에도 나온다. 생명의 속전은 인구조사와 관련을 갖는데, 인구조사는 고대 이스라엘 사회에서 미묘한 문제였다. 인구조사는 당연한 것으로 보이는데, 때로는 인구조사로 인해 큰 어려움을 당하기 때문이다(삼하 24장).

[30 : 11-12] 고대 이스라엘 사회는 종교가 사회 전체에 지대한 영향을 미치는 상황이었기 때문에 사람들은 성전에도 등록해서 세금을 내야 했다. 이렇게 고대 이스라엘 사회에서는 성전 등록을 통해 세금을 거둬들였다.

그것을 '생명의 속전'(히브리어로 '코페르 네페쉬'), 즉 목숨값이라고 하는데, 이것은 인구조사 과정에서 발생할지도 모를 역병의 위험을 피하기 위해서 지불한다. 인구조사로 인해 역병이 발생한 경우는 다윗에게서 찾아볼 수 있다.

[30 : 13] 생명의 속전은 성전 세겔로 반 세겔인데, 성전 세겔은 표준 세겔보다 약간 가볍고, 그래서 가격이 약간 낮다. 표준 세겔은 대략 11.6g이고, 성전 세겔은 대략 9.7g이다.

[30 : 14] 20세 이상이면 생명의 속전을 내야 한다(민 1 : 3, 14 : 29). 인구 계수를 20세 이상으로 했는데, 20세가 넘으면 공동체의 일원으로서 법적인 책임을 져야 했다.

[30 : 15] 성전세는 모든 사람들이 가난하든 부유하든 동일하게 반 세겔을 납부해야 했는데, 이것은 이스라엘 사람 모두가 하나님 앞에서 평등하다는 것을 보여 주려는 것이다.

[30 : 16] 속전을 바치면 하나님이 그것을 하나님이 생명을 구하는 값으로 쳐서 이스라엘 사람들을 살려 주실 것이다. 이렇게 생명의 속전을 바침으로써 이스라엘 사람들은 하나님이 그들에게 은혜를 베풀어 주시고 생명을 (지켜) 주신다는 사실을 기념(히브리어로 '직카론')하고자 했다. 이스라엘 사람들에게서 거둔 생명의 속전은 회막 비용으로 사용한다.

12. 성막 제작 지침 – 물두멍(30 : 17–21)

> [17]여호와께서 모세에게 말씀하여 이르시되 [18]너는 물두멍을 놋으로 만들고 그 받침도 놋으로 만들어 씻게 하되 그것을 회막과 제단 사이에 두고 그 속에 물을 담으라 [19]아론과 그의 아들들이 그 두멍에서 수족을 씻되 [20]그들이 회막에 들어갈 때에 물로 씻어 죽기를 면할 것이요 제단에 가까이 가서 그 직분을 행하여 여호와 앞에 화제를 사를 때에도 그리 할지니라 [21]이와 같이 그들이 그 수족을 씻어 죽기를 면할지니 이는 그와 그의 자손이 대대로 영원히 지킬 규례니라

제사장들은 직무를 시작하기 전 그리고 마친 후에 손과 발을 씻어야 했기 때문에 성막에 물두멍이나 대야를 반드시 비치해야 했다. 제사장들은 자신들의 신체를 씻음으로써 직무 수행에 필수적인 거룩함을 유지하고자 했다. 만약 제사장이 씻지 않을 경우, 그것은 죽음에 이르는 중대한 범죄로 여겨졌다.

[30 : 17–18] 하나님은 커다란 대야인 물두멍(국어사전은 물두멍을 "물을 길어

붓고 쓰는 큰 가마나 독"으로 풀이한다.)을 만들 재료와 기능, 그리고 배치 장소 등에 대해 일러 주신다. 물두멍과 그 받침은 놋으로 만들어야 하고, 거기에 물을 채워서 제사장들이 손발을 씻게 하는데, 성소와 제단 사이에 두어야 한다. 그래서 제사장들이 성소와 제단 사이를 오가면서 씻기 편하게 했다.

[30 : 19-20] 아론과 그 아들들은 직무를 감당하기 위해서 물두멍에서 손과 발을 씻어야 하는데, 회막에 들어갈 때 씻고, 제단에서 제사를 드릴 때에도 씻어야 한다. 그렇게 해서 '죽기를 면할 것이요' 라고 하는데, 이것은 만약 손과 발을 씻지 않을 경우 그들이 죽임을 당할 것임을 알려 준다. 제사장들이 성막에서 직무를 감당할 때 이렇게 죽음을 면하는 경우들이 있는데, 출애굽기 28 : 35을 보면, 제사장이 에봇에 금방울을 달아서 성소에 들어갈 때 소리를 내면 죽음을 면한다. 그리고 출애굽기 28 : 43을 보면 제사장들이 직무를 감당할 때, 즉 회막에 들어가거나 제사를 드릴 때 하체를 드러내지 않으면 죽음을 면한다. 이것은 제사장들이 맡은 일이 자칫하면 죽임을 당할 수도 있는 위험한 것임을 알려 준다.

[30 : 21] 제사장들이 예배규정을 지키지 않으면 죽임을 당할 수도 있다는 것은 21절에서도 확인할 수 있는데, 하나님은 물두멍에서 손발을 씻어서 죽음을 면할 것을 재차 지시한다. 이렇게 20~21절에서 연이어 말씀하시는 것은 그만큼 중요하기 때문이다. 그리고 물두멍에서 손발을 씻는 것을 자손대대로 지킬 영원한 규례라고 말씀하시는 것을 보면, 이 규례가 얼마나 중요한지 알 수 있다.

13. 성막 제작 지침-관유(30 : 22-33)

22여호와께서 모세에게 또 말씀하여 이르시되 23너는 상등 향품을 가지되 액

> 체 몰약 오백 세겔과 그 반수의 향기로운 육계 이백오십 세겔과 향기로운 창
> 포 이백오십 세겔과 [24]계피 오백 세겔을 성소의 세겔로 하고 감람 기름 한 힌
> 을 가지고 [25]그것으로 거룩한 관유를 만들되 향을 제조하는 법대로 향기름을
> 만들지니 그것이 거룩한 관유가 될지라 [26]너는 그것을 회막과 증거궤에 바르
> 고 [27]상과 그 모든 기구이며 등잔대와 그 기구이며 분향단과 [28]및 번제단과 그
> 모든 기구와 물두멍과 그 받침에 발라 [29]그것들을 지극히 거룩한 것으로 구
> 별하라 이것에 접촉하는 것은 모두 거룩하리라 [30]너는 아론과 그의 아들들에
> 게 기름을 발라 그들을 거룩하게 하고 그들이 내게 제사장 직분을 행하게 하
> 고 [31]이스라엘 자손에게 말하여 이르기를 이것은 너희 대대로 내게 거룩한 관
> 유니 [32]사람의 몸에 붓지 말며 이 방법대로 이와 같은 것을 만들지 말라 이는
> 거룩하니 너희는 거룩히 여기라 [33]이와 같은 것을 만드는 모든 자와 이것을
> 타인에게 붓는 모든 자는 그 백성 중에서 끊어지리라 하라

대제사장에게 위임할 때 관유를 머리에 붓는데(출 29 : 7), 여기서는 그 관유를 제조하는 것에 관한 지침이다. 관유는 제사장들을 위임할 때 사용할 뿐만 아니라 성소와 기구들에도 사용했다. 관유는 하나님의 거룩함을 시각적으로 상징하는 것으로, 관유를 바른 것들은 모두 거룩한 것으로 여겼다. 그렇기 때문에 관유를 아무 곳에나 함부로 사용해서는 안 되고, 자격이 없는 사람이 사용해서도 안 된다.

야곱이 벧엘의 돌에 기름을 붓는 것은 창세기 28 : 18, 31 : 13에 나온다. 거룩한 사람에게 기름을 붓는 것은 고대적인 관습인데, 주로 왕들에게 기름을 부었다(삼상 10 : 1, 16 : 13, 왕상 1 : 39). 이렇게 원래 왕에게 기름을 붓던 관습이 후대로 갈수록 점점 제사장과 성전 기구들을 포함시킨 것으로 보인다.

[30 : 22-25] 여기서 하나님은 향기름, 즉 관유 제조법을 비교적 상세히 들

려주시는데, 그 재료들은 품질이 가장 좋아야 한다. 재료는 성전 세겔로 액체 몰약 500세겔, 향기로운 육계 250세겔, 향기로운 창포 250세겔, 계피 500세겔, 감람 기름, 즉 올리브유 한 힌이다. 이것을 가지고 일정한 절차에 따라서 향기름, 즉 거룩한 관유를 만들어야 한다.

[30 : 26-30] 여기서 하나님은 관유의 용도를 알려 주시는데, 앞으로 제작할 모든 성막 기구들에 발라야 한다. 관유를 바른 성막 기구들은 회막, 증거궤, 상과 거기에 딸린 모든 기구, 등잔대와 거기에 딸린 모든 기구, 분향단, 번제단과 거기에 딸린 모든 기구, 물두멍과 받침이다. 출애굽기 30~40장에는 성막 기구 목록들이 몇 개 나오는데, 각 성막 기구 목록은 그 품목과 순서가 거의 비슷하다.

a　출 30 : 26 - 30(관유를 바르는 성막 기구들)
b　출 31 : 7 - 11(브살렐과 오홀리압이 만들 성막 기구들)
b'　출 35 : 11 - 19(지혜로운 사람들이 만들 성막 기구들)
b''　출 39 : 32 - 41(이스라엘 사람들이 만든 성막 기구들)
a'　출 40 : 1 - 11(관유를 발라 거룩하게 한 성막 기구들)

성막 기구들에 관유를 바르는 까닭은 성막 기구들을 거룩하게 하기 위해서인데, 하나님은 "지극히 거룩한 것으로 구별하라"고 말씀하신다. 그래서 그것을 접촉하는 것은 무엇이든지 거룩해진다(29절).

거룩해진다는 것은 하나님께 바친 게 되었다는 것이다. 하나님께 바친 것은 반드시 죽여야 한다. 가축이 관유와 접촉하면 죽여야 한다. 그리고 어떤 것이 관유와 접촉해서 거룩해지면, 그것을 파기해야 한다. 그리고 관유와 접촉한 사람은 거룩하기 때문에 그 거룩함을 제하는 예식을 행하기 전에는 일상적인 삶으로 돌아가지 못한다. 그리고 아론과 그 아들들에게도 발라 그들을 거룩하게 해서 제사장 직분을 행하기에 합당하게 해야 한다(30절).

[30 : 31-33] 고대 사회에서 기름은 거룩한 기름 부음을 위해서도 사용했지만, 인간의 몸에 바르는 화장품 기능도 했다(시 23 : 5, 104 : 15). 하지만 관유는 결코 그런 용도로 사용해서는 안 된다. 관유는 (지극히) 거룩하기 때문에 사람들은 그것을 거룩하게 여겨야 한다. 그렇지 않으면, 즉 세속적으로 사용하기 위해 관유를 만드는 사람은 백성 중에서 끊어질 것(히브리어로는 '니크라트 메암마우' 인데, 직역하면 '그는 그의 백성들로부터 끊어질 것이다' 이다.)이라고 경고하신다. 백성들로부터 끊어진다는 것은 대가 끊기는 것을 가리킨다.

14. 성막 제작 지침-향(30 : 34-38)

> 34여호와께서 모세에게 이르시되 너는 소합향과 나감향과 풍자향의 향품을 가져다가 그 향품을 유향에 섞되 각기 같은 분량으로 하고 35그것으로 향을 만들되 향 만드는 법대로 만들고 그것에 소금을 쳐서 성결하게 하고 36그 향 얼마를 곱게 찧어 내가 너와 만날 회막 안 증거궤 앞에 두라 이 향은 너희에게 지극히 거룩하니라 37네가 여호와를 위하여 만들 향은 거룩한 것이니 너희를 위하여는 그 방법대로 만들지 말라 38냄새를 맡으려고 이 같은 것을 만드는 모든 자는 그 백성 중에서 끊어지리라

하나님은 향기름, 즉 관유 제조법에 이어서 이제는 향 제조법을 일러 주시는데, 지침은 다른 규정들과 유사하다. 향을 세속적이고 개인적인 목적으로 사용해서는 안 된다.

[30 : 34] 여기서 하나님은 향을 제조하는 데 필요한 재료들을 알려 주시는

데, 그 재료들은 소합향(히브리어로 '나탑' 인데, 소합향나무의 수지를 원료로 하여 만든 향이다. 소합향나무를 국어사전은 이렇게 풀이한다. "조록나뭇과의 낙엽 활엽 교목. 높이는 10m 정도이며, 잎은 손바닥 모양이고 3~7갈래로 갈라지고 잎자루가 길다. 암수 한 그루이며, 재질이 좋아서 마호가니 대용으로 쓰고 나뭇진은 발삼 제조에 쓴다. 소아시아에 분포한다."〈Liquidambar orientalis〉), 나감향(히브리어로 '쉐헬레트' 인데, 한국컴퓨터선교회 성경사전은 이렇게 풀이한다. "홍해, 지중해에 사는 조개류의 껍질을 갈아 만든 향품이라고 생각하거나 어떤 학자는 '랍다늄'〈labdanum〉이라는 라크로스과 식물에서 추출한 것이라고 본다. 고대에 널리 쓰인 향품으로 성막의 증거궤 앞에서 태우는 거룩한 향이었다〈출 30 : 36〉. 나감향은 소합향, 풍자향과 함께 분향단에서 사르는 향으로 쓰였다."), 풍자향(히브리어로 '헬베나' 인데, 백과사전은 이렇게 풀이한다. "페르시아 북부에서 나는 미나리과 식물의 줄기에서 스며 나와 생기는 수지상의 물질. 입상〈粒狀〉과 괴상〈塊狀〉의 두 종류가 있다. 담황색 또는 적갈색을 띠며, 질이 좋은 것은 약간 녹색을 띠고 향기가 있다. 생약의 일종인 아위〈阿魏〉와 성질이 비슷하며, 거담제나 훈향료〈薰香料〉로 쓰인다.")이다. 이 향품들을 가루로 만든 다음 같은 비율로 유향과 섞는다.

[30 : 35] 여기서 하나님은 향 만드는 법대로 만들라고 하면서 거기에 소금을 쳐서 성결하게 하라고 일러 주신다. 소금이 어떤 역할을 하는지 알 수 없지만, 여기서는 종교적인 측면에서 '성결하게' 하는 역할을 한다.

[30 : 36] 여기서 하나님은 향을 제조한 다음 그것을 곱게 빻아서 회막 안 증거궤 앞에 두라고 한다. 그리고 향이 지극히 거룩하다고 말씀하신다.

[30 : 37-38] 여기서 하나님은 향이 거룩하다는 것을 다시 언급하면서 향기름에 관한 규정에서와 같이 향을 개인적인 목적으로 만들지 말 것을 엄중히

경고하신다. 만약 냄새를 맡기 위해서 사적으로 그런 향을 만들면, 그는 백성 중에서(히브리어를 직역하면, '그의 백성들로부터' 이다.) 끊어질 것이라고 말씀하신다.

15. 성막 제작 지침 – 장인(31 : 1–11)

1여호와께서 모세에게 말씀하여 이르시되 2내가 유다 지파 훌의 손자요 우리
의 아들인 브살렐을 지명하여 부르고 3하나님의 영을 그에게 충만하게 하여
지혜와 총명과 지식과 여러 가지 재주로 4정교한 일을 연구하여 금과 은과 놋
으로 만들게 하며 5보석을 깎아 물리며 여러 가지 기술로 나무를 새겨 만들게
하리라 6내가 또 단 지파 아히사막의 아들 오홀리압을 세워 그와 함께하게 하
며 지혜로운 마음이 있는 모든 자에게 내가 지혜를 주어 그들이 내가 네게 명
령한 것을 다 만들게 할지니 7곧 회막과 증거궤와 그 위의 속죄소와 회막의
모든 기구와 8상과 그 기구와 순금 등잔대와 그 모든 기구와 분향단과 9번제
단과 그 모든 기구와 물두멍과 그 받침과 10제사직을 행할 때에 입는 정교하
게 짠 의복 곧 제사장 아론의 성의와 그의 아들들의 옷과 11관유와 성소의 향
기로운 향이라 무릇 내가 네게 명령한 대로 그들이 만들지니라

브살렐과 오홀리압은 당시에 가장 뛰어난 장인 조직을 이끄는 지도자들이었을 것이다. 고대 이스라엘에는 특별한 기술을 가업으로 전수하는 경우가 많았고, 브살렐 가문과 오홀리압 가문은 목재 기술과 금속 기술의 기술자들이었을 것이다.

[31 : 1–5] 하나님은 성막과 여러 기구들을 제작하기 위해 브살렐을 지명하신다. 브살렐(히브리어는 '베찰엘')은 '하나님의 그늘 안에' 라는 의미를 갖는다. 하나님이 브살렐에 대해서 말씀하실 때, 그가 속한 지파와 그의 조부와

그의 부친까지 언급하신다.

하나님은 브살렐에게 하나님의 영을 충만하게 하시고, 지혜와 총명과 지식과 여러 재주를 갖게 하시겠다고 말씀하시는데, 이것은 브살렐이 한 가지 분야가 아니라 건축과 예술에 관한 모든 분야에 뛰어난 지식과 기술을 가지고 있음을 보여 준다. 그가 할 일은 다음과 같다.

1. 디자인 – '정교한 일을 연구' 하는 것은 무엇을 어떻게 만들지를 생각하는 것이다. 이것은 브살렐이 매우 창의적임을 보여 준다.
2. 금속공예 – '금과 은과 놋으로 만든다' 는 것은 브살렐이 금, 은, 그리고 놋을 다루는 데 탁월하다는 것을 보여 준다.
3. 보석세공 – '보석을 깎아 물린다' 는 것은 브살렐이 각종 보석을 세공하는 데 전문가임을 보여 준다.
4. 목공예 – '나무를 새겨 만든다' 는 것은 브살렐이 목공예에 뛰어나다는 것을 보여 준다.

이런 점에서 브살렐은 미켈란젤로와 레오나르도 다빈치 같은 세기적 사람이다(Philip Graham Ryken, *Exodus – Saved for God's Glory*〈Wheaton, Illinois : Crossway Books, 2005〉, p. 949). 그는 탁월한 예술적 재능을 가진 천재로서, 하나님의 성막을 아름답게 만드는 데 적격인 사람이었다.

[31 : 6–11] 브살렐에 이어서 하나님은 오홀리압을 부르시는데, 오홀리압은 '아버지는 나의 장막' 또는 '아버지의 천막' 이라는 의미를 갖는다. 하나님이 오홀리압에 대해서 말씀하실 때, 역시 그가 속한 지파와 그의 부친을 언급하신다. 하나님은 오홀리압으로 하여금 브살렐을 돕게 하겠다고 말씀하신다. 그리고 다양한 재주를 가진 사람들에게 지혜를 주어서 그들로 하여금 하나님이 명령하신 것들을 다 만들게 하겠다고 말씀하신다.

이렇게 보면 브살렐은 총책임자이고, 오홀리압은 브살렐을 보좌하며, 그 아래에 여러 사람들이 성막과 그 기구들을 제작하는 일에 동원되었다. 하나님은 그들이 만들 성막 기구들을 열거하신다.

> 회막, 증거궤, 속죄소, 회막의 모든 기구, 상과 그 기구, 순금 등잔대와 그 모든 기구, 분향단, 번제단과 그 모든 기구, 물두멍과 그 받침, 제사장 아론의 성의, 그의 아들들의 옷, 관유, 향.

하나님은 브살렐을 비롯한 사람들에게 이것들을 만들게 하시는데, 특히 하나님이 명령하신 대로 만들 것을 강조해서 지시하신다.

16. 안식일 규례(31 : 12-18)

> 12여호와께서 모세에게 말씀하여 이르시되 13너는 이스라엘 자손에게 말하여 이
> 르기를 너희는 나의 안식일을 지키라 이는 나와 너희 사이에 너희 대대의 표징
> 이니 나는 너희를 거룩하게 하는 여호와인 줄 너희가 알게 함이라 14너희는 안
> 식일을 지킬지니 이는 너희에게 거룩한 날이 됨이니라 그날을 더럽히는 자는
> 모두 죽일지며 그날에 일하는 자는 모두 그 백성 중에서 그 생명이 끊어지리라
> 15엿새 동안은 일할 것이나 일곱째 날은 큰 안식일이니 여호와께 거룩한 것이
> 라 안식일에 일하는 자는 누구든지 반드시 죽일지니라 16이같이 이스라엘 자손
> 이 안식일을 지켜서 그것으로 대대로 영원한 언약을 삼을 것이니 17이는 나와
> 이스라엘 자손 사이에 영원한 표징이며 나 여호와가 엿새 동안에 천지를 창조
> 하고 일곱째 날에 일을 마치고 쉬었음이니라 하라 18여호와께서 시내산 위에서
> 모세에게 이르시기를 마치신 때에 증거판 둘을 모세에게 주시니 이는 돌판이
> 요 하나님이 친히 쓰신 것이더라

고대 이스라엘 사회에서 안식일이 매우 중요한데, 출애굽기에서는 다섯 차례 정도 언급한다(출 16 : 23, 20 : 8 - 11, 23 : 12, 31 : 12 - 17, 35 : 1 - 3). 이렇게 반복해서 언급하는 까닭은 안식일 준수가 그만큼 중요하기 때문이다. 그런데 이것은 단순한 반복이 아니다. 각 경우마다 의미를 갖는다. 그리고 여기서는 성막과 관련해서 안식일 준수를 이야기하기 때문에 맥락이 다르다. 성막과 관련해서 안식일은 새로운 의미와 목적을 갖는다(12 - 13절). 성막과 안식일은 하나님을 이스라엘의 장소와 시간의 중심에 놓는다. 31장에서는 안식일을 범하면, 죽이라고 한다(14 - 15절). 그 실례(實例)는 민수기 15 : 32~36에 나온다.

본문에서 안식일을 지키라는 명령은 13~14, 16절에 나온다. 성막과 그 기구들을 제작하는 것에 대한 규정을 마무리하면서 안식일 준수를 강조한다. 성막은 하나님이 상징적으로 거주하시면서 이스라엘과 함께하심을 나타내시는 공간이며, 이스라엘 백성들은 그곳에서 하나님께 희생제사를 드렸다. 그렇기 때문에 성막 제작에 관한 규정을 안식일 준수로 마무리하는 것은 자연스럽다. 안식일은 그냥 쉬는 날은 아니다. 안식일은 하나님과 이스라엘이 특별한 관계를 갖는 것을 보여 주는 종교적 상징이다. 그렇기 때문에 안식일에 휴식하지 않고 안식일을 준수하지 않는 것은 죽음에 이르는 심각한 범죄로 간주한다.

[31 : 12-13] 하나님은 안식을 준수를 강력하게 명령하시면서, 안식일을 '나의 안식일(들)' (히브리어로는 '샵베토타이' 로 복수형이다.)이라고 하신다(13절). 이것은 창세기를 떠올리게 한다. 하나님은 안식일 준수를 엄명하시면서 그것이 앞으로 계속 하나님과 이스라엘 사람들이 맺은 관계에 대한 표징(히브리어로 '오트' 인데, 이 단어를 애굽에 내린 이적을 가리킬 때 사용했다.)이라고 말씀하신다. 그러니까 이스라엘 사람들이 안식일을 준수하면 하나님과 이스라엘의 관계가 지속되고, 그렇지 않으면 그 관계가 파기된 것을 뜻한다는 것이

다. 이렇게 안식일을 준수하게 하시는 까닭은 이스라엘 사람들로 하여금 하나님을 알게 하기 위함이다. 여기서도 하나님을 아는 것이 중요한 목적으로 드러난다. 그런데 그 하나님은 이스라엘을 거룩하게 하시는 하나님이다. 하나님은 이스라엘을 거룩하게 하시기 위해 애굽에서 나오게 하셨다. 그리고 그 거룩함을 유지하도록 여러 가지를 지시하신다.

[31 : 14–15] 여기서도 하나님은 안식일 준수를 엄명하시는데, 12~13절과는 달리 안식일을 지키지 않을 경우, 즉 그 거룩한 날을 더럽히는 사람들을 모두 죽이라고 말씀하신다. 그리고 안식일에 일하는 사람은 백성 가운데서 생명이 끊어질 거라고 단호하게 말씀하신다(14절). 하나님은 이런 말씀을 15절에서 다시 하시는데, 일곱째 날을 큰 안식일이라고 칭하면서 안식일에 일하는 사람들은 누구든지 반드시 죽이라(히브리어로 '모트 유무트' 인데, 출 21 : 15–17에도 나온다.)고 하신다. 처벌을 더 강화하시는 것이다. 민수기 15 : 32~36을 보면, 어떤 사람이 안식일에 나무를 주운 일로 인해 죽임을 당한다.

[31 : 16–17] 16절과 17절은 동일한 내용을 반복하는데, 안식일을 지키는 것이 영원한 언약이고 영원한 표징이라고 하신다. 이것은 13절을 반복하는 것이다. 그리고 17절은 안식일을 준수해야 하는 까닭을 말씀하시는데, 이것은 십계명의 안식일 조항을 반복한다. 〈개역개정〉 성경은 "일곱째 날에 일을 마치고 쉬었음이니라"로 번역하는데, 〈표준새번역〉 성경은 "이렛날에는 쉬면서 숨을 돌리셨기 때문이다"로 번역한다. 히브리어로는 '우바이욤 핫쉐비이 샤바트 와이인나파쉬' 인데, '샤바트' 는 '일을 마치다', '쉬다' 라는 의미를 갖고, '와이인나파쉬' ('와이인나파쉬' 는 어근이 '나파쉬' 〈'네페쉬' 의 동사형〉인데, 출 23 : 12, 31 : 17, 삼하 16 : 14에만 나오는 희귀 동사이다.)는 '숨을 자유롭게 쉬다' 라는 의미를 갖는다. 그래서 〈표준새번역〉 성경 번역이 원문에 더 가까운 것으로 보인다.

[31 : 18] 이 구절은 성막에 관한 규정들을 마무리하는 편집구 역할을 하면서, 동시에 출애굽기 32장에 나오는 황금 송아지 사건으로 인한 비극적인 결말을 예비하는 기능을 한다. 하나님은 시내산 위에서 모세에게 하실 말씀을 마치신 다음, '증거판 둘'을 주시는데, 이것은 출애굽기 24 : 12에서 언급하는 것과 비슷하다. 그리고 그것이 돌판이라는 것과 하나님이 친히 쓰셨음을 명시하는데, 하나님이 두 돌판에 친히 쓰셨다는 것은 출애굽기 32 : 15~16, 신명기 9 : 10을 보라. 출애굽기 34 : 4은 율법을 기록한 두 돌판을 모세가 다듬었다고 한다.

참고-안식일 규정 비교

출애굽기 31 : 12~17(성막 제작지침은 안식일 규정으로 끝나고, 출 35장부터 시작하는 성막 제작 작업은 안식일 규정으로 시작한다. 성막은 성스러운 장소를 대표하고 안식일은 성스러운 시간을 대표한다. 그런데 안식일 규정이 성막 규정보다 상위이다. 그리고 바벨론 우주론은 마르둑 성전건축〈성스러운 장소〉으로 끝나는데, 창세기 창조기사는 일곱째 날 안식〈성스러운 시간〉에 대한 이야기로 끝난다〈Nahum M. Sarna, *Exodus*, p. 201〉.)은 안식일을 제대로 지키도록 하기 위해 그 어느 구절보다 강력하게 명령한다. 안식일에 대한 규정을 레위기 23 : 2~3과 비교해 보겠다.

레위기 23 : 2~3	출애굽기 31 : 12~17
이스라엘 자손에게 말하여 이르라 이것이 나의 절기들이니 너희가 성회로 공포할 여호와의 절기들이니라	너는 이스라엘 자손에게 말하여 이르기를 너희는 나의 안식일을 지키라 이는 나와 너희 사이에 너희 대대의 표징이니 나는 너희를 거룩하게 하는 여호와인 줄 너희가 알게 함이라 너희는 안식일을 지킬지니 이는 너희에게 거룩한 날이 됨이니라 그날을 더럽히는 자는 모두 죽일지며 그날에 일하는 자는 모두 그 백성 중에서 그 생명이 끊어지리라

엿새 동안은 일할 것이요 일곱째 날은 쉴 안식일이니 성회의 날이라 너희는 아무 일도 하지 말라 이는 너희가 거주하는 각처에서 지킬 여호와의 안식일이니라	엿새 동안은 일할 것이나 일곱째 날은 큰 안식일이니 여호와께 거룩한 것이라 안식일에 일하는 자는 누구든지 반드시 죽일지니라 이같이 이스라엘 자손이 안식일을 지켜서 그것으로 대대로 영원한 언약을 삼을 것이니 이는 나와 이스라엘 자손 사이에 영원한 표징이며 나 여호와가 엿새 동안에 천지를 창조하고 일곱째 날에 일을 마치고 쉬었음이니라('평안하였다'로 번역하는 단어는 '와이인나파쉬'인데, 이것은 원래 '숨을 돌렸다'는 의미를 갖는다〈Martin Noth, *Exodus*, p. 288〉.) 하라

여기서 보는 대로, 레위기와 출애굽기는 차이를 보인다. 레위기는 쉼 규정준수에 관한 이야기만 하는데, 출애굽기는 온전한 사회적 쉼을 어기는 자를 사형에 처하도록 규정한다(안식일을 어기는 자에게 사형을 선고하는 것은 안식일이 하나님과 이스라엘 백성 사이의 특별한 관계를 나타내는 표식이기 때문이다〈Martin Noth, *Exodus*, p. 287〉). 안식일에 쉬지 않음으로써 사회적 쉼을 깨뜨리는 자는 죽어 마땅하다는 것이다. 출애굽기 35장 역시 매우 강경한 어조로 안식일 준수를 명령한다. 안식일을 지키지 않으면 누구든 죽이라는 것이다.

"모세가 이스라엘 자손의 온 회중을 모으고 그들에게 이르되 여호와께서 너희에게 명령하사 행하게 하신 말씀이 이러하니라 엿새 동안은 일하고 일곱째 날은 너희를 위한 거룩한 날이니 여호와께 엄숙한 안식일이라 누구든지 이날에 일하는 자는 죽일지니 안식일에는 너희의 모든 처소에서 불도 피우지 말지니라"(이스라엘 거주 지역 안에서 안식일에 불을 피우지 못하게 하는 것은 매우 특별한 규정이다〈Martin Noth, *Exodus*, pp. 320－321〉. 이 규정을 여러 가지로 해석하는데, 어떤 사람들은 전날 저녁부터 아예 불을 피우지 말고 어둠 속에서 지내야 한다고 주장하고, 어떤 사람들은 전날 불을 피울 수 있지만, 안식일에 연료를 보충하지 말아야 한다고 주장한다〈Nahum M. Sarna, *Exodus*, p. 222〉. 출 35 : 1－3, "야훼께서 모세를 통해 이스라엘 백성에게 내리시는 마지막 지침은 또다시 안식일 준수에 관한 말씀이다. 이 말씀이 성막 건설을 앞둔 이스라엘 백성에게 주어진 까닭은 분명하다. 그들이 성막을 건설하는 일정 중에서도 안식일을 지켜야 한다는 것이다."〈성서와 함께 편집부, 「어서 가거라」, p. 425〉).

모세는 이스라엘 온 회중들에게 말한다. 이것은 레위기 23장처럼, 이 규정은 제사장뿐만 아니라 이스라엘에 속한 모든 사람들이 알아야 할 것임을 보여 준다. 안식일에 쉬는 것은 개인적인 차원이 아니라 온 이스라엘에게 해당하는 사회적 차원의 쉼이었다. 안식일에는 온 이스라엘이 온전한 휴식을 해야 하기 때문에 누구든지 안식일에 일하는 것은 사회적 쉼을 깨뜨리는 지극히 불순한 행동이며, 하나님께 대해 큰 죄를 범하는 것이다. 그럴 경우 그 사람을 반드시 죽이게 했다. 이것은 하나님이 안식일을 지키는 것, 안식일에 온전한 사회적 쉼을 누리는 것을 얼마나 중요하게 생각했는지 보여 준다. 심지어는 안식일에 불도 피우지 못하게 하신다. 안식일에는 음식도 만들어 먹지 말라는 것이다. 그러니 음식을 전날 미리 준비해서 안식일에 먹어야 한다. 만약 안식일에 음식을 만들어 먹는다면, 안식할 겨를이 없을 것이다("이와 같이 완전히 쉬는 것은 사람이 일의 종이 되지 않도록 보호해 준다. 쉼은 사람이 자기 노력에 의해 모든 것을 이룰 수 없는 피조물임을 겸허하게 받아들이고 온전히 하느님께 의지하는 자세이자, 삶을 하느님의 선물로 기쁘게 받아들이는 자세이다."〈성서와 함께 편집부, 「어서 가거라」, p. 425〉). 이처럼 안식이 모든 것에 우선한다. 고대 이스라엘 사람들이 안식한 날에 안식하지 않는 것은 사형에 해당하는 중죄로 규정했음에 주목해야 한다.

B. 범죄하는 이스라엘(32 : 1-34 : 35)

1. 황금 송아지 사건(32 : 1-35)

1백성이 모세가 산에서 내려옴이 더딤을 보고 모여 백성이 아론에게 이르러
말하되 일어나라 우리를 위하여 우리를 인도할 신을 만들라 이 모세 곧 우리

를 애굽 땅에서 인도하여 낸 사람은 어찌 되었는지 알지 못함이니라 2아론이
그들에게 이르되 너희의 아내와 자녀의 귀에서 금 고리를 빼어 내게로 가져
오라 3모든 백성이 그 귀에서 금 고리를 빼어 아론에게로 가져가매 4아론이
그들의 손에서 금 고리를 받아 부어서 조각칼로 새겨 송아지 형상을 만드니
그들이 말하되 이스라엘아 이는 너희를 애굽 땅에서 인도하여 낸 너희의 신
이로다 하는지라 5아론이 보고 그 앞에 제단을 쌓고 이에 아론이 공포하여 이
르되 내일은 여호와의 절일이니라 하니 6이튿날에 그들이 일찍이 일어나 번
제를 드리며 화목제를 드리고 백성이 앉아서 먹고 마시며 일어나서 뛰놀더라
7여호와께서 모세에게 이르시되 너는 내려가라 네가 애굽 땅에서 인도하여
낸 네 백성이 부패하였도다 8그들이 내가 그들에게 명령한 길을 속히 떠나 자
기를 위하여 송아지를 부어 만들고 그것을 예배하며 그것에게 제물을 드리며
말하기를 이스라엘아 이는 너희를 애굽 땅에서 인도하여 낸 너희 신이라 하
였도다 9여호와께서 또 모세에게 이르시되 내가 이 백성을 보니 목이 뻣뻣한
백성이로다 10그런즉 내가 하는 대로 두라 내가 그들에게 진노하여 그들을 진
멸하고 너를 큰 나라가 되게 하리라 11모세가 그의 하나님 여호와께 구하여 이
르되 여호와여 어찌하여 그 큰 권능과 강한 손으로 애굽 땅에서 인도하여 내
신 주의 백성에게 진노하시나이까 12어찌하여 애굽 사람들이 이르기를 여호
와가 자기의 백성을 산에서 죽이고 지면에서 진멸하려는 악한 의도로 인도해
내었다고 말하게 하시려 하나이까 주의 맹렬한 노를 그치시고 뜻을 돌이키사
주의 백성에게 이 화를 내리지 마옵소서 13주의 종 아브라함과 이삭과 이스라
엘을 기억하소서 주께서 그들을 위하여 주를 가리켜 맹세하여 이르시기를 내
가 너희의 자손을 하늘의 별처럼 많게 하고 내가 허락한 이 온 땅을 너희의
자손에게 주어 영원한 기업이 되게 하리라 하셨나이다 14여호와께서 뜻을 돌
이키사 말씀하신 화를 그 백성에게 내리지 아니하시니라 15모세가 돌이켜 산
에서 내려오는데 두 증거판이 그의 손에 있고 그 판의 양면 이쪽 저쪽에 글자
가 있으니 16그 판은 하나님이 만드신 것이요 글자는 하나님이 쓰셔서 판에

새기신 것이더라 [17]여호수아가 백성들의 요란한 소리를 듣고 모세에게 말하되
진중에서 싸우는 소리가 나나이다 [18]모세가 이르되 이는 승전가도 아니요 패
하여 부르짖는 소리도 아니라 내가 듣기에는 노래하는 소리로다 하고 [19]진에
가까이 이르러 그 송아지와 그 춤추는 것들을 보고 크게 노하여 손에서 그 판
들을 산 아래로 던져 깨뜨리니라 [20]모세가 그들이 만든 송아지를 가져다가 불
살라 부수어 가루를 만들어 물에 뿌려 이스라엘 자손에게 마시게 하니라 [21]모
세가 아론에게 이르되 이 백성이 당신에게 어떻게 하였기에 당신이 그들을
큰 죄에 빠지게 하였느냐 [22]아론이 이르되 내 주여 노하지 마소서 이 백성의
악함을 당신이 아나이다 [23]그들이 내게 말하기를 우리를 위하여 우리를 인도
할 신을 만들라 이 모세 곧 우리를 애굽 땅에서 인도하여 낸 사람은 어찌 되
었는지 알 수 없노라 하기에 [24]내가 그들에게 이르기를 금이 있는 자는 빼내
라 한즉 그들이 그것을 내게로 가져왔기로 내가 불에 던졌더니 이 송아지가
나왔나이다 [25]모세가 본즉 백성이 방자하니 이는 아론이 그들을 방자하게 하
여 원수에게 조롱거리가 되게 하였음이라 [26]이에 모세가 진 문에 서서 이르되
누구든지 여호와의 편에 있는 자는 내게로 나아오라 하매 레위 자손이 다 모
여 그에게로 가는지라 [27]모세가 그들에게 이르되 이스라엘의 하나님 여호와
께서 이렇게 말씀하시기를 너희는 각각 허리에 칼을 차고 진 이 문에서 저 문
까지 왕래하며 각 사람이 그 형제를, 각 사람이 자기의 친구를, 각 사람이 자
기의 이웃을 죽이라 하셨느니라 [28]레위 자손이 모세의 말대로 행하매 이날에
백성 중에 삼천 명 가량이 죽임을 당하니라 [29]모세가 이르되 각 사람이 자기
의 아들과 자기의 형제를 쳤으니 오늘 여호와께 헌신하게 되었느니라 그가
오늘 너희에게 복을 내리시리라 [30]이튿날 모세가 백성에게 이르되 너희가 큰
죄를 범하였도다 내가 이제 여호와께로 올라가노니 혹 너희를 위하여 속죄가
될까 하노라 하고 [31]모세가 여호와께로 다시 나아가 여짜오되 슬프도소이다
이 백성이 자기들을 위하여 금 신을 만들었사오니 큰 죄를 범하였나이다 [32]그
러나 이제 그들의 죄를 사하시옵소서 그렇지 아니하시오면 원하건대 주께서

기록하신 책에서 내 이름을 지워 버려 주옵소서 [33]여호와께서 모세에게 이르시되 누구든지 내게 범죄하면 내가 내 책에서 그를 지워 버리리라 [34]이제 가서 내가 네게 말한 곳으로 백성을 인도하라 내 사자가 네 앞서 가리라 그러나 내가 보응할 날에는 그들의 죄를 보응하리라 [35]여호와께서 백성을 치시니 이는 그들이 아론이 만든 바 그 송아지를 만들었음이더라

출애굽기 26~31장은 성막 제작에 관한 규정이다. 이런 규정 제정을 통해서 하나님은 이스라엘로 하여금 하나님께 올바른 예배를 드리는 기틀을 마련해 주셨다. 이런 과정에서 이스라엘은 여러 가지 우여곡절을 겪었는데, 이스라엘 백성들은 이방적이고 이교적인 요소를 의외로 쉽게 받아들였다. 그들은 하나님이 일러 주시는 것을 받아들이지 않았다. 그러면서 하나님께 신실하지 못하고, 모세도 신뢰하지 않았으며, 가나안에 널리 퍼진 종교 양태를 받아들이려고 했다. 이것은 이스라엘 역사에서 수시로 나타나는 양상이었다.

출애굽기 32~34장은 한 가지 사건을 다룬다. 이스라엘 사람들의 의심은 불평을 낳고, 불평은 불만을 낳고, 결국 그들은 자신들 스스로 문제를 해결하려고 한다. 이스라엘 사람들은 황금 송아지를 만들었는데, 황금 송아지는 애굽의 여신 하토르를 떠올리게 한다. 하토르는 황소 머리 모양으로 나타난다. 그리고 이시스는 머리에 뿔들이 달려 있다. 이 사건은 시편 106 : 19~22에 나온다. 본문은 1~6, 7~14, 15~20, 21~24, 25~29, 30~35절로 나뉜다.

[32 : 1] 모세가 산 위에 머무는 기간이 늘면서 백성들은 서서히 모세를 신뢰하지 않기 시작한다. 그래서 모세를 그들에게서 제외시키려 하는 것으로 보인다. 1절을 보면 백성들이 주도적이다. 그들은 아론을 찾아가 그들을 애굽에서 인도해 낸 모세가 어떻게 되었는지 알 수 없는 비상 상황임을 지적하면서 그들을 인도할 신을 만들어 달라고 한다.

[32 : 2-4] 1절에서는 백성들이 주도적이지만, 2절부터는 아론이 주도적이다. 아론은 그들의 요청을 받아들여서 신을 만들려고 한다. 그래서 금 고리를 바치게 한다(2절). 그러자 '모든 백성'이 금 고리를 바쳤다(3절). 이것은 온 이스라엘 사람들이 그 일에 동의하고 동참했음을 가리킨다. 그리고 그들은 금 고리를 내놓으면서 조금도 주저하지 않았다. 모든 사람들이 자발적으로 내놓았다. 그들을 인도할 신을 만들기 위해서. 아론은 그 금 고리들을 녹인 다음, 조각칼로 새겨서 송아지 상을 만들었다. 아론이 직접 그렇게 했다기보다 다른 사람들에게 그렇게 하도록 지시했다는 의미일 것이다.

소는 가나안 종교에서 가장 일반적인 종교적 상징물인데, 이것은 농경사회에서 소가 힘과 풍요를 상징하기 때문이다. 가나안 신화에 나오는 두 신, 즉 엘(El) 신과 바알(Baal) 신은 소를 신적인 상징으로 삼는다.

사람들은 아론이 만든 송아지 상을 보고 "이스라엘아 이는 너희를 애굽 땅에서 인도하여 낸 너희의 신이로다"라고 한다. 〈개역개정〉 성경이 '너희의 신이다'로 번역하는 것은 원어로는 '너희의 신들이다'이다. 황금 송아지는 하나를 만들었는데, 이렇게 '신들'이라는 복수형을 사용하는 까닭은 이스라엘의 타락을 강조하려는 의도로 보인다. 그리고 이것은 여로보암이 단과 벧엘에 황금 송아지 상을 둔 것과 연결된다(왕상 12 : 28-29). 이렇게 두 사건이 연결됨으로써, 시내 광야에서 행한 황금 송아지 숭배와 여로보암이 행한 황금 송아지 숭배가 이어진다. 성경 기자들은 이 두 가지 사건을 이스라엘 역사에서 가장 충격적인 것으로 받아들인다.

[32 : 5-6] 백성들이 외치는 소리를 듣고, 아론은 자신이 주도해서 만든 황금 송아지를 '본다'. 그리고 그 앞에 제단을 쌓는데, 이것은 그가 자신이 만든 송아지 상을 보면서 종교적인 경외감에 빠졌음을 보여 준다. 그래서 아론은 이제 더욱 적극적이고 창의적으로 행동한다. 아론은 하나님이 철저히 금한 우상을 만들고 거기에 제단을 쌓음으로써 새로운 종교를 이스라엘에 도

입하려고 한다. 아론은 성일(聖日)을 선포한다. "내일은 여호와의 절일(節日)이니라". 이것을 보면 아론이 다른 신을 섬기려고 한 것은 아닌 듯하다. 하나님을 섬기는 것은 분명하고, 사람들도 그렇게 생각한 것으로 보이는데, 문제는 하나님이 금하시는 방식으로 하나님을 섬기려 한다는 것이다.

그들은 종교적인 열심이 대단하다. 아론을 찾아와서 신을 만들어 달라고 하는 것도 그렇고, 모든 사람들이 금 고리를 자발적으로 바치는 것도 그렇고, 그렇게 만든 우상을 그들의 신으로 받아들이고 섬기는 것도 그렇다. 그들은 다음 날 아침 일찍이 일어나서 번제와 화목제를 드린다. 이것 역시 그들의 종교적인 열정을 보여 주기에 충분하다. 이스라엘 사람들은 '앉아서' 먹고 마시다가 나중에는 '일어나서' 뛰놀았는데, 그들이 뛰어놀았다(히브리어로 '레차헤크' 인데, 어근 '차하크' 의 피엘형〈강세능동형〉은 '여자들과 시시덕거리다', '쓰다듬다' 라는 의미를 갖는다.)는 것은 자아도취를 의미한다. 그리고 성적인 장난을 가리키기도 한다.

[32 : 7-8] 산 위에 있는 모세는 이런 상황을 전혀 알지 못한다. 하나님은 모세에게 산 아래에서 일어난 일을 알려 주신다. 하나님은 모세에게 내려가라고 하신다. 그리고 "네가 애굽 땅에서 인도하여 낸 네 백성이 부패하였도다"라고 말씀하신다. 하나님은 이스라엘 사람들을 '네 백성' 이라고 하신다. 그러나 출애굽기 앞부분에서는 이스라엘 사람들을 '내 백성' 이라고 부르셨다. 여기서 '네 백성' 이라고 하신 것은 이스라엘 사람들이 하나님의 백성이 아니라는 것이다. '네 백성' 이라는 것은 이스라엘 사람들이 모세의 백성이라는 것이다.

[32 : 9-10] 하나님은 이스라엘 사람들을 '목이 뻣뻣한 백성' 이라고 평하시는데, 이것은 가축들이 완강해서 주인이 메어 주는 멍에를 메지 않으려고 하는 것과 같은 의미이다. 이 구절은 출애굽기에서는 여기에 처음 나오는데, 이

스라엘 사람들의 완악한 태도를 알려 주는 여러 전형적인 구절들 가운데 하나이다.

이스라엘 백성들은 그릇된 종교예식을 행함으로써, 1계명과 2계명을 동시에 범한다. 이럼으로써 그들은 시내산 계약을 파기한다. 하나님은 이스라엘 백성들을 진멸하시고 모세를 통해 새로운 나라를 만들려고 하신다.

[32 : 11-14] 하나님이 이스라엘 백성들을 진멸하시려는 그 절박한 순간에 모세는 죄를 범한 이스라엘을 위해서 하나님께 간구한다. 모세는 만약 하나님이 이스라엘 백성들을 진멸하시면, 지금까지 하나님이 행하신 여러 가지 이적들을 보고 하나님이 누구신지를 깨달은 애굽 사람들이 하나님을 다시 부인할 것이라는 점을 들어서 하나님을 설득하려고 한다(11-12절). 이런 논리는 에스겔에서도 나타나는데, 하나님은 이스라엘이 범죄해서 나라가 망하고 그들이 여러 나라에 흩어진 것으로 인해서 자신의 이름이 부정하게 되었다고 말씀하신다(겔 36 : 20). 그래서 하나님은 자신의 명예 회복을 위해서 이스라엘을 본토로 돌아가게 하겠다고 말씀하신다.

그리고 모세는 하나님이 아브라함, 이삭, 그리고 야곱과 맺은 언약, 즉 자손을 하늘의 별처럼 많게 하고, 온 땅을 이스라엘 사람들에게 주어서 영원한 기업이 되게 하리라고 하신 것을 기억해 달라고 간구한다(13절). 만약 하나님이 지금 이스라엘 백성들을 진멸하시면, 하나님이 아브라함에게 하신 약속을 이룰 수 없다는 것이다. 모세가 하는 말을 듣고 하나님은 뜻을 돌이키신다.

[32 : 15-16] 이스라엘 사람들을 진멸하시려는 하나님의 뜻을 돌이키게 한 다음, 모세는 두 증거판을 손에 들고 산에서 내려온다. 돌판에 무언가를 기록할 때는 한 면만 사용하는 것이 일반적인데, 여기서는 두 돌판 앞뒷면에 모두 기록했음을 밝힌다(15절). 이처럼 매우 특이한 기록 방식은 기록하는 내용이 많다는 것을 알려 주고, 그 내용이 매우 독특하다는 것을 보여 준다.

그리고 그 돌판을 하나님이 직접 만드시고, 거기에 글씨도 하나님이 직접 쓰셨음을 밝힌다(16절).

[32 : 17-18] 모세는 산에서 내려와 중간에서 대기하던 여호수아와 합류한다(출 24 : 13). 여호수아는 출애굽기 24 : 13에서 모세의 시종으로 등장하고, 신명기 31 : 7~8, 14~29절에서는 모세의 후계자로 등장한다. 여호수아는 이스라엘 진영에서 나는 '요란한 소리'를 듣고 진중에서 싸우는 소리가 난다고 모세에게 말하는데, 이것은 여호수아가 군인이라는 사실을 명확하게 보여 준다. 여호수아가 이스라엘 진영에서 나는 소리가 무슨 소리인지 알지 못하고 "진중에서 싸우는 소리가 나나이다"라고 엉뚱한 대답을 한 까닭은 여호수아가 이스라엘 사람들이 그 정도로 엄청난 행위를 하리라고 전혀 예상치 못했음을 보여 준다.

그런데 모세는 이미 하나님께 자초지종을 들었기 때문에 그 소리가 승전가나 패전가가 아니고, 노래하는 소리임을 여호수아에게 알려 준다.

[32 : 19] 드디어 이스라엘 사람들이 거주하는 진에 이르러 실제 상황, 즉 아론이 금으로 만든 송아지와 이스라엘 사람들이 춤추는 것을 목격한 모세는 두 돌판을 산 아래로 던져서 깨뜨리는데, 출애굽기 34 : 1ff.를 보면 돌판을 다시 만든다. 이렇게 모세가 돌판을 던져서 깨뜨리는 것은 이스라엘이 저지르는 행위가 바로 하나님과 맺은 계약을 깨뜨려서 산산조각 낸 것임을 명확하게 보여 준다. 하나님은 모세가 그 중요한 돌판을 깨뜨린 것에 대해서 아무런 말씀도 하지 않으신다. 이것은 하나님이 모세가 한 행동을 용납하셨음을 의미한다.

[32 : 20] 모세는 이스라엘 백성들에게 진노한다. 그런데 사람들은 화를 내면 대체로 절제하지 못하고 실수를 범하기 쉬운데, 모세는 의로운 진노를 통해

서 결단을 내린다. 그는 황금 송아지를 불사르는데, 이것은 그 송아지 전체를 황금으로 만들지 않고 나무를 깎아서 송아지를 만든 다음, 그 위에 금을 입혔음을 알려 준다. 모세는 불에 태운 황금 송아지를 가루로 만들어서 물에 타서 사람들에게 마시게 한다. 이것은 민수기 5 : 16~22에 나오는 '저주의 물'을 떠올리게 하는 예식이다. 죄를 지은 사람은 그 물을 마시고 고통스러워할 것이라고 생각했다.

[32 : 21-24] 그런 다음 모세는 아론을 추궁한다. 모세는 아론이 금송아지를 만들어서 거기서 제사를 드린 것을 믿기 어려웠을 것이다. 그래서 도대체 사람들이 그에게 어떤 짓을 했기에 이스라엘 사람들을 큰 죄에 빠뜨리는 엄청난 실수를 했는지를 묻는다. 그러자 아론은 모세를 진정시키면서 이스라엘 사람들이 정말 악하다는 것을 모세도 안다는 점을 부각시킨다. 아론은 백성들이 저지른 행위에 대해 전적인 책임을 져야 하지만 변명하기에 급급하다. 물론 아론은 이스라엘 사람들이 그를 찾아와서 한 말을 모세에게 그대로 전하지만, 금송아지를 만드는 과정에 대해 아론은 사실과 조금 다르게 이야기한다. 자신이 매우 적극적으로 그 일을 주도했음에도 불구하고, 마치 이스라엘 백성들이 협박해서 할 수 없이 그렇게 한 것처럼 이야기한다. 그리고 금송아지가 신비롭게도 저절로 만들어진 것처럼 말한다. 이렇게 함으로써 그가 주도적으로 금송아지를 만들었음을 은폐하고, 또 이스라엘 사람들뿐만 아니라 아론 자신도 금송아지를 경배한 것에 대한 변명을 하려는 것이다. 아론은 자신의 책임을 전가하고 다른 사람들을 비난한다. 이것은 아담과 하와의 경우와도 같다. 그리고 가인에게서 그런 모습을 본다.

[32 : 25-29] 아론의 변명을 들은 모세는 이스라엘 사람들을 살피는데, 그들이 방자하게 행동하는 까닭은 아론이 그들로 하여금 방자하게 행하게 했기 때문이라는 것을 간파한다. 그리고 이스라엘 사람들이 그런 행위를 함으로

써 적들에게 웃음거리가 되었음을 직감한다(25절).

여기에서 나오는 '방자'(히브리어로 '파루아')는 벌거벗음을 가리키기도 하고, 느슨하고 노출된 상태를 가리키기도 한다. 이스라엘 사람들이 죄를 지은 것도 문제지만, 더욱 중요한 것은 인간들이 죄를 짓는 것이 불가피하다고 할 때 죄를 지은 다음 거기에 대해서 보이는 책임감이다. 그런데 이스라엘 사람들은 변명만 할 뿐, 아무도 책임을 지려고 하지 않는다. 이런 경우 그들을 징책하지 않으면 상황이 더욱 심각해질 수밖에 없다.

그래서 모세는 결단을 한다. 모세는 통로에 서서 이스라엘 백성들에게 "여호와의 편에 있는 자는 나에게로 나아오라"(26절)고 말한다. 금송아지 사건을 파악하면서 모세는 금송아지를 섬긴 이스라엘 사람들과 달리 온전히 하나님을 섬기는 사람들을 선별하려 한다. 모세의 말을 따라 레위인들이 나서서 칼로 이스라엘 사람들을 죽이는데, 3천 명 정도가 죽임을 당한다.

이렇게 죄를 범한 동족들을 무자비하게 죽임으로써 하나님께 신실한 모습을 보인 레위인들은 그 일로 인해 하나님께 복을 받는데, 그 복은 레위 지파가 제사장으로서 영원히 하나님을 섬기는 것이다.

[32 : 30-32] 금송아지 사태를 마무리하고 모세는 이스라엘 사람들에게 그들이 하나님께 큰 죄를 범했음을 지적한다. 그리고 하나님께 올라가서 이스라엘 사람들을 위해 속죄하겠다고 말한다. 그래서 모세는 다시 산으로 올라가서 하나님께 이스라엘 사람들이 죄지은 것을 시인한다. 그러면서 그들을 용서해 주실 것을 간청한다. 그리고 그렇게 하지 않으시려면 '주께서 기록하신 책', 즉 생명책에서 자기 이름을 지워 달라고 요청하는데, 이것은 그를 죽여 달라는 것이다.

모세는 이스라엘 사람들을 위해서 여러 번 하나님께 간구한다. 홍해 사건(출 14 : 15)에서, 마라(출 15 : 25)에서, 르비딤(출 17 : 4)에서, 아말렉과의 전투(출 17 : 11-12)에서. 모세는 간구하고 또 간구한다. 그리고 하나님은 대답하신다. 하나님은 마른 땅을 주시고, 단 물을 주셨으며, 적들로부터 구원하셨다. 이러한 모세의 모습은 예수 그리스도를 떠올리게 한다(요 10 : 11). 모세는 진정 선한 목자이다.

[32 : 33-34a] 모세가 간청하는 것을 들으신 하나님은 누구든지 죄를 범하면 그 사람을 '내 책', 즉 생명책에서 지워 버릴 것이라고 말씀하신다. 이것은 하나님이 모세가 하는 간청을 받아들여서 이스라엘 사람들을 용서하셨음을 간접적으로 알려 준다.

그렇게 말씀하신 다음 하나님은 모세에게 이스라엘 사람들을 인도하라고 명령하신다. 그리고 하나님의 사자가 모세를 앞서 갈 것임을 말씀하신다(천사가 앞서 가는 것에 대해서는 출 23 : 20-23, 33 : 2을 보라).

[32 : 34b-35] 모세의 간구로 인해 하나님은 심판을 유예한다. 징벌을 유예함으로써 하나님이 모세의 간구를 들으셨지만, 그 죄가 너무 크기 때문에 결코 용서하시지 않고, 언젠가는 처벌하실 것임을 예고한다. 이것은 하나님과 맺은 계약을 깨뜨리는 것이 얼마나 중한 죄임을 보여 주고, 이스라엘 사람들로 하여금 그것을 잊지 말고 기억하라는 의도이다. 35절은 하나님이 금송아지 사건으로 인해 이스라엘 사람들을 치셨음을 명시한다.

35절 뒷 구절의 히브리어를 직역하면 "아론이 만든 그 송아지를 그들이 만들었다."인데, 이렇게 번역하면 송아지를 누가 만든 것인지가 불분명해진다. 하나님이 백성들에게 송아지를 만든 죄를 묻는 것으로 보아, 아론이 송아지를 만드는 일을 주도했지만, 이스라엘 사람들이 송아지를 만드는 일을 아론에게 요구하고 실제로 송아지를 만든 것은 이스라엘 사람들이기 때문에 송아지를 만드는 전적인 책임을 이스라엘 사람들에게 돌리려는 의도로 보인다.

이스라엘 사람들은 애굽에서는 나왔지만, 애굽에서의 삶을 완전히 벗겨

내지는 못했다. 죄는 불순종인 동시에 불신이다. 이스라엘 사람들은 하나님과 모세를 신뢰하지 않았다. 그래서 기다리려고 하지 않았다. 그들은 '지금 당장'을 외쳤다. 그들은 자신들이 원하는 것을 스스로 하려고 했다.

죄는 왜곡이다. 이스라엘 사람들은 하나님을 떠나려고 한 것 같지는 않지만, 그들이 스스로 하려고 했다는 점에서 문제를 복잡하게 만든다. 그들은 하나님을 기쁘시게 하기보다는 자신들을 기쁘게 하는 데 힘을 기울인다.

이스라엘 사람들이 하는 것은 하나님이 그들에게 요구하시는 것과 유사하다. 하지만 그들은 자신들을 섬기는 죄에 빠진다. 사람들이 아론에게 몰려와서 문제를 제기할 때, 아론은 거기에 매우 적극적으로 응답한다. 그리고 사람들에게 금은 패물들을 가져오게 한다. 사람들은 아낌없이 금은 패물들을 가져온다. 이것은 놀라운 일이다. 그런데 그것을 거룩한 일에 사용하지 않았다는 게 문제이다. 그들은 하나님을 위해서 무엇인가를 한다고 했지만(5-6절), 실제로는 자신들을 위했다.

아론은 이스라엘 사람들이 가져온 금으로 송아지를 새겨 만든다. 송아지를 누가 새겨 만들었는지 모르겠지만, 분명히 브살렐이나 오홀리압처럼 탁월한 재능을 가진 사람이 그 일을 했을 것이다. 그들은 예술로 하나님을 찬양하기보다는 하나님을 거역함으로써 예술을 남용했다.

모세는 이스라엘의 죄를 심각하게 다루기 시작한다. 우선 그는 하나님께 이스라엘 사람들을 진멸하지 말 것을 간청한다. 그리고 십계명을 기록한 두 돌판을 박살냄으로써, 이스라엘 사람들이 하나님의 법을 어떻게 깨뜨렸는지 보여 준다. 그 다음에 금송아지를 가루로 만들어서 사람들로 하여금 마시게 한다. 이 과정에서 이스라엘 사람들 가운데 아무도 책임을 지려고 하지 않는다. 그래서 하나님은 이스라엘 사람들에게 책임을 물으시고, 모세는 그것을 막기 위해서 안간힘을 쓴다.

모세는 이스라엘 사람들이 지은 죄를 가볍게 여기지 않는다. 그는 변명도 하지 않는다. 그는 자신의 기준에 맞추어서 이스라엘 사람들을 변호하려고도 하지 않았다. 그는 하나님이 공정하지 않다고 따지지 않았다. 반대로 모세는 이스라엘 사람들이 죄를 범했으며, 하나님께 그 죄를 벗겨 달라고 요청한다. 모세는 하나님과 협상하려고 하지 않았다. 모세는 하나님의 감성에 호소한다. 모세는 하나님이 과거에 하신 일에 호소한다. 모세는 하나님의 공적인 평판에 호소한다. 모세는 하나님으로 하여금 그의 백성들을 멸망하시지 않도록 요청하면서 하나님의 영광을 위한 열정에 호소한다. 모세는 하나님의 자비로운 동정심에 호소한다. 모세는 하나님의 영원한 언약에 호소한다. 이것이 매우 중요하다. 우리가 하나님의 언약에 호소하면, 우리는 온전한 보호를 받는다.

2. 이스라엘을 멀리하시는 하나님(33 : 1-6)

1여호와께서 모세에게 이르시되 너는 네가 애굽 땅에서 인도하여 낸 백성과
함께 여기를 떠나서 내가 아브라함과 이삭과 야곱에게 맹세하여 네 자손에게
주기로 한 그 땅으로 올라가라 2내가 사자를 너보다 앞서 보내어 가나안 사람
과 아모리 사람과 헷 사람과 브리스 사람과 히위 사람과 여부스 사람을 쫓아
내고 3너희를 젖과 꿀이 흐르는 땅에 이르게 하려니와 나는 너희와 함께 올라
가지 아니하리니 너희는 목이 곧은 백성인즉 내가 길에서 너희를 진멸할까
염려함이니라 하시니 4백성이 이 준엄한 말씀을 듣고 슬퍼하여 한 사람도 자
기의 몸을 단장하지 아니하니 5여호와께서 모세에게 이르시기를 이스라엘 자
손에게 이르라 너희는 목이 곧은 백성인즉 내가 한 순간이라도 너희 가운데
에 이르면 너희를 진멸하리니 너희는 장신구를 떼어 내라 그리하면 내가 너
희에게 어떻게 할 것인지 정하겠노라 하셨음이라 6이스라엘 자손이 호렙산에
서부터 그들의 장신구를 떼어 내니라

금송아지 사건 직후에 하나님은 모세와 대화를 나누신다. 본문은 1~3절

과 4~6절로 나뉘는데, 내용을 절별로 살피면 다음과 같다.

1절에서 하나님은 모세로 하여금 이스라엘 백성들을 이끌고 약속의 땅으로 올라가라고 하신다. 2절에서 하나님은 앞에서도 여러 차례 말씀하신 것처럼, 사자를 미리 보내서 그 땅에 사는 족속들을 모두 쫓아내겠다고 말씀하신다. 그러나 3절에서 하나님은 이스라엘 사람들과 함께하지 않으시겠다고 말씀하신다. 4절에서는 이 말씀을 듣고 이스라엘 사람들이 슬퍼하면서 몸단장을 하지 않았다. 5절에서 하나님은 이스라엘 사람들에게 장신구를 떼어 내라고 하신다. 6절에서 이스라엘 사람들은 장신구를 떼어 낸다.

[33 : 1-3] 금송아지 사건 이후에 하나님이 이스라엘 사람들에게 어떻게 하실 것인지 독자들이 궁금해할 텐데, 하나님은 묘한 말씀을 하신다. 모세에게 가던 길을 계속 가라고 하시면서 하나님이 사자를 앞서 보내어 그들이 들어갈 땅에 거주하는 족속들(모두 여섯 족속 : 가나안 사람, 아모리 사람, 헷 사람, 브리스 사람, 히위 사람, 여부스 사람)을 다 내쫓고, 거기에 이스라엘 사람들이 거주할 수 있게 해 놓겠다고 말씀하신다. 그렇지만 하나님은 그들과 함께 그 땅에 올라가지 않겠다고 하신다. 사자를 보내는 것도 하나님이 하시고, 가나안 족속들을 내쫓는 것도 하나님이 하신다. 그렇기 때문에 하나님이 이스라엘과 함께 올라가지 않으시겠다는 것은 도대체 무슨 의미인지 궁금할 수밖에 없다. 이것이 무슨 의미인지 정확하게 알 수는 없지만, 분명한 사실은 하나님이 이스라엘 사람들을 위해 일하겠지만 더 이상 이스라엘 사람들과 함께하지 않으시겠다는 것이다.

금송아지 사건은 하나님이 그들과 함께하신다는 것을 부정하고 거부하는 행위였다. 그렇기 때문에 하나님이 그들과 함께하실 이유가 없다. 그래서 하나님은 이스라엘 백성들과 더 이상 관계를 맺지 않겠다고 말씀하시는 것이다.

그러면서 하나님은 이스라엘 백성들이 고집이 세기 때문에 앞으로 또 그런 일을 저지를 가능성이 크고, 만약 그럴 경우 그때에는 하나님이 그들을 진멸(히브리어 원문은 '끝장내다' 이다.)하실 수밖에 없기 때문에 하나님이 이스라엘 사람들을 돕기는 하지만 관계는 끊겠다고 하신다.

[33 : 4-6] 하나님이 하신 말씀을 듣고 이스라엘 사람들은 슬퍼하면서 몸단장을 하지 않았다. 그들은 하나님이 그들과 함께하시지 않는다는 것이 얼마나 큰일인지 알았던 것이다. 이스라엘 사람들은 비록 하나님이 원치 않은 사건을 저질렀지만, 그들이 하나님을 떠나려고 한 것은 아니었다. 이스라엘 사람들이 지은 죄는 하나님이 아닌 다른 신을 섬긴 것이 아니고, 하나님이 금한 방식으로 하나님을 자기들 마음대로 섬겼다는 것이다. 오히려 그들은 모세가 없는 동안, 그들을 애굽에서 인도해 낸 신과 함께하고 싶어서 금송아지를 만들었다.

하나님이 하시는 말씀을 듣고 이스라엘 사람들은 그야말로 망연자실(茫然自失)했을 것이다. 그 모습을 보고 하나님은 조금은 여지를 두는 말씀을 하신다. 3절에서 하신 말씀을 다시 하시지만 이번에는 장신구를 떼어 내면 다른 방법을 찾아보겠다고 말씀하신다.

이 말을 듣고 이스라엘 사람들은 장식품들을 모두 벗겨 낸다. 여기서 사용하는 히브리어는 '나찰' 이다. '구원하다' 라는 의미를 갖는 '나찰' 은 '벗겨 내다', '찢어발기다' 라는 의미도 갖는다. 이 구절에서 '나찰' 은 매우 강한 의미를 갖는다. 모든 장신구들을 다 벗겨 내서 하나도 남겨 두지 않았다는 것이다.

그런데 지금까지 이스라엘 사람들이 하는 것을 보면, 그들은 실제로 금이나 은, 그리고 패물에 별로 관심을 갖지 않는다. 아론이 금송아지를 만들기 위해서 가져오라고 했을 때에도 그들은 기꺼이 바쳤다. 물론 성막을 만들기 위해서도 그들은 많은 것을 자원해서 바쳤다. 그들은 그들이 가진 재물 대신 하나님을 선택했다. 하나님이 그들의 가장 귀한 재산이며, 하나님과 함께하는 것이 가장 소중한 일이라는 것을 알기 때문이다.

이스라엘 사람들이 다시는 장신구를 몸에 걸치지 않았다는 것은 그 이후로 그것이 관습이 되었음을 알려 준다.

3. 회막에서 하나님과 대화하는 모세(33 : 7-11)

> 7모세가 항상 장막을 취하여 진 밖에 쳐서 진과 멀리 떠나게 하고 회막이라 이
> 름하니 여호와를 앙모하는 자는 다 진 바깥 회막으로 나아가며 8모세가 회막
> 으로 나아갈 때에는 백성이 다 일어나 자기 장막 문에 서서 모세가 회막에 들
> 어가기까지 바라보며 9모세가 회막에 들어갈 때에 구름 기둥이 내려 회막 문
> 에 서며 여호와께서 모세와 말씀하시니 10모든 백성이 회막 문에 구름 기둥이
> 서 있는 것을 보고 다 일어나 각기 장막 문에 서서 예배하며 11사람이 자기의
> 친구와 이야기함같이 여호와께서는 모세와 대면하여 말씀하시며 모세는 진으
> 로 돌아오나 눈의 아들 젊은 수종자 여호수아는 회막을 떠나지 아니하니라

회막은 매우 단순하고 소박한 천막인데, 진 가운데 설치하는 성막과는 달리 진 밖에 설치했다. 모세가 그곳으로 가서 하나님으로부터 신탁을 받았다.

[33 : 7] 금송아지 사건 이후에 모세는 회막으로 간다. 이 회막은 성막과는 다르다. 나중에 성막 안에 있는 장막을 회막이라고 하지만(출 27 : 21, 40 : 2), 여기서 말하는 회막은 그것과는 전혀 다르게 모세 개인이 하나님과 만나는 장막이다. 그리고 이스라엘 사람들 가운데 하나님께 아뢸 일이 있는 사람들은 그곳으로 갔다. 성경은 그 회막이 이스라엘 사람들로부터 떨어져 있다는 것을 강조한다. 앞으로 만들 성막은 이스라엘 진영 한가운데 설치하지만, 이 회막은 진 밖에 있다. 모세는 하나님을 만나기 위해 진영을 떠나서 회막으로 갔다. 회막은 어떤 문제가 발생했을 때 가서 신탁을 구하는 곳이다. 성막이

제사 드리는 곳이라면, 회막은 신탁을 듣는 곳이다. 아직 성막을 만들지 않았기 때문에 모세는 회막을 만들어서 이용했는데, 성막을 만들면서 거기에 흡수된 것으로 보인다. 그래서 나중에는 성막의 장막을 회막이라고 한다.

[33 : 8] 모세는 수시로 하나님을 만나기 위해 진 밖으로 나와서 회막으로 갔는데, 그때마다 그 광경을 이스라엘 사람들이 지켜본다. 그 모습을 "백성이 다 일어나 자기 장막 문에 서서 모세가 회막에 들어가기까지 바라"본다고 묘사한다. 이것은 모세가 모든 이스라엘 사람들을 대표해서 회막에 가는 것임을 알려 준다. 그래서 모세가 회막으로 가는 것은 개인적이면서도 결코 개인적이지 않은 공적인 일이었다.

[33 : 9-10] 모세가 회막으로 들어가면 구름 기둥이 회막 문에 섰는데, 이것은 하나님의 영광을 상징하는 것으로서 하나님이 그곳에 임재했음을 알려준다. 그것을 본 사람들은 하나님께 합당한 예의를 갖추어야 한다. 그래서 이스라엘 사람들은 그 장면을 보고 모두 일어나서 각기 장막 문에 서서 예배했다.

[33 : 11] 하나님이 회막에서 모세와 말씀하신다는 것을 9절과 11절에서 반복해서 언급하는데, 본문은 하나님이 모세와 말씀을 나누시는 모습이 마치 친구들끼리 정답게 대화를 나누는 것과 같다고 말한다. 이스라엘 역사에서 모세처럼 하나님과 대화를 나눈 사람이 없고, 또 모세처럼 하나님의 뜻을 이스라엘 백성들에게 잘 전달해 준 사람도 없다. 본문 기자는 이러한 점을 강조해서 하나님이 모세와 직접적으로 대화를 나누었다고 한다. 다른 사람들에게는 간접적으로, 즉 꿈이나 환상, 그리고 다른 신탁적인 수단으로 하나님의 뜻을 전달하셨다는 것이다.

회막에서 하나님과 대화를 나눈 다음, 모세는 다시 진으로 돌아간다. 그런데 11절은 여호수아가 회막을 떠나지 않았음을 밝힌다. 본문은 여호수아를 '눈의 아들 젊은 수종자' 라고 칭하는데, 그는 모세를 호위하는 사람이기 때문에 모세가 가는 곳마다 동행한다. 그런데 모세가 회막을 떠나서 진으로 돌아가는데도 여호수아가 모세를 수행하지 않고 회막을 계속 떠나지 않았다(히브리어 원문을 직역하면, '그가 그 장막 가운데에서 물러나지 않았다.' 이다.)는 것은 회막을 그만큼 중요하게 여겼음을 의미한다.

4. 모세의 요청을 들으시는 하나님(33 : 12-16)

> [12]모세가 여호와께 아뢰되 보시옵소서 주께서 내게 이 백성을 인도하여 올라
> 가라 하시면서 나와 함께 보낼 자를 내게 지시하지 아니하시나이다 주께서
> 전에 말씀하시기를 나는 이름으로도 너를 알고 너도 내 앞에 은총을 입었다
> 하셨사온즉 [13]내가 참으로 주의 목전에 은총을 입었사오면 원하건대 주의 길
> 을 내게 보이사 내게 주를 알리시고 나로 주의 목전에 은총을 입게 하시며 이
> 족속을 주의 백성으로 여기소서 [14]여호와께서 이르시되 내가 친히 가리라 내
> 가 너를 쉬게 하리라 [15]모세가 여호와께 아뢰되 주께서 친히 가지 아니하시려
> 거든 우리를 이곳에서 올려 보내지 마옵소서 [16]나와 주의 백성이 주의 목전에
> 은총 입은 줄을 무엇으로 알리이까 주께서 우리와 함께 행하심으로 나와 주
> 의 백성을 천하 만민 중에 구별하심이 아니니이까

모세는 그동안 여러 일들을 겪으면서 하나님과 이스라엘 사람들 사이를 맺어 주는 중계자로서의 역할을 어떻게 해야 하는지 터득했다. 그는 하나님을 설득하는 방법도 알고, 이스라엘 사람들을 훈육하는 방법도 익혔다.

하나님과 모세가 나누는 대화의 주제는 이스라엘 사람들이 시내산을 떠난 후에도 하나님이 이스라엘 사람들과 함께하시는가이다. 이것은 당시 사람들이 가진 신학적 난제였던 것으로 보이는데, 모세가 하나님을 시내산에서 만

났고, 이스라엘 사람들을 시내산으로 데려와서 하나님과 만나게 하였으며, 거기서 계약을 맺고 계명을 부여받았기 때문에 하나님은 시내산에 거주하시는 것으로 생각했을 것이다. 하나님은 이스라엘과 함께하지 않고, 사자를 보내겠다고 말씀하신다. 천사에 대한 것은 출애굽기 23 : 20~28에도 나오는데, 출애굽기 32 : 34과 33 : 2과 비교해 보면 말하는 내용은 비슷하지만 상황은 전혀 다르다. 출애굽기 23 : 20~28은 하나님이 이스라엘과 함께하시는 것을 전제하고, 출애굽기 32 : 34과 33 : 2은 하나님이 이스라엘 사람들로부터 떠나시는 것을 강조하기 때문이다. 하나님이 이스라엘과 함께하시지 않겠다는 것은 결국 이스라엘은 하나님의 백성이 아니라는 것이다. 하나님이 이스라엘과 함께하신다는 것이 무엇을 의미하는지는 정확히 알 수 없다. 증거궤가 하나님을 상징하기 때문에 증거궤를 앞세우고 나아가면, 하나님이 이스라엘과 함께하신다는 징표라고 생각할 수도 있다. 그러나 하나님이 말씀하시는 것은 그러한 시각적인 차원과는 또 다른 무엇이다.

[33 : 12-13] 출애굽기 32 : 12에서 모세가 하나님께 간구했는데, 여기서 다시 한번 더 간구한다. 모세는 세 가지를 이야기한다. 하나는 출애굽기 33 : 1~2에 대한 것으로 보인다. 하나님이 모세에게 이스라엘 사람들을 인도해 하나님이 약속하신 땅에 들어가라고 하시면서 하나님은 함께 가지 않으시고 하나님의 사자를 앞서 보내겠다고 하셨는데, 하나님이 보내신다는 그 사자에 관한 것으로 보인다. 모세는 "나와 함께 보낼 자를 내게 지시하지 아니하시나이다"라고 하는데, 이것은 하나님이 말씀하시는 것을 받아들일 수 없다는 간접적인 의사표현으로 보인다. 그리고 다른 하나는 하나님이 모세에게 표현하신 깊은 친밀감에 대한 것인데, 이것은 11절에서 살펴보았다. 그리고 마지막 하나는 둘째 이야기에 근거해서 자신에게 은총을 베푸시고, 이스라엘 사람들을 '주의 백성'(히브리어는 '당신의 백성')으로 여겨 달라고 요청한다(직역하면, '보십시오. 당신의 백성입니다. 이 민족은'이다. 문장 순서를 도치

해서 '당신의 백성'을 강조하는 것이다). 하나님은 이스라엘 사람들이 죄를 범할 때마다 "네가 애굽 땅에서 인도하여 낸 네 백성"(출 32 : 7, 33 : 1)이라고 하신다. 12절에서 하나님은 자신이 모세와 얼마나 친밀한 관계인지를 말씀하신다. 13절에서 모세는 이스라엘 백성들이 하나님을 어떻게 섬기기를 원하는지 하나님께 묻는다. 모세는 이렇게 하면서 하나님과 이스라엘 백성 사이를 중개하는 역할을 한다.

하나님의 방식을 아는 것은 하나님의 신적인 성품에 따라서 이스라엘 백성들을 대하시는 방식을 이해하는 것이다. 모세는 하나님을 누구보다 잘 알았기 때문에 하나님을 설득하는 방법도 잘 알았다.

[33 : 14-16] 모세가 세 가지를 조리 있고 정연하게 아뢰자, 하나님은 모세의 간청을 받아들여서 사자를 보내지 않으시고 친히 가겠다고 말씀하시고 모세에게 쉼을 주겠다고 약속하신다(14절). 이것은 모세가 아뢴 첫 번째 말씀(12절)과 세 번째의 첫째 말씀(13b절)에 대한 대답이다. 모세는 하나님이 사자를 앞서 보내실 것이라고 하신 말씀을 그를 돕는 자를 보내신다는 말씀으로 이해하고 그가 누구인지 아직 알려 주지 않으셨다고 한 뒤, 그에게 은총을 베풀려면 "주의 길을 내게 보이사 내게 주를 알리시고 나로 주의 목전에서 은총을 입게" 해 달라고 했다. 모세는 혼자 힘으로는 도무지 감당하지 못하겠다는 의미로 말한 듯하다. 하나님은 이런 모세의 말씀을 받아들여서 모세와 함께하시고 모세의 고생을 덜어 주겠다고 하신 것이다.

그런데 모세는 14절에서 하나님이 하신 말씀으로 만족하지 않는다. 하나님은 모세 개인에게 힘을 주시는 말씀을 하셨지만, 이스라엘 사람들을 하나님의 백성으로 인정하고 그들과 함께하겠다는 말씀을 하지 않으셨기 때문이다. 모세는 이 대답을 하나님으로부터 얻어 내려고 한다. 그래서 다시 하나님께 아뢴다. 모세는 '우리'와 '나와 주의 백성'('당신의 백성')이라는 말을 반복하면서 하나님이 모세와 함께, 이스라엘 사람들과 함께하실 것을 요청한다. 모세는 "나와 주의 백성이 주의 목전에서 은총 입은 줄을 무엇으로 알리이까?"라고 물은 다음 그 질문에 대해 '하나님이 함께하시는 것'이라고 스스로 대답함으로써, 하나님이 반드시 이스라엘 사람들과 함께하셔야 함을 강력하게 요구한다. 모세는 오직 이스라엘 사람들을 위하는 열정으로 헌신한다.

5. 모세의 또 다른 요청을 들으시는 하나님(33 : 17-23)

> [17]여호와께서 모세에게 이르시되 네가 말하는 이 일도 내가 하리니 너는 내 목
> 전에 은총을 입었고 내가 이름으로도 너를 앎이니라 [18]모세가 이르되 원하건
> 대 주의 영광을 내게 보이소서 [19]여호와께서 이르시되 내가 내 모든 선한 것을
> 네 앞으로 지나가게 하고 여호와의 이름을 네 앞에 선포하리라 나는 은혜 베
> 풀 자에게 은혜를 베풀고 긍휼히 여길 자에게 긍휼을 베푸느니라 [20]또 이르시
> 되 네가 내 얼굴을 보지 못하리니 나를 보고 살 자가 없음이니라 [21]여호와께서
> 또 이르시기를 보라 내 곁에 한 장소가 있으니 너는 그 반석 위에 서라 [22]내 영
> 광이 지나갈 때에 내가 너를 반석 틈에 두고 내가 지나도록 내 손으로 너를 덮
> 었다가 [23]손을 거두리니 네가 내 등을 볼 것이요 얼굴은 보지 못하리라

하나님이 이스라엘 백성들과 함께하겠다고 말씀하시자, 모세는 그것을 시각적으로 확인하고 싶어 한다. 그런데 문제는 사람들이 하나님을 눈으로 볼 수 없다(요 1 : 18)는 것이다. 그렇다면 이스라엘 백성들은 하나님이 그들과 함께하신다는 것을 어떻게 알 수 있는가? 하나님은 모세에게 하나님의 등을 보여 주겠다고 말씀하신다. 이것은 하나님(의 얼굴)을 볼 수 없다는 것과 그럼에도 불구하고 하나님이 자신을 드러내 보이시는 것을 조화하려는 시도로 보인다. 모세가 하나님의 등을 보면 그는 하나님을 본 것이다. 그러나 얼굴을 보지 못하면 하나님을 보았다고 할 수 없기 때문에, 그는 하나님을 보지

못한 것이다. 그래서 결국 하나님은 여전히 불가시적인 분이다. 하나님이 등을 보여 주셨다는 것이 구체적으로 무엇인지는 알 수 없다. 그러나 하나님이 모세에게 특별한 은혜를 베푸시고, 모세를 다른 어떤 사람보다 높이시는 것을 알 수 있다. 나중에 엘리야가 호렙산에 갔지만, 거기서 하나님의 영광을 보지 못했고(왕상 19 : 11-12), 다만 그곳에서 세미한 음성을 들었다.

[33 : 17] 모세는 15~16절에서 상당히 길게 그리고 매우 수사적이면서도 강력하게 하나님께 말하는데, 17절에서 하나님은 모세가 요청한 것을 다 받아들이겠다고 말씀하신다. 이렇게 해서 모세는 개인적인 문제뿐만 아니라 이스라엘 사람들이 전체적으로 당면한 문제에 대해서도 하나님으로부터 확답을 얻었다. 이런 점에서 모세는 진정 위대한 지도자이다. 하나님은 모세와 이스라엘 사람을 구분하려고 하시는데, 모세는 '나와 주의 백성'이라고 하면서 자신이 이스라엘 사람들과 결코 분리될 수 없음을 강조한다.

그런데 하나님은 모세가 요청한 것들을 수용하시는 이유를 여전히 모세와의 개인적인 친분 관계 때문이라고 말씀하신다. 모세도 하나님과의 개인적인 친분에 근거해서 하나님께 요청을 하고, 하나님도 그 사실에 근거해서 모세의 요청을 받아들이시는 것이다.

[33 : 18] 모세가 요청한 것들을 하나님이 모두 수용하셨는데, 모세는 다시 하나님께 요청한다. 모세는 자신이 요청한 것들을 하나님이 모두 다 들어주시지 않았다고 생각한 듯하다. 15~16절을 다시 보면, 이 두 구절이 각기 별개의 요청임이 드러난다. 하나님이 17절에서 말씀하신 것은 15절에 대한 것이고, 16절에 대한 대답이 아직 남은 것이다. 그래서 모세는 하나님께 "원하건대 주의 영광을 내게 보이소서"라고 다시 요청하는 것이다.

[33 : 19] 하나님은 모세가 요청하는 것에 대해서 아무런 이의를 제기하지 않

으시고, 바로 수락하신다. 하나님은 자신의 선함을 드러내겠다고 하시는데, 하나님은 전적으로 선하신 분이기 때문에 여기서 하나님의 선하심은 그분 자체, 그분의 영광을 가리킨다. 그리고 주님의 이름을 선포하겠다고 하시는데, 하나님의 이름을 선포하는 것은 하나님의 모든 것을 보여 주는 것이다. 하나님은 이름을 먼저 선포하신다. 여기서 하나님이 선포하시는 이름은 자비를 베푸시는 분이다. 하나님은 "나는 은혜 베풀 자에게 은혜를 베풀고 긍휼히 여길 자에게 긍휼을 베푸느니라"라고 말씀하신다. 이것은 하나님이 선포하시는 새로운 이름이다.

[33 : 20-23] 이름을 선포하신 다음, 하나님은 영광을 드러내시겠다고 말씀하신다. 그러나 본문은 하나님이 그렇게 말씀하시는 것으로 끝난다. 하나님은 모세가 하나님의 얼굴을 볼 수 없기 때문에 모세를 반석 틈에 두시고 손(히브리어를 직역하면 '내 손바닥' 이다.)으로 가려서 하나님의 얼굴이 아닌 등을 보게 하겠다고 말씀하신다. 그러면 모세는 하나님을 뵙기는 했지만, 얼굴이 아닌 등을 보았기 때문에 하나님을 직접 뵌 것이 아니어서 죽음을 면할 수 있는 것이다. 이렇게 하나님은 모세가 요청하는 모든 것들을 다 들어주셨다.

6. 새 계약을 체결하시는 하나님(34 : 1-28)

> 1여호와께서 모세에게 이르시되 너는 돌판 둘을 처음 것과 같이 다듬어 만들
> 라 네가 깨뜨린 처음 판에 있던 말을 내가 그 판에 쓰리니 2아침까지 준비하
> 고 아침에 시내산에 올라와 산꼭대기에서 내게 보이되 3아무도 너와 함께 오
> 르지 말며 온 산에 아무도 나타나지 못하게 하고 양과 소도 산 앞에서 먹지
> 못하게 하라 4모세가 돌판 둘을 처음 것과 같이 깎아 만들고 아침에 일찍이
> 일어나 그 두 돌판을 손에 들고 여호와의 명령대로 시내산에 올라가니 5여호
> 와께서 구름 가운데에 강림하사 그와 함께 거기 서서 여호와의 이름을 선포

하실새 6여호와께서 그의 앞으로 지나시며 선포하시되 여호와라 여호와라 자
비롭고 은혜롭고 노하기를 더디하고 인자와 진실이 많은 하나님이라 7인자를
천 대까지 베풀며 악과 과실과 죄를 용서하리라 그러나 벌을 면제하지는 아
니하고 아버지의 악행을 자손 삼사 대까지 보응하리라 8모세가 급히 땅에 엎
드려 경배하며 9이르되 주여 내가 주께 은총을 입었거든 원하건대 주는 우리
와 동행하옵소서 이는 목이 뻣뻣한 백성이니이다 우리의 악과 죄를 사하시고
우리를 주의 기업으로 삼으소서 10여호와께서 이르시되 보라 내가 언약을 세
우나니 곧 내가 아직 온 땅 아무 국민에게도 행하지 아니한 이적을 너희 전체
백성 앞에 행할 것이라 네가 머무는 나라 백성이 다 여호와의 행하심을 보리
니 내가 너를 위하여 행할 일이 두려운 것임이니라 11너는 내가 오늘 네게 명
령하는 것을 삼가 지키라 보라 내가 네 앞에서 아모리 사람과 가나안 사람과
헷 사람과 브리스 사람과 히위 사람과 여부스 사람을 쫓아내리니 12너는 스스
로 삼가 네가 들어가는 땅의 주민과 언약을 세우지 말라 그것이 너희에게 올
무가 될까 하노라 13너희는 도리어 그들의 제단들을 헐고 그들의 주상을 깨뜨
리고 그들의 아세라 상을 찍을지어다 14너는 다른 신에게 절하지 말라 여호와
는 질투라 이름하는 질투의 하나님임이니라 15너는 삼가 그 땅의 주민과 언약
을 세우지 말지니 이는 그들이 모든 신을 음란하게 섬기며 그들의 신들에게
제물을 드리고 너를 청하면 네가 그 제물을 먹을까 함이며 16또 네가 그들의
딸들을 네 아들들의 아내로 삼음으로 그들의 딸들이 그들의 신들을 음란하게
섬기며 네 아들에게 그들의 신들을 음란하게 섬기게 할까 함이니라 17너는 신
상들을 부어 만들지 말지니라 18너는 무교절을 지키되 내가 네게 명령한 대로
아빕월 그 절기에 이레 동안 무교병을 먹으라 이는 네가 아빕월에 애굽에서
나왔음이니라 19모든 첫 태생은 다 내 것이며 네 가축의 모든 처음 난 수컷인
소와 양도 다 그러하며 20나귀의 첫 새끼는 어린 양으로 대속할 것이요 그렇
게 하지 아니하려면 그 목을 꺾을 것이며 네 아들 중 장자는 다 대속할지며
빈손으로 내 얼굴을 보지 말지니라 21너는 엿새 동안 일하고 일곱째 날에는 쉴

지니 밭 갈 때에나 거둘 때에도 쉴지며 22칠칠절 곧 맥추의 초실절을 지키고
세말에는 수장절을 지키라 23너희의 모든 남자는 매년 세 번씩 주 여호와 이
스라엘의 하나님 앞에 보일지라 24내가 이방 나라들을 네 앞에서 쫓아내고 네
지경을 넓히리니 네가 매년 세 번씩 여호와 네 하나님을 뵈려고 올 때에 아무
도 네 땅을 탐내지 못하리라 25너는 내 제물의 피를 유교병과 함께 드리지 말
며 유월절 제물을 아침까지 두지 말지며 26네 토지 소산의 처음 익은 것을 가
져다가 네 하나님 여호와의 전에 드릴지며 너는 염소 새끼를 그 어미의 젖으
로 삶지 말지니라 27여호와께서 모세에게 이르시되 너는 이 말들을 기록하라
내가 이 말들의 뜻대로 너와 이스라엘과 언약을 세웠음이니라 하시니라 28모
세가 여호와와 함께 사십 일 사십 야를 거기 있으면서 떡도 먹지 아니하였고
물도 마시지 아니하였으며 여호와께서는 언약의 말씀 곧 십계명을 그 판들에
기록하셨더라

출애굽기 34장은 계약예식에 관한 보충 기록인데, 하나님은 모세에게 하나님의 명령을 새긴 새로운 두 돌판을 주신다. 금송아지 사건으로 인해 첫째 돌판들을 깨뜨려 버렸고, 그것은 계약 파기를 의미하기 때문에 새로운 돌판을 주시는 것은 새로운 계약 체결을 의미한다.

하나님은 모세에게 다시 산에 올라오라고 하는데, 이때는 아무도 동반하지 말고 혼자 올라오라고 하신다. 하나님이 모세를 올라오게 하신 까닭은 다시 율법을 수여하시기 위해서이다. 이것은 하나님이 이스라엘 사람들을 다시 하나님의 백성으로 인정하셨다는 것을 보여 준다.

그런데 하나님이 돌판에 새기신 십계명이 출애굽기 20장에 나오는 것과 약간 다르다. 그리고 수도 10개가 아니다.

출애굽기 20장	출애굽기 34장
1 하나님이 이 모든 말씀으로 말씀하여 이르시되 2 나는 너를 애굽 땅, 종 되었던 집에서 인도하여 낸 네 하나님 여호와니라 3 너는 나 외에는 다른 신들을 네게 두지 말라 4 너를 위하여 새긴 우상을 만들지 말고 또 위로 하늘에 있는 것이나 아래로 땅 에 있는 것이나 땅 아래 물속에 있는 것의 어떤 형상도 만들지 말며 5 그것들에게 절하지 말며 그것들을 섬기 지 말라 나 네 하나님 여호와는 질투하 는 하나님인즉 나를 미워하는 자의 죄 를 갚되 아버지로부터 아들에게로 삼사 대까지 이르게 하거니와 6 나를 사랑하고 내 계명을 지키는 자에 게는 천 대까지 은혜를 베푸느니라 7 너는 네 하나님 여호와의 이름을 망령 되게 부르지 말라 여호와는 그의 이름 을 망령되게 부르는 자를 죄 없다 하지 아니하리라 8 안식일을 기억하여 거룩하게 지키라 9 엿새 동안은 힘써 네 모든 일을 행할 것이나 10 일곱째 날은 네 하나님 여호와의 안식 일인즉 너나 네 아들이나 네 딸이나 네 남종이나 네 여종이나 네 가축이나 네 문 안에 머무는 객이라도 아무 일도 하 지 말라 11 이는 엿새 동안에 나 여호와가 하늘과 땅과 바다와 그 가운데 모든 것을 만들 고 일곱째 날에 쉬었음이라 그러므로 나 여호와가 안식일을 복되게 하여 그 날을 거룩하게 하였느니라 12 네 부모를 공경하라 그리하면 네 하나 님 여호와가 네게 준 땅에서 네 생명이	10 여호와께서 이르시되 보라 내가 언약 을 세우나니 곧 내가 아직 온 땅 아무 국민에게도 행하지 아니한 이적을 너희 전체 백성 앞에 행할 것이라 네가 머무 는 나라 백성이 다 여호와의 행하심을 보리니 내가 너를 위하여 행할 일이 두 려운 것임이니라 11 너는 내가 오늘 네게 명령하는 것을 삼 가 지키라 보라 내가 네 앞에서 아모리 사람과 가나안 사람과 헷 사람과 브리 스 사람과 히위 사람과 여부스 사람을 쫓아내리니 12 너는 스스로 삼가 네가 들어가는 땅의 주민과 언약을 세우지 말라 그것이 너 희에게 올무가 될까 하노라 13 너희는 도리어 그들의 제단들을 헐고 그들의 주상을 깨뜨리고 그들의 아세라 상을 찍을지어다 14 너는 다른 신에게 절하지 말라 여호와 는 질투라 이름하는 질투의 하나님임이 니라 15 너는 삼가 그 땅의 주민과 언약을 세 우지 말지니 이는 그들이 모든 신을 음 란하게 섬기며 그들의 신들에게 제물을 드리고 너를 청하면 네가 그 제물을 먹 을까 함이며 16 또 네가 그들의 딸들을 네 아들들의 아내로 삼음으로 그들의 딸들이 그들의 신들을 음란하게 섬기며 네 아들에게 그들의 신들을 음란하게 섬기게 할까 함이니라 17 너는 신상들을 부어 만들지 말지니라 18 너는 무교절을 지키되 내가 네게 명령 한 대로 아빕월 그 절기에 이레 동안 무교병을 먹으라 이는 네가 아빕월에 애굽에서 나왔음이니라

길리라
13살인하지 말라
14간음하지 말라
15도둑질하지 말라
16네 이웃에 대하여 거짓 증거하지 말라
17네 이웃의 집을 탐내지 말라 네 이웃
의 아내나 그의 남종이나 그의 여종이
나 그의 소나 그의 나귀나 무릇 네 이
웃의 소유를 탐내지 말라

19모든 첫 태생은 다 내 것이며 네 가축
의 모든 처음 난 수컷인 소와 양도 다
그러하며
20나귀의 첫 새끼는 어린 양으로 대속할
것이요 그렇게 하지 아니하려면 그 목
을 꺾을 것이며 네 아들 중 장자는 다
대속할지며 빈손으로 내 얼굴을 보지
말지니라
21너는 엿새 동안 일하고 일곱째 날에는
쉴지니 밭 갈 때에나 거둘 때에도 쉴지며
22칠칠절 곧 맥추의 초실절을 지키고 세
말에는 수장절을 지키라
23너희의 모든 남자는 매년 세 번씩 주
여호와 이스라엘의 하나님 앞에 보일
지라
24내가 이방 나라들을 네 앞에서 쫓아내
고 네 지경을 넓히리니 네가 매년 세
번씩 여호와 네 하나님을 뵈려고 올 때
에 아무도 네 땅을 탐내지 못하리라
25너는 내 제물의 피를 유교병과 함께
드리지 말며 유월절 제물을 아침까지
두지 말지며
26네 토지 소산의 처음 익은 것을 가져
다가 네 하나님 여호와의 전에 드릴지
며 너는 염소 새끼를 그 어미의 젖으로
삶지 말지니라
27여호와께서 모세에게 이르시되 너는
이 말들을 기록하라 내가 이 말들의 뜻
대로 너와 이스라엘과 언약을 세웠음이
니라 하시니라
28모세가 여호와와 함께 사십 일 사십
야를 거기 있으면서 떡도 먹지 아니하
였고 물도 마시지 아니하였으며 여호와
께서는 언약의 말씀 곧 십계명을 그 판
들에 기록하셨더라

출애굽기 34 : 10~28은 「계약의 책」에 나오는 내용을 요약한 것으로 보인다. 하나님은 다른 신을 섬기지 말고, 이를 위해서 이방인들을 추방하고 이방 종교 기물들을 모두 파기하라고 명령하신다. 그리고 일 년에 세 차례 하나님 앞에 예물을 가지고 나오라고 말씀하신다.

그리고 1~9절에 기록한 계약예식은 출애굽기 24 : 1~11에 기록한 것과 많은 점에서 비슷하다. 이것은 상황에 따라서 계약예식과 내용이 달라졌음을 보여 준다. 여기에서 언급하는 계명들은 주로 예배에 관한 것들인데, 시내산 계약이 이스라엘 사람들에게 무엇보다 새로운 예배양식을 제시한다는 점을 강조한 것으로 보인다. 본문은 1~9, 10~17, 18~20, 21~24, 25~26, 27~28절로 나뉜다.

[34 : 1-2] 하나님은 모세에게 돌판 둘을 다시 만들라고 하신다(돌판 둘을 만드는 것에 대해서는 출 24 : 12〈《개역개정》 성경은 '돌판', 히브리어 원문은 '돌판들'〉, 31 : 18, 32 : 15-16을 보라). 그런데 이 돌판을 누가 만드는가? 앞 구절들은 하나님이 만들었다고 하는데, 여기서는 하나님이 모세에게 만들라고 하시며 다음 날 아침까지 만들어서 산꼭대기로 가지고 올라오라고 하신다. 그러면 하나님이 거기에 첫 돌판에 기록한 말씀을 직접 쓰겠다고 하신다. 이 돌판들은 하나님과 이스라엘이 계약을 맺었음을 확증하는 증거이다.

[34 : 3] 하나님은 모세만 산 위에 올라오라고 하신다. 그리고 모세가 산 위에 올라 머무는 동안 사람이든 가축이든 산에 접근하지 못하게 하는데, '온' 산에 아무도 보이지 않게 하라고 엄명하신다. 이것은 매우 강력한 금지명령으로서, 산 전체를 성소와 동일하게 여긴 것으로 보인다. 하나님은 시내산을 사람들이 거주하는 공간과 구별되는 거룩한 장소로 설정하셨다.

[34 : 4-7] 모세는 하나님이 지시하신 대로 한다. 하나님은 출애굽기 24 :

12~18에서처럼 구름 가운데서 강림하셔서 모세와 함께 서신다. 그리고 출애굽기 33 : 19에서처럼 하나님의 이름을 선포한다. 하나님은 자신을 알리는데 힘쓰신다. 하나님이 자신의 이름을 알려 주시는 것은 자신을 드러내시는 것이다. 사람들은 하나님의 이름을 알아야만 하나님의 이름을 부르면서 하나님께 간구할 수 있다. 하나님의 이름을 아는 것은 하나님에 대해서 아는 것을 의미한다. 그러므로 하나님의 이름을 바르게 사용해야 한다. 만약 하나님의 이름을 그릇 사용하면, 이것은 하나님께 중대한 죄를 범하는 것이다(출 20 : 7). 그리고 하나님과 맺은 계약을 파기하는 것은 곧 하나님의 이름을 욕되게 하는 것이다. 6~7절에 나오는 것은 이스라엘 사람들이 예배에서 찬양할 때 사용한 것으로 보인다. 여기에는 하나님에 대한 신앙고백이 담겨 있다.

6~7절에서 하나님은 자신을 은혜를 베푸시는 하나님으로 소개하는데, 이 구절은 구약성경에서 여러 번 나오는 말씀이다(시 86 : 15, 103 : 8, 145 : 8, 욜 2 : 13, 욘 4 : 2). 하나님은 헤세드(변함없는 자비)와 에메트(진리)의 하나님이시다. 그리고 무엇보다 용서하시는 하나님이시다. 여기에 나오는 용서는 히브리어 '나사'로 표현하는데, '나사'는 들어올린다는 의미를 갖는다. 이 말처럼 하나님은 우리 죄를 들어서 어깨 너머로 던져 버리신다. 7절에는 죄에 대한 세 가지 어휘가 나온다. 아온, 페샤, 핫타. 하나님은 우리의 아온과 페샤, 그리고 핫타를 용서하신다.

[34 : 8-9] 모세는 하나님의 영광을 보기를 원했지만, 하나님의 영광을 보기보다는 땅에서 엎드려서 하나님을 경배하며, 예배하고 기도한다. 금송아지 사건에서 모세는 다섯 번이나 하나님께 기도한다(출 32 : 11-13, 32 : 31-32, 33 : 12-13, 33 : 15-16, 34 : 9).

모세는 자신이 한 기도를 계속 반복한다. 반복은 기도의 필수적인 요소이다. 모세는 하나님의 약속 안에서 기도하는 법을 배웠다. 하나님은 우리가 모세의 방식으로 기도하기를 원하신다.

모세는 출애굽기 33 : 15~16에서 간구한 것처럼, 하나님이 이스라엘 사람들과 동행해 주실 것을 다시 요청한다. 하나님이 출애굽기 33 : 3과 5절에서 언급하신 대로 이스라엘은 '목이 뻣뻣한 백성' 임을 인정하지만 이스라엘의 악과 죄를 용서하시고('용서하다' 를 앞에서는 히브리어 '나사' 로 표현했는데, 여기서는 '살라흐' 를 사용한다. '살라흐' 는 주님만이 주어가 될 수 있는 동사이다.), 출애굽기 19 : 5에서 말씀하신 대로 주님의 기업으로 삼아 달라고 간청한다(9절).

하나님이 이스라엘과 동행하시겠다고 출애굽기 33 : 14과 17절에서 말씀하셨는데도 불구하고 모세가 자꾸만 하나님의 동행을 요청하는 것은 깨뜨린 언약을 다시 세워 달라는 요청으로 보인다.

[34 : 10] 모세가 끈질기게 간청하자 하나님은 이스라엘과 새로운 언약을 맺으신다. 출애굽기 19장과 24장에 나오는 시내산 계약은 금송아지 사건으로 인해 이미 파기되었기 때문에 하나님이 이스라엘과 함께하시려면 이스라엘과 새로운 계약을 맺어야 하기 때문이다.

하나님은 지금까지 어느 백성 앞에서도 행한 적이 없는 전혀 새로운 일, 매우 두려운 일을 모든 이스라엘 사람들 앞에서 행하실 텐데, 그것을 그들이 거하는 곳 모든 사람들이 볼 것이라고 말씀하신다. 하나님은 이스라엘 사람들이 가나안 땅을 차지할 수 있도록 신적인 능력으로 돕겠다고 하신다.

[34 : 11-17] 하나님은 이스라엘 백성들에게 주변 나라들과 계약을 맺지 말라고 하시는데, 그들이 속아서 계약을 맺은 것은 여호수아 9 : 3~27에 나온다. 하나님이 이토록 주변 나라들과 계약을 맺지 못하게 하시는 까닭은 서로 왕래하면서 이방의 문화와 종교를 받아들일 수밖에 없고, 그러다 보면 하나님과 맺은 계약을 파기할 가능성이 크기 때문이다.

가나안 사람들은 성소를 만들면서 제단을 세우고 돌기둥이나 나무기둥을 세웠는데, 이것은 남신과 여신을 상징한다. 남신과 여신 개념은 이스라엘 종교와 배치되기 때문에 그 기둥들을 깨뜨려야 했다. 하나님은 어떤 재료나 어떤 방식으로든지 신상(神像)을 만드는 것을 철저히 금지하셨다.

이렇게 말씀하신 다음 하나님은 12절에 나오는 말씀을 다시 하신다. 그래서 11~14절과 15~17절은 평행 관계를 이룬다.

11-14절	15-17절
[11]너는 내가 오늘 네게 명령하는 것을 삼가 지키라 보라 내가 네 앞에서 아모리 사람과 가나안 사람과 헷 사람과 브리스 사람과 히위 사람과 여부스 사람을 쫓아내리니	
[12]너는 스스로 삼가 네가 들어가는 땅의 주민과 언약을 세우지 말라 그것이 너희에게 올무가 될까 하노라	[15]너는 삼가 그 땅의 주민과 언약을 세우지 말지니 이는 그들이 모든 신을 음란하게 섬기며 그들의 신들에게 제물을 드리고 너를 청하면 네가 그 제물을 먹을까 함이며 [16]또 네가 그들의 딸들을 네 아들들의 아내로 삼음으로 그들의 딸들이 그들의 신들을 음란하게 섬기며 네 아들에게 그들의 신들을 음란하게 섬기게 할까 함이니라
[13]너희는 도리어 그들의 제단들을 헐고 그들의 주상을 깨뜨리고 그들의 아세라 상을 찍을지어다 [14]너는 다른 신에게 절하지 말라 여호와는 질투라 이름하는 질투의 하나님임이니라	[17]너는 신상들을 부어 만들지 말지니라

[34 : 18-20] 하나님은 무교절 준수를 명령하신다. 여기서 중요한 구절은 '내가 네게 명령한 대로' 이다. 하나님은 무교절 준수를 출애굽 사건과 연결하신다.

출 23 : 15	출 34 : 18–20
[15]너는 무교병의 절기를 지키라 내가 네게 명령한 대로 아빕월의 정한 때에 이레 동안 무교병을 먹을지니 이는 그 달에 네가 애굽에서 나왔음이라 빈손으로 내 앞에 나오지 말지니라	[18]너는 무교절을 지키되 내가 네게 명령한 대로 아빕월 그 절기에 이레 동안 무교병을 먹으라 이는 네가 아빕월에 애굽에서 나왔음이니라 [19]모든 첫 태생은 다 내 것이며 네 가축의 모든 처음 난 수컷인 소와 양도 다 그러하며 [20]나귀의 첫 새끼는 어린 양으로 대속할 것이요 그렇게 하지 아니하려면 그 목을 꺾을 것이며 네 아들 중 장자는 다 대속할지며 빈손으로 내 얼굴을 보지 말지니라

출애굽기 34장은 23장에 비해 무교절 규정을 확장하는데, 첨가하는 규정은 세 가지이다. 하나는 무교절 칠 일 동안 무교병을 먹는 것이고, 다른 하나는 처음 난 수컷은 모두 하나님의 것이기 때문에 하나님께 바쳐야 한다는 것이다. 그런데 나귀는 희생제물로 바치기에 적합하지 않은 가축이어서 나귀 주인이 초태생인 새끼 나귀를 바쳐야 할 경우 그것 대신 양을 바쳐야 했다. 만약 양을 바치지 않으면 그 나귀를 죽여야만 했다. 초태생은 하나님께 구별된 거룩한 것이기 때문에 하나님께 속한 것이고, 양으로 속하지 않으면 살려 둘 수 없기 때문이다. 셋째 규정은 장자는 모두 대속해야 하고, 그들은 하나님을 뵐 때, 즉 성막이나 성전에 갈 때 빈손으로 가면 안 된다는 것이다. 반드시 예물을 가지고 하나님 앞에 나아가야 한다.

[34 : 21–24] 하나님은 안식일과 3대 절기 준수를 명령하신다. 여기서는 안식일을 일곱째 날이라고 하는데, 이날에는 쉬어야 한다. 밭을 갈 때나 거둬들일 때에도 일곱째 날에는 반드시 쉴 것을 명령하시는데, 실제로 농경사회에서 농사로 바쁠 때 안식일을 지키기는 쉽지 않았을 것이다.

하나님은 이스라엘 모든 남자들이 일 년에 세 차례 하나님 앞에 나아올 것을 명령하시는데, 이 3대 절기는 18~20절에서 언급한 무교절, 그리고 22절에서 언급하는 칠칠절과 수장절이다. 칠칠절이라는 명칭은 첫 번째 곡식걷이 이후로 칠 주가 지난 때이기 때문이다(신 16 : 9－10). 칠칠절은 밀을 거둬들이는 절기인데, 밀은 고대 사회에서 가장 중요한 곡식이었다. 출애굽기 23 : 16은 맥추절이라고 한다. 수장절은 이스라엘이 달력 체계를 바꾸기 전에는 한 해의 마지막을 보내고 새해를 맞이하는 절기였다.

칠칠절과 수장절에 대해서는 출애굽기 23 : 16~17에 나와 있는데, 출애굽기 34 : 22~24과 비교해 보면 새로 첨가된 것을 알 수 있다.

출 23 : 16－17	출 34 : 22－24
16맥추절을 지키라 이는 네가 수고하여 밭에 뿌린 것의 첫 열매를 거둠이니라 수장절을 지키라 이는 네가 수고하여 이룬 것을 연말에 밭에서부터 거두어 저장함이니라	22칠칠절 곧 맥추의 초실절을 지키고 세 말에는 수장절을 지키라
17네 모든 남자는 매년 세 번씩 주 여호와께 보일지니라	23너희의 모든 남자는 매년 세 번씩 주 여호와 이스라엘의 하나님 앞에 보일지라 24내가 이방 나라들을 네 앞에서 쫓아내고 네 지경을 넓히리니 네가 매년 세 번씩 여호와 네 하나님을 뵈려고 올 때에 아무도 네 땅을 탐내지 못하리라

모든 절기들은 각각 칠 일간씩 지키는데, 성소에서 멀리 떨어진 곳에 사는 사람들은 그 기간에 집을 비워야 하기 때문에 그때 주변 나라 사람들이 쳐들어오면 이스라엘로서는 어려움에 처할 수밖에 없었다. 그래서 그런 일이 일어나지 않도록 하나님이 지켜 주시겠다는 것이다. 그러니 아무 염려하지 말고 절기를 지키라고 권면한다. 이것은 이스라엘 사람들이 그런 점을 염려했음을 암시한다.

[34 : 25-26] 이 단락은 출애굽기 23 : 18~19과 동일하게 제물에 대한 세 가지 규정을 언급하는데, 첫째는 제사를 드릴 때 유교병을 바치지 말라는 것이다. 그리고 둘째는 첫 열매를 하나님의 전에 드리라는 것이고, 셋째는 염소 새끼를 그 어미 젖으로 삶지 말라는 것이다.

[34 : 27-28] 새 언약의 규정들을 모두 말씀하신 다음, 하나님은 모세에게 그 말씀들을 기록하라고 하신다. 하나님은 모세 그리고 이스라엘과 언약을 맺으신 것을 공식화하고, 지금까지 말씀하신 것들이 바로 언약의 내용들임을 명백히 하신다.

모세는 지난번에도 40일 동안 산 위에서 머물렀는데, 이번에도 40일 동안 산에 올라가 있었다(신 10 : 10). 그런데 지난번과 다른 점은 모세가 40일 동안 '여호와와 함께' 한 것과 40일 동안 모세가 철저히 금식했다는 것이다. 모세는 하나님이 이스라엘 사람들과 새로운 계약을 맺을 때까지 결코 하나님의 곁을 떠나지 않으려고 한 것으로 보인다. 그리고 모세는 40일 동안 전혀 마시거나 먹지 않았다. 이것은 모세가 새 언약을 위해서 얼마나 근신하는지를 보여 준다. 그는 새 언약 체결에 혼신의 힘을 다한다.

그런데 누가 돌판에 글을 새겼는지가 의문이다. 〈개역개정〉 성경은 "여호와께서…… 기록하셨더라"라고 하는데 〈표준새번역〉 성경은 모세가 기록한 것으로 번역한다. 이것은 이 구절이 특정한 주어를 표기하지 않고, 그저 3인칭 남성단수동사만을 사용하기 때문이다. 앞뒤 문맥으로 살펴보면, 모세가 기록한 것으로 보는 게 나을 듯하다. 물론 출애굽기 34 : 1에서는 하나님이 돌판에 글을 새겨 주시겠다고 하시는데, 출애굽기 32 : 16은 하나님이 돌판도 만드시고 글자도 새기셨다고 한다.

이 문제는 이렇게 해결해 보자. 하나님이 일러 주시는 것을 두 돌판에 다 기록할 수는 없기 때문에 돌판에는 핵심적인 것만 기록했을 것이다. 그렇다면 두 돌판에 기록하는 것은 하나님이 하시고, 하나님이 모세에게 기록할 것을 명령하셨기 때문에 상세한 내용은 모세가 기록한 것으로 보는 것이 좋겠다.

7. 얼굴에서 광채가 나는 모세(34 : 29-35)

> 29모세가 그 증거의 두 판을 모세의 손에 들고 시내산에서 내려오니 그 산에서
> 내려올 때에 모세는 자기가 여호와와 말하였음으로 말미암아 얼굴 피부에 광
> 채가 나나 깨닫지 못하였더라 30아론과 온 이스라엘 자손이 모세를 볼 때에 모
> 세의 얼굴 피부에 광채가 남을 보고 그에게 가까이 하기를 두려워하더니 31모
> 세가 그들을 부르매 아론과 회중의 모든 어른이 모세에게로 오고 모세가 그들
> 과 말하니 32그 후에야 온 이스라엘 자손이 가까이 오는지라 모세가 여호와께
> 서 시내산에서 자기에게 이르신 말씀을 다 그들에게 명령하고 33모세가 그들
> 에게 말하기를 마치고 수건으로 자기 얼굴을 가렸더라 34그러나 모세가 여호
> 와 앞에 들어가서 함께 말할 때에는 나오기까지 수건을 벗고 있다가 나와서는
> 그 명령하신 일을 이스라엘 자손에게 전하며 35이스라엘 자손이 모세의 얼굴
> 의 광채를 보므로 모세가 여호와께 말하러 들어가기까지 다시 수건으로 자기
> 얼굴을 가렸더라

모세가 산에서 내려왔을 때, 그의 얼굴에서 빛이 났다. 그래서 모세는 사람들 앞에 나설 때 얼굴을 천 또는 마스크로 가렸다. 그러나 하나님께 나아갈 때, 즉 회막에 머무는 동안에는 얼굴을 가리지 않았다.

[34 : 29] 모세는 산에 올라가서 하나님이 하시는 말씀을 듣고 내려와서 백성들에게 하나님의 말씀을 전했는데, 얼굴 피부에 광채가 났다. '빛나다' 로 번역한 히브리어 '카란' 은 매우 희귀한 단어인데, 그 음이 '뿔' 을 가리키는 히브리어 '케렌' 과 비슷하다. 그래서 라틴어 성경인 〈불가타〉(*Vulgata*)는 모세에게 뿔이 났다고 번역했고, 이것으로 인해서 모세를 그릴 때 화가들은 머

리에 뿔이 난 모습으로 그렸다. 그러나 이것과 연관된 단어가 머리가 아니고 얼굴이기 때문에 결코 뿔은 아니다.

정확한 것은 알 수 없지만, 모세가 다시 시내산에 올라가서 하나님 곁에서 새로운 계약이 체결될 때까지 아무것도 먹지도 않고 마시지도 않고 버티면서 외모가 달라진 것으로 보인다.

[34 : 30-33] 아론을 비롯한 이스라엘 사람들이 모세의 달라진 모습을 보고 두려워했다. 그들은 모세가 예전과 다르다는 것을 알았다. 물론 그 효과도 그리 오래 가지 않는다. 어쨌든 최소한 지금 그들은 모세를 어려워한다. 모세가 그들을 부르자, 그때서야 비로소 모세에게 다가갈 엄두를 낸다. 모세는 그들에게 하나님이 일러 주신 말씀을 전하고, 말씀을 마치고는 얼굴을 수건(히브리어로 '마스웨' 인데, 이 단어는 여기에만 나온다.)으로 가렸다. 여전히 그들이 모세를 대하기 어려워하기 때문이다.

[34 : 34-35] 모세는 회막에서 하나님을 만날 때는 수건을 벗고, 그리고 그 상태로 이스라엘 사람들에게 하나님의 말씀을 전한다. 그런 다음 주님께 말하러 들어가기까지 모세는 얼굴을 다시 수건으로 가린다.

C. 성막을 건축하는 이스라엘(35 : 1-40 : 38)

1. 하나님이 일러 주신 대로 성막을 건축하다(35 : 1-39 : 43)

[1]모세가 이스라엘 자손의 온 회중을 모으고 그들에게 이르되 여호와께서 너
희에게 명령하사 행하게 하신 말씀이 이러하니라 [2]엿새 동안은 일하고 일곱
째 날은 너희를 위한 거룩한 날이니 여호와께 엄숙한 안식일이라 누구든지

이날에 일하는 자는 죽일지니 [3]안식일에는 너희의 모든 처소에서 불도 피우
지 말지니라 [4]모세가 이스라엘 자손의 온 회중에게 말하여 이르되 여호와께
서 명령하신 일이 이러하니라 이르시기를 [5]너희의 소유 중에서 너희는 여호
와께 드릴 것을 택하되 마음에 원하는 자는 누구든지 그것을 가져다가 여호
와께 드릴지니 곧 금과 은과 놋과 [6]청색 자색 홍색 실과 가는 베 실과 염소 털
과 [7]붉은 물 들인 숫양의 가죽과 해달의 가죽과 조각목과 [8]등유와 및 관유에
드는 향품과 분향할 향을 만드는 향품과 [9]호마노며 에봇과 흉패에 물릴 보석
이니라 [10]무릇 너희 중 마음이 지혜로운 자는 와서 여호와께서 명령하신 것을
다 만들지니 [11]곧 성막과 천막과 그 덮개와 그 갈고리와 그 널판과 그 띠와 그
기둥과 그 받침과 [12]증거궤와 그 채와 속죄소와 그 가리는 휘장과 [13]상과 그 채
와 그 모든 기구와 진설병과 [14]불 켜는 등잔대와 그 기구와 그 등잔과 등유와
[15]분향단과 그 채와 관유와 분향할 향품과 성막 문의 휘장과 [16]번제단과 그 놋
그물과 그 채와 그 모든 기구와 물두멍과 그 받침과 [17]뜰의 포장과 그 기둥과
그 받침과 뜰 문의 휘장과 [18]장막 말뚝과 뜰의 말뚝과 그 줄과 [19]성소에서 섬기
기 위하여 정교하게 만든 옷 곧 제사 직분을 행할 때에 입는 제사장 아론의
거룩한 옷과 그의 아들들의 옷이니라 [20]이스라엘 자손의 온 회중이 모세 앞에
서 물러갔더니 [21]마음이 감동된 모든 자와 자원하는 모든 자가 와서 회막을 짓
기 위하여 그 속에서 쓸 모든 것을 위하여, 거룩한 옷을 위하여 예물을 가져
다가 여호와께 드렸으니 [22]곧 마음에 원하는 남녀가 와서 팔찌와 귀고리와 가
락지와 목걸이와 여러 가지 금품을 가져다가 사람마다 여호와께 금 예물을
드렸으며 [23]무릇 청색 자색 홍색 실과 가는 베 실과 염소 털과 붉은 물 들인
숫양의 가죽과 해달의 가죽이 있는 자도 가져왔으며 [24]은과 놋으로 예물을 삼
는 모든 자가 가져다가 여호와께 드렸으며 섬기는 일에 소용되는 조각목이
있는 모든 자는 가져왔으며 [25]마음이 슬기로운 모든 여인은 손수 실을 빼고
그 뺀 청색 자색 홍색 실과 가는 베 실을 가져왔으며 [26]마음에 감동을 받아 슬
기로운 모든 여인은 염소 털로 실을 뽑았으며 [27]모든 족장은 호마노와 및 에

봇과 흉패에 물릴 보석을 가져왔으며 28등불과 관유와 분향할 향에 소용되는
기름과 향품을 가져왔으니 29마음에 자원하는 남녀는 누구나 여호와께서 모
세의 손을 빌어 명령하신 모든 것을 만들기 위하여 물품을 드렸으니 이것이
이스라엘 자손이 여호와께 자원하여 드린 예물이니라 30모세가 이스라엘 자
손에게 이르되 볼지어다 여호와께서 유다 지파 훌의 손자요 우리의 아들인
브살렐을 지명하여 부르시고 31하나님의 영을 그에게 충만하게 하여 지혜와
총명과 지식으로 여러 가지 일을 하게 하시되 32금과 은과 놋으로 제작하는
기술을 고안하게 하시며 33보석을 깎아 물리며 나무를 새기는 여러 가지 정교
한 일을 하게 하셨고 34또 그와 단 지파 아히사막의 아들 오홀리압을 감동시
키사 가르치게 하시며 35지혜로운 마음을 그들에게 충만하게 하사 여러 가지
일을 하게 하시되 조각하는 일과 세공하는 일과 청색 자색 홍색 실과 가는 베
실로 수놓는 일과 짜는 일과 그 외에 여러 가지 일을 하게 하시고 정교한 일
을 고안하게 하셨느니라 36:1브살렐과 오홀리압과 및 마음이 지혜로운 사람
곧 여호와께서 지혜와 총명을 부으사 성소에 쓸 모든 일을 할 줄 알게 하신
자들은 모두 여호와께서 명령하신 대로 할 것이니라 2모세가 브살렐과 오홀
리압과 및 마음이 지혜로운 사람 곧 그 마음에 여호와께로부터 지혜를 얻고
와서 그 일을 하려고 마음에 원하는 모든 자를 부르매 3그들이 이스라엘 자손
의 성소의 모든 것을 만들기 위하여 가져온 예물을 모세에게서 받으니라 그
러나 백성이 아침마다 자원하는 예물을 연하여 가져왔으므로 4성소의 모든
일을 하는 지혜로운 자들이 각기 하는 일을 중지하고 와서 5모세에게 말하여
이르되 백성이 너무 많이 가져오므로 여호와께서 명령하신 일에 쓰기에 남음
이 있나이다 6모세가 명령을 내리매 그들이 진중에 공포하여 이르되 남녀를
막론하고 성소에 드릴 예물을 다시 만들지 말라 하매 백성이 가져오기를 그
치니 7있는 재료가 모든 일을 하기에 넉넉하여 남음이 있었더라 8일하는 사람
중에 마음이 지혜로운 모든 사람이 열 폭 휘장으로 성막을 지었으니 곧 가늘
게 꼰 베 실과 청색 자색 홍색 실로 그룹들을 무늬 놓아 짜서 지은 것이라 9매

폭의 길이는 스물여덟 규빗, 너비는 네 규빗으로 각 폭의 장단을 같게 하여
10그 다섯 폭을 서로 연결하며 또 그 다섯 폭을 서로 연결하고 11연결할 끝폭
가에 청색 고를 만들며 다른 연결할 끝폭 가에도 고를 만들되 12그 연결할 한
폭에 고리 쉰 개를 달고 다른 연결할 한 폭의 가에도 고리 쉰 개를 달아 그 고
들이 서로 대하게 하고 13금 갈고리 쉰 개를 만들어 그 갈고리로 두 휘장을 연
결하여 한 막을 이루었더라 14그 성막을 덮는 막 곧 휘장을 염소 털로 만들되
열한 폭을 만들었으니 15각 폭의 길이는 서른 규빗, 너비는 네 규빗으로 열한
폭의 장단을 같게 하여 16그 휘장 다섯 폭을 서로 연결하며 또 여섯 폭을 서로
연결하고 17휘장을 연결할 끝폭 가에 고리 쉰 개를 달며 다른 연결할 끝폭 가
에도 고리 쉰 개를 달고 18놋 갈고리 쉰 개를 만들어 그 휘장을 연결하여 한
막이 되게 하고 19붉은 물 들인 숫양의 가죽으로 막의 덮개를 만들고 해달의
가죽으로 그 웃덮개를 만들었더라 20그가 또 조각목으로 성막에 세울 널판들
을 만들었으니 21각 판의 길이는 열 규빗, 너비는 한 규빗 반이며 22각 판에 두
촉이 있어 서로 연결하게 하였으니 성막의 모든 판이 그러하며 23성막을 위하
여 널판을 만들었으되 남으로는 남쪽에 널판이 스무 개라 24그 스무 개 널판
밑에 은 받침 마흔 개를 만들었으되 곧 이 널판 밑에도 두 받침이 그 두 촉을
받게 하였고 저 널판 밑에도 두 받침이 그 두 촉을 받게 하였으며 25성막 다른
쪽 곧 북쪽을 위하여도 널판 스무 개를 만들고 26또 은 받침 마흔 개를 만들었
으니 곧 이 판 밑에도 받침이 둘이요 저 판 밑에도 받침이 둘이며 27장막 뒤
곧 서쪽을 위하여는 널판 여섯 개를 만들었고 28장막 뒤 두 모퉁이 편을 위하
여는 널판 두 개를 만들되 29아래에서부터 위까지 각기 두 겹 두께로 하여 윗
고리에 이르게 하고 두 모퉁이 쪽을 다 그리하며 30그 널판은 여덟 개요 그 받
침은 은 받침 열여섯 개라 각 널판 밑에 두 개씩이었더라 31그가 또 조각목으
로 띠를 만들었으니 곧 성막 이쪽 널판을 위하여 다섯 개요 32성막 저쪽 널판
을 위하여 다섯 개요 성막 뒤 곧 서쪽 널판을 위하여 다섯 개며 33그 중간 띠
를 만들되 널판 중간 이 끝에서 저 끝에 미치게 하였으며 34그 널판들을 금으

로 싸고 그 널판에 띠를 꿸 금 고리를 만들고 그 띠도 금으로 쌌더라 [35]그가
또 청색 자색 홍색 실과 가늘게 꼰 베 실로 휘장을 짜고 그 위에 그룹들을 정
교하게 수놓고 [36]조각목으로 네 기둥을 만들어 금으로 쌌으며 그 갈고리는 금
으로 기둥의 네 받침은 은으로 부어 만들었으며 [37]청색 자색 홍색 실과 가늘
게 꼰 베 실로 수놓아 장막 문을 위하여 휘장을 만들고 [38]휘장 문의 기둥 다섯
과 그 갈고리를 만들고 기둥 머리와 그 가름대를 금으로 쌌으며 그 다섯 받침
은 놋이었더라 [37:1]브살렐이 조각목으로 궤를 만들었으니 길이가 두 규빗 반,
너비가 한 규빗 반, 높이가 한 규빗 반이며 [2]순금으로 안팎을 싸고 위쪽 가장
자리로 돌아가며 금 테를 만들었으며 [3]금 고리 넷을 부어 만들어 네 발에 달
았으니 곧 이쪽에 두 고리요 저쪽에 두 고리이며 [4]조각목으로 채를 만들어 금
으로 싸고 [5]그 채를 궤 양쪽 고리에 꿰어 궤를 메게 하였으며 [6]순금으로 속죄
소를 만들었으니 길이가 두 규빗 반, 너비가 한 규빗 반이며 [7]금으로 그룹 둘
을 속죄소 양쪽에 쳐서 만들었으되 [8]한 그룹은 이쪽 끝에, 한 그룹은 저쪽 끝
에 곧 속죄소와 한 덩이로 그 양쪽에 만들었으니 [9]그룹들이 그 날개를 높이
펴서 그 날개로 속죄소를 덮었으며 그 얼굴은 서로 대하여 속죄소를 향하였
더라 [10]그가 또 조각목으로 상을 만들었으니 길이가 두 규빗, 너비가 한 규빗,
높이가 한 규빗 반이며 [11]순금으로 싸고 위쪽 가장자리로 돌아가며 금 테를 둘
렀으며 [12]그 주위에 손바닥 넓이만한 턱을 만들고 그 턱 주위에 금으로 테를
만들었고 [13]상을 위하여 금 고리 넷을 부어 만들어 네 발 위, 네 모퉁이에 달
았으니 [14]그 고리가 턱 곁에 있어서 상을 메는 채를 꿰게 하였으며 [15]또 조각목
으로 상 멜 채를 만들어 금으로 쌌으며 [16]상 위의 기구 곧 대접과 숟가락과 잔
과 따르는 병을 순금으로 만들었더라 [17]그가 또 순금으로 등잔대를 만들되 그
것을 쳐서 만들었으니 그 밑판과 줄기와 잔과 꽃받침과 꽃이 그것과 한 덩이
로 되었고 [18]가지 여섯이 그 곁에서 나왔으니 곧 등잔대의 세 가지는 저쪽으
로 나왔고 등잔대의 세 가지는 이쪽으로 나왔으며 [19]이쪽 가지에 살구꽃 형상
의 잔 셋과 꽃받침과 꽃이 있고 저쪽 가지에 살구꽃 형상의 잔 셋과 꽃받침과

꽃이 있어 등잔대에서 나온 가지 여섯이 그러하며 [20]등잔대 줄기에는 살구꽃
형상의 잔 넷과 꽃받침과 꽃이 있고 [21]등잔대에서 나온 가지 여섯을 위하여는
꽃받침이 있게 하였으되 두 가지 아래에 한 꽃받침이 있어 줄기와 연결하였
고 또 두 가지 아래에 한 꽃받침이 있어 줄기와 연결하였고 또 다시 두 가지
아래에 한 꽃받침이 있어 줄기와 연결되게 하였으니 [22]이 꽃받침과 가지들을
줄기와 연결하여 전부를 순금으로 쳐서 만들었으며 [23]등잔 일곱과 그 불 집게
와 불 똥 그릇을 순금으로 만들었으니 [24]등잔대와 그 모든 기구는 순금 한 달
란트로 만들었더라 [25]그가 또 조각목으로 분향할 제단을 만들었으니 길이는
한 규빗이요 너비도 한 규빗이라 네모가 반듯하고 높이는 두 규빗이며 그 뿔
들이 제단과 연결되었으며 [26]제단 상면과 전후 좌우면과 그 뿔을 순금으로 싸
고 주위에 금 테를 둘렀고 [27]그 테 아래 양쪽에 금 고리 둘을 만들었으되 곧
그 양쪽에 만들어 제단을 메는 채를 꿰게 하였으며 [28]조각목으로 그 채를 만
들어 금으로 쌌으며 [29]거룩한 관유와 향품으로 정결한 향을 만들었으되 향을
만드는 법대로 하였더라 [38:1]그가 또 조각목으로 번제단을 만들었으니 길이
는 다섯 규빗이요 너비도 다섯 규빗이라 네모가 반듯하고 높이는 세 규빗이
며 [2]그 네 모퉁이 위에 그 뿔을 만들되 그 뿔을 제단과 연결하게 하고 제단을
놋으로 쌌으며 [3]제단의 모든 기구 곧 통과 부삽과 대야와 고기 갈고리와 불
옮기는 그릇을 다 놋으로 만들고 [4]제단을 위하여 놋 그물을 만들어 제단 주위
가장자리 아래에 두되 제단 절반에 오르게 하고 [5]그 놋 그물 네 모퉁이에 채
를 꿸 고리 넷을 부어 만들었으며 [6]채를 조각목으로 만들어 놋으로 싸고 [7]제
단 양쪽 고리에 그 채를 꿰어 메게 하였으며 제단은 널판으로 속이 비게 만들
었더라 [8]그가 놋으로 물두멍을 만들고 그 받침도 놋으로 하였으니 곧 회막 문
에서 수종드는 여인들의 거울로 만들었더라 [9]그가 또 뜰을 만들었으니 남으
로 뜰의 남쪽에는 세마포 포장이 백 규빗이라 [10]그 기둥이 스물이며 그 받침
이 스물이니 놋이요 기둥의 갈고리와 가름대는 은이며 [11]그 북쪽에도 백 규빗
이라 그 기둥이 스물이며 그 받침이 스물이니 놋이요 기둥의 갈고리와 가름

대는 은이며 [12]서쪽에 포장은 쉰 규빗이라 그 기둥이 열이요 받침이 열이며 기
둥의 갈고리와 가름대는 은이며 [13]동으로 동쪽에도 쉰 규빗이라 [14]문 이쪽의
포장이 열다섯 규빗이요 그 기둥이 셋이요 받침이 셋이며 [15]문 저쪽도 그와
같으니 뜰 문 이쪽, 저쪽의 포장이 열다섯 규빗씩이요 그 기둥이 셋씩, 받침
이 셋씩이라 [16]뜰 주위의 포장은 세마포요 [17]기둥 받침은 놋이요 기둥의 갈고
리와 가름대는 은이요 기둥 머리 싸개는 은이며 뜰의 모든 기둥에 은 가름대
를 꿰었으며 [18]뜰의 휘장 문을 청색 자색 홍색 실과 가늘게 꼰 베 실로 수놓아
짰으니 길이는 스무 규빗이요 너비와 높이는 뜰의 포장과 같이 다섯 규빗이
며 [19]그 기둥은 넷인데 그 받침 넷은 놋이요 그 갈고리는 은이요 그 머리 싸개
와 가름대도 은이며 [20]성막 말뚝과 뜰 주위의 말뚝은 모두 놋이더라 [21]성막 곧
증거막을 위하여 레위 사람이 쓴 재료의 물목은 제사장 아론의 아들 이다말
이 모세의 명령대로 계산하였으며 [22]유다 지파 훌의 손자요 우리의 아들인 브
살렐은 여호와께서 모세에게 명령하신 모든 것을 만들었고 [23]단 지파 아히사
막의 아들 오홀리압이 그와 함께하였으니 오홀리압은 재능이 있어서 조각하
며 또 청색 자색 홍색 실과 가는 베 실로 수놓은 자더라 [24]성소 건축 비용으로
들인 금은 성소의 세겔로 스물아홉 달란트와 칠백삼십 세겔이며 [25]계수된 회
중이 드린 은은 성소의 세겔로 백 달란트와 천칠백칠십오 세겔이니 [26]계수된
자가 이십 세 이상으로 육십만 삼천오백오십 명인즉 성소의 세겔로 각 사람
에게 은 한 베가 곧 반 세겔씩이라 [27]은 백 달란트로 성소의 받침과 휘장 문의
기둥 받침을 모두 백 개를 부어 만들었으니 각 받침마다 한 달란트씩 모두 백
달란트요 [28]천칠백칠십오 세겔로 기둥 갈고리를 만들고 기둥 머리를 싸고 기
둥 가름대를 만들었으며 [29]드린 놋은 칠십 달란트와 이천사백 세겔이라 [30]이
것으로 회막 문 기둥 받침과 놋 제단과 놋 그물과 제단의 모든 기구를 만들었
으며 [31]뜰 주위의 기둥 받침과 그 휘장 문의 기둥 받침이며 성막의 모든 말뚝
과 뜰 주위의 모든 말뚝을 만들었더라 [39:1]그들은 여호와께서 모세에게 명령
하신 대로 청색 자색 홍색 실로 성소에서 섬길 때 입을 정교한 옷을 만들고

또 아론을 위해 거룩한 옷을 만들었더라 2그는 또 금 실과 청색 자색 홍색 실
과 가늘게 꼰 베 실로 에봇을 만들었으되 3금을 얇게 쳐서 오려서 실을 만들
어 청색 자색 홍색 실과 가는 베 실에 섞어 정교하게 짜고 4에봇에는 어깨받
이를 만들어 그 두 끝에 달아 서로 연결되게 하고 5에봇 위에 에봇을 매는 띠
를 에봇과 같은 모양으로 금 실과 청색 자색 홍색 실과 가늘게 꼰 베 실로 에
봇에 붙여 짰으니 여호와께서 모세에게 명령하신 대로 하였더라 6그들은 또
호마노를 깎아 금 테에 물려 도장을 새김같이 이스라엘의 아들들의 이름을
그것에 새겨 7에봇 어깨받이에 달아 이스라엘의 아들들을 기념하는 보석을
삼았으니 여호와께서 모세에게 명령하신 대로 하였더라 8그가 또 흉패를 정
교하게 짜되 에봇과 같은 모양으로 금 실과 청색 자색 홍색 실과 가늘게 꼰
베 실로 하였으니 9그것의 길이가 한 뼘, 너비가 한 뼘으로 네 모가 반듯하고
두 겹이며 10그것에 네 줄 보석을 물렸으니 곧 홍보석 황옥 녹주옥이 첫 줄이
요 11둘째 줄은 석류석 남보석 홍마노요 12셋째 줄은 호박 백마노 자수정이요
13넷째 줄은 녹보석 호마노 벽옥이라 다 금 테에 물렸으니 14이 보석들은 이스
라엘의 아들들의 이름 곧 그들의 이름대로 열둘이라 도장을 새김같이 그 열
두 지파의 각 이름을 새겼으며 15그들이 또 순금으로 노끈처럼 사슬을 땋아
흉패에 붙이고 16또 금 테 둘과 금 고리 둘을 만들어 그 두 고리를 흉패 두 끝
에 달고 17그 땋은 두 금 사슬을 흉패 끝 두 고리에 꿰매었으며 18그 땋은 두 사
슬의 다른 두 끝을 에봇 앞 두 어깨받이의 금 테에 매고 19또 금 고리 둘을 만
들어 흉패 두 끝에 달았으니 곧 그 에봇을 마주한 안쪽 가장자리에 달았으며
20또 금 고리 둘을 만들어 에봇 앞 두 어깨받이 아래 매는 자리 가까운 쪽 곧
정교하게 짠 에봇 띠 위쪽에 달고 21청색 끈으로 흉패 고리와 에봇 고리에 꿰
어 흉패로 정교하게 짠 에봇 띠 위에 붙여서 에봇에서 벗어지지 않게 하였으
니 여호와께서 모세에게 명령하신 대로 하였더라 22그가 에봇 받침 긴 옷을
전부 청색으로 짜서 만들되 23그 옷의 두 어깨 사이에 구멍을 내고 갑옷 깃같
이 그 구멍 주위에 깃을 짜서 찢어지지 않게 하고 24청색 자색 홍색 실과 가는

베 실로 그 옷 가장자리에 석류를 수놓고 [25]순금으로 방울을 만들어 그 옷 가
장자리로 돌아가며 석류 사이사이에 달되 [26]방울과 석류를 서로 간격을 두고
번갈아 그 옷 가장자리로 돌아가며 달았으니 여호와께서 모세에게 명령하신
대로 하였더라 [27]그들이 또 직조한 가는 베로 아론과 그의 아들들을 위하여
속옷을 짓고 [28]세마포로 두건을 짓고 세마포로 빛난 관을 만들고 가는 베 실
로 짜서 세마포 속바지들을 만들고 [29]가는 베 실과 청색 자색 홍색 실로 수놓
아 띠를 만들었으니 여호와께서 모세에게 명령하신 대로 하였더라 [30]그들이
또 순금으로 거룩한 패를 만들고 도장을 새김같이 그 위에 '여호와께 성결'
이라 새기고 [31]그 패를 청색 끈으로 관 전면에 달았으니 여호와께서 모세에게
명령하신 대로 하였더라 [32]이스라엘 자손이 이와 같이 성막 곧 회막의 모든
역사를 마치되 여호와께서 모세에게 명령하신 대로 다 행하고 [33]그들이 성막
을 모세에게로 가져왔으니 곧 막과 그 모든 기구와 그 갈고리들과 그 널판들
과 그 띠들과 그 기둥들과 그 받침들과 [34]붉은 물을 들인 숫양의 가죽 덮개와
해달의 가죽 덮개와 가리는 휘장과 [35]증거궤와 그 채들과 속죄소와 [36]상과 그
모든 기구와 진설병과 [37]순금 등잔대와 그 잔 곧 벌여 놓는 등잔대와 그 모든
기구와 등유와 [38]금 제단과 관유와 향기로운 향과 장막 휘장 문과 [39]놋 제단과
그 놋 그물과 그 채들과 그 모든 기구와 물두멍과 그 받침과 [40]뜰의 포장들과
그 기둥들과 그 받침들과 뜰 문의 휘장과 그 줄들과 그 말뚝들과 성막 곧 회
막에서 사용할 모든 기구와 [41]성소에서 섬기기 위한 정교한 옷 곧 제사 직분
을 행할 때에 입는 제사장 아론의 거룩한 옷과 그의 아들들의 옷이라 [42]여호
와께서 모세에게 명령하신 대로 이스라엘 자손이 모든 역사를 마치매 [43]모세
가 그 마친 모든 것을 본즉 여호와께서 명령하신 대로 되었으므로 모세가 그
들에게 축복하였더라

출애굽기 25~31장에서 하나님이 일러 주신 성막 건축 지침을 출애굽기 35~39장에서 이스라엘 사람들이 그대로 따라서 성막을 제작한다. 그런데

성막 기구 제작 순서를 보면 약간 차이를 보이는데, 25~31장은 신앙적 우선 순위를 따른다. 그래서 증거궤를 제일 먼저 언급한다. 그러나 35~39장은 실제 제작 순서를 따라서 기술한다. 그래서 회막을 제일 먼저 언급한다. 그리고 최종적으로 성막을 세우는 과정에서는 증거궤를 제일 먼저 들인다.

35~39장은 안식일에는 일하지 말라는 경고와 이스라엘 백성들이 자원해서 성막 건축에 필요한 자재들을 마련했다는 기록으로 시작하는데, 25~31장에서 하나님이 말씀하신 지침들을 그들이 어떻게 실행하는지를 보여 준다. 35~39장은 25~31장과 거의 일치하지만, 39장이 우림과 둠밈을 언급하지 않는 게 특이하다. 출애굽기 39 : 42은 35~39장의 기록 목적을 명확하게 알려 준다. "여호와께서 모세에게 명령하신 대로 이스라엘 자손이 모든 역사를 마치매". 하나님이 명하신 대로 했다는 이 후렴구는 ① 개별 품목들을 만드는 과정에서 – 출애굽기 39 : 1, 5, 7, 21, 26, 29, 32, ② 성막이 완성되어 가는 과정에서 – 출애굽기 40 : 19, 21, 23, 25, 27, 29, 32, ③ 전체 작업에 대해서 – 출애굽기 39 : 32, 42~43, 40 : 16에 나온다.

[35 : 1–3] 출애굽기 34 : 32을 보면, "모세가 여호와께서 시내산에서 자기에게 이르신 말씀을 다 그들에게 명령"하는데, 그 구체적인 내용이 35장부터 나온다. 산에서 내려온 모세는 '이스라엘 자손의 온 회중'을 모은다. 이 구절은 4절, 20절에 나온다. 모세가 전하는 하나님의 말씀의 중심내용은 성막 건축인데, 35장이 성막 건축에 관한 것으로 시작하지 않고 일곱째 날, 즉 안식일에 관한 규정으로 시작하는 것은 본문 기자가 안식일 준수를 얼마나 중요하게 여겼는지를 보여 준다(출 25 – 31장 이야기는 안식일 규정으로 끝난다〈출 31 : 12 – 17〉. 그런데 출 35 – 40장 이야기는 안식일 이야기로 시작한다. 그러니까 안식일 규정이 출 32 – 34장 사건을 감싸는 형태이다). 그러니까 성막이나 성전을 건축한다고 해도, 아무리 긴급한 일이 있다고 해도 안식일에는 결코 일하지 말라는 것이다. 안식일을 '여호와께 엄숙한 안식일' (히브리어로

'샵바트 샵바톤')이라고 한다. '샵바트 샵바톤'은 온전한 쉼을 의미한다. 그리고 안식일에 일하는 사람은 누구든지 죽이라고 엄명한다. 그런데 안식일에 일하지 말라고 하면서 예시한 것이 바로 불을 피우지 말라는 것이다. 하나님은 '너희의 모든 처소에서' 불을 피우지 말라고 한다. 불을 피우지 말라고 하는 것은 안식일에 음식을 만들지 말라는 것이다.

여기서 보는 대로 성경은 인간의 쉼을 강조하는데, 그 근거를 창조 이야기, 즉 창세기 2 : 1~3에 둔다.

> "천지와 만물이 다 이루어지니라 하나님이 그가 하시던 일을 일곱째 날에 마치시니 그가 하시던 모든 일을 그치고 일곱째 날에 안식하시니라 하나님이 그 일곱째 날을 복되게 하사 거룩하게 하셨으니 이는 하나님이 그 창조하시며 만드시던 모든 일을 마치시고 그날에 안식하셨음이니라".

본문은 '일곱째 날'을 세 번이나 반복한다. 이 구절에서 읽는 대로, 하나님은 일곱째 날에 그냥 계신 것이 아니다. 하나님은 일곱째 날에도 일하셨다. 하나님은 일곱째 날에 안식하셨고, 일곱째 날을 복되게 하시고 거룩하게 하셨다. 하나님은 일곱째 날에 안식과 안식일을 창조하신 것이다. 하나님은 안식일을 만드시고, 복 주시고 거룩하게 하셨다. 하나님은 일곱째 날에도 일하신 것이다. 그리고 이것에 근거해서 안식일 규정을 제정했다.

성경을 읽어 보면, 이스라엘 사람들이 안식일 준수를 얼마나 중요하게 여겼는지 알 수 있다. 안식일을 준수하지 않은 사람들을 극형에 처하기도 했고, 후대에 갈수록 안식일 준수를 강조했다. 이것은 이스라엘 사람들이 그만큼 '안식', 즉 쉼을 강조하고, 쉼을 준수하기 위해 애썼음을 보여 준다.

그런데 안식일의 쉼은 다른 절기의 쉼과 무슨 차이가 있는가? 이것을 알아보기 위해 레위기 23장을 살펴보자. 레위기 23장이 말하는 것을 정리하면 다음과 같다.

1. 안식일

"엿새 동안은 일할 것이요 일곱째 날은 쉴 안식일(샵바트 샵바톤)이니 성회(미크라-코데쉬)의 날이라 너희는 아무 일도 하지 말라(콜-멜라카 로 타아수) 이는 너희가 거주하는 각처에서 지킬 여호와의 안식일(샵바트 히 라도나이)이니라"(레 23 : 3).

2. 무교절

"그 첫날에는 너희가 성회(미크라-코데쉬)로 모이고 아무 노동도 하지 말지며(콜-멜레케트 아보다 로 타아수) 너희는 이레 동안 여호와께 화제를 드릴 것이요 일곱째 날에도 성회(미크라-코데쉬)로 모이고 아무 노동도 하지 말지니라(콜-멜레케트 아보다 로 타아수)"(레 23 : 7-8).

3. 칠칠절

"이날에 너희는 너희 중에 성회(미크라-코데쉬)를 공포하고 어떤 노동도 하지 말지니(콜-멜레케트 아보다 로 타아수)"(레 23 : 21a).

4. 나팔절

"어떤 노동도 하지 말고(콜-멜라카 아보다 로 타아수)"(레 23 : 25a).

5. 속죄일

"이날에는 어떤 일도 하지 말 것(콜-멜라카 로 타아수)은 너희를 위하여 너희 하나님 여호와 앞에 속죄할 속죄일이 됨이니라 …… 이는 너희가 쉴 안식일(샵바트 샵바톤)이라 …… 이 달 아흐레날 저녁 곧 그 저녁부터 이튿날 저녁까지 안식을 지킬지니라(티쉬베투 샵바테켐)"(레 23 : 28-32).

6. 초막절

"첫날에는 성회(미크라-코데쉬)로 모일지니 너희는 아무 노동도 하지 말지며(콜-멜레케트 아보다 로 타아수) …… 여덟째 날에도 너희는 성회(미크라-코데쉬)로 모여서 …… 너희는 어떤 노동도 하지 말지니라(콜-멜레케트 아보다 로 타아수) …… 첫날에도 안식하고(샵바톤) 여덟째 날에도 안식할 것이요(샵바톤)"(레 23 : 35-39).

이처럼 레위기 23장은 쉼을 여러 번 언급하는데, 성회일(聖會日)에 일을 금지하는 규정에서 사용하는 어휘가 절기마다 약간 다르다. '샵바트 샵바톤' 이 안식일과 속죄일에서 나타나는데, 이때는 '콜-멜라카 로 타아수' (아무〈또는 '어떤' 〉 일도 하지 말라.)를 사용한다. 그런데 다른 절기들은 '콜-멜레케트 아보다 로 타아수' (아무 **노동〈멜레케트 아보다〉**도 하지 말라.)라고 해서 모든 일을 금하는 것이 아니고 수고로운 일(멜레케트 아보다)만을 금지하는 것으로 보인다. 그렇기 때문에 안식일과 속죄일에서 나타나는 '샵바트 샵바톤' 은 극히 필수적인 일들 외에는 다른 일을 금하는 절대 휴식을 의미하고, 나머지 절기들에서는 일상생활에 필요한 가벼운 일들은 허용한 듯하다. 그래서 이스라엘 백성들은 절기 동안에도 정상적인 삶을 살 수 있었다. 그리고 무엇보다 쉼은 다시 시작하는 날을 준비하는 쉼이다. 그렇기에 '일에서 쉼' 은 '일로의 쉼' 이다. 그래서 고대 이스라엘에서 여러 절기들은 사람들을 얽어매는 날들이 아니고, 사람들에게 참 쉼을 주는 날들이었다.

그런데 이것을 유대인들은 제대로 파악하지 못했다. 그래서 그들은 안식일 개념을 왜곡했다. 예수님은 이것을 지적하시고, "안식일에도 아버지가 일하기 때문에 나도 일한다. 안식일의 주인은 인자."라고 말씀하셨다(마 12 : 8). 그렇게 하심으로써 인간들을 얽어매는 그릇된 절기 규정과 사회 체제를 깨뜨리시고, 원래 하나님이 정하신 안식일 개념을 회복함으로써, 인간들에게 참 쉼을 주시고자 하셨다.

[35 : 4] 모세는 이스라엘 자손의 온 회중을 모아 놓고 “여호와께서 명령하신 일이 이러하니라”라고 말하기 시작한다.

[35 : 5-9] 하나님은 이스라엘 사람들이 성막 건축자재를 마련해야 할 의무가 있는데, 모세는 그들이 자원해서 하나님께 드려야 한다고 말한다. 이것은 이스라엘 사람들이 소유한 것들은 모두 하나님이 주신 것이며, 특히 애굽에서 나올 때 하나님이 애굽 사람들로 하여금 이스라엘 사람들에게 귀중품을 주게 했기 때문에 하나님이 그들에게 선물로 주신 것이라고 할 수 있다. 하나님이 이스라엘 사람들을 구원하시고 그들에게 자유를 주셨을 뿐만 아니라, 금전적인 선물도 주셨기 때문에 이스라엘은 하나님께 자원해서 예물을 드려야 할 책임이 있는 것이다. 이스라엘 사람들도 이런 사실을 잘 알았기 때문에 그들은 자원해서 예물을 드렸고, 그로 인해 필요한 것 이상이 모였다(출 36 : 5, 7). 5~9절은 성막 제작에 필요한 물품들을 모두 열거한다.

[35 : 10-19] 모세는 성막에 배치할 기구들을 열거한다. 이 목록은 앞에서 언급한 목록들과 일치한다.

[35 : 20-29] 모세는 성전건축에 필요한 것들을 이스라엘 사람들이 자원해서 드렸음을 강조한다. “마음이 감동된 모든 자와 자원하는 모든 자”(21절), “마음에 원하는 남녀”(22절), “마음이 슬기로운 모든 여인”(25절), 이렇게 모든 사람들이 자원해서 물품들을 드렸음을 길게 이야기한 다음, 29절에서도 “마음에 자원하는 남녀”를 언급하고 “이것이 이스라엘 자손이 여호와께 자원하여 드린 예물이니라”로 끝맺음으로써, 그들이 자원해서 드린 것을 거듭 강조한다.

[35 : 30-36 : 1] 모세는 출애굽기 35 : 10~19에 나오는 성막의 여러 기구들

을 제작할 전문가들을 세운다. 여기에는 하나님의 영으로 '충만했다'는 표현이 나오는데, 이것은 성경에서 여기에 처음 나온다. 그런데 성령이 주신 재능들은 참으로 탁월한 예술적인 재능이다. 모세는 그들에게 '여호와께서 명령하신 대로' 하라고 지시한다(출 36 : 1).

[36 : 2-7] 모세는 성막 제작 전문가들을 소집하고, 그들에게 필요한 물품들을 제공한다. 이스라엘 사람들이 성막 제작에 필요한 물품들을 아침마다 자원해서 드리는데, 너무 많이 가져와서 그것이 오히려 작업을 방해한 것으로 보인다. 결국 장인들이 작업을 중지하고 모세를 찾아와서 더 이상 예물을 바치지 않게 해 달라고 요청하고, 모세는 그 요청을 수락한다. 이 문단은 "있는 재료가 모든 일을 하기에 넉넉하여 남음이 있었더라"로 끝나는데, 이렇게 헌신적으로 성막 건축에 참여하는 이스라엘 사람들은 정말 은혜로운 사람들이다.

출애굽기 35 : 5~36 : 7은 대칭구조를 갖는다.

a 출 35 : 5-9 성막 제작에 필요한 물품
b 출 35 : 10-19 성막에 놓을 기구들
a' 출 35 : 20-29 이스라엘 사람들이 성막 제작에 필요한 물품들을 자원해서 드리다.
b' 출 35 : 30-36 : 1 성막을 제작할 전문가
a'' 출 36 : 2-7 성막 제작에 필요한 물품들을 자원해서 드리다.

[36 : 8-38 : 20] 성막 제작 전문가들이 드디어 성막에 필요한 기구제작을 회막 만드는 것으로 시작한다(출 36 : 8-13, 26 : 1-6). 11개의 휘장을 똑같이 만들어서 그것들을 연결한다(출 36 : 14-19, 26 : 7-14). 조각목으로 성막을 세운 널판을 모두 48개(남쪽 20개, 북쪽 20개, 서쪽 8개)를 만들었다(출 36 :

20－30). 그리고 조각목으로 띠를 만들었는데 모두 15개를 만들었다(출 36 : 31－34). 이 띠(가로다지)는 널판들을 서로 연결해서 고정하는 역할을 한다. 회막 입구는 다양한 색깔의 천과 조각목으로 만든다(출 36 : 35－38). 증거궤를 그 안에 두기 때문에 회막을 '증거막' 이라고 한다(출 38 : 21).

회막을 만든 다음, 조각목으로 증거궤를 만든다(출 37 : 1－9). 여기서는 자세하게 언급하지 않지만, 증거궤에는 세 가지가 들어 있다. 하나는 만나이다(출 16 : 32). 그리고 둘째는 아론의 지팡이이다(민 17 : 8). 셋째는 십계명 돌판들이다(출 25 : 16－21, 신 31 : 24－26).

하나님은 우리에게 일용할 양식을 주시는 분이며, 영적 권위로 우리를 다스리시고, 우리를 용서하시는 분이다. 증거궤는 하나님이 우리의 예비자이시고 우리를 다스리시는 분이며, 우리의 구주이시고 우리의 주님이심을 보여준다. 증거궤는 하나님을 상징하고, 그룹들이 증거궤를 보호하는 모양을 띠고 있다. 그래서 전투를 할 때 이스라엘 백성들이 증거궤를 가지고 나간다.

증거궤 다음에 탁자, 즉 진설상을 만든다(출 37 : 10－16). 그리고 등잔대(출 37 : 17－24)와 향단과 향(출 37 : 25－29), 번제단(출 38 : 1－7), 물두멍(출 38 : 8), 성막 울타리(출 38 : 9－20)를 차례대로 만든다.

품 목	계 획	실 행
휘장(회막)	출 26 : 1－37	출 36 : 8－38
증거궤	출 25 : 10－16	출 37 : 1－5
지성소(속죄소)	출 25 : 17－20	출 37 : 6－9
탁자(진설상)	출 25 : 23－29	출 37 : 10－16
등잔대 및 기구	출 25 : 31－39	출 37 : 17－24
분향단	출 30 : 1－5	출 37 : 25－28
기름과 유향	출 30 : 22－25	출 37 : 29
번제단	출 27 : 1－8	출 38 : 1－7
청동 물두멍	출 30 : 18	출 38 : 8
뜰	출 27 : 9－19	출 38 : 9－20

그런데 이것들을 누가 만드는가? 출애굽기 36 : 8에 "일하는 사람 중에 마음이 지혜로운 모든 사람"이 나오는데, 그 다음에는 누구를 특정하게 지목하지 않는다. 증거궤를 비롯한 성막 기구들을 만든 사람은 브살렐이다(출 37 : 1). 그래서 출애굽기 37 : 10, 17, 25절, 38 : 1, 8~9절에 나오는 '그가 만들었다' 에서 그는 브살렐이다. 그런데 출애굽기 36 : 14(〈개역개정〉 성경은 주어를 표기하지 않았는데, 히브리어 원문은 동사가 3인칭 남성단수형이다.), 20, 31절, 그리고 35절도 '그가 만들었다' 로 시작하는데, 그 앞 문단들에서 어떤 개인을 구체적으로 언급하지 않았기 때문에 '그가 만들었다' 라고 하는 것은 뭔가 어색하다. 그래서 〈표준새번역〉 성경은 14, 20, 31절을 '그들은 ……을 만들었다' 로 번역한다. 그런데 히브리어 원문이 동사를 복수형이 아닌 단수형으로 사용한 까닭은 모든 기구들을 그가 직접 만들지 않고 그가 거느리는 사람들이 만들었다고 해도, 브살렐이 총책임자였기에 결과적으로는 브살렐이 한 것으로 여겼기 때문인 것으로 보인다.

[38 : 21-31] 성막 제작에 사용한 금속자재들과 그것들로 만든 기구들을 열거한다.

자 재	금	은	놋
총 량	29달란트 730세겔	100달란트 1,775세겔 603,550명×0.5세겔 =301,775세겔	70달란트 2,400세겔
기 구		· 성소의 받침+휘장문의 기둥 받침 100개(개당 1달란트, 모두 100달란트) · 기둥 갈고리와 기둥 가름대 제작, 기둥 머리 둘러쌈(1,775세겔).	회막 문 기둥 받침, 놋 제단, 놋 그물, 제단의 모든 기구, 뜰 주위의 기둥 받침, 휘장 문의 기둥 받침, 성막의 모든 말뚝, 뜰 주위의 모든 말뚝

26절에는 '베가' 라는 금전 단위가 나오는데, 한 베가는 반 세겔이다.

[39 : 1-7] 여기서는 출애굽기 28 : 1~14에서 일러 준 대로 제사장 옷을 만든다. 5절과 7절은 "여호와께서 모세에게 명령하신 대로 하였더라"라고 한다.

[39 : 8-21] 여기서는 출애굽기 28 : 15~30에서 일러 준 대로 '흉패', 즉 '판결의 흉패' 를 만드는데, 여기서는 그냥 흉패라고 하고, 판결하는 도구인 우림과 둠밈에 대해서도 언급하지 않는다. 마지막 절(21절)은 "여호와께서 모세에게 명령하신 대로 하였더라"로 끝난다.

[39 : 22-31] 여기서는 출애굽기 28 : 31~43에서 일러 준 대로 제사장의 다른 옷들(22-26절), 속옷과 관, 띠(27-29절), 그리고 '여호와께 성결' 이라고 새긴 패(30-31절)를 만드는데, 각 단락은 "여호와께서 모세에게 명령하신 대로 하였더라"로 끝난다(26, 29, 31절).

[39 : 32-43] 이스라엘 사람들은 하나님이 모세에게 지시하신 그대로 회막과 성막에 배치할 기구들을 모두 제작하고 작업을 마친('마치다' 는 히브리어로 '칼라' 인데, 이 단어는 성전 건축 완료를 가리키는 본문들에 나온다〈왕상 6 : 9, 14, 38, 9 : 1, 25, 대상 28 : 20, 대하 8 : 16〉.) 다음, 그것들을 모세에게 가져온다. 이 문단에는 '여호와께서 모세에게 명령하신 대로 다 행' 했다는 구절이 세 번 나온다(32, 42, 43절). 모세가 그것들을 다 살펴보고 하나님이 명령하신 대로 제작했음을 확인한 다음, 그들에게 축복했다.

출애굽기 25~31장에 나오는 내용을 출애굽기 35 : 10~19에서 요약하고, 출애굽기 36 : 8~39 : 31에서 상세히 언급한 다음, 출애굽기 39 : 32~41에서 다시 요약한다.

참고 – 지혜와 성령충만

'지혜'란 무엇인가? 가장 단순하게 말해서 지혜는 사람이 살아가는 삶 자체라고 할 수 있을 것이다. 사람들이 매일매일 살기 위해서 하는 크고 작은 일들이 바로 지혜의 행위들이다. 그래서 고대에 지혜는 인간이 가진 모든 기술과 재능, 즉 인간의 삶을 더 낫게 해 주는 재주들을 의미했다. 이런 고대적인 지혜 개념은 우리가 흔히 말하는 달란트 개념과 같다. 이것을 더 잘 알기 위해서 성경 본문을 읽어 보자.

> "모세가 이스라엘 자손에게 이르되 볼지어다 여호와께서 유다 지파 훌의 손자요 우리의 아들인 브살렐을 지명하여 부르시고 하나님의 영을 그에게 충만하게 하여 **지혜**와 총명과 지식으로 여러 가지 일을 하게 하시되 금과 은과 놋으로 제작하는 기술을 고안하게 하시며 보석을 깎아 물리며 나무를 새기는 여러 가지 정교한 일을 하게 하셨고 또 그와 단 지파 아히사막의 아들 오홀리압을 감동시키사 가르치게 하시며 **지혜**로운 마음을 그들에게 충만하게 하사 여러 가지 일을 하게 하시되 조각하는 일과 세공하는 일과 청색 자색 홍색 실과 가는 베 실로 수놓는 일과 짜는 일과 그 외에 여러 가지 일을 하게 하시고 정교한 일을 고안하게 하셨느니라 브살렐과 오홀리압과 및 마음이 **지혜**로운 사람 곧 여호와께서 **지혜**와 총명을 부으사 성소에 쓸 모든 일을 할 줄 알게 하신 자들은 모두 여호와께서 명령하신 대로 할 것이니라 모세가 브살렐과 오홀리압과 및 마음이 **지혜**로운 사람 곧 그 마음에 여호와께로부터 **지혜**를 얻고 와서 그 일을 하려고 마음에 원하는 모든 자를 부르매 그들이 이스라엘 자손의 성소의 모든 것을 만들기 위하여 가져온 예물을 모세에게서 받으니라 그러나 백성이 아침마다 자원하는 예물을 연하여 가져왔으므로 성소의 모든 일을 하는 **지혜**로운 자들이 각기 하는 일을 중지하고 와서 모세에게 말하여 이르되 백성이 너무 많이 가져오므로 여호와께서 명령하신 일에 쓰기에 남음이 있나이다 모세가 명령을 내리매 그들이 진중에 공포하여 이르되 남녀를 막론하고 성소에 드릴 예물을 다시 만들지 말라 하매 백성이 가져오기를 그치니 있는 재료가 모든 일을 하기에 넉넉하여 남음이 있었더라 일하는 사람 중에 마음이 **지혜**로운 모든 사람이 열 폭 휘장으로 성막을 지었으니 곧 가늘게 꼰 베 실과 청색 자색 홍색 실로 그룹들을 무늬 놓아 짜서 지

은 것이라"(출 35 : 30-36 : 8).

여기서 보는 것처럼, 고대 사회에서 지혜는 무엇인가를 만들 수 있는 재주와 재능을 의미했다. 그리고 무엇인가를 특별히 할 수 있는 재주와 재능을 가진 사람들을 '지혜로운 사람' 이라고 하고, 또 '성령이 충만한 사람' 이라고 했다. 성막을 만들 때는 성막에 필요한 여러 가지 물건들을 만드는 재능과 기술을 가진 사람들이 바로 지혜로운 사람들이고, 다른 경우에는 그 일에 적합한 재능과 기술을 가진 사람들이 지혜로운 사람들이다. 이런 지혜, 즉 재주와 재능은 하나님께서 모든 사람들에게 주셨고, 하나님은 사람들이 그 재주를 갖고 하나님이 원하시는 일을 하기를 바라신다. 이렇듯 지혜는 우리 모두가 가진 '달란트' (재능, 은사)이다.

하나님이 주신 재능으로 교회와 다른 사람들을 위해서 봉사하는 사람들을 신약성경은 '집사' (執事, 디컨)라고 한다. 신약시대에는 사도들이 하는 일들이 많아져서 남 섬기는 일을 하는 사람들을 특별히 뽑았는데, 그들이 바로 '집사' 이다. 그러니 집사는 남 섬기는 일을 전담하기 위해서 선택된 사람들이다.

"그때에 제자가 더 많아졌는데 헬라파 유대인들이 자기의 과부들이 매일의 구제에 빠지므로 히브리파 사람을 원망하니 열두 사도가 모든 제자를 불러 이르되 우리가 하나님의 말씀을 제쳐 놓고 접대를 일삼는 것이 마땅하지 아니하니 형제들아 너희 가운데서 성령과 지혜가 충만하여 칭찬받는 사람 일곱을 택하라 우리가 이 일을 그들에게 맡기고 우리는 오로지 기도하는 일과 말씀 사역에 힘쓰리라 하니 온 무리가 이 말을 기뻐하여 믿음과 성령이 충만한 사람 스데반과 또 빌립과 브로고로와 니가노르와 디몬과 바메나와 유대교에 입교했던 안디옥 사람 니골라를 택하여 사도들 앞에 세우니 사도들이 기도하고 그들에게 안수하니라" (행 6 : 1-6).

여기서 보는 대로, 집사들은 '성령과 지혜가 충만한 사람들' 이다. 출애굽기 본문이 말하는 '성령충만한 지혜로운 사람들' 을 연상하게 한다. 우리는 '집사' 를 직위로 생각하기도 하지만, 사실은 자신들이 가진 재주와 재능으로 남을 위해서 열심히 일하도록 부름 받은 사람들이 바로 '집사' 이다. 그러니 집사 직책은 바로 섬김을 위한 직책이다.

사람들은 저마다 하나님이 주신 달란트를 갖고 있고, 그중에는 특별한 달란트들을 가진 사람들도 있다. 교회는 '집사'를 세울 때, 성도들의 재능을 잘 살피고 또 재능을 발휘할 수 있게 교육과 훈련을 시켜서 그들을 집사로 세운 다음, 교인들이 각자 재능들을 발휘해서 남들을 위해 섬길 수 있도록 해야 한다. 다시 말하면 '집사'들을 말 그대로 '봉사자'들로 만들어야 한다. 그러기 위해서는 성도들이 봉사해야 할 분야들을 교회가 정하고, 매년 초에 집사들로 하여금 자신의 적성과 재능대로 자원해서 일하게 해야 한다. 그래야만 집사가 '섬기는 자'라는 이름 그대로 제 일을 할 수 있는 것이다.

2. 성막에 임재하신 하나님(40 : 1-38)

1여호와께서 모세에게 말씀하여 이르시되 2너는 첫째 달 초하루에 성막 곧 회
막을 세우고 3또 증거궤를 들여놓고 또 휘장으로 그 궤를 가리고 4또 상을 들여
놓고 그 위에 물품을 진설하고 등잔대를 들여놓아 불을 켜고 5또 금 향단을 증
거궤 앞에 두고 성막 문에 휘장을 달고 6또 번제단을 회막의 성막 문 앞에 놓고
7또 물두멍을 회막과 제단 사이에 놓고 그 속에 물을 담고 8또 뜰 주위에 포장
을 치고 뜰 문에 휘장을 달고 9또 관유를 가져다가 성막과 그 안에 있는 모든
것에 발라 그것과 그 모든 기구를 거룩하게 하라 그것이 거룩하리라 10너는
또 번제단과 그 모든 기구에 발라 그 안을 거룩하게 하라 그 제단이 지극히
거룩하리라 11너는 또 물두멍과 그 받침에 발라 거룩하게 하고 12너는 또 아론
과 그 아들들을 회막 문으로 데려다가 물로 씻기고 13아론에게 거룩한 옷을
입히고 그에게 기름을 부어 거룩하게 하여 그가 내게 제사장의 직분을 행하
게 하라 14너는 또 그 아들들을 데려다가 그들에게 겉옷을 입히고 15그 아버지

에게 기름을 부음같이 그들에게도 부어서 그들이 내게 제사장의 직분을 행하
게 하라 그들이 기름 부음을 받았은즉 대대로 영영히 제사장이 되리라 하시
매 16모세가 그같이 행하되 곧 여호와께서 자기에게 명령하신 대로 다 행하였
더라 17둘째 해 첫째 달 곧 그 달 초하루에 성막을 세우니라 18모세가 성막을 세
우되 그 받침들을 놓고 그 널판들을 세우고 그 띠를 띠우고 그 기둥들을 세우
고 19또 성막 위에 막을 펴고 그 위에 덮개를 덮으니 여호와께서 모세에게 명령
하신 대로 되니라 20그는 또 증거판을 궤 속에 넣고 채를 궤에 꿰고 속죄소를
궤 위에 두고 21또 그 궤를 성막에 들여놓고 가리개 휘장을 늘어뜨려 그 증거궤
를 가리니 여호와께서 모세에게 명령하신 대로 되니라 22그는 또 회막 안 곧 성
막 북쪽으로 휘장 밖에 상을 놓고 23또 여호와 앞 그 상 위에 떡을 진설하니 여
호와께서 모세에게 명령하신 대로 되니라 24그는 또 회막 안 곧 성막 남쪽에 등
잔대를 놓아 상과 마주하게 하고 25또 여호와 앞에 등잔대에 불을 켜니 여호와
께서 모세에게 명령하신 대로 되니라 26그가 또 금 향단을 회막 안 휘장 앞에
두고 27그 위에 향기로운 향을 사르니 여호와께서 모세에게 명령하신 대로 되니
라 28그는 또 성막 문에 휘장을 달고 29또 회막의 성막 문 앞에 번제단을 두고 번
제와 소제를 그 위에 드리니 여호와께서 모세에게 명령하신 대로 되니라 30그는
또 물두멍을 회막과 제단 사이에 두고 거기 씻을 물을 담으니라 31모세와 아론
과 그 아들들이 거기서 수족을 씻되 32그들이 회막에 들어갈 때와 제단에 가까
이 갈 때에 씻었으니 여호와께서 모세에게 명령하신 대로 되니라 33그는 또 성
막과 제단 주위 뜰에 포장을 치고 뜰 문에 휘장을 다니라 모세가 이같이 역사
를 마치니 34구름이 회막에 덮이고 여호와의 영광이 성막에 충만하매 35모세가
회막에 들어갈 수 없었으니 이는 구름이 회막 위에 덮이고 여호와의 영광이 성
막에 충만함이었으며 36구름이 성막 위에서 떠오를 때에는 이스라엘 자손이 그
모든 행진하는 길에 앞으로 나아갔고 37구름이 떠오르지 않을 때에는 떠오르는
날까지 나아가지 아니하였으며 38낮에는 여호와의 구름이 성막 위에 있고 밤에
는 불이 그 구름 가운데에 있음을 이스라엘의 온 족속이 그 모든 행진하는 길

에서 그들의 눈으로 보았더라

출애굽기 40장은 시내산 계시 기사의 종결부로서, 새로운 성막의 기구들을 거룩하게 하고 완공한 것을 이야기한다. 여기서는 "여호와께서 모세에게 명하신 대로 되니라"라는 구절을 반복한다. 성막이 완공되자, 하나님이 성막을 승인하셨다는 시각적인 징표로 구름이 성막으로 내려왔다. 이렇게 하나님은 이스라엘을 인정하셨고, 성막에 거하시면서 이스라엘과 함께하셨으며, 이스라엘은 성막에서 하나님께 희생제사를 드렸다.

1~15절은 성막의 모든 기구들에, 그리고 마지막으로 아론과 그의 아들들에게 기름을 뿌리는 예식을 언급한다. 이것은 성결 예식이고, 이것을 통해서 하나님은 이스라엘 백성들에게 다가가신다. 그리고 무엇보다 이 예식을 통해서 성막과 그 안에 있는 모든 기구들이 하나님께 속한다는 사실을 사람들에게 알리고, 거기에 따른 위험도 알려 준다.

16~33절은 지금까지 제작한 성막을 세우는 과정을 진술한다. 34~38절은 결말로서 하나님의 영광이 성막에 가득한 것을 언급한다. 이것은 하나님이 성막을 수용하신다는 것과 이스라엘 백성들이 광야를 거쳐서 약속의 땅으로 가기까지 하나님이 그들과 함께하시고 인도하실 것임을 보여 준다. 출애굽기는 이스라엘 백성들이 시내산을 떠나는 장면, 즉 광야생활을 시작하는 장면에서 끝난다.

[40 : 1-8] 하나님은 모세에게 지금까지 만든 성막을 세우고 기구들을 정한 위치에 배치할 것을 지시하신다.

[40 : 9-11] 하나님은 모세에게 관유를 성막 안 모든 기구들에 발라서 그것들을 거룩하게 하라고 하시는데, "……를 거룩하게 하라 그것이 거룩하리라"라는 구절을 반복한다.

[40 : 12-16] 하나님은 모세에게 아론과 그의 아들들에게 기름을 부어서 그들을 거룩하게 하고, 그래서 그들이 제사장 직분을 행할 수 있게 하라고 지시하신다.

[40 : 17] 출애굽기 19 : 1과 비교해 보면, 애굽에서 출발한 지 일 년이 흘렀다. 성막은 둘째 해 첫째 달 첫째 날에 세웠고, 거룩한 잔치가 시작된다.

[40 : 18-19] 모세는 하나님이 명령하신 대로 회막을 세우고 덮개를 덮는다.

[40 : 20-21] 모세는 하나님이 명령하신 대로 증거궤를 회막 안에 두고 휘장으로 가린다.

[40 : 22-23] 모세는 하나님이 명령하신 대로 상을 회막 북쪽 휘장 밖에 놓고 떡을 진설한다.

[40 : 24-25] 모세는 하나님이 명령하신 대로 등잔대를 회막 남쪽에 상과 마주하게 해 놓고 불을 켠다.

[40 : 26-27] 모세는 하나님이 명령하신 대로 향단을 회막 안 휘장 앞에 두고 향을 사른다.

[40 : 28-29] 모세는 하나님이 명령하신 대로 회막 문에 휘장을 달고 그 앞에 번제단을 놓아 거기서 번제와 소제를 드린다.

[40 : 30-32] 모세는 하나님이 명령하신 대로 물두멍을 회막과 제단 사이에 두고 물을 채워서 모세와 아론과 그 아들들로 하여금 손발을 씻게 한다.

[40 : 33] 마지막으로 모세는 회막 주위 뜰에 포장을 치고 뜰 문에 휘장을 단다.

[40 : 34-35] 구름이 회막 안에 가득 차서 모세가 들어갈 수가 없었다. 모세는 하나님이 임재하신 것으로 인해 경이로움을 느꼈을 것이다.

[40 : 36-38] 이스라엘 사람들은 하나님의 임재를 상징하는 구름이 머물고 떠오름을 유심히 보면서 거기에 따라서 머물기도 하고 이동하기도 한다. '여호와의 구름' 은 회막 위에 있는데, 밤에는 그 구름 가운데 불이 있어서 이스라엘 백성들을 인도했다. 구름 가운데 불이 있는 모습은 에스겔 1 : 4을 떠올리게 한다("내가 보니 북쪽에서부터 폭풍과 큰 구름이 오는데 그 속에서 불이 번쩍번쩍하여 빛이 그 사방에 비치며 그 불 가운데 단 쇠 같은 것이 나타나 보이고").

이렇게 출애굽기는 끝난다. 그러나 출애굽 이야기는 여기서 끝나지 않고, 레위기를 거쳐 민수기와 신명기로 이어진다. 출애굽기는 그 긴 이야기를 구성하는 한 단락일 따름이다(Noth, *Exodus*, p. 10).

참고문헌

Batten, Loring W. *A Critical and Exegetical Commentary on the Books of Ezra and Nehemiah*. ICC. Edinburgh : T & T Clark, 1913, 1972.

Brueggemann, Walter. "The Book of Exodus," *NIB. I*. Nashville : Abingdon Press, 1994.

Childs, Brevard S. *The Book of Exodus – A Critical, Theological Commentary*. OTL. Philadelphia : The Westminster Press, 1974.

Clements, R. E. *Exodus – The Cambridge Bible Commentary on the New English Bible*. Cambridge : Cambridge University Press, 1972.

Davies, Gordon F. *Ezra and Nehemiah*. Berit Olam – Studies in Hebrew Narrative & Poetry. Collegeville, Minnesota : The Liturgical Press, 1999.

Dozeman, Thomas B. *Exodus*. Eerdmans Critical Commentary. Grand Rapids, Michigan : William B. Eerdmans Publishing Company, 2009.

Fensham, F. Charles. *The Books of Ezra and Nehemiah*. NICOT. Grand Rapids, Michigan : William B. Eerdmans Publishing Company, 1982.

Fretheim, Terence E. *Exodus*. Interpretation – A Bible Commentary for Teaching and Preaching. Louisville : John Knox Press, 1991.

Hertzberg, Hans W. *Die Samuelbucher.* tr. J. S. Bowden. I & II Samuel. OTL. Philadelphia : The Westminster Press, 1964.

Klein, Ralph W. *1 Samuel.* WBC. Waco, Texas : Word Books Publisher, 1983.

Levenson, Jon D. *Sinal and Zion–An Entry into the Jewish Bible.* New York : HarperCollins Publishers, 1985.

McCarther, P. Kyle, Jr. *1 Samuel.* AB. Garden City, New York : Doubleday & Company, Inc., 1980.

Motyer, J. A. *The Message of Exodus–The Days of Our Pilgrimage.* The Bible Speaks Today. Downers Grove : InterVarsity Press, 2005.

Myers, Jacob M. *Ezra Nehemiah.* AB. Garden City, New York : Doubleday & Company, Inc., 1965, 1981.

Noth, Martin. *Das zweite Buch Mose, Exodus.* tr. J. S. Bowden. *Exodus–A Commentary.* Philadelphia : The Westminster Press, 1962.

Propp, William H. C. *Exodus 1–18.* AB. New York : Doubleday, 1999.

Ryken, Philip Graham. *Exodus–Saved for God's Glory.* Wheaton, Illinois : Crossway Books, 2005.

Sarna, Nahum M. *Exodus-Shemot : The Traditional Hebrew Text with the New JPS Translation.* New York : The Jewish Publication Society, 1991.

Smith, Henry Preserved. *A Critical and Exegetical Commentary on the Books of Samuel. ICC.* Edinburgh : T & T Clark,

1977.

Stuart, Douglas K. *Exodus-An Exegetical and Theological Exposition of Holy Scripture. The New American Commentary*. Nashville, Tennessee : B & H Publishing Group, 2006.

Wenham, G. J. *The Book of Leviticus. NICOT*. Grand Rapids, Michigan : William B. Eerdmans Publishing Company, 1979.

Williamson, H. G. M. *Ezra, Nehemiah*. WBC. Nashville : Thomas Nelson Publishers, 1985.

장일선, 「다윗 왕가의 역사 이야기-신명기 역사서 연구」. 서울 : 대한기독교서회, 1997.

| 한국장로교총회창립 100주년기념 표준주석 |

구약

집필부분	집필자
창세기	김중은 박사
출애굽기	이종록 박사
레위기	정중호 박사
민수기	김진명 박사
신명기	김회권 박사
여호수아	강사문 박사
사사기/룻기	허성군 박사
사무엘상·하	김선종 박사
열왕기상·하	김태훈 박사
역대상	배희숙 박사
역대하	함 택 박사
에스라/느헤미야	민경진 박사
에스더	이미숙 박사
욥기	하경택 박사
시편	이승현 박사
잠언	천사무엘 박사
전도서	채은하 박사
아가	강승일 박사
이사야	조성욱 박사
예레미야	강성열 박사
예레미야애가	박동현 박사
에스겔	이은우 박사
다니엘	배정훈 박사
호세아/요엘	김정철 박사
아모스	최인기 박사
오바댜/요나	김유기 박사
미가	오택현 박사
나훔/하박국/스바냐	윤동녕 박사
학개/스가랴/말라기	김근주 박사

신약

집필부분	집필자
마태복음	최재덕 박사
마가복음	차정식 박사
누가복음	오덕호 박사
요한복음	김문경 박사
사도행전	이 달 박사
로마서	장흥길 박사
고린도전서	조광호 박사
고린도후서	박흥순 박사
갈라디아서	이종윤 박사
에베소서	석원식 박사
빌립보서/빌레몬서	김덕기 박사
골로새서	김철홍 박사
데살로니가전·후서	김형동 박사
디모데전·후서/디도서	박종기 박사
히브리서	소기천 박사
야고보서	이승호 박사
베드로전·후서	왕인성 박사
요한1·2·3서/유다서	최흥진 박사
요한계시록	김춘기 박사

Presbyterian Church of Korea Standard Commentary

100
| 한국장로교총회창립 100주년기념 표준주석 |

출애굽기

초판인쇄 2015년 3월 10일
초판발행 2015년 3월 20일

기획·편찬 표준주석편찬위원회 이종록
편 집 인 대한예수교장로회총회교육자원부
발 행 인 채형욱
발 행 소 한국장로교출판사
주 소 110-470 / 서울 종로구 대학로3길 29(연지동, 한국교회100주년기념관 별관)
전 화 (02) 741-4381 / 팩스 741-7886
영 업 국 (031) 944-4340 / 팩스 944-2623
등 록 No. 1-84(1951. 8. 3.)

ISBN 978-89-398-9978-0 / 978-89-398-0434-0(세트)
Printed in Korea
값 22,000원

편 집 장 정현선
교정·교열 오원택 김은희 **표지·본문 디자인** 최종혜
업무차장 박호애 **영업차장** 박창원